住房和城乡建设部"十四五"规划教材

高等职业教育建设工程管理类专业"十四五"数字化新形态教材

建设工程项目管理

陈玲燕　主　编

黄燕飞　赵培莉　副主编

文桂萍　主　审

中国建筑工业出版社

图书在版编目（CIP）数据

建设工程项目管理 / 陈玲燕主编；黄燕飞，赵培莉
副主编 . — 北京：中国建筑工业出版社，2024. 8.
（住房和城乡建设部"十四五"规划教材）（高等职业
教育建设工程管理类专业"十四五"数字化新形态教材）.
ISBN 978-7-112-30104-1

Ⅰ. F284

中国国家版本馆 CIP 数据核字第 202453AB72 号

"建设工程项目管理"是高等职业教育建设工程管理类专业的专业核心课程。本教材以相关标准规范为依托，采用理论知识＋案例的编写框架，辅以知识拓展、单元总结和习题等内容，帮助学生更好地掌握本课程知识，对接未来工作岗位。

本教材主要内容包括：建设工程项目管理概论，建设工程项目组织与管理，建设工程项目招标投标与合同管理，建设工程项目进度管理，建设工程项目成本管理，建设工程项目质量管理，建设工程项目资源管理，建设工程项目安全生产、绿色建造与环境管理，建设工程项目风险管理，建设工程项目信息管理。

为更好地支持相应课程的教学，我们向采用本书作为教材的教师提供教学课件，有需要者可与出版社联系，邮箱：jckj@cabp.com.cn，电话：010-58337285，建工书院http://edu.cabplink.com（PC端）。欢迎任课教师加入专业教学QQ交流群：745126886。

责任编辑：吴越恺
责任校对：赵　力

住房和城乡建设部"十四五"规划教材
高等职业教育建设工程管理类专业"十四五"数字化新形态教材
建设工程项目管理
陈玲燕　主　编
黄燕飞　赵培莉　副主编
文桂萍　主　审

*

中国建筑工业出版社出版、发行（北京海淀三里河路9号）
各地新华书店、建筑书店经销
北京龙达新润科技有限公司制版
北京云浩印刷有限责任公司印刷

*

开本：787毫米×1092毫米　1/16　印张：20¼　字数：504千字
2025年1月第一版　　2025年1月第一次印刷
定价：**56.00**元（赠教师课件）
ISBN 978-7-112-30104-1
（43517）

出 版 说 明

党和国家高度重视教材建设。2016 年，中办国办印发了《关于加强和改进新形势下大中小学教材建设的意见》，提出要健全国家教材制度。2019 年 12 月，教育部牵头制定了《普通高等学校教材管理办法》和《职业院校教材管理办法》，旨在全面加强党的领导，切实提高教材建设的科学化水平，打造精品教材。住房和城乡建设部历来重视土建类学科专业教材建设，从"九五"开始组织部级规划教材立项工作，经过近 30 年的不断建设，规划教材提升了住房和城乡建设行业教材质量和认可度，出版了一系列精品教材，有效促进了行业部门引导专业教育，推动了行业高质量发展。

为进一步加强高等教育、职业教育住房和城乡建设领域学科专业教材建设工作，提高住房和城乡建设行业人才培养质量，2020 年 12 月，住房和城乡建设部办公厅印发《关于申报高等教育职业教育住房和城乡建设领域学科专业"十四五"规划教材的通知》（建办人函〔2020〕656 号），开展了住房和城乡建设部"十四五"规划教材选题的申报工作。经过专家评审和部人事司审核，512 项选题列入住房和城乡建设领域学科专业"十四五"规划教材（简称规划教材）。2021 年 9 月，住房和城乡建设部印发了《高等教育职业教育住房和城乡建设领域学科专业"十四五"规划教材选题的通知》（建人函〔2021〕36 号）。为做好"十四五"规划教材的编写、审核、出版等工作，《通知》要求：（1）规划教材的编著者应依据《住房和城乡建设领域学科专业"十四五"规划教材申请书》（简称《申请书》）中的立项目标、申报依据、工作安排及进度，按时编写出高质量的教材；（2）规划教材编著者所在单位应履行《申请书》中的学校保证计划实施的主要条件，支持编著者按计划完成书稿编写工作；（3）高等学校土建类专业课程教材与教学资源专家委员会、全国住房和城乡建设职业教育教学指导委员会、住房和城乡建设部中等职业教育专业指导委员会应做好规划教材的指导、协调和审稿等工作，保证编写质量；（4）规划教材出版单位应积极配合，做好编辑、出版、发行等工作；（5）规划教材封面和书脊应标注"住房和城乡建设部'十四五'规划教材"字样和统一标识；（6）规划教材应在"十四五"期间完成出版，逾期不能完成的，不再作为《住房和城乡建设领域学科专业"十四五"规划教材》。

住房和城乡建设领域学科专业"十四五"规划教材的特点，一是重点以修订教育部、住房和城乡建设部"十二五""十三五"规划教材为主；二是严格按照专业标准规范要求编写，体现新发展理念；三是系列教材具有明显特点，满足不同层次和类型的学校专业教学要求；四是配备了数字资源，适应现代化教学的要求。规划教材的出版凝聚了作者、主审及编辑的心血，得到了有关院校、出版单位的大力支持，教材建设管理过程有严格保障。希望广大院校及各专业师生在选用、使用过程中，对规划教材的编写、出版质量进行反馈，以促进规划教材建设质量不断提高。

住房和城乡建设部"十四五"规划教材办公室

2021 年 11 月

前　言

"建设工程项目管理"是职业教育建设工程管理、工程造价及建筑工程技术等专业的专业必修课，具有综合性与实践性强的特点。由于现代工程建设的复杂性和综合性，以及近年来建设行业的不断发展，传统的管理模式和方法已经不能适应新形势下建设项目管理的要求。因此，在实践中必须研究和采用新的管理理论，应用新方法和新手段，以问题为导向，不断总结经验教训，提高管理水平。

本教材在编写过程中以《建设工程项目管理规范》为线索，依据国家最新颁布的行业法规、规范和标准，按照规范建设工程项目管理行为的原则，注重知识体系的系统性和完备性，系统地阐述了建设工程项目的组织与管理、招投标与合同管理、进度管理、成本管理、质量管理、资源管理、安全与环境管理、风险管理等内容，内容既包含了基础理论知识，同时又结合案例进行了深层次的剖析。本教材以实际工程案例为背景，强调知识点的应用，引导学生巩固所学的理论知识，最大限度地理论联系实际，侧重实用性和可操作性，提高学生解决工程实际问题的能力。

本教材各单元均有素质目标、知识目标、案例引入、单元小结、习题，便于学生在学习时抓住要点，并通过练习巩固所学知识。习题参考了全国注册建造师考题，有利于提升学生的理解、记忆和实际应用能力，为将来参加执业资格考试打下良好的基础。

本教材的编写人员包括教学一线的骨干教师和企业专家，长期担任本课程的教学任务，有着丰富的教学与实践经验，对相关知识点的剖析更能提高学生的学习兴趣。

本教材共有十一位教师参加编写，分别来自广西建设职业技术学院、重庆建筑科技职业学院、广西建工第一建筑工程集团有限公司。教材由广西建设职业技术学院陈玲燕担任主编并负责统稿；广西建设职业技术学院黄燕飞、赵培莉担任副主编；广西建设职业技术学院周慧玲、程波、周孔标、赵聪、程沙沙、刘会平，重庆建筑科技职业学院张会利，广西建工第一建筑工程集团有限公司谢江美参与编写。广西建设职业技术学院文桂萍教授任本教材主审。

本教材可作为高等职业院校建设工程管理、工程造价及建筑工程技术等专业的教学用书，也可作为工程项目管理工作者的参考用书。

本教材在编写过程中，参考了专家、学者的著作、研究成果和文献资料，以及国内优秀教材和建造师执业资格考试培训教材，已在参考文献中列明，在此对有关作者一并表示衷心的感谢。

由于编写时间仓促，作者水平有限，书中内容疏漏及不足之处在所难免，敬请各位专家和读者批评指正。

目 录

单元 1　建设工程项目管理概论

素质目标

弘扬传统文化，增强文化自信和爱国情怀。

培养一丝不苟、严谨细致、重视细节、精益求精的职业精神。

培养诚实守信、廉洁自律、客观公正、坚守准则的职业道德。

培养团队协作、管理统筹、沟通协调、自信表达的职业素养。

知识目标

了解我国工程项目管理历史。

熟悉项目、建设工程项目的概念和分类；熟悉建设工程项目管理的内容和主要类型；能够区分全过程与全寿命周期项目管理。

掌握项目建设程序；掌握全寿命周期阶段划分；掌握项目管理模式；掌握施工组织设计内容。

能力目标

能编制施工组织设计文件。

案例引入

某 2 号办公楼位于××市，框架结构，建筑占地面积 891m^2，建筑高 18.3m（室外地坪至屋面高度）。该办公楼总建筑面积 5672m^2，其中地上 4643m^2，地下 1029m^2。地下 1层，地上 1～5 层为办公，6 层局部为出屋面楼梯间、电梯机房及设备用房。设计使用年限 50 年，抗震设防烈度 7 度，建筑耐火等级二级，屋面防水Ⅱ级，地下室防水一级。本工程采用太阳能系统。2 号办公楼是一个工程项目，那什么是工程项目？它们有何特点？建设程序如何？本单元将详细阐述。

模块 1.1　建设工程项目管理相关概念

1.1.1　项目与建设工程项目

1. 项目

（1）项目定义

项目是指在一定的约束条件下（主要是限定资源、限定时间），具有特定目标的一次性任务，如鲁布革水电站、上海中心大厦、北京大兴机场、港珠澳大桥、某项科研课题等。

（2）项目特点

1）一次性

凡项目均是一次性的、不重复。即使是同样的事物，时间、地点相同，但由于建设环境、组织、风险等不同，就不属于同一个项目。

2）目标明确

项目的实施是一项社会经济活动，任何经济活动都有其预先设定的目标。

3）约束性

项目是一种任务，任务的完成有其限定条件，如时间、资金、资源等约束条件，没有约束就不能构成项目。

4）生命周期性

任何项目都有开始和结束时间。管理者按照时间维度，可以把项目的生命周期分成若干阶段，就可以有效地对项目实施科学的管理。

5）特定的组织

凡项目均由数十、数百甚至数千个机构协作来实现。项目的组织机构是一次性的，是严密有效的，机构的活动是为了实现共同的目标。

2. 建设工程项目

（1）建设工程项目的定义

建设工程项目（Construction Project）是为完成依法立项的新建、改建、扩建的各类工程（建筑工程、安装工程、市政工程、园林绿化工程、矿山工程等）而进行的、有起止日期的、达到规定要求的一组相互关联的受控活动，包括策划、勘察、设计、采购、施工、试运行、竣工验收和考核评价等。

建设工程项目是项目的一类，而建筑工程项目又是建设工程项目的一个专业类型。

（2）建设工程项目的特征

1）投资额巨大，建设周期长

因为建设工程项目规模大，综合性强，技术复杂，涉及专业面宽，所以建设周期短则一年半载，长则数年，相应的投资额同样巨大。例如，三峡大坝水利枢纽工程从可行性研究到工程建成使用历时数十载，耗资数千亿元人民币。

2）受环境制约性强

建设工程项目的环境包括自然环境和社会环境。项目一般为露天作业，受水文、气象等因素影响较大；建设地点的选择受地形、地质等影响；建设过程中所使用的材料、施工机具等价格受物价影响。

3）生产要素具有流动性

建设工程项目产品固定不动，生产要素在不同的建设地点和不同部位之间流动。

（3）建设工程项目的组成与分类

1）建设工程项目组成

建设工程项目可分为单项工程、单位（子单位）工程、分部（子分部）工程和分项工程，如图 1-1 所示。

①单项工程

单项工程是指在一个建设工程项目中，具有独立的设计文件，竣工后可以独立发挥生产能力或效益的一组配套齐全的工程项目。单项工程是建设工程项目的组成部分，一个建设工程项目有时可以仅包括一个单项工程，有时也可以包括多个单项工程。

②单位工程

单位工程是指具有独立设计文件，可以独立组织施工，但完成后不能独立发挥效益的工程。单位工程是单项工程的组成部分。按照单项工程的构成，又可将其分解为建筑工程和设备安装工程。

③分部工程

分部工程是单位工程的组成部分，应按专业性质、建筑部位确定。一般工业与民用建筑工程的分部工程包括：地基与基础工程、主体结构工程、装饰装修工程、屋面工程、给水排水及采暖工程、电气工程、智能建筑工程、通风与空调工程、电梯工程。

当分部工程较大或较复杂时，可按材料种类、施工特点、施工程序、专业系统及类别等将其划分为若干子分部工程。

④分项工程

分项工程是分部工程的组成部分，一般按主要工种、材料、施工工艺、设备类别等进行划分。分项工程是计算工、料、机消耗的最基本构造要素。

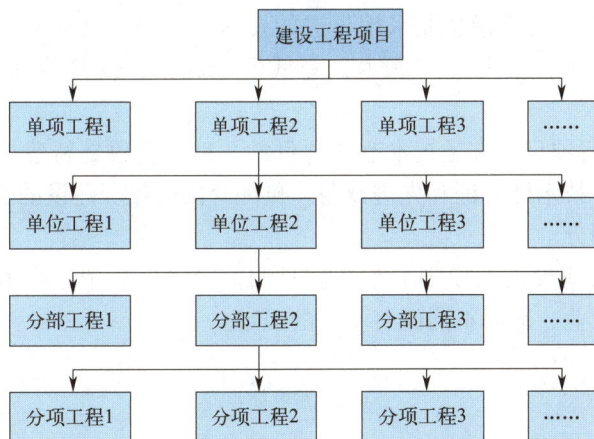

图 1-1　项目组成分解

2）建设工程项目分类

建设工程项目是指新建、扩建或改建的工程。例如，各类工业与民用建筑工程，城市基础设施建设工程，机场、港口、公路、铁路、水利、矿山、国防、航天等各类工程。

建设工程项目的种类极多，按其性质、规模、建设用途及资金来源等，分类如图 1-2 所示。

①按建设性质划分

A. 新建工程项目：即新建的工程项目。此外，我国规定，若建设项目原有基础很小，扩大建设规模后，其新增固定资产价值超过原有固定资产价值三倍的，也当作新建项目。

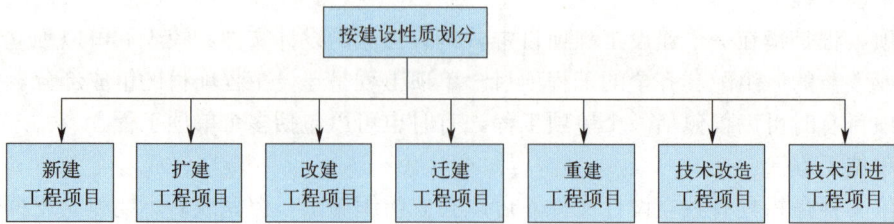

图 1-2　按建设性质划分

B. 扩建工程项目：指在原有的基础上投资扩大建设的工程项目。

C. 改建工程项目：指企事业单位对原有设施、工艺条件进行改造的项目。我国规定，企业为消除各工序或车间之间生产能力的不平衡，增加或扩建的不直接增加本企业主要产品生产能力的车间为改建项目。现有企业、事业、行政单位增加或扩建部分辅助工程和生活福利设施并不增加本单位主要效益的，也为改建项目。

D. 迁建工程项目：指原有企事业单位，为改变生产布局，迁移到其他地方建设的项目，不论其建设规模是企业原来的还是扩大的，都属于迁建项目。

E. 重建工程项目：指因自然灾害、战争等原因，使已建成的固定资产的全部或部分报废以后又投资重新建设的项目。但是尚未建成投资的项目，因自然灾害损坏再重建的，仍按原项目看待，不属于重建项目。

F. 技术改造工程项目：指企业采用先进的技术、工艺、设备和管理方法，为增加产品品种、提高产品质量、扩大生产能力、降低生产成本、改善劳动条件而投资建设的项目。

G. 技术引进工程项目：它是技术改造项目的一种，少数是新建工程项目，其主要特点是国外引进专利、技术许可证和先进设备，再配合国内投资建设的工程。

②按建设规模划分

按设计生产能力或投资规模划分的工程项目，分为大、中、小型项目，如图 1-3 所示。划分标准根据行业、部门不同而有不同的规定。

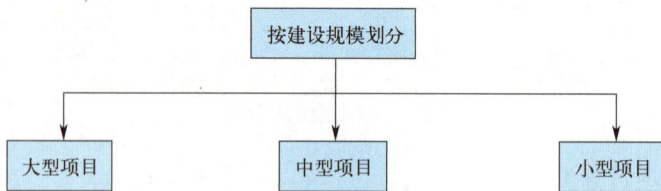

图 1-3　按建设规模划分

③按建设用途划分

建设工程项目按照建设用途划分为生产性建设项目和非生产性建设项目，如图 1-4 所示。

A. 生产性建设项目：如工业工程项目、运输工程项目、农田水利工程项目、能源工程项目等，即用于物资产品生产而建设的工程项目。

B. 非生产性建设项目：指满足人们物质文化生活需要的工程项目。非生产性建设工程项目可分为经营性非生产性建设项目和非经营性非生产性建设项目。

图 1-4　按建设用途划分

④按资金来源划分

建设工程项目按照资金来源划分为国家预算拨款工程项目、银行贷款工程项目、企业联合投资工程项目、企业自筹工程项目、外资工程项目，如图 1-5 所示。

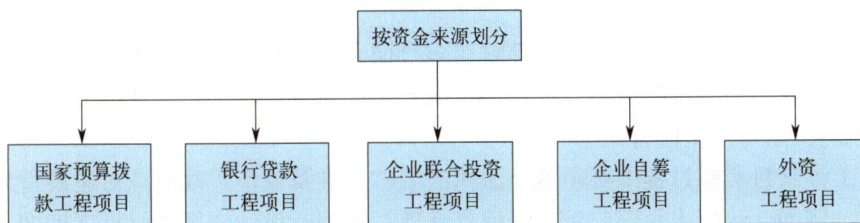

图 1-5　按资金来源划分

（4）建设工程项目参与方

一个建设工程项目往往由许多单位参与，他们在项目中扮演不同的角色，发挥着不同的作用。项目实施过程中，各主要参与方通过合同和协议联系在一起，如图 1-6 所示。

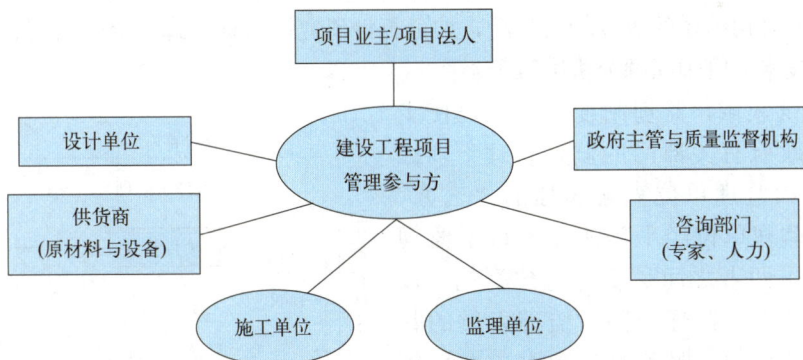

图 1-6　建设工程项目的主要参与方

1）项目业主/项目法人

业主又被称为建设方、项目法人、甲方或开发方。业主是项目的出资人和项目权益的所有者，承担项目投资的风险和责任，有权决定项目的功能策划和定位、建设与投资规模、各项总体管理目标、运作模式以及项目的其他参与方；同时，在项目实施过程中业主必须履行应尽的责任和义务，为项目运行创造必要的条件。

2）设计单位

在项目被批准立项后，经过设计招标或委托，设计单位进入项目。设计单位的任务是按照设计任务书完成项目的设计工作，并参与主要材料和设备的选型，在施工过程中提供技术服务。

3）施工单位（承包商）

一般在项目设计完成后，施工单位通过投标取得工程承包资格，按照施工承包合同要求完成施工任务，交付业主使用，并完成工程保修义务。施工单位要接受业主的监督和管理。

4）供货商（原材料与设备）

根据业主和设计要求的主要材料和设备选型，通过投标或商务谈判取得主要材料或设备的供应权，按照供货合同要求在实施阶段提供项目所需的质量可靠的材料和设备。

5）监理单位

监理单位与业主通过投标或委托签订监理合同，可能承担项目的策划任务、可行性研究、设计阶段或施工阶段的项目管理，也可能承担上述阶段中的两个及以上任务。

6）政府主管与质量监督机构

建设工程项目实施过程中必须遵守法律法规、标准及规范，政府应对建设行为依法监督和管理。例如，政府主管部门对工程项目立项、规划、设计方案进行审查批准，应派出工程质量监督人员，对工程实施质量监督。

7）咨询部门（专家、人力）

工程项目咨询比工程监理有更广泛的概念，可以包括工程建设监理，是工程咨询公司为业主方提供的一种技术或管理方面的服务。工程咨询公司一般属智力密集、管理型的工程建设企业，凭借其技术和管理方面的能力、经验为业主提供服务，并按合同约定获得相应的报酬。咨询公司提供的服务较为广泛，如可行性研究、招标代理、合同策划、工程造价管理和重大技术或管理问题分析决策等。

在工程建设领域，监理制度的推行，使工程管理成为在政府有关部门的监督管理下，由业主、承包商和监理单位直接参加的"三方"体制。业主与监理单位经平等协商签订了监理合同，就确定了两者之间是委托与被委托、授权与被授权的关系。监理合同对监理人员的数量、素质、服务范围、服务时间和服务费用等作出了详细的规定，同时也明确了业主授予监理工程的权利。监理单位与承包商之间不签订任何合同，他们之间的关系体现在业主与承包商签订的《建设工程施工合同》中。根据合同约定，发包人可以委托监理单位全部或部分负

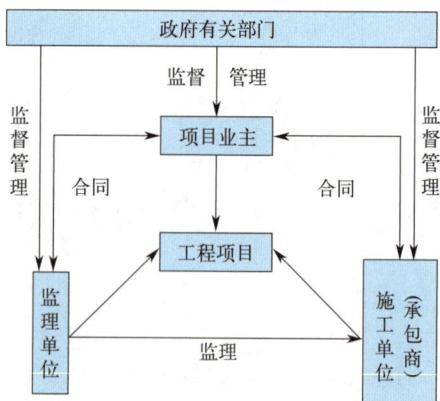

图 1-7 建设工程项目三方体制

责合同的履行。监理应当依照法律、行政法规及有关的技术标准、设计文件和建设工程施工合同，对承包人进行监督。发包人应当将委托的监理单位名称、监理内容及监理权限以书面形式通知承包人。因此，监理工程师与承包商之间是监理与被监理的关系，如图 1-7 所示。

1.1.2　项目管理与建设工程项目管理

1. 项目管理

项目管理是以项目为对象的系统管理方法，是指在一定的约束条件下，为了实现项目的预定目标，通过一个专门性的临时组织，对项目实施所需资源进行的全过程、全方位的策划、组织、控制、协调与监督。项目管理的目的就是保证目标的实现，因此项目管理的正常活动通常是围绕项目计划与组织、质量控制、费用控制和进度控制等内容展开的。

2. 建设工程项目管理

（1）建设工程项目管理的概念

根据《建设工程项目管理规范》GB/T 50326—2017，建设工程项目管理是指项目管理者运用系统的理论和方法，对建设工程项目进行计划、组织、指挥、协调和控制等专业化活动。

（2）建设工程项目管理的主要内容

建设工程项目管理的主要任务是在项目可行性研究、投资决策的基础上，对勘察设计、建设准备、施工及竣工验收等全过程的一系列活动进行规划、协调、监督、控制和总结评价。其内容包括"三控四管一协调"。"三控"分别为费用控制、进度控制、质量控制；"四管"为合同管理、职业健康安全与环境管理、风险管理、信息管理；"一协调"为组织协调。

1）费用控制。编制各阶段、各类投资计划和使用计划。费用是中性词，任何参与方都可使用该词，对于业主来说是投资控制，对施工单位则是成本控制。

2）进度控制。不同的主体编制或审核满足各种需求的进度计划，合理安排好各阶段建设顺序和持续时间，在实施中经常检查计划执行情况，并用科学的手段和方法对进度计划和实际执行结果进行对比和调整，将进度控制在要求的工期目标内。

3）质量控制。不同主体根据合同要求，在不同的阶段对各自的质量进行监督和检查，使质量控制在目标范围内。

4）合同管理

工程总承包合同、勘察设计合同、施工合同、材料设备采购合同、项目管理合同、监理合同、造价咨询合同等均是业主和参与方之间明确权利义务关系而签订的具有法律效力的协议文件，也是组织项目实施的基本手段。从某种意义上讲，项目的实施过程就是合同订立和履行的过程。合同管理主要是指对各类合同的订立过程和履行过程的管理，包括合同文本的选择，合同条件的协商、谈判，合同书的签署，合同履行的检查，变更和违约，纠纷的处理，总结评价等。

5）职业健康安全与环境管理

职业健康安全管理是指通过对项目实施过程中致力于满足职业健康和安全生产所进行的一系列管理活动，包括安全制度、技术措施、安全教育、安全检查、制定项目职业健康及安全生产事故应急预案、安全事故处理等。在环境管理中，应建立环境管理方针和目标，识别环境因素，对能够产生重大环境影响的因素采取措施来进行管理和控制。

6）风险管理

随着工程项目规模的大型化和技术的复杂化，业主及项目参与各方所面临的风险越来越多，遭遇的风险损失越来越大，为确保经济效益，必须对项目风险进行识别，并在定量分析和系统评价的基础上提出风险应对措施。

7）信息管理

信息管理是目标控制的基础，其主要任务就是及时、准确地向各层级领导、各参加单位及各类人员提供不同的信息，以便在项目进展的全过程中，动态地进行项目规划，迅速正确地作出各种决策，并及时检查决策执行结果。为了做好信息管理工作，需要：①建立完善的信息采集制度；②做好信息分类和流程设计工作，实现信息的科学检索和传递；③充分利用现有信息资源。

8）组织协调

组织协调是实现项目目标必不可少的方法和手段。在项目实施过程中，各个项目参与方需要处理和协调众多复杂的业务组织关系，主要包括：①外部环境协调，如与政府管理部门、资源供应及社区环境方面的协调等；②项目参与方之间的协调；③内部各部门、各层次及个人之间的协调。

"三控四管一协调"中的费用目标、进度目标和质量目标之间是对立统一的关系。三控目标是对立的，要加快进度往往需要增加投资，欲提高质量往往也需要增加投资，过度地缩短进度会影响质量目标的实现；但三控目标又是统一的，通过有效的管理，在不增加投资的前提下，也可缩短工期和提高质量。

（3）建设工程项目管理的类型

在建设工程项目的决策和实施过程中，由于各阶段的任务和实施主体不同，构成了不同的项目管理类型，如图 1-8 所示。从系统工程的角度分析，每一类型的管理都是在特定条件下为实现总目标的一个管理子系统。

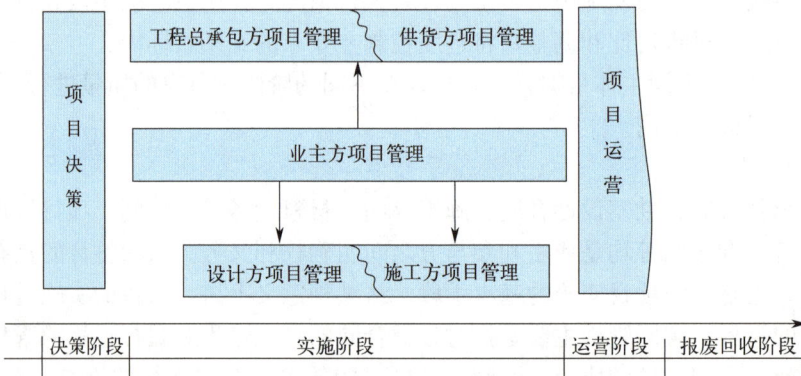

图 1-8　建设工程项目管理的类型

1）业主方项目管理。投资方、开发方和由咨询公司提供的代表业主方利益的项目管理服务都属于业主方的项目管理。业主方的项目管理是核心，是项目成败的关键。业主方项目管理服务于业主的利益，其目标包括投资、进度、质量、安全等。业主方项目管理贯穿于项目全寿命周期。

2）工程总承包方项目管理。在项目设计、施工总承包或设计、采购和施工总承包（即 EPC 承包）的情况下，业主在项目决策之后，通过招标择优选定工程总承包单位，全面负责建设工程项目的实施过程，直至最终交付使用功能和质量标准符合合同文件规定的建设工程项目。其目标包括成本、进度、质量、安全等。工程总承包方的项目管理贯穿于项目的全过程。

3）设计方项目管理。设计方作为项目建设的一个参与方，其项目管理主要服务于项目的整体利益和设计方本身利益。其目标包括成本、进度、质量、安全等。设计方的项目管理工作主要在设计阶段进行，但也涉及设计前准备阶段、施工阶段、动用前准备阶段和保修期。

4）施工方项目管理。施工方受业主方的委托承担工程建设任务，无论是施工总承包方还是分包方，均需要根据施工承包合同所界定的工程范围组织项目管理。施工方项目管理的目标体系包括质量（Quality）、成本（Cost）、工期（Delivery）、安全和现场标准化（Safety）和环境保护（Environment），简称 QCDSE 目标体系。施工方项目管理工作主要是在施工阶段进行，但由于设计阶段和施工阶段在时间上是交叉的，因此施工方项目管理会涉及设计阶段；另外，在动用前准备阶段和保修阶段，施工合同尚未终止，很可能出现工程安全、费用、质量、合同和信息等方面的问题，因此，施工方项目管理也涉及运营阶段前期，如动用前准备阶段和保修期。

5）供货方项目管理。从建设工程项目管理的系统角度分析，建筑材料和设备的供应工作也是实施建设工程项目的一个子系统。该子系统有明确的任务和目标、明确的约束条件以及与设计、施工等子系统有内在联系。其目标包括成本、进度、质量等。供货方项目管理工作主要在施工阶段进行，但它也会涉及设计前准备阶段、设计阶段、动用前准备阶段和保修期。

想一想

费用、进度和质量目标之间是对立关系吗？

知识拓展

了解北京大兴国际机场项目，探究其工程项目复杂性。

大兴国际机场，如何成为"新世界七大奇迹"之首

1.1.3　建设工程项目管理的国内外背景及发展趋势

1. 建设工程项目管理的国内背景

我国建设工程项目已有久远的历史。随着人类社会的发展，政治、经济、宗教、生活和军事对某些建设工程产生一定需求，同时当社会生产力的发展水平又能满足这些需求，就出现了建设工程项目。如修建举世闻名的万里长城、京杭运河、都江堰和故宫等工程。

（1）我国从 20 世纪 80 年代初期开始引入工程项目管理的概念。

（2）1983 年我国鲁布革水电站引水工程按照国际惯例进行国际招标，实行项目管理，此后，招标承包制在我国普遍推行。

（3）1988 年开始推行工程监理制度。

（4）1995 年建设部颁发了《建筑施工企业项目经理资质管理办法》，推行项目经理责任制。

（5）2003 年建设部发出《关于建筑业企业项目经理资质管理制度向建造师执业资格制度过渡有关问题的通知》（建市〔2003〕86 号）（建造师制度）。

建造师相关制度（节选）

（6）为了适应建设工程项目管理的需要，经人事部、国家发展和改革委员会研究决定，对高层专业管理人员实行职业水平认证制度。2004年人事部与国家发展和改革委员会颁布了《关于印发〈投资建设项目管理职业水平认证制度暂行规定〉和〈投资建设项目管理师职业水平考试实施办法〉的通知》（国人部发〔2004〕110号）。

（7）2017年5月发布了《建设工程项目管理规范》GB/T 50326—2017，从2018年1月1日开始正式实施。

2. 建设工程项目管理的国外背景

项目管理产生于第二次世界大战期间，它作为一门学科和一种特定的管理方法最早起源于美国。美国将项目管理应用于大型军事项目、航天工程与开发工业等项目上，如曼哈顿计划、北极星导弹计划、阿波罗宇宙飞船载人登月计划及石油化工系统中。

20世纪50年代，美国洲际导弹等一系列大型军事项目的实施，客观上要求新的组织和管理方法，促使项目管理思想的萌芽产生。

20世纪60年代，项目管理思想引入欧洲，开始广泛的理论研究和实践探索。20世纪60年代起，两大国际性项目管理协会先后建立：以欧洲国家为主的国际项目管理学协会（International Project Management Association，简称IPMA）和美国项目管理协会（Project Management Institute，简称PMI，创建于1969年），PMI于1984年制定了项目管理知识体系指南（A Guide to the Project Management Body of Knowledge，简称PM-BOK），尝试建立全球性的项目管理标准。

20世纪70年代，项目管理的方法和技术经历了一个不断细化、完善和提炼的过程，项目管理主要集中于职业化发展，专业化的项目管理咨询公司出现并蓬勃发展。

20世纪80年代，项目管理作为一门学科日趋成熟，世界各国的专业学会、协会相继形成，推动了PM的职业化进程。

3. 建设工程项目管理的发展趋势

为了适应工程项目大型化、项目大规模融资及分散项目风险等需求，工程项目管理呈现出集成化、国际化、信息化趋势。

鲁布革水电站
项目简介

（1）项目管理集成化。在项目组织方面，业主变自行管理模式为委托项目管理模式。由项目管理咨询公司作为业主代表或业主的延伸，根据其自身的资质、人才和经验，以系统和组织运作的手段和方法对项目进行集成化管理。

在项目管理理念方面，不仅注重项目的质量、进度和费用三大目标的系统性，更加强调项目目标的全寿命周期管理。为了确保项目的运行质量，必须以全面质量管理的观点控制项目决策、设计和施工全过程的质量。项目进度控制也不仅仅是项目实施（设计、施工）阶段的进度控制，而是包括决策在内的全过程控制。项目费用控制指的是全寿命周期管理，将项目建设的一次性投资和项目建成后的日常费用综合起来进行控制，力求项目全寿命周期成本最低，而不是追求项目建设的一次性投资最省。

（2）项目管理国际化。随着经济全球化及我国经济的快速发展，在我国的跨国公司和跨国项目越来越多，我国的许多项目已通过国际招标、咨询等方式运作，我国企业走出国门，在海外投资和经营的项目也在不断增加。特别是我国加入WTO后，我国的行业壁垒正在逐步消除，国内市场国际化，国内外市场全面融合，使得项目管理国际化成为趋势和

潮流。

（3）项目管理信息化。伴随着网络时代和知识经济时代的到来，项目管理的信息化已成为必然趋势。欧美发达国家的一些工程项目管理中运用了计算机网络技术，开始实现项目管理网络化、信息化。此外，许多项目管理单位已开始大量使用项目管理软件进行管理。

模块 1.2　建设工程项目建设程序

1.2.1　建设工程项目全寿命和全过程管理

建设工程项目全寿命周期，是指建设工程项目从其寿命开始到寿命结束的时间。主要可以分为决策阶段、实施阶段（包括设计和施工阶段）、运营阶段、报废回收阶段，如图 1-9 所示。

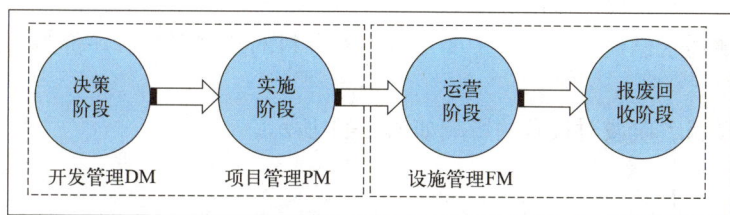

图 1-9　建设项目全寿命周期阶段划分

建设工程项目全过程管理包括决策阶段、实施阶段。在决策阶段，为业主编制可行性研究报告，进行可行性分析和项目策划；在设计阶段，负责完成合同约定的初步设计、施工图设计等工作；在施工阶段，进行费用控制、进度控制、质量控制、合同管理、职业健康安全与环境管理、风险管理、信息管理、组织协调。全过程管理与全寿命周期管理的区别在于是否包括运营阶段和报废回收阶段。图 1-9 中的 DM（Development Management）指的是项目前期的开发管理，PM（Project Management）指的是项目管理，FM（Facility Management）指的是设施管理。施工单位主要是为实施阶段服务，侧重于施工阶段，因此对施工单位来说主要是 PM 管理。

建设工程项目不同的阶段资源投入是不断变化的，如图 1-10 所示。

（1）决策阶段

要作出正确的决策，需要高级专业技术人员做深入细致的市场调查和技术经济分析，通过编制可行性研究报告，来辅助决策者进行判断和决策。所以，此阶段的资源计划主要是对人力资源的计划，给专业技术人员分工，明确其任务范围和要求，充分发挥其作用。而所需的材料和设备则起辅助作用，消耗量与人力资源相比也较少。决策阶段的资源投入占总资源的 1%～3%，虽然与施工阶段相比资源消耗较少，但对整个工程项目的投资影响却是最重要的。

（2）实施阶段

建设工程项目实施阶段包括设计阶段和施工阶段。设计工作需要各种专业工程师，还需要计算机（包括各类软件）、绘图仪器等设备，以及各种资料，如数据、规范、法律法规、专业书籍。此阶段的资源计划也以人力资源为主。

施工阶段是建设工程项目实体的生产过程，所需资源主要包括：劳动力、材料和设备、临时设施等。这些资源是项目实施必不可少的，它们的费用往往占总费用的 80％以上，因此做好对工、料、机的计划与控制是工程资源节约的主要途径。

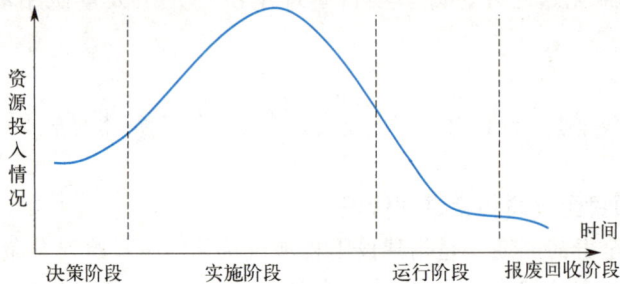

图 1-10　建设工程项目各阶段资源投入

（3）运营阶段和报废回收阶段

该阶段资源需求已接近尾声，主要是对各种资料的整理以及后评价等工作，资源需求量小。

建设工程项目各阶段对投资的影响如图 1-11 所示。

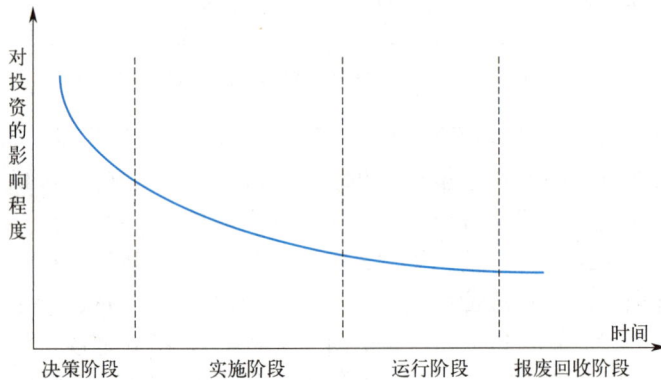

图 1-11　建设工程项目各阶段对投资的影响

（1）决策阶段

决策阶段对工程造价的影响最大，可达 90％以上。投资决策正确与否，直接关系到项目建设的成败，关系到工程造价的高低及投资效果的好坏。投资决策人员要充分了解影响工程造价的因素，作出合理的投资决策，以降低工程造价，提高投资效益。

（2）实施阶段

设计阶段对工程造价的影响程度很大，可达 75％，虽然工程设计费用在工程全部费用的占比不到 1％，但设计阶段对工程造价的影响却很大。因此设计阶段是有效控制工程造价的重要阶段。

施工阶段，由于设计已经完成，工程量已具体化，并完成了招标工作和签订了工程承包合同。这一阶段影响工程造价的可能性只有 10％～15％，节约投资的可能性很小。但是，工程投资却主要发生在这一阶段，浪费投资的可能性则很大，因此施工阶段工程造价的控制主要是加强施工项目的管理和合同管理，尽量减少设计变更，严格现场签证管理。

（3）运营阶段和报废回收阶段

运营阶段和报废回收阶段对投资影响非常小。

想 一 想

全过程与全寿命周期的区别？

1.2.2 建设工程项目建设程序

建设工程项目建设程序是指从决策、实施、运行和报废回收的整个过程中，各项工作必须遵循的先后工作次序。建设程序是工程建设过程客观规律的反映，是科学决策和顺利进行的重要保证。

各个国家和国际组织在工程项目建设程序上可能存在差异，但是按照建设工程项目发展的内在规律，项目都要经过投资决策和建设实施的发展时期，各个发展时期又可分为若干个阶段，它们之间存在严格的先后次序，可以进行合理的交叉，但不能任意颠倒次序，如图 1-12 所示。

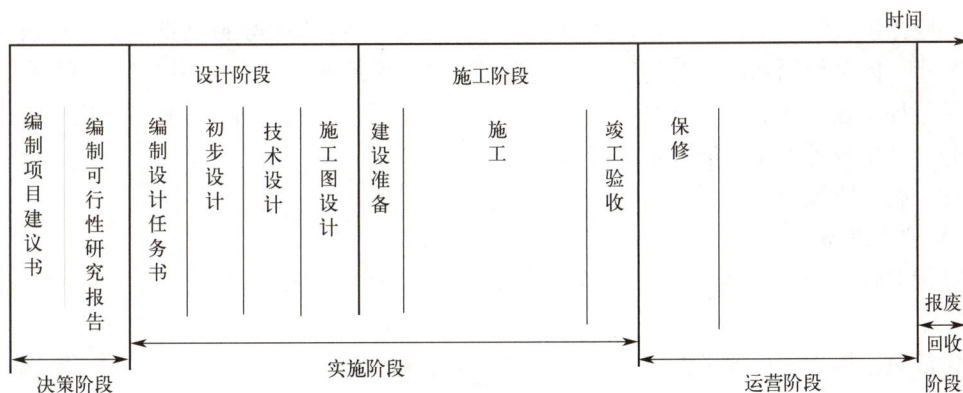

图 1-12 建设项目建设程序

1. 决策阶段工作内容

（1）项目建议书

项目建议书是拟建项目单位向国家提出的要求建设某一项目的建议文件，是对建设工程项目的轮廓设想。项目建议书主要用于论述其建设的必要性、可行性，供国家选择并确定是否进行下一步工作。对于政府投资项目，项目建议书按要求编制完成后，应根据建设规模和限额划分分别报送有关部门审批。项目建议书经批准后，可以进行详细的可行性研究工作，但并不表明项目非上不可，批准的项目建议书不是项目的最终决策。

根据《国务院关于投资体制改革的决定》，对于企业不使用政府资金投资建设的项目，政府不再进行投资决策性质的审批，项目实行核准制或登记备案制，企业不需要编制项目建议书，直接编制可行性研究报告。

（2）可行性研究报告

可行性研究是对工程项目在技术上是否可行和经济上是否合理进行的科学分析和论证。可行性研究工作完成后，需要编写可行性研究报告。

2. 实施阶段工作内容

（1）设计阶段

设计阶段一般可划分为两个阶段，即初步设计和施工图设计。重大项目和技术复杂项目，可根据需要增加技术设计阶段。

①初步设计。根据可行性研究报告的要求所做的具体实施方案，目的是阐明在指定的地点、时间和投资控制数额内，拟建项目在技术上的可行性和经济上的合理性，并通过对工程项目所作出的基本技术规定，编制项目总概算。

初步设计不得随意改变被批准的可行性研究报告所确定的建设规模、产品方案、工程标准、建设地址和总投资等控制目标。如果初步设计总概算超过可行性研究报告总投资的10%或其他主要指标需要变更时，应说明原因和计算依据，并重新向原审批单位报批可行性研究报告。

②技术设计。应根据初步设计和更详细的调查研究资料编制，以进一步解决初步设计中的重大技术问题，如工艺流程、建筑结构、设备选型及数量确定等，使工程项目的设计更具体、更完善，技术指标更好。

③施工图设计。根据初步设计或技术设计的要求，结合现场实际情况，完整地表现建筑物外形、内部使用功能、结构体系、构造状况以及建筑群的组成与周围环境的配合。它还包括各种运输、通信、管道系统、建筑设备的设计。在工艺方面，应具体确定各种设备的型号、规格及各种非标准设备的制造加工图。

（2）施工阶段

1）建设准备

建设准备工作，是项目在开工建设之前要切实做好的各项准备工作，其主要内容包括：

①征地、拆迁和场地平整。

②完成施工用水、电、通信、道路等接通工作。

③组织招标，选择工程监理单位、承包商及材料、设备供应商。

④准备必要的施工图纸。

⑤办理工程质量监督手续和施工许可证。建设单位完成工程建设准备工作并具备工程开工条件后，应及时办理工程质量监督手续和施工许可证。

2）施工

这个阶段是建成投产收回效益的关键环节，是施工企业按设计图纸要求，组织人力、物资进行生产、建设满足需求的项目活动，施工阶段是图纸转化为实际产品的阶段。

3）竣工验收

当设计文件规定内容全部施工完成之后，便可组织验收。

3. 运营阶段工作内容

在全寿命周期中，运营阶段历时最长，在运行前期，还需要对项目进行后评价，评价项目建设和运行是否达到投资决策时所确定的目标，只有经过生产经营或使用取得实际投资效果后，才能对项目进行总结和评估，才能综合反映项目建设和管理各环节上工作的成效和存在的问题，提高管理能力。

4. 报废回收阶段工作内容

项目经鉴定其寿命周期达到"终点"后，将会变成废弃物，该阶段主要工作如图 1-13 所示。

（1）在建筑物的拆除过程中，要组织人员对拆除资源进行分类，分为可回收的资源和不可回收的资源，并对建设项目的废弃物分类收集，这是建设项目废弃物有效回收的基础。

（2）组织人员或者送交专门部门将可回收利用的资源进行回收，转化为再生资源或再生产品。这时，废弃物回收处理设备、技术投入和经费投入就要保证可以无害回收。在处理可回收的废弃物时要积极提高废弃物回收处理的水平，避免废弃物分类收集和分类运输、分类处理相互不衔接，将其各个过程衔接起来才可以降低废弃物回收的处理成本和实现资源化回收利用的目的。

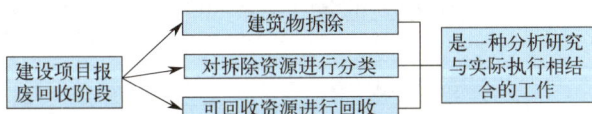

图 1-13　建设项目报废回收阶段的工作及类型

想 一 想

施工单位项目管理涉及哪些阶段？

模块 1.3　建设工程项目的管理模式

建设工程项目的管理模式就是各参与单位之间的相互组织关系，管理模式主要有 DBB 模式、工程总承包模式、专业化机构项目管理模式、公共设施及服务私营化模式等，见表 1-1。

建设工程项目管理模式　　　　　　　　　　　　　　　　　　表 1-1

管理模式	说明	代表管理方式
传统的项目管理模式（DBB 模式）	由业主委托咨询工程师进行前期的可行性研究工作，待项目立项后再进行设计和招标，选择施工承包商	DBB 模式
工程总承包模式	工程总承包是指从事工程总承包的企业受业主委托，按照合同约定对工程项目的勘察、设计、采购、施工、试运行（竣工验收）等实行全过程或若干阶段的承包	EPC 模式（设计、采购、施工）DB 模式（设计、施工总承包）EP 模式（设计、采购总承包）PC 模式（采购、施工总承包）等
专业化机构项目管理模式	依托专业机构的技能与管理经验，按照合同约定范围，代表业主对工程项目的组织实施进行全过程或若干阶段的管理和服务	CM 模式PM 模式等
公共设施及服务私营化模式	利用私人资金或私营企业融资来提供传统上由政府提供的公共设施和社会公益的服务模式	BOT（建造—拥有—运营—移交）BOO 模式（建造—拥有—运营）BLT 模式（建造—租赁—移交）BT 模式（建造—移交）PFI/PPP 模式等

续表

管理模式	说明	代表管理方式
代建制管理模式	通过招标等方式,选择专业化的项目管理单位,负责建设实施、严格控制项目投资、质量和工期,竣工验收后移交使用单位	代建制

1.3.1　设计—招标—建造（DBB）模式

设计—招标—建造（Design-Bid-Build，即 DBB）模式，是最传统的模式，也最为通用。参与项目的主要三方是业主（Owner）、工程师（Engineer）和承包商（Contractor）。业主分别与工程师和承包商签订合同，形成正式的合同关系。在这种模式中，业主首先聘用设计公司或工程咨询公司完成项目的规划和设计，然后与承包商签订施工承包合同。这一模式的特点是要求工程项目的实施必须按设计—招标—建造的顺序进行，只有一个阶段结束后另一个阶段才能开始。这种模式的各方关系如图 1-14 所示。

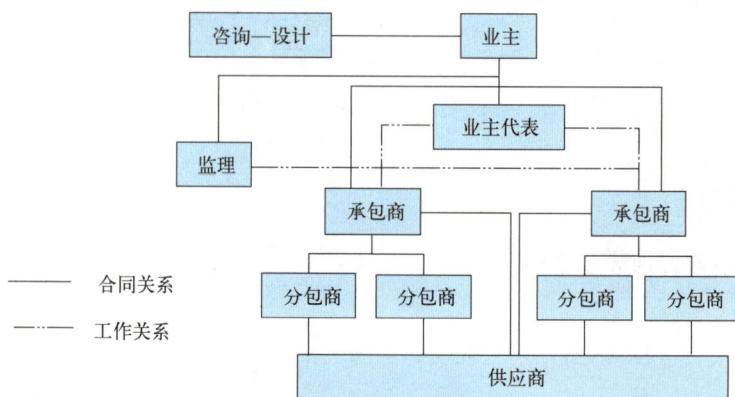

图 1-14　DBB 模式

DBB 模式的优点是参与方在各自合同约定下行使各自的权利和履行义务，权责利明确。这种模式的缺点是必须按照线性顺序进行设计、招标、施工，建设周期长，投资成本容易失控，业主管理成本相对较高；另外承包商无法参与设计工作，导致设计变更频繁，业主利益受损。

1.3.2　工程总承包模式

工程总承包是指从事工程总承包的企业受业主委托，按照合同约定对工程项目的勘察、设计、施工、试运行（竣工验收）等实行全过程或若干阶段的承包（引自《建设项目工程总承包管理规范》GB/T 50358—2017）。工程总承包企业对承包工程的质量、安全、工期、造价全面负责。根据 FIDIC 合同条款，工程总承包又细分为四种，包括设计—采购—施工（EPC）模式、设计—施工（DB）模式、设计—采购总承包（EP）模式，采购—施工总承包（PC）模式，如图 1-15 所示。接下来对 EPC 模式做详细介绍。

设计—采购—施工（Engineering-Procurement-Construction，EPC）模式，又称为交钥匙工程。该模式是将设计、采购与施工委托给一家公司来完成，这种方式在招标与订立合同时采用总价合同，工程总承包商对整个项目的总成本负责。

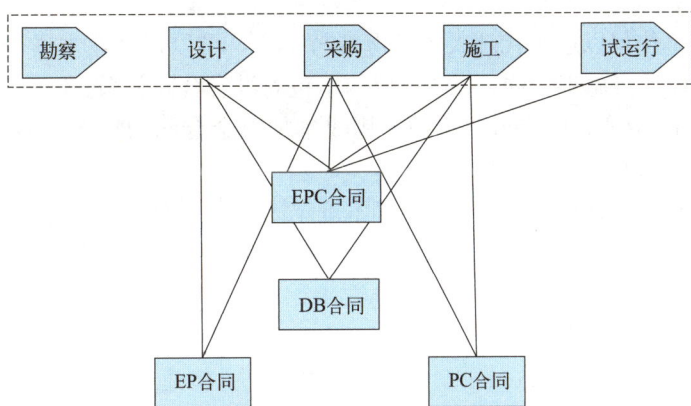

图 1-15　工程总承包示意图

　　这种模式一般适用于投资规模大、专业技术要求高、管理难度大的项目，主要集中在石油、化工、冶金、电力工程等。其优点是工程总承包商更能发挥主观能动性，运用其先进的管理经验为业主和自身创造更多的效益；可以显著提高工作效率，减少协调工作量；设计变更少，工期较短；由于采用的是总价合同，基本不用再支付索赔及追加项目费用；项目的最终价格和工期在更大程度可以得到保障。缺点是业主不能对工程进行全程控制；工程总承包商对整个项目的成本、工期和质量负责，加大了其所承担的风险；采用总价合同，工程总承包商获得业主变更令及追加费用的弹性很小。

1.3.3　专业化机构项目管理模式

　　1. CM 管理模式

　　CM（Construction Management）模式：从工程开始阶段，业主就与具有施工经验的 CM 单位签订合同，使 CM 单位参与到工程实施过程中来，为设计人员提供施工方面的建议，但 CM 单位的工作重点是负责管理施工过程。CM 模式有承包型 CM 和咨询型 CM 两种，如图 1-16 和图 1-17 所示。采用 CM 模式的关键是找到经验丰富的高水平 CM 单位。

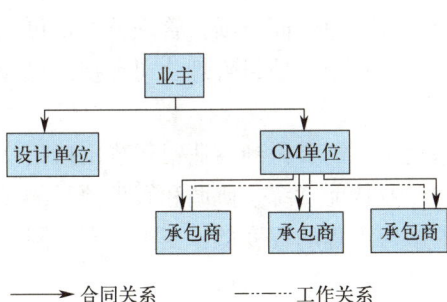

图 1-16　承包型 CM 示意图

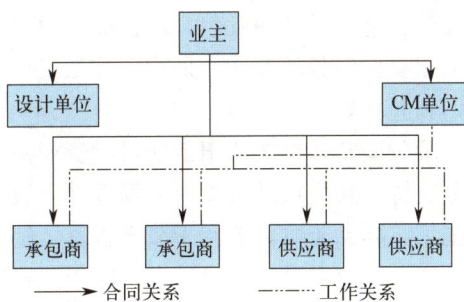

图 1-17　咨询型 CM 示意图

　　（1）承包型 CM

　　承包型 CM 单位是以总承包商的身份工作，可以直接进行发包，并直接与承包商签订合同，但需获得业主的确认。

（2）咨询型 CM

咨询型 CM 单位仅以业主代理人的身份参与工作，可以帮助业主进行分项施工招标，由业主与各承包商签订施工合同，CM 单位与承包商没有合同关系。

承包型 CM 和咨询型 CM 与业主均采用成本加酬金合同的形式。不过，前者的合同价中包括工程成本和 CM 管理费用。

CM 模式适用于工期短，范围和规模等不确定因素多，设计变更可能性大，无法准确定价的项目。优点是可缩短工期；缺点是对 CM 经理以及所在单位的资质和信誉的要求高；采用"成本加酬金"合同，对合同范本要求比较高。

2. 项目管理（PM）模式

项目管理（Project Management，PM）模式：业主将建设工程项目委托给项目管理公司，项目管理公司根据合同约定，代表业主对项目全过程或若干阶段进行管理。项目管理公司作为业主的代表，帮助业主做前期策划、可行性研究、项目定义，以及设计、采购、施工、试运行等工作。

根据项目管理公司承担的工作范围、合同中规定的权限和承担的责任不同，PM 模式可分为承包型和咨询型两种类型，分别如图 1-18 和图 1-19 所示。

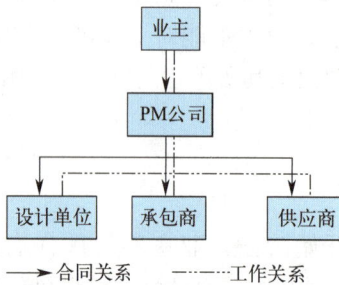

图 1-18　承包型 PM 示意图　　　　图 1-19　咨询型 PM 示意图

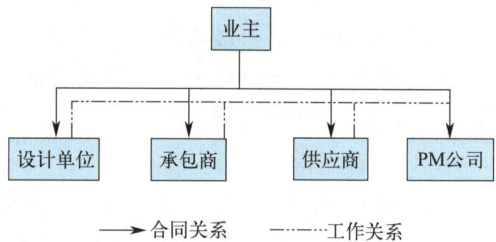

（1）承包型 PM

业主与项目管理公司签订承包合同，项目管理公司代表业主管理项目，负责项目所有的设计、施工任务的发包，承包商与项目管理公司签订承包合同。项目管理公司也可以自己承担项目部分的设计、采购、施工工作。这种管理模式中，项目管理公司承担的风险较大，利润较高。

承包型 PM 模式适用于项目融资规模大，技术复杂，需要得到商业银行或出口信贷的资金支持。其优点是可以充分发挥项目管理公司的专业技能，统一协调和管理项目的设计与施工，减少矛盾，有利于节省投资。缺点是业主参与工程的程度低，变更权利有限，协调难度大，业主最大的风险在于能否选择一个高水平的项目管理公司。

（2）咨询型 PM

项目管理公司按合同约定，代表业主参与全过程管理。如在决策阶段，为业主编制可行性研究报告，进行可行性分析和项目策划；在实施阶段，为业主提供招标代理、设计管理、采购管理、施工管理和试运行等服务，对工程项目进行质量、安全、进度、费用等管理。但项目管理公司与设计、承包商、供应商等只有工作关系，没有合同关系。这种模式的风险较低，收益相对固定。

咨询型 PM 模式的适用范围非常广泛，既可应用于大型复杂项目，也可应用于中小型项目；既可应用于传统的 DDB（设计-招标-建造模式），也可应用于工程总承包模式；既可应用于项目建设的全过程，也可以只应用于其中的某个阶段。优点是减轻了业主的工作量，提高了项目的管理水平，有利于业主更好地实现项目目标，提高投资效益。缺点是项目管理公司的职业标准还没有形成，对履行职责的评价比较困难。

3. CM 模式与 PM 模式的异同点

（1）共同点

①必须由经验丰富的公司担当。

②业主与 PM 公司、CM 单位之间的合同形式皆是成本加酬金。

（2）不同点

在 CM 模式中，CM 单位工作重点是在施工阶段的管理；而 PM 模式中，PM 单位的工作任务可能会涉及项目的全过程，从决策、实施到项目竣工。

1.3.4　公共设施及服务私营化模式

1. 建造—运营—移交（BOT）模式

建造—运营—移交（Build-Operate-Transfer，即 BOT）模式：以投资人为项目的发起人，从政府获得某项目基础设施的建设特许权，然后由其独立或联合他方组建项目公司，负责项目的融资、设计、建造和经营。在整个特许期内，项目公司通过经营项目获得利润，并用此偿还债务。在特许期满之时，整个项目由项目公司无偿或较少的名义价格移交给政府。

BOT 模式一般适用于营利性公共设施项目，优点是由于获得政府许可和支持，可得到优惠政策，拓宽融资渠道；另外，BOT 项目若由境外公司来承包，会给项目所在国带来先进的技术和管理经验。这种模式的缺点是参与方多，结构复杂；项目前期过长且融资成本高；在特许期内，政府对项目失去控制权。

BOT 模式可演化的方向：

（1）BOO（Build-Own-Operate），即建设—拥有—经营。

项目一旦建成，项目公司对其拥有所有权，当地政府只是购买项目服务。

（2）BOOT（Build-Own-Operate-Transfer）模式，即建设—拥有—经营—转让。

项目公司对所建项目设施拥有所有权并负责经营，经过一定期限后，再将该项目移交给政府。

（3）BLT（Build-Lease-Transfer）模式，即建设—租赁—转让。

项目完工后一定期限内出租给第三方，以租赁分期付款方式收回投资和运营收益，以后再将所有权转让给政府。

（4）BTO（Build-Transfer-Operate）模式，即建设—转让—经营。

项目的公共性很强，不宜让私营企业在运营期间享有所有权，须在项目完工后转让所有权，其后再由项目公司进行维护经营。

（5）ROT（Rehabilitate-Operate-Transfer）模式，即修复—经营—转让。

（6）DBFO（Design-Build-Finance-Operate），即设计—建设—融资—经营。

（7）BT（Build-Transfer），即建设—转让。

（8）BOOST（Build-Own-Operate-Subsidy-Transfer）模式，即建设—拥有—经营—补贴—转让。

（9）ROMT（Rehabilitate-Operate-Maintain-Transfer）模式，即修复—经营—维修—转让。

（10）ROO（Rehabilitate-Own-Operate）模式，即修复—拥有—经营。

建设工程项目采用哪种管理模式由业主确定。业主一般应考虑下列因素后作出选择：项目规模和性质、建筑市场状况、业主的协调管理能力、工程图纸的设计深度与详细程度等，不同建设工程项目根据实际情况选择最适宜的模式。

2. PPP 模式

PPP（Public-Private-Partnership）模式，即公私合作模式，是公共基础设施中的一种项目融资模式。在该模式下，鼓励私营企业、民营资本与政府进行合作，参与公共基础设施的建设。

PPP 与 BOT 模式相比有以下几个特点：第一，在 BOT 模式中，承担的主体既有国内公司，也有国外公司，而 PFI 模式中，进一步将工程项目主体私人化，大多是国内的私人组织承担工程项目的建设与运营。第二，在 BOT 模式中，先由政府决定工程项目的建设方案，再交由承担该项目的组织方进行实施规划和管理工作，而 PPP 模式中，工程项目建设方案是由政府与承担该项目的私人组织协调决定的。第三，BOT 模式规定在工程项目合同期满后，项目承担者要将项目归还给政府部门，而 PPP 模式中，假设在合同期满后，私人组织获得的经济利益未能达到之前的约定，则可以继续拥有该项目的运营权利。

PPP 模式的优点是拓宽资金渠道，降低投资成本，提升建设效率，降低政府风险。

想 一 想

BOT 模式和 PPP 模式区别？

1.3.5 代建制管理模式

"代建制"是我国对政府投资的非经营性工程建设项目采用的一种管理模式。根据 2004 年 7 月国务院出台的《关于投资体制改革的决定》，"代建"是指"通过招标等方式，选择专业化的项目管理单位负责建设实施、严格控制项目投资、质量和工期，竣工验收后移交使用单位"。代建单位在工程建设期内，履行传统项目中业主（建设单位）的职能，可以直接与设计、监理、施工、材料供应等各方签订合同，承担工程建设管理责任，如图 1-20 所示。

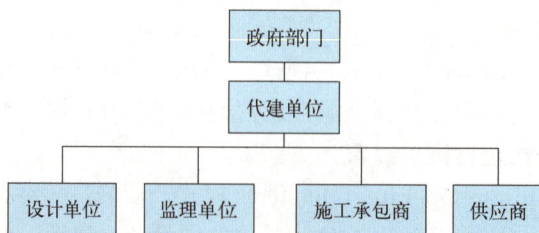

图 1-20　代建制管理模式

采用代建制模式，政府部门主要负责工程规划、筹融资、宏观控制等工作，不介入具体的工程项目实施和管理工作。

模块 1.4　施工组织设计的内容和编制方法

施工组织设计是对施工活动实行科学管理的重要手段，它具有战略部署和战术安排的双重作用。通过施工组织设计，可以根据具体工程的特定条件，拟订施工方案、确定施工顺序、施工方法、技术组织措施，可以保证拟建工程按照预定的工期完成，可以在开工前了解到所需资源的数量及其使用的先后顺序，可以合理安排施工现场布置。因此施工组织设计应从施工全局出发，充分反映客观实际，符合国家和合同要求，统筹安排施工活动有关的各个方面，合理布置施工现场，确保文明施工、安全施工。

1.4.1　施工组织设计的基本内容与分类

1. 施工组织设计的基本内容

施工组织设计的内容要结合工程对象的实际特点、施工条件和技术水平进行综合考虑，一般包括以下基本内容：

（1）工程概况

1）本项目的性质、规模、建设地点、结构特点、建设期限、分批交付使用的条件、合同条件。

2）本地区地形、地质、水文和气象情况。

3）劳动力、机具、材料、构件等资源供应情况。

4）施工环境及施工条件等。

（2）施工部署及施工方案

1）根据工程情况，结合人力、材料、机械设备、资金、施工方法等条件，全面部署施工任务，合理安排施工顺序，确定主要工程的施工方案。

2）对拟建工程可能采用的几个施工方案进行定性、定量的分析，通过技术经济评价，选择最佳方案。

（3）施工进度计划

1）施工进度计划反映了最佳施工方案在时间上的安排，可以采用横道图、网络图等方式表达。

2）在进度计划的基础上编制劳动力、材料、设备资源需求计划。

（4）施工平面图

施工平面图是施工方案及施工进度计划在空间上的全面安排。它把投入的材料、构件、机械、道路、水电供应、生产、生活场地及各种临时设施合理地布置在施工现场，使整个现场能有组织地进行文明施工。

（5）主要技术经济指标

技术经济指标用以衡量组织施工的水平，它对施工组织设计文件的技术经济效益进行全面评价。

2. 施工组织设计的分类

根据施工组织设计编制的广度、深度和作用的不同，可分为施工组织总设计、单位工程施工组织设计和分部（分项）工程施工组织设计三种。

（1）施工组织总设计的内容

施工组织总设计是以整个建设工程项目为对象（如一个工厂、一个机场、一个道路工程、一个居住小区等）而编制的。它是对整个建设项目施工的战略部署，是指导全局性施工的技术和经济纲要。施工组织总设计的主要内容如下：

①建设项目的工程概况。

②施工部署及其核心工程的施工方案。

③全局性施工准备工作计划。

④施工总进度计划。

⑤各项资源需求量计划。

⑥全局性施工总平面图设计。

⑦主要技术经济指标（施工工期、劳动生产率、施工质量、施工成本、施工安全、机械化程度、预制化程度、暂设工程等）。

（2）单位工程施工组织设计的内容

单位工程施工组织设计是以单位工程（如一栋楼房、一段道路、一座桥等）为对象编制的，在施工组织总设计的指导下，由直接组织施工的单位根据施工组织设计进行编制，用以直接指导单位工程的施工活动，是施工单位编制分部（分项）工程施工组织设计和季、月、旬施工计划的依据。单位工程施工组织设计根据工程规模和技术复杂程度不同，其编制内容的深度和广度也有所不同。对于简单的工程，一般只编制施工方案，并附以施工进度计划和施工平面图。单位工程施工组织设计的主要内容如下：

①工程概况及施工特点分析。

②施工方案的选择。

③单位工程施工准备工作计划。

④单位工程施工进度计划。

⑤各项资源需求量计划。

⑥单位工程施工总平面图。

⑦技术组织措施、质量保证措施和安全施工措施。

⑧主要技术经济指标（工期、资源消耗的均衡性、机械设备的利用程度等）。

（3）分部（分项）工程施工组织设计的内容

分部（分项）工程施工组织设计针对某些特别重要、技术复杂的，或采用新工艺、新技术的分部（分项）工程，如深基础、无粘结预应力混凝土、特大构件吊装、大量土石方工程、定向爆破工程等为对象编制的，其内容具体、详细，可操作性强，是直接指导分部（分项）工程施工的依据。分部（分项）工程施工组织设计的主要内容如下：

①工程概况及施工特点分析。

②施工方法和施工机械的选择。

③分部（分项）工程的施工准备工作计划。

④分部（分项）工程的施工进度计划。

⑤各项资源需求量计划。

⑥技术组织措施、质量保证措施和安全措施。

⑦作业区施工平面布置图设计。

1.4.2　施工组织设计的编制方法

1. 施工组织设计的编制原则

在编制施工组织设计时，宜考虑以下原则：

①重视组织对施工的作用。

②提高施工的工业化程度。

③重视管理创新和技术创新。

④重视工程施工的目标控制。

⑤积极采用国内外先进的施工技术。

⑥充分利用时间和空间，合理安排施工顺序，提高施工的连续性和均衡性。

⑦合理部署施工现场，实现文明施工。

2. 施工组织总设计和单位工程施工组织设计的编制依据

（1）施工组织总设计的编制依据主要包括：

①计划文件。

②设计文件。

③合同文件。

④建设地区基础资料。

⑤有关的标准、规范和法律。

⑥类似建设工程项目的资料和经验。

（2）单位工程施工组织设计的编制依据主要包括：

①建设单位的意图和要求，如工期、质量、费用要求等。

②工程的施工图纸及标准图。

③施工组织总设计对本单位工程的工期、质量和成本的控制要求。

④资源配置情况。

⑤项目环境、场地条件及地质、气象资料，如工程地质勘测报告、地形图等。

⑥有关标准、规范和法律。

⑦有关技术成果和类似项目的资料和经验。

3. 施工组织总设计的编制程序

施工组织总设计的编制通常采用如下程序：

①收集和熟悉编制施工组织总设计所需的资料和图纸，进行项目特点和施工条件的调查研究。

②计算主要工种的工程量。

③拟定施工的总体部署。

④拟定施工方案。

⑤编制施工总进度计划。

⑥编制资源需求量计划。

⑦编制施工准备工作计划。

⑧施工总平面图设计。

⑨计算主要技术经济指标。

应该指出，以上顺序中有些顺序必须这样，不可逆转，如：

A. 拟定施工方案后才可编制施工总进度计划（因为进度的安排取决于施工方案）。

B. 编制施工总进度计划后才可编制资源需求量计划（因为资源需求量计划要反映各种资源在时间上的需求）。

但是在以上顺序中也有些顺序应该根据具体项目而定，如确定施工的总体部署和拟定施工方案，两者有紧密的联系，往往可以交叉进行。

单位工程施工组织设计的编制程序与施工组织总设计的编制程序非常类似，此不赘述。

2号办公楼施工组织设计编写案例

练一练

2号办公楼施工组织设计案例。

模块 1.5 工程项目范围管理

一个项目的完成需要多个单位参与，开展多阶段、多方面的工作，需要陆续交付多项成果。在此着重阐述怎样界定和管理工作范围，怎样确认这些可交付的成果，以及怎样控制其变动。

1.5.1 建设工程项目范围管理的概念与界定

1. 建设工程项目范围管理概念

范围管理一词包括两方面的含义：一是建设工程项目将要包括的性质和使用功能；二是实施并完成该项目必须做的具体工作。

建设工程项目范围管理的对象应包括为完成项目所必需的专业工作和项目管理工作。

建设工程项目范围管理的内容包括范围界定、范围确认和范围控制，如图 1-21 所示。

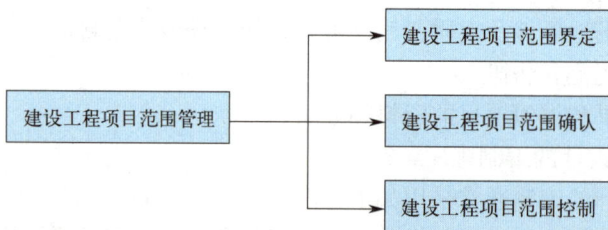

图 1-21 项目范围管理过程

2. 建设工程项目范围界定

（1）范围界定的目的

范围界定就是为了交付具有规定特性与功能的产品、服务或成果，把项目的可交付成果（一个主要的子项目）划分为较小的、更易管理的多个单元。其目的是：

1）提高费用、时间和资源估算的准确性。

2）确定在履行合同义务期间对工程进行测量和控制的基准，即划分的独立单元要便于进度测量，目的是及时计算已发生的工程费用。

3）明确划分各单元的权力和责任，便于清楚地向外发包或者向各级组织分派任务，从组织上落实需要做的全部工作。

一个项目在不同的阶段，可能存在不同的合同类型，如工程设计合同、施工承包合同、安装合同等。每一种合同要求承包人提供的服务内容各异，合同履行期间应根据双方签订的合同，对这些服务的具体内容进行管理。因此，工作范围的界定就显得非常重要。

恰当的工作范围的界定对成功实施项目非常关键，反之，则可能由于工作内容不清，不可避免地造成变更，导致项目费用超支，延长项目竣工时间，以及降低生产效率和挫伤工作人员的积极性。

（2）范围界定的方法

在范围界定时通常采用工作分解结构（Work Breakdown Structure，WBS）方法，有时也可采用专家判断、工程项目分析、备选方案识别、研讨会等方法中的一种或多种。本书着重介绍工作分解结构。

1）工作分解结构的概念和目的

①工作分解结构的概念

工作分解结构是一种层次化的树状结构，是以可交付成果为对象，将项目划分为较小和更便于管理的项目单元。计划要完成的全部工作包含在工作分解结构底层的项目单元中，以便安排进度、估算成本和实施监控。

工作分解结构每下降一个层次意味着对项目工作进行更详细的说明。通过控制这些项目单元的费用、进度和质量目标，使它们之间的关系协调一致，从而达到控制整个项目目标的目的。

不同的可交付成果会进行不同层次的分解，为了达到易于管理的目的，有些可交付成果可能只需分解到第二层次，有些则需要分解到更多层次。

工作分解结构可以满足各级别的项目参与者的需要。将工作分解结构与项目组织结构有机地结合在一起，有助于项目经理根据各个项目单元的技术要求，赋予项目各参与方、各部门和各职员相应的职责。同时，项目计划人员也可以对 WBS 中的各个单元进行编码，以满足项目控制的各种要求。

例如，大型工程项目实施阶段的工作内容相当多，其工作分解结构通常可以分解为六级。一级为工程项目；二级为单项工程；三级为单位工程；四级为分部分项工程；五级为工作包；六级为作业或工序，见表1-2。

大型工程项目工作分解结构　　　　　　　　　　　　　　　表1-2

级别	名称	目的	特点	责任
一级	工程项目	用于授权	属于复合性的工作，与具体的职能部门无关	由业主作出规定
二级	单项工程	用于编制项目预算		
三级	单位工程	编制里程碑事件进度计划		
四级	分部分项工程	用于承包商的施工控制	由承包商完成	分派给某个人或某个作业队伍，由其唯一负责
五级	工作包			
六级	作业或工序			

第一级工程项目由多个单项工程组成，这些单项工程之和构成整个工程项目。每个单项工程又可以分解成单位工程（第三级），这些单位工程之和构成该单项工程。以此类推，

一直分解到第六级（或认为合适的等级）。

前三级一般由业主作出规定，更低级别的分解则由承包人完成并用于对承包人的施工进度进行控制。工作分解结构中的每一级都有其重要目的：第一级一般用于授权，第二级用于编制项目预算，第三级编制里程碑事件进度计划，这三个级别是复合性的工作，与具体的职能部门无关。再往下的三个级别则用于承包商的施工控制。工作包或工作应分派给某个人或某个作业队伍，由其唯一负责。工作分解结构将项目依次分解成较小的项目单元，直到满足项目控制需要的最低层次，这就形成了一种层次化的"树"状结构。这一树状结构将项目合同中规定的全部工作分解为便于管理的独立单元，并将完成这些单元工作的责任赋予相应的具体部门和人员，从而在项目资源与项目工作之间建立一种明确的目标责任关系，形成职能责任矩阵，如图1-22所示。

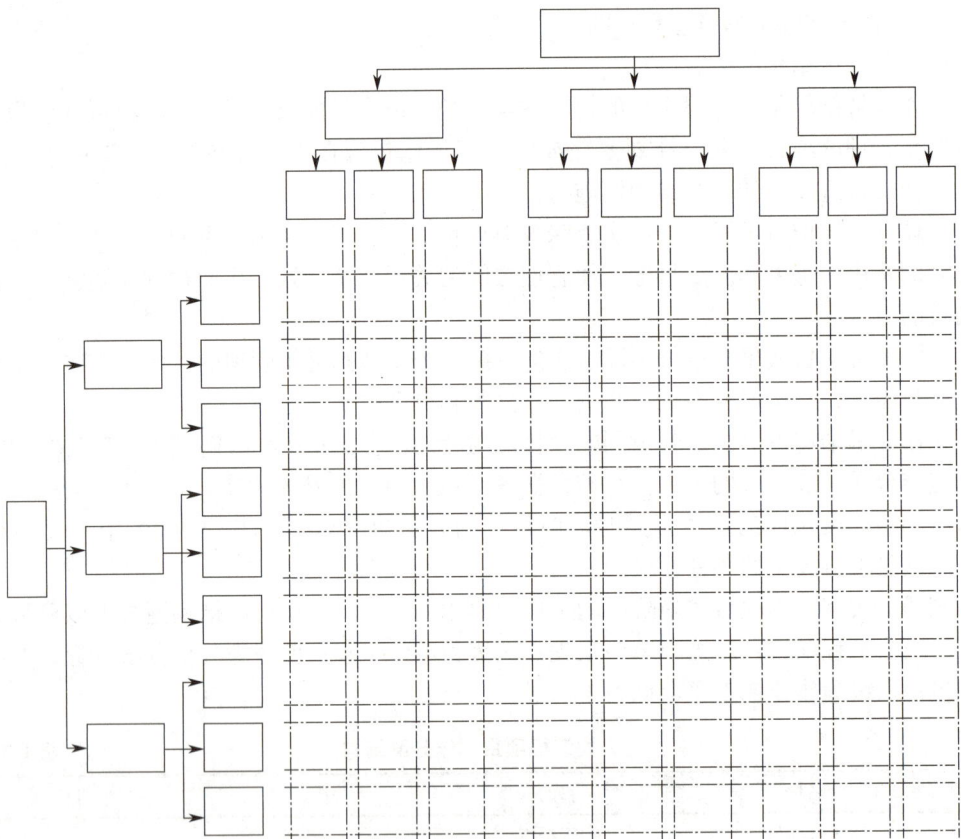

图1-22　矩阵管理方法示意图

②工作分解结构的目的

将整个项目划分为相对独立的、易于管理的、较小的项目单元，以界定项目工作范围，这是WBS的最主要目的。

③工作分解结构的作用

A. 可将项目划分为多个合同，对外发包。

B. 向与项目有关的组织和个人分配任务。

C. 对项目费用和进度进行控制，即对每一活动作出较为详细的进度、费用估计，并进行资源分配，形成进度目标和费用目标，以便实施目标控制。

D. 确定项目需要完成的工作内容。

2）工作分解结构的建立案例

例如，某住宅楼项目分解结构图如图 1-23 所示。

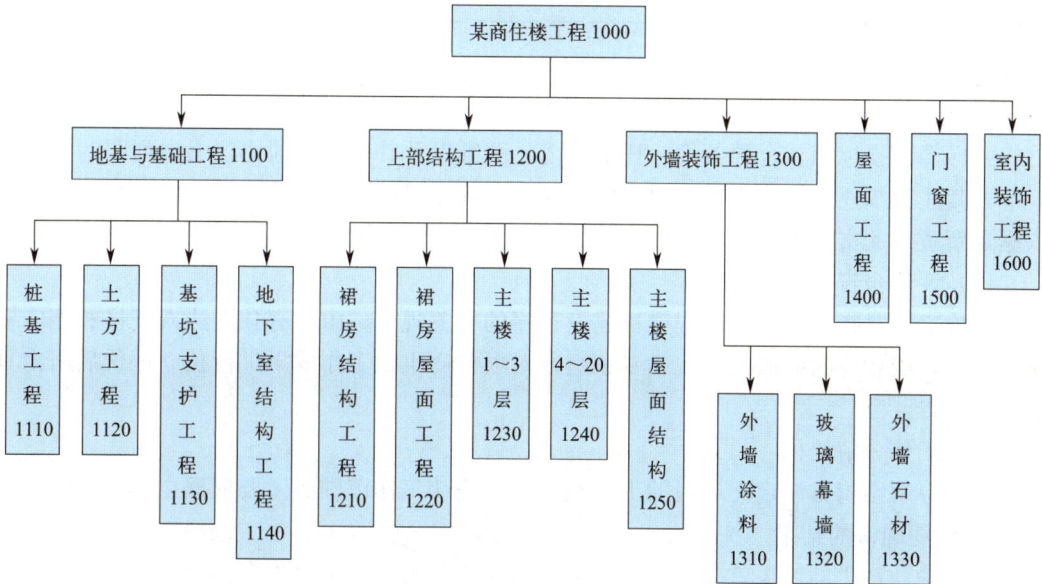

图 1-23 某住宅楼项目分解结构图

1.5.2 建设工程项目范围确认

1. 范围确认的含义

范围确认是项目业主正式接收项目可交付成果的过程。此过程要求对项目在执行过程中完成的各项工作进行及时的检查，保证正确、满意地完成合同规定的全部工作。范围确认可能涉及业主、咨询方、承包商等，在进行各专项验收，如环境评价、消防安全评价等，以及工程项目的最终验收时，可能还涉及各有关政府部门和第三方评价机构。

范围确认可分为中间确认（包括各专项验收评价）和最终确认。如果项目提前终止，范围确认过程也应确定和正式记录项目完成的水平和程度。

范围确认不同于质量控制，范围确认表示了业主是否接收完成的可交付成果，而质量控制则关注完成的可交付成果是否满足技术规范的质量要求。如果不是合同工作范围内的内容，即使满足质量要求也可能不为业主所接收。

2. 范围确认的依据

（1）完成的可交付成果

对项目实施过程进行控制的工作内容之一是收集已经完成的工作的有关信息，并将这些信息编入项目进度报告中。完成工作的信息表明已经完成或尚未完成可交付成果，达到质量标准的程度和已经发生的费用等。在项目建设周期的不同阶段，工作成果具有不同的表现形式，见表 1-3。

工程项目不同阶段工作成果的表现形式　　　　　　　　　表 1-3

全寿命周期阶段	工作成果的表现形式
决策阶段	项目建议书、可行性研究报告
实施阶段	设计图纸、项目实施的整体规划、项目采购计划、项目的招标文件、整个项目的交付使用
运营阶段	项目验收报告和后评价报告
报废回收阶段	—

（2）项目合同文件

项目合同文件主要是指用来约束合同当事人的具有法律效力的文件，包括合同协议书、中标函、投标函、合同条件、技术规范、图纸以及其他在合同协议书中列明的文件。

尤其注意描述变更工作的各种文件，这些文件是对原合同相关文件的修改和更新，要依据最新版本的文件检查已完成工作。

（3）评价报告

评价报告是指按照我国工程项目建设程序的有关规定，由具有独立法人资格和相应资质的实体，或相应的政府机构，或专家组，对项目产生的工作成果进行独立评价后所出具的评价报告。

（4）工作分解结构

工作分解结构方法定义项目的工作范围，是确认工作范围的主要依据之一。

3. 范围确认的结果

范围确认产生的结果就是对可交付成果的正式接收。业主根据合同中关于可交付成果接收的有关规定，一次或多次完成接收。业主可通过颁发正式的接收证书或表明其接收意思的类似文件表示其对完成的可交付成果的正式接收。

范围确认通常包括完全接收、拒收和带缺陷接收三种结果。

完全接收表示完成的工作全部满足项目和合同要求。

拒收是指完成的工作不符合项目和合同要求，无法实现项目的预期目标，业主的投资将失去价值。

带缺陷接收是指完成的工作在某些方面不符合项目和合同要求，在修补后仍然无法完全满足要求，但能实现项目的主要预期目标，业主同意予以接收，但会扣留因这些缺陷给其带来的损失费用。

1.5.3　建设工程项目范围控制

1. 范围控制的含义

建设工程项目范围控制是指监督建设工程项目的工作范围状态和管理范围基准变更的全部过程。建设工程项目由于其性质复杂，且易受自然和社会环境的影响，加之投资方的偏好，使得变更不可避免。因此，建设工程项目范围管理中必须强制实施某种形式的变更控制，确保所有请求的变更、推荐的纠正措施或预防措施等进入变更控制系统，使得所有的变更得到控制。如果范围变更没有得到很好的控制，则势必出现费用超支、进度失控、出现决算超预算、预算超概算、概算超估算的现象。

在项目实施期间，项目业主有权对工程进行变更，这是一个惯例，即买方拥有变更权利。依据合同，变更的内容可能涉及增加合同工作，或从合同中删去某些工作，或对某些工作进行修改，或改变施工方法和方式，或改变业主提供的材料和设施的数量和规格等。

项目范围变更是项目变更的最重要内容，是指在实施合同期间项目工作范围发生的改变，如增加或删除某些工作等。

范围变更控制任务是：

（1）确认范围必须变更。

（2）对造成范围变更的因素施加影响以确保这些变化给项目带来益处。

（3）当变更发生时对实际变更进行管理。

范围变更控制必须完全与其他的控制过程（如进度控制、费用控制、质量控制等）相结合才能收到更好的控制效果。在一般的施工合同中，并不区分变更属于项目范围变更，还是属于其他方面的变更（如工期变更），但是会都单独列出变更条款，对工程变更作出明确的规定。

2. 范围变更控制的依据

（1）项目合同文件

在总承包项目或施工项目合同中，涉及工作范围描述的是技术规范和图纸。技术规范优先于图纸，当两者发生矛盾时，以技术规范规定的内容为准。

（2）进度报告

1）进度报告提供了项目范围执行状态的信息。

2）进度报告还可以对可能在未来引起不利影响的潜在问题向项目组织发出警示信息。

（3）变更令

形成正式变更令的第一步是提出变更请求，产生变更请求的原因有：

1）由于外界的因素，如法律法规的变化。

2）在定义项目范围方面出现错误或遗漏。

3）增值变化，如利用在定义项目范围时还未产生的新技术来加快进度、减少费用。

3. 项目范围控制

项目范围控制是指保证在预定的项目范围内进行项目的实施（包括设计、施工、采购等），对项目范围的变更进行有效控制，保证项目系统的完备性和合理性。项目组织应严格按照项目的范围和项目分解结构文件（包括设计、施工和采购）进行项目的范围控制。

项目范围的控制一般应遵循以下程序：

（1）检查和记录

在项目实施过程中应经常跟踪检查和记录项目实施状况并建立相应文档，从而判断项目任务的范围、质量标准和工作内容等的变化情况。其检查内容包括两方面：

1）检查实施工作：检查实施过程中的相关文件，如计划、图样、技术性文件等。

2）检验工作成果：检查、实测和评价已完成工程情况和相应的成本及预算。

（2）变更管理

一旦发现项目范围发生变化，应及时进行范围的变更并分析其影响程度，因为这种变更通常会涉及目标变更、设计变更、实施过程变更等，从而导致费用、工期和组织责任的变化以及实施计划的调整、索赔和合同争议等问题的产生。

项目范围变更管理应符合以下要求：

1）项目范围变更要有严格的审批程序和手续。主要方法是对范围变更控制系统进行硬性规定，一旦发生变更，必然按照规定程序完成。其主要程序包括范围计划文件、项目实施跟踪系统、项目范围变动申请的审批系统。

2）范围变更后应调整相关文件（进度、成本、质量等计划）。发生范围变更后应及时修正原项目 WBS，在此基础上调整、分析、确定新的相关计划，同时注意变更后各个新计划的责任落实问题。

3）组织对重大的项目范围变更还应分析影响原因和影响程度，提出影响报告。

（3）审查与核实

在建设工程项目结束阶段或整个工程竣工时，在将项目最终交付成果（竣工工程）移交之前，应对项目的可交付成果进行审查，核实项目范围内规定的各项工作或活动是否完成、交付成果是否完备。范围的确认需要进行必要的测量、考察和试验等活动。核实后的文档也可作为工程决算的依据。

（4）总结经验

项目结束后，应组织对项目范围管理的经验进行总结，以便能够对今后的项目范围管理工作不断地持续改进。

通常需要总结的内容包括如下几点：

1）项目范围管理程序和方法等方面的经验，特别是在项目设计、计划和实施控制工作中利用项目范围文件方面的经验。

2）本项目在范围确定、项目结构分解和范围控制等方面的准确性和科学性。

3）项目范围确定、界面划分、项目变更管理以及项目范围控制方面的经验和教训。

练一练

对 2 号办公楼进行工作分解结构。

单元小结

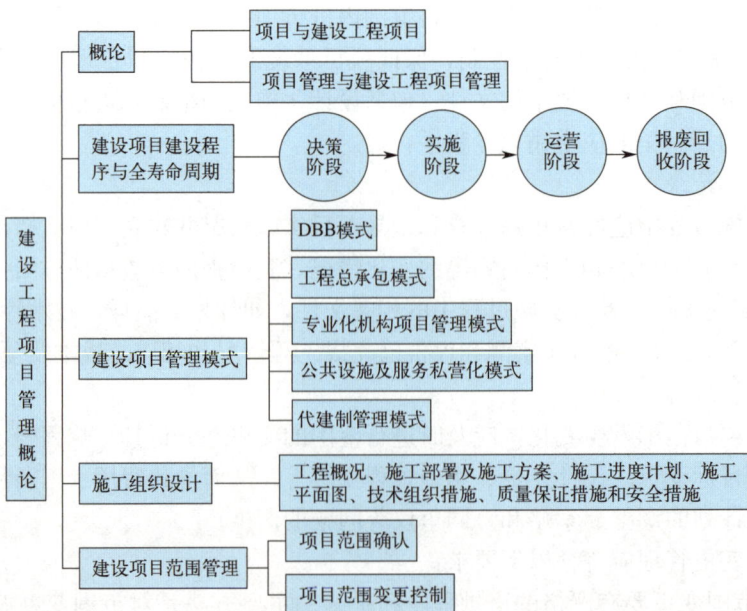

单元习题

一、单选题

1. 大中型工程项目是由多个（　　　）组成的。

A. 单项工程　　　B. 单体工程　　　C. 单位工程　　　D. 分项工程

2. 监理单位与施工单位之间是（　　　）。

A. 雇佣关系　　　B. 合同关系　　　C. 买卖关系　　　D. 监理与被监理关系

3. 供货方项目管理的目标包括供货方的成本目标、供货的进度目标和供货的（　　　）。

A. 投资目标　　　B. 财务目标　　　C. 销售额目标　　　D. 质量目标

4. 建设工程项目的全寿命周期包括项目的（　　　）。

A. 可行性研究阶段、设计阶段、施工阶段、报废回收阶段

B. 可行性研究阶段、施工阶段、使用阶段、报废回收阶段

C. 决策阶段、实施阶段、保修阶段、报废回收阶段

D. 决策阶段、实施阶段、运营阶段、报废回收阶段

5. 设计方的项目管理工作主要在（　　　）进行。

A. 决策阶段　　　B. 设计阶段　　　C. 施工阶段　　　D. 运营阶段

6. 作为工程项目建设的参与方之一，供货方的项目管理工作主要是在（　　　）进行。

A. 设计阶段　　　B. 施工阶段　　　C. 保修阶段　　　D. 动用前准备阶段

7. 施工组织总设计是以（　　　）为对象而编制，是指导全局性施工的技术和经济纲要。

A. 单项工程　　　B. 单位工程　　　C. 分部工程　　　D. 整个建设工程项目

8. 下列关于项目工作分解结构的表述中，错误的是（　　　）。

A. 工作分解结构是一种层次化的树状结构

B. 工作分解结构可以满足各级别的项目参与者需要

C. 工作分解结构不能对工程项目的范围进行定义

D. 工作分解结构可以与项目组织结构有机结合

9. 取得建造师注册证书的人员是否担任工程项目施工的项目经理，应由（　　　）决定。

A. 政府主管部门　　B. 业主　　　C. 施工企业　　　D. 行业协会

10. 在我国，建造师是一种（　　　）的名称。

A. 工作岗位　　　B. 技术职称　　　C. 管理人士　　　D. 专业人士

二、多选题

1. （　　　）属于建设工程项目的特点。

A. 投资额巨大　　　　B. 建设周期长　　　　C. 受环境制约性强

D. 重要性　　　　　　E. 生产要素具有流动性

2. 分项工程是分部工程的组成部分，一般按（　　　）等进行划分。

A. 主要工种　　B. 材料　　C. 主要部位　　D. 施工工艺　　E. 专业

3. 按建设工程项目不同参与方的工作性质和组织特征划分，项目管理可分

为（　　　　）。

A. 业主方的项目管理　　　　B. 设计方的项目管理　　　　C. 施工方的项目管理

D. 供货方的项目管理　　　　E. 政府方的项目管理

4.（　　　　）都属于业主方的项目管理。

A. 投资方　　　　　　　　　B. 开发方　　　　　　　　　C. 设计方

D. 咨询公司提供的项目管理服务　　　　　　　　　　　　E. 施工方

5. 业主方项目管理服务于业主的利益，其项目管理的目标包括（　　　　）。

A. 项目的投资目标　　　　　B. 项目的进度目标　　　　　C. 项目的质量目标

D. 项目的成本目标　　　　　E. 项目的利润目标

6. 建设工程项目的全寿命周期包括（　　　　）。

A. 决策阶段　　　　　　　　B. 实施阶段　　　　　　　　C. 运营阶段

D. 可行性研究阶段　　　　　E. 报废回收阶段

7.（　　　　）不属于建设工程项目管理的内容。

A. 合同管理　　　　　　　　B. 安全管理　　　　　　　　C. 社会治安管理

D. 生态环境平衡管理　　　　E. 风险管理

三、简答题

1. 简述项目、建设工程项目、建筑工程项目有什么区别和联系。

2. 建设工程项目组成包括什么？

3. 我国建设工程项目的全寿命周期一般分哪几个阶段？

单元 2 建设工程项目组织与管理

培养学生对工作的高度责任感和使命感，严格遵守工作的规章制度，自觉规范工作行为。

引导学生对本专业产生兴趣，发现专业价值、就业前景，培养学生爱岗敬业的职业态度。

培养团队协作，管理统筹，沟通协调的职业素养。

了解组织的基本原理。了解组织协调的概念，理解内部关系的组织协调、近外层的组织协调和远外层的组织协调。

熟悉项目经理责任制、项目经理部岗位职责。

掌握组织结构类型及优缺点。

能独立设置项目经理部岗位。

编制项目组织机构。

能对施工过程中出现的问题进行沟通协调。

甲单位参加投标获得了某学校 2 号办公楼项目的施工承包权，项目部采用哪种组织形式？设置哪些管理部门？各部门的人员如何安排？各岗位职责如何规定等？本单元将详细阐述。

模块 2.1 建设工程项目组织概述

2.1.1 组织的基本原理（组织论）

1. 组织论和组织工具

（1）组织论。组织论是一门学科，它主要研究系统的组织结构模式、组织分工和工作流程组织，如图 2-1 所示，它是与项目管理学相关的一门非常重要的基础理论学科。

组织结构模式反映了一个组织系统中各子系统之间或各元素（各工作部门或各管理人员）之间的指令关系。指令关系指的是哪一个工作部门或哪一位管理人员可以对哪一个工作部门或哪一位管理人员下达工作指令。

组织分工反映了一个组织系统中各子系统或各元素的工作任务分工和管理职能分工。组织结构模式和组织分工都是一种相对静态的组织关系。

工作流程组织反映一个组织系统中各项工作之间的逻辑关系，是一种动态关系。

（2）组织工具是组织论的应用手段，用图或表等形式表示各种组织关系，它包括：项目结构图、组织结构图（管理组织结构图）、工作任务分工表、管理职能分工表、工作流程图等。

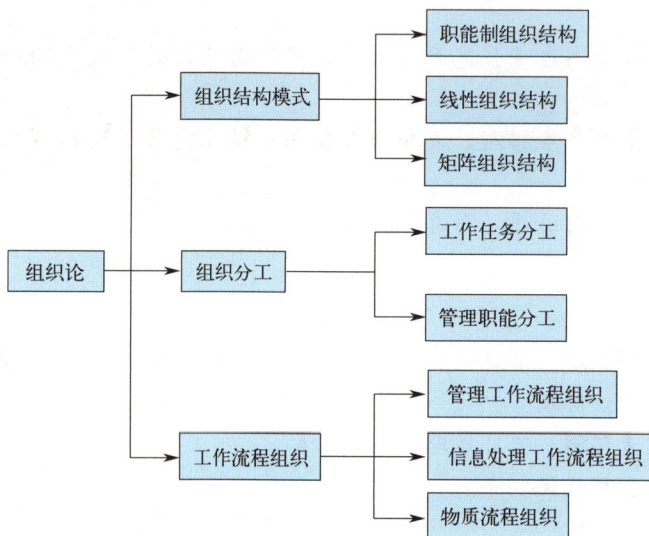

图 2-1　组织论的基本内容

2. 组织与组织构成因素

（1）组织的概念。组织是为了使系统达到特定目标而使全体参与者经分工协作及设置不同层次的权力和责任制度构成的一种组合体。包含三个方面的意思：①目标是组织存在的前提；②组织以分工协作为特点；③组织具有一定层次的权力和责任制度。

（2）组织构成因素。组织构成形成组织结构。组织内部构成和各部分间所确立的较为稳定的相互关系和联系方式，称为组织结构。组织由管理层次、管理跨度、管理部门、管理职能四大因素构成，呈上小下大的形式，相互制约。

1）管理层次。管理层次是指从组织的最高管理者到最基层的实际工作人员的等级层次的数量。管理层次可以分为三个层次，即决策层、协调层和执行层、操作层，三个层次的职能要求不同，表示不同的职责和权限，由上到下权责递减，人数却递增。组织必须形成一定的管理层次，否则其运行将陷于无序状态，管理层次也不能过多，否则会造成资源和人力的巨大浪费。

2）管理跨度。管理跨度是指一个主管直接管理下属人员的数量。在组织中，某级管理人员的管理跨度的大小直接取决于这一级管理人员所要协调的工作量，跨度大，则表明处理人与人之间关系的数量随之增大。跨度太大时，领导者和下属接触频率会太高。跨度的大小又和分层多少有关，一般来说，管理层次增多，跨度会小；反之，层次少，跨度会大，如图 2-2 所示。

3）管理部门。按照类别对专业化分工的工作进行分组，以便对工作进行协调。部门

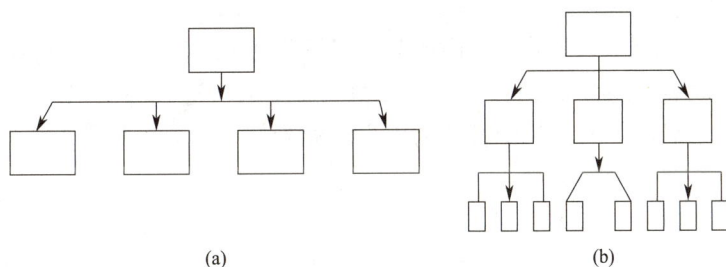

图 2-2　管理跨度和管理层次

(a) 大跨组织结构；(b) 多层组织结构

可以根据职能来划分，可以根据产品类型来划分，可以根据地区来划分，也可以根据顾客类型来划分。组织中各部门的合理划分对发挥组织效能非常重要，如果划分不合理，就会造成控制、协调困难，浪费人力、物力、财力。

4) 管理职能。组织机构设计确定的各部门的职能，在纵向要使指令传递、信息反馈及时，在横向要使各部门相互联系、协调一致。

2.1.2　组织设计原则

组织设计原则是根据组织结构设计理论，在大量实践的基础上总结出来的。在现场施工组织设计中，一般须考虑以下基本原则：

1. 集权与分权相结合的原则

在现场项目组织设计中，要根据组织的实际需要来决定集权与分权的程度。集权与分权是相对的，没有绝对的集权，也不存在绝对的分权，只是程度的不同。组织采取集权还是分权的形式，要根据工作的性质与重要程度、管理者的数量与控制能力、组织规模和外部环境的变化情况等因素决定。

2. 分工与协作相统一原则

分工就是按照提高专业化程度和工作效率的要求，把现场组织的任务和目标进行合理分解，明确规定各层次、各部门乃至个人的工作内容、工作范围以及完成工作的手段、方式和方法；协作就是要明确部门与部门之间、部门内人与人之间的协调关系和配合方法。

3. 管理跨度和管理层次相统一原则

管理跨度与管理层次统一，就要根据组织的内部条件和外部环境的不同因素来综合权衡，适当确定。

4. 责、权、利对等原则

责、权、利对等原则就是在组织中明确划分职责、权力、利益，且职责、权力、利益是对等的关系。责、权、利不对等就可能损伤组织效能，权大于责容易滥用职权，危及整个组织系统的运行；责大于利容易影响管理人员的积极性、主动性、创造性，使组织缺乏活力。

5. 才职相称原则

每项工作都需要完成该工作所需的相应专业知识和技能。组织分工不同，则对完成该工作的专业知识和技能的需求不同。每个人都应该将他现有或可能有的才能与职务上的要求相适应，做到才职相称，人尽其才，才得其用，用得其所。

6. 效益原则

任何组织的设计都是为了获得更高效益，现场监理组织设计必须坚持效益原则。组织结构中部门、人员都要围绕组织目标，充分协调，组成最适宜的组织结构，用较少的人员、较少的层次、较少的时间达到管理的效果，做到精干高效，使人有事干，事有人管，保质保量，负荷饱满，效益更高。

7. 稳定性与适应性相结合原则

为保证组织的高效和正常运行，组织应保持相对的稳定性。组织的变动带来的各种影响使组织的运行需要一个适应的过程，而随着内外部条件变化，组织应当与组织战略保持协调一致。保持组织的稳定性并不意味着组织一成不变，同时强调组织的适应性并不代表组织可以随意变化。贯彻稳定性与适应性相结合的原则应该是在保持稳定性的基础上进一步加强和提高组织的适应性。

模块 2.2　建设工程项目组织工具

2.2.1　项目结构图

项目结构图是一个组织工具，它通过树状图的方式对一个项目的结构进行逐层分解，以反映组成该项目的所有工作任务，如图 2-3 所示。项目结构图中，矩形表示工作任务（或第一层、第二层子项目等），矩形框之间用连线连接。

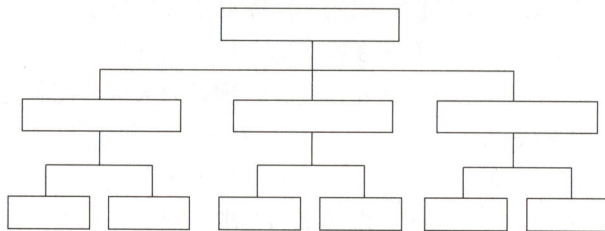

图 2-3　项目结构图

2.2.2　组织结构图

1. 职能制组织结构

职能制组织结构是依据泰勒的管理思想，强调职能专业分工，因此该组织系统是以职能作为划分部门的基础，将管理的职能授权给不同的职能部门，如图 2-4 所示。其优点是：专业分工强，有利于发挥专业人才的作用；缺点是：政出多门，命令源多，各职能部门之间难以协调。

2. 线性组织结构

线性组织结构也称直线式组织结构，如图 2-5 所示。其组织的优点：权力系统自上而下形成直线控制，下级只对一个上级负责，命令源唯一，权责分明，类似军队组织系统；缺点是：专业分工差，横向联系困难。该组织形式一般用于规模小，技术简单，协作关系少的工程项目。

3. 矩阵组织结构

矩阵组织结构是一种较新的组织结构模式。在该组织结构中，横向工作部门一般是

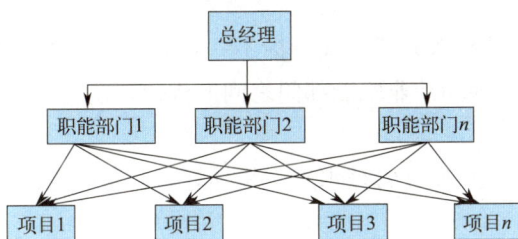

图 2-4　职能制组织结构

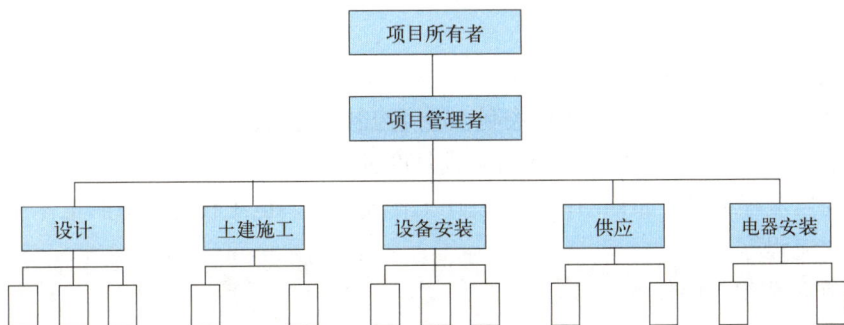

图 2-5　线性组织结构

人、财、物、产、供、销等专业职能部门，而纵向工作部门是各子项目部，如图 2-6 所示。其特点是：横向工作部门是永久性的，而纵向工作部门是临时性的；矩阵中的每个部门或成员都要接受原职能部门和项目经理的双重领导。

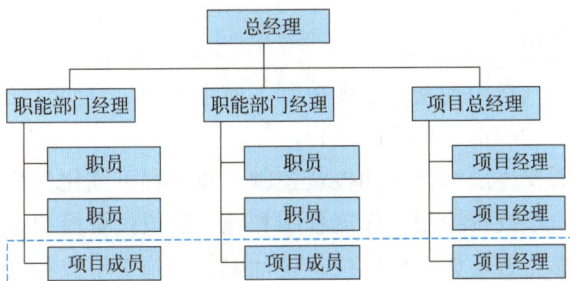

图 2-6　矩阵组织结构

（1）矩阵组织结构的优点

1）兼有职能制和线性两种组织的优点，解决了传统模式中企业组织和项目组织互相矛盾的问题。

2）通过职能部门的协调，一些项目上的闲置人员可以及时转移到其他项目上，尽可能减少企业人力资源的浪费，实现高效率管理多个项目。

3）有利于人的全面培养。横向上，不同知识背景的人在合作中相互取长补短，纵向上发挥了其专业优势。

（2）矩阵组织结构的缺点

1）由于人员来自各职能部门，且仍受职能部门控制，故在项目上的凝聚力减弱，往往影响项目组织的发挥。

2）双重领导。如果领导双方意见或目标不一致时，使当事人无所适从。为防止该问题发生，必须加强项目经理和专业职能部门之间的沟通，使当事人在确定的时间段内接受的命令源是唯一的。

3）对项目经理的个人素质（管理水平、领导魅力、协调能力等）要求较高。

想 一 想

设计2号办公楼的组织结构图，说一说不同组织结构的优缺点。

2.2.3 工作流程组织

工作流程组织包括如下几个方面：

（1）管理工作流程组织，如投资控制、进度控制、合同管理、付款和设计变更等流程。

（2）信息处理工作流程组织，如与生成月度进度报告有关的数据处理流程。

（3）物质流程组织，如钢结构深化设计工作流程、弱电工程物资采购工作流程、外立面施工工作流程等。

1. 工作流程组织的任务

工作流程组织的任务，即定义工作的流程。每一个建设项目应根据其特点，从多个可能的工作流程方案中确定以下几个主要的工作流程组织：

（1）设计准备工作流程。

（2）设计工作的流程。

（3）施工招标工作流程。

（4）物资采购工作流程。

（5）施工作业的流程。

（6）各项管理工作（费用控制、进度控制、质量控制、合同管理等）的流程。

（7）与工程管理有关的信息处理的流程。

工作流程图应视需要逐层细化，如投资控制工作流程可细化为初步设计阶段投资控制工作流程图、施工图阶段投资控制工作流程图和施工阶段投资控制工作流程图等。

业主方和项目各参与方，如咨询单位、设计单位、施工单位和供货单位等都有各自的工作流程组织的任务。

2. 工作流程图

工作流程图用图的形式反映一个组织系统中各项工作之间的逻辑关系，它可用以描述工作流程组织。工作流程图是一个重要的组织工具，如图2-7所示。工作流程图用矩形框表示工作，如图2-7（a）所示，箭线表示工作之间的逻辑关系，菱形框表示判别条件。也可用图2-7（b）所示的方式表示工作和工作的执行者。

2.2.4 合同结构图

合同结构图反映业主方和项目各参与方之间，以及项目各参与方之间的合同关系。通过合同结构图可以非常清晰地了解一个项目有哪些，或将有哪些合同，以及了解项目各参与方的合同组织关系。

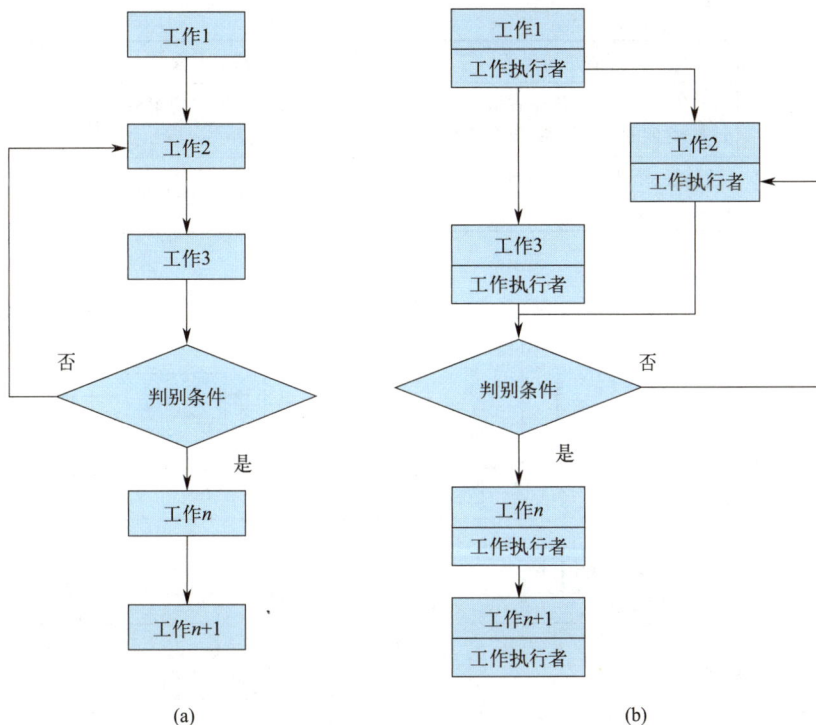

图 2-7 工作流程图示例

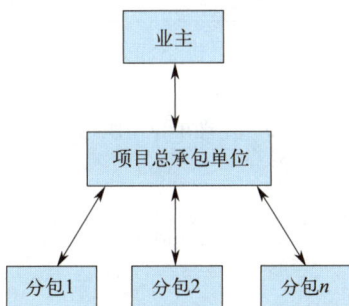

图 2-8 合同结构图示例

如果两个单位之间有合同关系，在合同结构图中用双向箭杆联系，如图 2-8 所示。在组织结构图中，如果两个单位之间有管理指令关系，则用单向箭杆联系。

2.2.5 项目结构图、组织结构图和合同结构图的区别

项目结构图、组织结构图和合同结构图的区别见表 2-1。监理单位组织结构图如图 2-9 所示。

项目结构图、组织结构图和合同结构图的区别 表 2-1

结构图类型	表达的含义	图中矩形框的含义	矩形框连接的表达
项目结构图	对一个项目的结构进行逐层分解，以反映组成该项目的所有工作任务(该项目的组成部分)	一个项目的组成部分	直线

结构图类型	表达的含义	图中矩形框的含义	矩形框连接的表达
组织结构图	反映一个组织系统中各组成部门(组成元素)之间的组织关系(指令关系)	一个组织系统中的组成部分(工作部门)	单向箭线
合同结构图	反映一个建设项目各参与方的合同组织关系	一个建设项目的参与单位	双向箭线

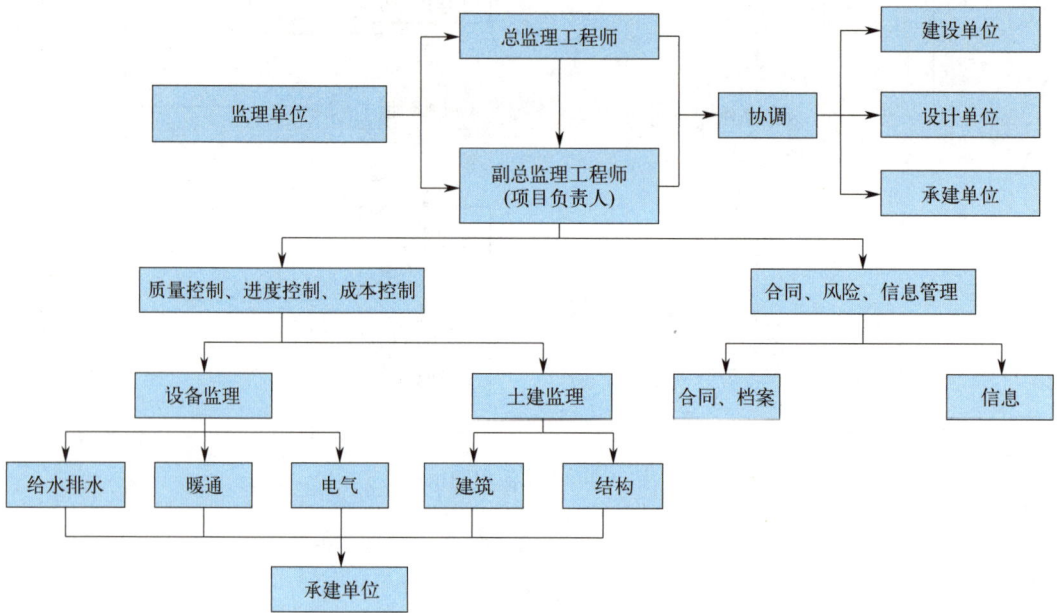

图 2-9　监理单位组织结构图

模块 2.3　项目经理责任制

2.3.1　项目经理

项目经理是项目实施全过程的负责人,是项目实施的最高责任者和组织者。建设工程项目管理实行项目经理负责制。

1. 项目经理的设置

项目经理是企业法人代表在项目上派出的全权代表,这就决定了项目经理在项目管理上的中心地位。项目经理包括建设单位的项目经理、咨询机构的项目经理、设计单位的项目经理和施工单位的项目经理等四种类型。文中所指的项目经理是指施工单位的项目经理。

施工单位的项目经理即施工企业法定代表人在项目上的委托代理人。他是工程项目施工的总负责人,是项目经理部的最高负责者和组织者,是项目目标的全面实现者,是协调各方关系的纽带,是各种信息的集散中心。

2. 项目经理的任务和职责

(1) 项目经理任务。项目经理的任务是实现施工企业的意图,进行施工项目的组织协调、目标控制、合同管理、安全管理、信息管理等工作，实现工程项目的总目标。

（2）施工单位项目经理的职责

1）贯彻执行国家与地方的有关法律、法规和政策，执行企业的各项管理制度，维护企业整体利益和权益。

2）严格财经制度，加强成本核算，积极组织工程款回收，正确处理国家、企业与项目及其他单位和个人的利益关系。

3）签订和组织履行《项目管理目标责任书》，在企业授权的范围内履行企业与业主签订的建设工程施工合同。

4）主持编制施工项目管理实施规划并组织实施。

5）主持编制季（月）度施工计划，包括劳动力、材料、构件和机械设备的使用计划，据此与有关部门签订相关合同并严格履行。

6）对施工项目进行有效的控制，执行有关的技术规范和标准，积极推广应用新技术、新工艺、新材料，确保工程质量和工期，实现安全文明施工，努力提高经济效益。

7）科学组织和管理进入工地的人、财、物等资源，做好资源的优化配置。沟通、协调和处理与业主、监理工程师、分包单位之间的关系，及时解决施工中出现的问题。

8）组织制定项目经理部各类管理人员的职责、权限和各项规章制度，搞好与企业各职能部门的业务联系和经济往来，定期向企业经理报告工作。

9）做好工程竣工结算、资料整理归档工作，接受企业审计并做好项目经理部的解体与善后工作。

10）协助企业进行施工项目的检查、鉴定和评奖申报工作。

3. 项目经理的条件

项目经理必须具备以下几个方面的基本条件：

（1）项目的责任主体。项目经理是实现项目目标的最高责任者，责任是实行项目经理负责制的核心。

（2）项目的权力主体。权力是确保项目经理能够承担责任的条件和手段，所以必须根据项目经理责任的要求，授予其相应的权力，如果没有相应的权力，项目经理就无法对项目的实施负责。

（3）项目的利益主体。利益是项目经理工作与责任的报酬。如果没有一定的利益，就不能鼓励项目经理承担相应的责任，也难以认真行使相应的权力。

4. 项目经理的素质

根据我国建设项目管理实践，项目经理应具备的素质可概括为以下 4 个方面：

（1）品格素质。项目经理的品格素质是指项目经理从行为作风中表现出来的思想、认识、品行等方面特征，如对国家民族的忠诚，良好的社会道德品质，管理道德品质，诚实的态度，坦率的心境及言而有信、言行一致的品格。

（2）能力素质。能力素质是项目经理整体素质体系中的核心素质。能力是直接影响和决定项目经理成功与否的关键，包括决策能力、组织能力、创新能力、协调与控制能力、激励能力、社交能力等 6 个方面。

（3）知识素质。构成企业领导人的专门能力有技术能力、商业能力、财务能力、管理能力、安全能力等。每一种能力都是以知识为基础的。因此，理想的项目经理应该有解决问题所必需的知识。项目经理应具备两大类知识，即基础知识与业务知识，并懂得在实践中不断深化和完善自己的知识结构。

（4）体格素质。项目经理应该身体健康，精力充沛。

2.3.2 项目经理责任制

1. 项目经理责任制的概念

项目经理责任制是指由企业制定的、以项目经理为责任主体，确保项目目标实现的责任制度。它是以施工项目为对象，以项目经理全面负责为前提，以《项目管理目标责任书》为依据，以获得项目产品的最佳经济效益为目的，实行从施工项目开工到竣工的一次性全过程的管理。项目经理责任制是推行项目管理的核心，也是完成业主和国家对企业要求的最终落脚点。

2. 项目经理责任制的特点

项目经理责任制和其他承包经营制相比具有明显的特点：

（1）对象终一性。项目经理责任制以施工项目为对象，实行施工管理过程的一次性全面负责，不同于企业的年度或阶段性承包。

（2）主体直接性。项目经理责任制实行经理负责、全员管理、指标考核、项目核算、确保上缴、超额奖励的复合型指标责任制，并重点突出项目经理个人的主要责任。

（3）内容全面性。项目经理责任制是根据先进、合理、实用、可行的原则，以保证工程质量、缩短工期、降低成本、保证安全和文明施工等各项目标为内容的全过程的责任制，明显地区别于单项或利润指标承包。

（4）责任风险性。项目经理责任制充分体现"指标突出、责任明确、利益直接、考核严格"的基本要求，其最终结果与项目经理部成员，特别是项目经理的奖、罚、晋升等个人利益直接挂钩，经济利益与责任风险同在。

3. 项目经理责任制的作用

项目经理责任制作为项目管理的基本制度，在管理中具有十分重要的作用。这些作用主要体现在以下几点：

（1）有利于明确项目经理与企业、项目经理部成员三者之间的责任、权力和利益关系。

（2）有利于运用经济、法治手段强化对施工项目的管理。

（3）有利于对施工项目进行规范化、科学化的管理和提高工程质量。

（4）有利于促进和提高项目管理的经济效益和社会效益。

2.3.3 项目经理责任制的内容

1. 施工企业内部各层次之间的关系

推行项目经理责任制的施工企业内部分为企业管理层、项目管理层和劳务作业层。企业管理层首先应制定和健全项目管理制度，规范管理工作；其次，应加强计划管理，保证资源的合理分布和有序流动，为施工项目生产要素的优化配置和动态管理服务；再次，应对项目管理层的工作进行指导、监督和检查。项目管理层对施工项目的资源进行优化配置和动态管理，执行和服从企业管理层的指导、监督和检查。企业管理层和劳务作业层应签订劳务分包合同，项目管理层与劳务作业层应建立共同履行劳务分包合同的关系。

2. 项目管理的目标责任体系

（1）企业法人代表与项目经理之间的目标责任制。施工项目经理产生以后，与企业法人代表之间就施工项目全过程管理签订《项目管理目标责任书》，它是对施工项目从开工到竣工交付使用全过程及项目经理部建立、解体和善后处理期间重大问题的办理而事先形成的具有企业法规性的文件，也是对项目经理任职目标的规定，具有很强的约束力。

（2）项目经理与项目经理部成员之间的目标责任制。项目经理部组建以后，项目经理必须对项目经理部成员进行明确的职责分工，建立以项目经理为中心的分工负责目标责任制。项目经理应与项目经理部成员签订岗位责任状，明确每一业务岗位的责、权、利和各业务岗位之间的分工协作关系，把"一人负责"转变为"人人尽职尽责"。

（3）项目经理部与作业分包队之间的目标责任制。项目经理部对作业分包队的责任落实，在通常情况下，可以单位工程为对象，签订目标责任书。在料具按时供应、技术指导及时、责任目标兑现的前提下，落实以施工预算为依据、质量管理为中心、成本管理为手段的目标责任制。

具体做法包括以下几点：

1）按施工预算的有关费用一次性包死，实行全额计件承包。

2）定质量等级、定形象进度、定安全标准。

3）工资总额的核定与工程质量、形象进度、施工成本、文明施工四项指标挂钩。

4）实行优质工程奖和材料节约奖。

3. 项目经理的权力和权益

（1）项目经理的权力

1）参与企业进行的施工项目投标和签订施工合同。

2）经授权组建项目经理部，确定项目经理部的组织结构，选择、聘任管理人员，确定管理人员的职责，并定期进行考核、评价和奖惩。

3）在企业财务制度规定的范围内，根据企业法定代表人授权和施工项目管理的需要，决定资金的投入和使用，决定项目经理部的计酬办法。

4）在授权范围内，按物资采购程序性文件的规定行使采购权。

5）根据企业法定代表人授权或按照企业的规定选择、使用作业队伍。

6）主持项目经理部工作，组织制定施工项目的各项管理制度。

7）根据企业法定代表人授权，协调和处理与项目有关的内部与外部事项。

（2）项目经理应享有的权益

1）获得基本工资、岗位工资和绩效工资。

2）经过企业的考核与审计，在全面完成《项目管理目标责任书》确定的各项责任目标以后，除按规定获得物质奖励以外，还可获得表彰、优秀项目经理荣誉称号等精神奖励。

3）如果经过企业的考核与审计，未完成《项目管理目标责任书》确定的责任目标或造成亏损的，按有关条款承担责任，并接受经济或行政处罚。

项目经理的职责、权力和利益是项目经理责任制的核心内容。

4. 项目经理的工作

项目经理的工作主要包括两个方面：①保证施工项目按照规定的目标快速、优质、低耗地全面完成；②保证各生产要素在企业授权范围内最大限度地优化配置。

具体应包括以下几个方面：

(1) 组建管理机构，制定管理制度。

(2) 规划施工项目目标。

(3) 及时、适当地进行决策。

(4) 协调与相关单位的关系。

模块 2.4　项目经理部

2.4.1　项目经理部与企业的关系

项目经理部是由项目经理在企业支持下组建并领导、进行项目管理的组织机构，由工程项目施工负责人、施工现场负责人、施工成本负责人、施工进度控制者、施工技术与质量控制者、合同管理者等人员组成。

项目经理部与企业有关职能部门的主要业务管理关系表现在以下几个方面：

(1) 计划统计。施工项目经理部除每月向企业报送施工统计报表外，还须编制施工进度计划、物资使用计划、财务收支计划。

(2) 财务核算。项目经理部负责施工项目的财务收支与成本核算工作，并接受企业财务管理部门的监督指导。

(3) 材料与周转料具供应。施工项目所需的三大主材、门窗及构配件、机电设备等由施工项目经理部按单位工程用料计划报企业供应，按规定结算；工程所需机械设备及周转材料，由施工项目经理部上报计划，企业组织供应。

(4) 预算与经济洽商签证。企业经营管理部门负责项目投标报价的编制和报批，施工项目经理部预算人员负责工程施工预算、经济洽商签证和增减账预算的编制报批。

(5) 施工业务管理。施工过程中的质量、安全、测试计量等施工业务由企业职能部门对项目经理部的工作进行监控、检查、考核、评比。

(6) 分包。通过签订分包合同明确双方的关系，各专业服从项目经理部的安排和调配。

2.4.2　建立项目经理部的基本原则与步骤

1. 建立项目经理部必须坚持适应性原则

(1) 与企业的管理方式相适应。

(2) 与施工项目的规模、复杂程度和专业特点相适应。

(3) 与施工项目的进展情况相适应。

(4) 与施工项目的现场管理相适应。

2. 建立项目经理部应遵循的步骤

(1) 根据项目管理规划大纲确定项目经理部的管理任务和组织结构。

(2) 根据《项目管理目标责任书》进行目标分解与责任划分。

(3) 确定施工项目经理部的组织设置。

(4) 确定人员的职责、分工和权限。

(5) 制定工作制度、考核制度与奖励制度。

2.4.3　项目经理部的规模与部门设置

1. 项目经理部的规模

项目经理部的规模见表 2-2，一般可分为以下三个等级：

施工项目经理部的规模等级划分表　　　　　　　　　　　　　表 2-2

施工项目经理部等级	建筑面积(群体工程)	建筑面积(单体工程)	施工项目投资规模	施工项目经理部的人数
一级项目经理部	15 万 m² 及其以上的群体工程	10 万 m² 及其以上的单体工程	8000 万元及其以上的各类施工项目	30～45 人
二级项目经理部	10 万 m² 以上，15 万 m² 以下的群体工程	5 万 m² 以上，10 万 m² 以下的单体工程	3000 万元以上，8000 万元以下的各类施工项目	20～30 人
三级项目经理部	2 万 m² 以上，10 万 m² 以下的群体工程	1 万 m² 以上，5 万 m² 以下的单体工程	500 万元以上，3000 万元以下的各类施工项目	15～20 人

2. 项目经理部的部门设置

大中型项目经理部通常可设置以下四个内部管理职能部门，如图 2-10 所示。

（1）经营核算部门。主要负责施工预算、成本核算、资金收支、合同管理、劳动分配等工作。

（2）工程技术部门。主要负责编制施工组织设计、施工技术管理、生产调度、劳动力配置、测试计量、试验等工作。

（3）物资设备部门。主要负责材料设备的采购、计划供应、施工设备的配置等工作。

（4）监控管理部门。主要负责质量管理、安全生产、文明施工、环境保护、消防保卫等工作。

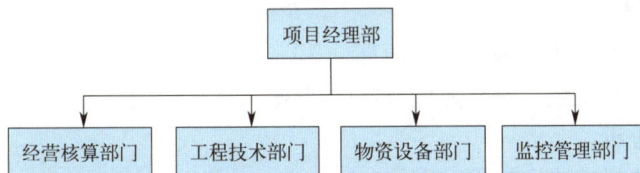

图 2-10　施工项目经理部

项目经理部的人员配备可以参考图 2-11 进行组建。

知识拓展

项目管理机构的岗位职责。

3. 项目经理部主要工作

（1）项目组织、协调方面

1）编制项目总体规划，确定实现项目目标的具体措施，并监督其执行。

2）制定项目管理制度。

3）编制项目组织结构图，明确各部门的管理职能和任务分工。

4）协调与建设单位、监理单位、分包企业以及本企业内部部门之间关系。

项目管理机构的岗位职责

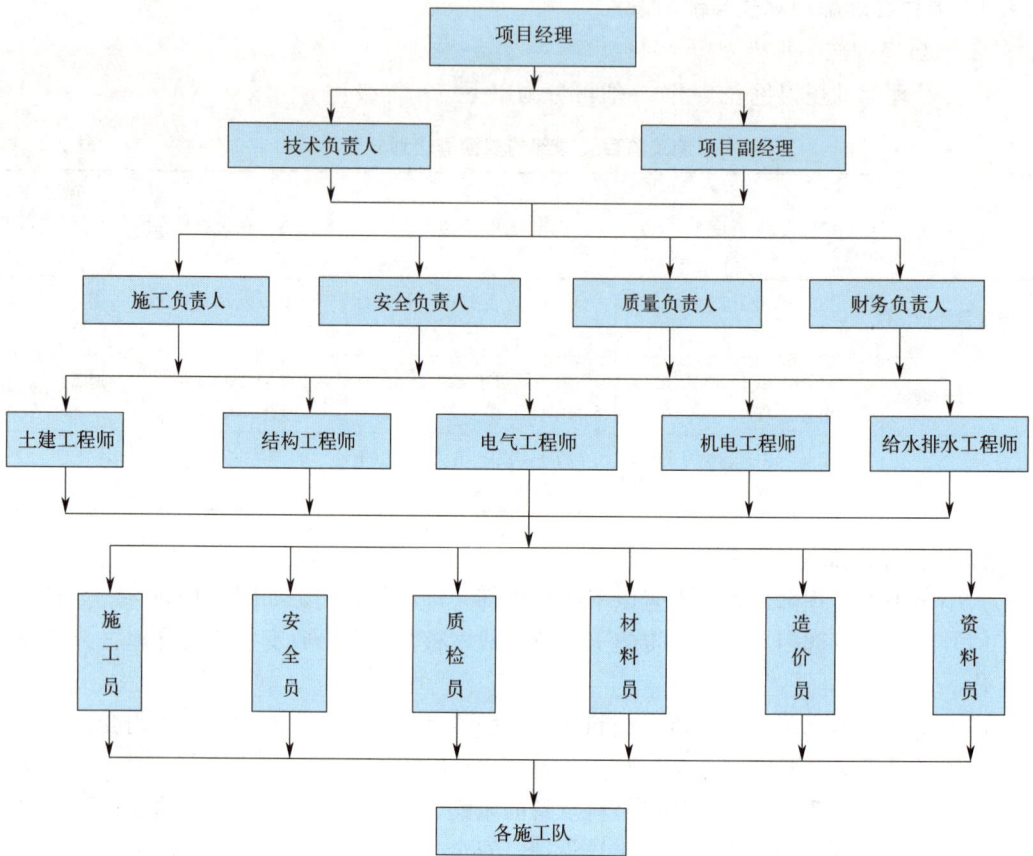

图 2-11　施工项目经理部的人员配备

（2）成本控制方面

1）进行施工成本预测，编制施工预算。

2）建立成本控制系统，研究降低成本的措施。

3）进行成本分析。

4）定期向企业提交成本报告。

（3）质量控制方面

1）建立健全质量控制体系。

2）经常地检查施工质量，制定改进工程质量的措施。

3）进行质量成本分析。

（4）进度控制方面

1）编制施工进度计划及月、旬进度计划并控制计划的执行。

2）建立进度控制系统，制定加快进度的措施。

（5）合同管理方面

1）编制合同结构图，起草分包、采购合同文件，参加合同谈判。

2）进行合同管理。

想一想

假设你是 2 号办公楼的施工项目经理，你如何组建你的项目管理团队？

2.4.4　施工项目管理制度的建立

1. 建立施工项目管理制度的原则

建立施工项目管理制度必须遵循以下原则：

（1）必须贯彻执行国家的法律、法规、政策与部门规章，不得危害公众利益。

（2）必须符合施工项目管理的需要，且制度之间应相互配套，不留漏洞，不产生矛盾，形成完整的体系。

（3）管理制度的制定应具有针对性，条款应明确具体，词语表达应简洁、明确。

（4）管理制度的颁布、修改和废除要有严格的程序，凡不涉及企业的管理制度，由项目经理签字决定，报企业备案；凡涉及企业的管理制度，由企业法人代表批准方可生效。

2. 施工项目管理制度的分类和内容

（1）施工项目管理制度按约束力的不同可以分为责任制度和规章制度。

施工项目管理责任制度是以施工项目经理部内部各部门、各岗位为对象制定的，它规定了每个人应该承担的责任。

施工项目管理规章制度是以各种活动、行为为对象，明确规定人们行为和活动不得逾越的规范和准则。它是施工项目经理部的内部法规，更强调约束性。

（2）施工项目管理制度的内容主要涉及以下方面：

1）项目管理人员岗位责任制度。

2）项目技术管理制度。

3）项目计划、统计与进度管理制度。

4）项目质量和安全管理制度。

5）项目成本核算制度。

6）项目材料、机械设备管理制度。

7）项目现场管理制度。

8）项目分包与劳务管理制度。

9）项目信息管理制度。

10）项目分配与奖励制度。

想一想

假设你是 2 号办公楼的施工项目经理，由你负责制定以上的管理制度，思考管理制度的内容。

2.4.5　项目经理部的解体

1. 项目经理部解体的条件

（1）工程已经交工验收，并已完成竣工结算。

（2）已经完成与各分包单位的结算。

（3）已协助企业与业主签订了《工程保修书》。

（4）《项目管理目标责任书》已经履行完成，并经审计合格。

（5）工程的各项善后工作已与企业主管部门协商一致并办理了有关手续。

（6）施工现场已经清理完毕。

2. 项目经理部解体与善后处理注意事项

（1）工程交工验收签字之日起15天内，项目经理要根据工作需要向企业提交解体申请报告与善后留用和解聘人员名单及时间，经审核批准后执行。

（2）项目经理部解体前，应成立以项目经理为首的善后工作小组，负责工程材料的处理、工程价款的回收、财务账目的结算移交等遗留问题。

（3）项目经理部解体前，要由企业根据竣工时间和质量等级确定工程保修费的预留比例。

（4）工程保修期内，因质量问题造成的返修、维修及工程质量保修金的结算由企业负责。

（5）项目经理部自购的通信、办公用品及工程剩余的材料由企业与项目经理部双方按质论价，移交企业。

（6）项目经理部的综合效益审计由企业审计部门牵头，财务、工程部门参加，向企业提交审计报告；审计结果为盈余者，全部上缴，然后根据盈余情况给予奖励；审计结果为亏损者，亏损部分由项目经理负责，按相应比例从管理人员风险抵押金和工资中扣除，亏损数额较大的，按企业管理制度给予相应人员行政与经济处分，直至追究刑事责任。

模块 2.5 组织协调

2.5.1 组织协调及其作用

1. 组织协调

组织协调是指以一定的组织形式、手段和方法，对施工项目中产生的不畅关系进行疏通，对产生的干扰和障碍予以排除的活动。在施工项目实施过程中，项目经理是组织协调的中心和沟通的桥梁，如图2-12所示。

2. 组织协调的作用

组织协调是施工项目管理的一项重要工作，施工项目要取得成功，组织协调具有重要的作用。一个施工项目，在其目标规划、计划与控制实施过程中有着各式各样的组织协调工作。例如，项目目标因素之间的组织协调；项目各子系统内部、子系统之间、子系统与环境之间的组织协调；各种施工技术之间的组织协调；各种管理方法、管理过程的组织协调；各种管理职能（如成本、进度、质量、合同等）之间的组织协调；项目参加者之间的组织协调等。组织协调可使矛盾的各个方面居于统一体中，解决他们之间的不一致和矛盾，使项目实施和运行过程顺利。

2.5.2 组织协调的范围

组织协调的范围包括内部关系的协调、近外层关系的协调和远外层关系的协调。

1. 内部关系

内部关系包括项目经理部内部关系、项目经理部与企业之间的关系、项目经理部与作业层之间的关系。

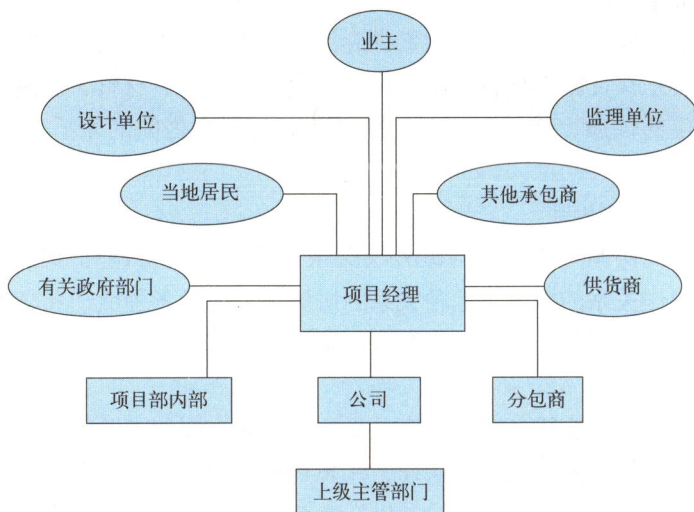

图 2-12　与项目经理有关的各方

2. 近外层关系

近外层关系是指施工项目承包人与业主、监理单位、设计单位、材料物资供应单位、分包单位、开户银行、保险公司之间的关系。这种关系往往体现为直接或间接的合同关系，应作为组织协调的重点。

3. 远外层关系

远外层关系是指与施工项目承包人虽无直接或间接的合同关系，但却有法律、法规和社会公德等约束的关系，包括与政府、环保、交通、消防、公安、环卫、绿化、文物等管理部门之间的关系。

2.5.3　组织协调的内容

1. 人际关系的协调

人际关系的协调包括项目经理部内部人际关系的协调和项目经理部与关联单位之间的人际关系的协调。

（1）项目经理部内部人际关系。是指项目经理部各成员之间、项目经理部成员与劳务层之间、劳务层各班组之间的人员工作关系的总称。内部人际关系的协调主要是通过交流、活动增进相互之间的了解与亲和力，促进相互之间的工作支持，提高工作效率；通过调解、互谅互让来缓和工作之间的利益冲突，化解矛盾。

（2）项目经理部与关联单位之间的人际关系。是指项目经理部成员与施工企业职能管理部门成员、近外层关系单位工作人员、远外层关系单位工作人员之间工作关系的总称。与关联单位之间人际关系的协调同样要通过各种途径加强友谊、增进了解、提高相互之间的信任度，有效地避免和化解矛盾，减少扯皮、提高工作效率。

2. 组织关系的协调

组织关系的协调主要是对项目经理部内部各部门之间工作关系的协调，具体包括各部门之间的合理分工与有效协作。分工与协作同等重要，合理的分工能保证任务之间的平衡匹配，有效协作既可避免相互之间的利益分割，又可提高工作效率。

3. 供求关系的协调

供求关系的协调应包括施工企业物资供应部门与项目经理部及生产要素供应单位之间关系的协调。主要是保证施工项目实施过程中所发生的人力、材料、机械设备、技术、信息等生产要素供应的优质、优价和适时、适量，避免相互之间的矛盾、保证项目目标的实现。

4. 协作配合关系的协调

协作配合关系的协调主要是指与近外层关系的协作配合协调和项目经理部内部各部门、各层次之间协作关系的协调。这种关系的协调主要通过各种活动和交流相互了解，相互支持，缩短距离，实现相互之间协作配合的高效化。

5. 约束关系的协调

约束关系的协调包括法律、法规约束关系的协调和合同约束关系的协调。前者主要通过提示、教育等手段提高关系双方的法律、法规意识，避免产生矛盾或及时、有效地解决矛盾；后者主要通过过程监督和适时检查以及教育等手段主动杜绝冲突与矛盾或依照合同及时、有效地解决矛盾。

2.5.4 项目经理部内部关系的协调

1. 内部人际关系的协调

内部人际关系的协调主要靠执行项目管理制度，坚持民主集中制，充分调动每个人的积极性，要用人所长，责任分明，实事求是地对每个人的绩效进行评价和激励。在调解人与人之间的矛盾时，要注意方法，重在疏导。

2. 内部组织关系的协调

项目经理部内各部门构成一定的分工协作和信息沟通关系，通过内部组织关系的协调，可以使组织运转正常，充分发挥组织的作用。

内部组织关系的协调主要应从以下几个方面进行：

（1）明确各个部门的职责。

（2）通过制度明确各个部门在工作中的相互关系。

（3）建立信息沟通制度，制定工作流程图。

（4）根据矛盾冲突的具体情况及时灵活地加以解决，不使矛盾冲突扩大化。

3. 内部需求关系的协调

项目经理部内部需求关系的协调应围绕施工项目的资源保证进行，其主要环节如下：

（1）满足人、财、物的需求要抓好计划环节。计划的编制过程，就是生产要求与供应之间的平衡过程，要用计划规定资源需求的时间、规格、数量和质量，并认真执行计划。

（2）抓住瓶颈环节，对需求进行平衡。瓶颈环节即关键环节，对全局影响较大，抓住了瓶颈环节，就抓住了需求关系协调的重点与关键。

（3）加强调度工作，排除障碍。调度工作即协调工作，调度人员是协调工作的责任者，应健全调度体系，充分发挥调度人员的作用。

2.5.5 近外层和远外层关系的组织协调

施工项目经理部进行近外层和远外层关系的组织协调必须在施工企业法人代表的授权范围内实施，做好组织协调工作应注意：

1. 项目经理部与业主之间关系的协调

项目经理部与业主之间关系的协调，应贯穿于全过程。协调的目的是搞好协作，处理两者之间的关系。主要是通过洽谈、签订和履行施工合同，协调的重点是资金问题、质量问题、进度问题和工程变更等，有了纠纷，应在协商的基础上以施工合同为依据解决。

2. 项目经理部与监理单位关系的协调

项目经理部与监理单位关系的协调应在遵守《建设工程监理规范》的规定和施工合同的要求，接受监理单位监督管理的前提下，坚持相互信任、相互支持、相互尊重、共同负责的原则，搞好协作配合，使双方的关系融洽起来。

3. 项目经理部与设计单位关系的协调

项目经理部与设计单位关系的协调准则是使施工活动取得设计单位的理解和支持，特别是在设计交底、图纸会审、设计变更、地基处理、隐蔽工程验收和竣工验收等环节应与设计单位密切配合，尽量避免冲突和矛盾，如果出现问题应及时协商或接受业主和监理单位协调。

4. 项目经理部与材料供应单位关系的协调

项目经理部与材料供应单位关系的协调应以供应合同为依据，运用价格机制、竞争机制和供求机制搞好协作配合。

5. 项目经理部与分包单位关系的协调

项目经理部与分包单位关系的协调应以分包合同为依据，在对分包单位进行监督与支持的原则下，正确处理技术关系、经济关系和协作关系。

6. 项目经理部处理远外层关系的协调

项目经理部处理远外层关系的协调应以法律、法规和社会道德为准绳，相互支持、密切配合。在处理和解决矛盾的过程中，应充分进行协商，并注意发挥中介机构和社会管理机构的作用。

2.5.6　组织协调通病及解决措施

1. 组织协调通病

组织协调通病有以下几种：

（1）项目经理部中组织协调混乱，不同部门和个人的工作不是围绕施工项目目标展开，而是各有各的打算和做法，甚至尖锐对立，项目经理无法调解。

（2）施工项目不能很好地得到企业职能部门的支持和管理服务，甚至受到职能部门的干扰，项目经理花大量的时间和精力周旋于各职能部门之间。

（3）项目经理部中没有应有的正常的争执，但争执却在潜意识中存在，人们不敢或不习惯将正常的争执公开化，而是转入地下，使争执不能得到协调。

（4）信息不能在恰当的时间以正确的内容、形式和详细程度传达到正确的位置，人们常常抱怨信息流通不够、不及时或不着要领，从而影响组织协调工作。

2. 组织协调通病的解决措施

以上组织协调通病虽然有不同的表现，但其原因只有一个，即施工项目组织协调不力，其结果必将导致组织争执。

对组织争执的处理，首先取决于项目经理的性格及对争执的认知程度。项目经理要有效地管理争执，有意识地引起争执，通过争执引起讨论和沟通；通过协商解决争执，以平

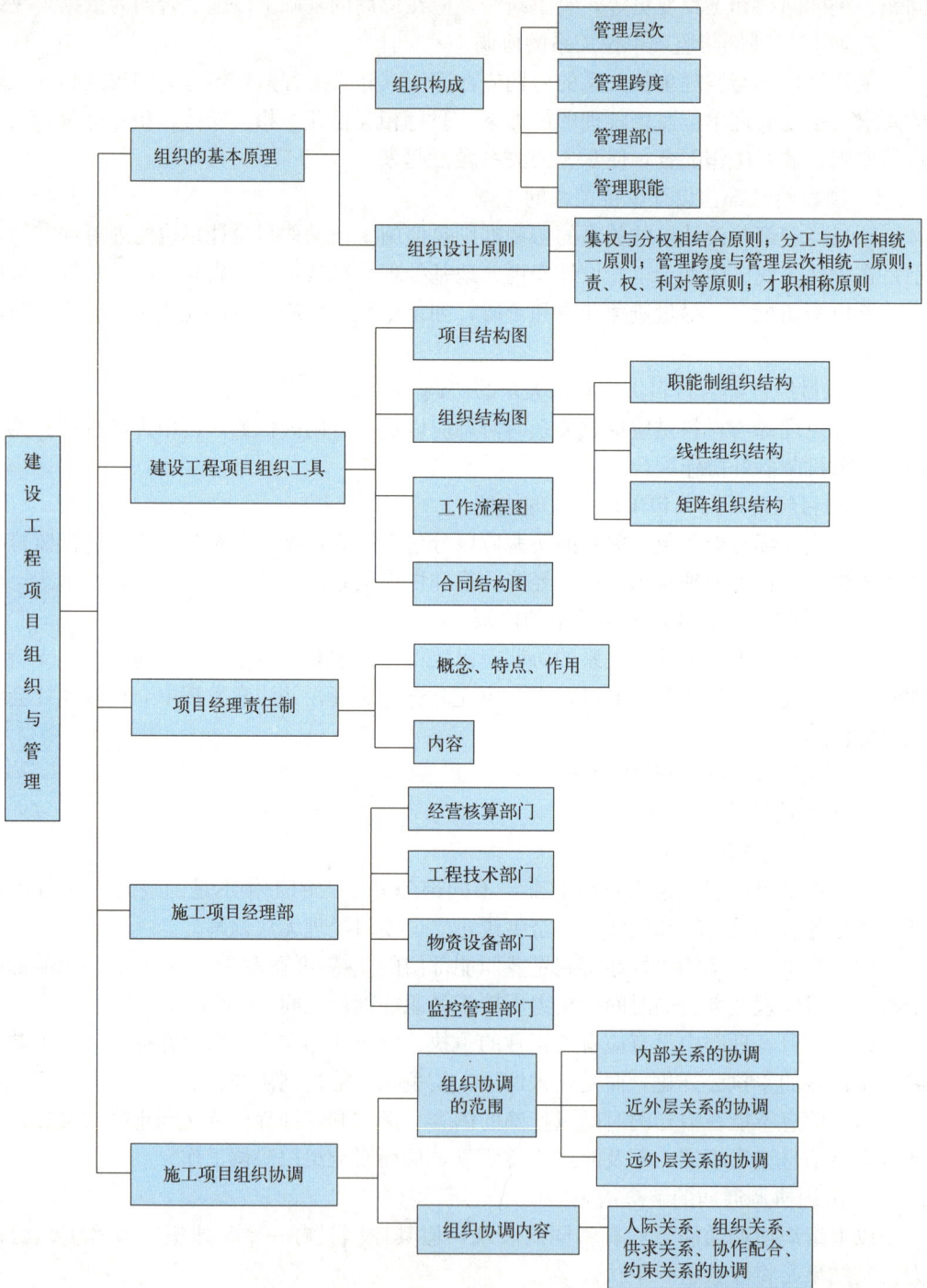

衡和满足各方面的利益，从而使大家围绕项目目标的实现开展工作。

单元小结

```
建设工程项目组织与管理
├─ 组织的基本原理
│  ├─ 组织构成
│  │  ├─ 管理层次
│  │  ├─ 管理跨度
│  │  ├─ 管理部门
│  │  └─ 管理职能
│  └─ 组织设计原则 ── 集权与分权相结合原则；分工与协作相统一原则；管理跨度与管理层次相统一原则；责、权、利对等原则；才职相称原则
├─ 建设工程项目组织工具
│  ├─ 项目结构图
│  ├─ 组织结构图
│  │  ├─ 职能制组织结构
│  │  ├─ 线性组织结构
│  │  └─ 矩阵组织结构
│  ├─ 工作流程图
│  └─ 合同结构图
├─ 项目经理责任制
│  ├─ 概念、特点、作用
│  └─ 内容
├─ 施工项目经理部
│  ├─ 经营核算部门
│  ├─ 工程技术部门
│  ├─ 物资设备部门
│  └─ 监控管理部门
└─ 施工项目组织协调
   ├─ 组织协调的范围
   │  ├─ 内部关系的协调
   │  ├─ 近外层关系的协调
   │  └─ 远外层关系的协调
   └─ 组织协调内容 ── 人际关系、组织关系、供求关系、协作配合、约束关系的协调
```

单元习题

一、单选题

1. （　　）反映了一个组织系统中各子系统之间或各元素（各工作部门或各管理人员）之间的指令关系。

A. 工作流程组织　　B. 指令关系　　　　C. 组织分工　　　　D. 组织结构模式

2. （　　）一般用于规模小，技术简单，协作关系少的工程项目。

A. 线性组织结构　　B. 混合组织结构　　C. 矩阵组织结构　　D. 职能制组织结构

3. 以下对建设项目经理和施工项目经理的任务和职责描述错误的是（　　）。

A. 建设项目经理确定项目组织系统，明确各主要人员的职责分工

B. 建设项目经理确定项目管理系统的目标、项目总进度计划并监督执行

C. 施工项目经理签订和组织履行《项目管理目标责任书》，在企业授权的范围内履行企业与业主签订的建设工程施工合同

D. 建设项目经理主持编制施工项目管理实施规划，并组织实施

4. 在施工项目实施过程中，（　　）是组织协调的中心和沟通的桥梁。

A. 项目经理　　　　B. 建设单位　　　　C. 设计单位　　　　D. 有关政府部门

5. 指令源分别来自纵向和横向工作部门组织结构是（　　）。

A. 职能制组织结构　B. 矩阵组织结构　　C. 事业部　　　　　D. 复合式组织结构

二、多选题

1. 组织工具是组织论的应用手段，用图或表等形式表示各种组织关系，它包括（　　　　）。

A. 项目结构图　　　　　　B. 组织结构图　　　　　　C. 工作任务分工表

D. 工作流程图等　　　　　E. 矩阵组织结构

2. 以下关于组织构成因素的描述中，正确的有（　　　　）。

A. 组织必须形成一定的管理层次，否则其运行将陷于无序状态

B. 管理层次增多，跨度会大；反之，层次少，跨度会小

C. 在组织中，某级管理人员的管理跨度大小直接取决于这一级管理人员所要协调的工作量

D. 管理层次可以分为三个层次，即决策层、协调层和执行层、操作层

E. 管理部门如果划分不合理，就会造成控制、协调困难，浪费人力、物力、财力

3. 工作流程组织包括（　　　　）。

A. 管理工作流程组织　　B. 信息处理工作流程组织　C. 物质流程组织

D. 付款和设计变更的流程　E. 钢结构深化设计工作流程

4. 施工项目组织协调的内容包括（　　　　）。

A. 供求关系的协调　　　B. 人际关系的协调　　　C. 协作配合关系的协调

D. 项目经理与业主的协调　E. 项目经理与监理工程师的协调

5. 施工项目经理的工作具体应包括（　　　　）。

A. 组建管理机构，制定管理制度　　　　　　　　B. 规划施工项目目标

C. 及时、适当地进行决策　　　　　　　　　　　D. 协调与相关单位的关系

E. 获得基本工资、岗位工资和绩效工资

三、简答题

1. 项目管理组织活动的基本原则有哪些？

2. 我国施工项目管理的组织形式有哪几种？分别有哪些优缺点？

3. 简述施工项目经理责任制的特点。

4. 施工项目经理必须具备哪些基本条件？

5. 施工项目经理部解体的条件有哪些？

6. 施工项目组织协调的范围包括哪些关系的协调？

单元 3　建设工程项目招标投标与合同管理

素质目标

培养一丝不苟、严谨细致、重视细节、精益求精的职业精神。

培养严谨认真、诚实守信、遵守相关的法律法规的职业道德。

培养良好的团队协作、协调人际关系的能力。

知识目标

了解招标方式、投标策略、技巧运用。

熟悉招标文件组成、投标文件组成、招标程序、投标程序。

掌握招标范围，投标文件的编制，施工过程的合同管理，合同索赔管理。

能力目标

能组织项目的招标工作。

能正确编制有竞争力的投标文件；能灵活运用投标策略和技巧去参加投标，争取获得投标项目。

能在合同实施过程中进行有效的管理。

具有正确处理索赔和初步编写索赔报告的能力。

案例引入

某 2 号办公楼具备了施工招标条件，业主在本市公共资源交易中心及政府相关采购网站发布了施工招标公告。符合资质要求的甲、乙、丙、丁四家单位参加投标，经开标、评标工作，最终甲单位中标。业主与甲单位签订了工程施工合同。在项目施工实施过程及合同的履行过程中，因业主和其他客观原因造成了承包单位的损失，甲单位按规定的索赔程序向业主方递交了索赔要求，业主方进行了合理有效的处理，最终双方顺利履行合同，工程按时竣工并交付使用。在本单元，我们将学习招标、投标、合同管理、工程索赔的相关知识，对承发包方式及项目在实施过程中的合同管理、工程索赔有一个较深刻的认识。

模块 3.1　建设工程项目招标

3.1.1　建设工程项目招标的概念

建设工程项目招标是指招标人在发包建设项目之前，公开招请或邀请投标人，根据招标人的意图和要求提出报价，择日当场开标，以便从中择优选定中标人的一种经济活动。从法律意义上讲，建设工程项目招标一般是建设单位（或业主）就拟建的工程发布通告，用法定方式吸引承包单位参加竞争，从中选择条件优越者来完成工程建设任务的法律行为。

3.1.2 我国建设工程项目招标的范围及规模的确定

我国建设工程项目招标的范围及规模的确定见表 3-1。

建设工程项目招标的范围及规模的确定 表 3-1

序号	我国建设项目招标范围	具体规定	政策依据
1	全部或者部分使用国有资金投资或者国家融资的项目	1）使用预算资金 200 万元人民币以上，并且该资金占投资额 10% 以上的项目； 2）使用国有企业事业单位资金，并且该资金占控股或者主导地位的项目	2018 年 6 月 1 日实施的《必须招标的工程项目规定》（国家发展改革委员会第 16 号）
2	使用国际组织或者外国政府贷款、援助资金的项目	1）使用世界银行、亚洲开发银行等国际组织贷款、援助资金的项目； 2）使用外国政府及其机构贷款、援助资金的项目	2018 年 6 月 1 日实施的《必须招标的工程项目规定》（国家发展改革委员会第 16 号）
3	大型基础设施、公用事业等关系社会公共利益、公共安全的项目	1）煤炭、石油、天然气、电力、新能源等能源基础设施项目； 2）铁路、公路、管道、水运，以及公共航空和 A1 级通用机场等交通运输基础设施项目； 3）电信枢纽、通信信息网络等通信基础设施项目； 4）防洪、灌溉、排涝、引（供）水等水利基础设施项目； 5）城市轨道交通等城建项目	2018 年 6 月 6 日实施的《必须招标的基础设施和公用事业项目范围规定》（发改法规规〔2018〕843 号）
	建设工程项目招标规模的确定	第 1 条至第 3 条规定范围内的项目，其勘察、设计、施工、监理以及与工程建设有关的重要设备、材料等的采购达到下列标准之一的，必须招标： 1）施工单项合同估算价在 400 万元人民币以上； 2）重要设备、材料等货物的采购，单项合同估算价在 200 万元人民币以上； 3）勘察、设计、监理等服务的采购，单项合同估算价在 100 万元人民币以上。 同一项目中可以合并进行的勘察、设计、施工、监理以及与工程建设有关的重要设备、材料等的采购，合同估算价合计达到前款规定标准的，必须招标	2018 年 6 月 1 日实施的《必须招标的工程项目规定》（国家发展改革委员会第 16 号）

知识拓展

2018 年 6 月 6 日实施的《必须招标的基础设施和公用事业项目范围规定》（发改法规规〔2018〕843 号）中"等"不能做扩大解释。没有明确列举规定的项目，不得强制要求招标。843 号文坚持"该放的要放到位，该管的要管住管好"，以及"确有必要、严格限定"的原则，将原《工程建设项目招标范围和规模标准规定》（国家发展计划委员会令第 3 号）规定的 12 大类必须招标的基础设施和公用事业项目，压缩到能源、交通、通信、水利、城建等 5 大类 18 小类，大幅放宽对市场主体特别是民营企业选择发包方式的限制。

民间资本投资（或非国有资金投资）五类以外的商品住宅项目、科教文卫体和旅游项目、市政工程项目、生态环境保护等项目均不在招标范围之内。上述领域多属于 PPP 项目，该文件的发布使得该类项目社会合作方不用强制招标有了法律依据。

3.1.3　招标方式的选择

招标方式分为公开招标和邀请招标。具体招标方式的适用项目范围，见表 3-2。

招标方式的适用项目范围　　　　　　　　　　　　表 3-2

招标方式	符合招标方式的项目范围	可以不进行招标的项目范围
公开招标	（1）《招标投标法》第十一条规定国务院发展计划部门确定的国家重点项目和省、自治区、直辖市人民政府确定的地方重点项目应当公开招标； （2）《招标投标法实施条例》第八条规定国有资金占控股或者主导地位的依法必须进行招标的项目,应当公开招标	建设项目的勘察、设计采用特定专利或者专有技术的，或者其建筑艺术造型有特殊要求的，经项目主管部门批准，可以不进行招标。 工程建设项目有下列情形之一的，经工程建设项目审批部门批准，依法可以不进行施工招标： （1）涉及国家安全、国家秘密或者抢险救灾而不适宜招标的； （2）属于利用扶贫资金实行以工代赈需要使用农民工的；
邀请招标	应当公开招标的建设项目，有下列情形之一的，经批准可以进行邀请招标： （1）项目技术复杂或有特殊要求，只有少量几家潜在投标人可供选择的； （2）受自然地域环境限制的； （3）涉及国家安全、国家秘密或者抢险救灾,适宜招标但不宜公开招标的； （4）拟公开招标的费用与项目的价值相比，不值得的； （5）法律、法规规定不宜公开招标的。 国家重点建设项目的邀请招标,应当经国务院发展计划部门批准；地方重点建设项目的邀请招标，应当经各省、自治区、直辖市人民政府批准	（3）施工主要技术采用特定的专利或者专有技术的； （4）施工企业自建自用的工程，且该施工企业资质等级符合工程要求的； （5）停建或者缓建后恢复建设的单位工程，或在建工程追加的附属小型工程或者主体加层工程，且承包人未发生变更的； （6）需要采用不可替代的专利或者专有技术的； （7）采购人依法能够自行建设、生产或者提供的； （8）已通过招标方式选定的特许经营项目投资人依法能够自行建设、生产或者提供的； （9）需要向原中标人采购工程、货物或者服务，否则将影响施工或者功能配套要求的； （10）国家规定的其他特殊情形

知识拓展

公开招标与邀请招标的主要区别？

3.1.4　建设工程施工公开招标程序

当建设工程项目施工招标的条件具备后，按图 3-1 开展项目招标工作。

1. 建设工程施工招标的条件

在建设工程进行招标之前，招标人必须完成必要的准备工作，具备招标所需的条件。招标项目按照规定应具备项目审批手续已履行、项目资金来源已落实两个基本条件。

工程施工招标应该具备以下条件：

（1）招标人已经依法成立。

（2）初步设计及概算应当履行审批手续的，已经批准。

（3）招标范围、招标方式和招标组织形式等应当履行核准手续的，已经核准。

（4）有相应资金或资金来源，已经落实。

公开招标与邀请招标的主要区别

57

准备阶段
- 具备招标条件
- 申请批准招标
- 准备招标文件 ← 确定标底

招标阶段
- 公开招标 | 开始招标 | 邀请招标
- 投标资格审查
- 发售招标文件
- 组织踏勘现场
- 工程交底并答辩 → 主管部门审查标底
- 接受标书

决标成交阶段
- 开标 ← 公布标底
- 评标、决标
- 签订承包合同

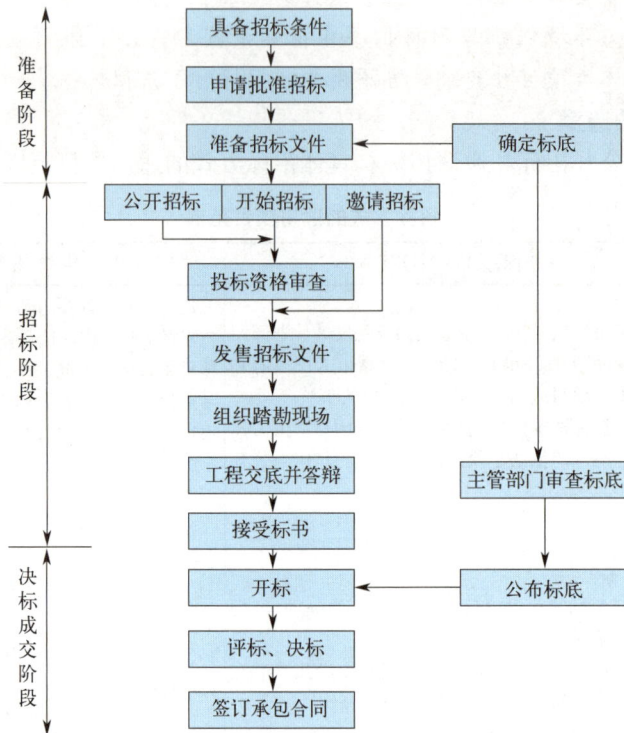

图 3-1　建设工程施工招标流程

（5）有招标所需的设计图纸及技术资料。

（6）法律、法规、规章规定的其他条件。

根据实践经验，对建设工程招标的条件，最基本和最关键的是要把握住两条：一是建设项目已合法成立，办理了报建登记。招标项目按照国家有关规定需要履行项目审批手续的，应当先履行审批手续，取得批准。二是建设资金已基本落实，工程任务承接者确定后能实际开展工作。

2. 审查建设单位招标资质

组织招标有两种情况，招标人自己组织招标和委托招标代理机构代理招标。对于招标人自行办理招标事宜的，必须满足一定的条件，并向其行政监管机关备案，行政监管机关对招标人是否具备自行招标的条件进行审查。建设单位自行办理招标应具备以下条件：

（1）是法人或依法成立的其他组织。

（2）有与招标项目规模和复杂程度相适应的经济、技术管理人员。

（3）有组织编制招标文件的能力。

（4）有审查投标人资质的能力。

（5）有组织开标、评标、定标的能力。

不具备上述（2）至（5）项条件的建设单位，须委托具有相应资质的中介机构代理招标，建设单位与中介机构签订委托代理招标的协议，并报招标管理机构备案。建设单位或代理招标中介机构以下称"招标人"。

3. 招标申请

招标人填写"建设工程施工招标申请表"，有上级主管部门的需经其批准同意后，连同"工程建设项目报建登记表"报招标管理机构审批。

招标申请表包括以下内容：工程名称、建设地点、招标建设规模、结构类型、招标范围、招标方式、要求施工企业等级、施工前期准备情况（土地征用、拆迁情况、勘察设计情况、施工现场条件等）、招标机构组织情况等。

招标人的招标申请得到招标管理机构批准同意后，编制资格预审文件、招标文件。

4. 资格预审文件、招标文件编制与送审

公开招标采用资格预审时，只有资格预审合格的施工单位才可以参加投标；不采用资格预审的公开招标应进行资格后审，即在开标后进行资格审查。依法必须进行招标的项目，在编制资格预审文件和招标文件时，应当使用国务院发展改革部门会同有关行政监督部门制定的标准文本。

资格预审文件和招标文件须报招标管理机构审查，审查同意后可刊登资格预审通告、招标通告。

根据《标准施工招标文件》的规定，工程施工招标文件分为四卷共八章，其内容见表 3-3。

招标文件的组成   表 3-3

序号	卷号	章节内容
1	第一卷	第一章　招标公告/投标邀请书 第二章　投标人须知 第三章　评标办法 第四章　合同条款及格式 第五章　工程量清单
2	第二卷	第六章　图纸
3	第三卷	第七章　技术标准和要求
4	第四卷	第八章　投标文件格式

知识拓展

了解建设工程施工招标文件的编制。

5. 刊登资审公告、招标公告

公开招标的项目可以在当地的公共资源交易中心网站或相关的招标采购管理网站发布信息，同时也可通过报刊、广播、电视等新闻媒介发布"资格预审公告"（见附件 1）或"招标公告"（见附件 2）。依法必须进行招标项目的资格预审公告和招标公告，应当在国务院发展改革部门依法指定的媒介发布。在不同媒介发布的同一招标项目的资格预审公告或者招标公告的内容应当一致。指定媒介发布依法必须进行招标的项目的境内资格预审公告、招标公告，不得收取费用。

建设工程施工招标文件的编制

附件 1　资格预审公告

（项目名称）标段施工招标资格预审公告

1. 招标条件

本招标项目_____（项目名称）已由_____（项目审批、核准或备案机关名称）

以_____（批文名称及编号）批准建设，项目业主为_____，建设资金来自_____（资金来源），项目出资比例为_____，招标人为_____。项目已具备招标条件，现进行公开招标，特邀请有兴趣的潜在投标人_____（以下简称申请人）提出资格预审申请。

2. 项目概况与招标范围

（说明本次招标项目的建设地点、规模、计划工期、招标范围、标段划分等）

3. 申请人资格要求

3.1 本次资格预审要求申请人具备_____资质，_____业绩，并在人员、设备、资金等方面具备相应的施工能力。

3.2 本次资格预审_____（接受或不接受）联合体资格预审申请。联合体申请资格预审的，应满足下列要求：（略）。

3.3 各申请人可就上述标段中的_____（具体数量）个标段提出资格预审申请。

4. 资格预审方法

本次资格预审采用_____（合格制/有限数量制）。

5. 资格预审文件的获取

5.1 请申请人于____年____月____日至____年____月____日（法定公休日、法定节假日除外），每日上午____时至____时，下午____时至____时（北京时间，下同），在____（详细地址）持单位介绍信购买资格预审文件。

5.2 资格预审文件每套售价____元，售后不退。

5.3 邮购资格预审文件的，需另加手续费_____元（含邮费）。招标人在收到单位介绍信和邮购款（含手续费）后_____日内寄送。

6. 资格预审申请文件的递交

6.1 递交资格预审申请文件截止时间（申请截止时间，下同）为____年____月____日____时____分，地点为_____。

6.2 逾期送达或者未送达指定地点的资格预审申请文件，招标人不予受理。

7. 发布公告的媒介

本次资格预审公告同时在____（发布公告的媒介名称）上发布。

8. 联系方式

招标人：　　　　　　　　　　招标代理机构：
地址：　　　　　　　　　　　地址：
邮编：　　　　　　　　　　　邮编：
联系人：　　　　　　　　　　联系人：
电话：　　　　　　　　　　　电话：
传真：　　　　　　　　　　　传真：
电子邮件：　　　　　　　　　电子邮件：
网址：　　　　　　　　　　　网址：
开户银行：　　　　　　　　　开户银行：
账号：　　　　　　　　　　　账号：

_____年__月__日

附件 2 招标公告

（项目名称）标段施工招标公告

1. 招标条件

本招标项目（项目名称）_____已由_____（项目审批、核准或备案机关名称）以_____（批文名称及编号）批准建设，项目业主为_____，建设资金来自_____（资金来源），项目出资比例为____，招标人为_____。项目已具备招标条件，现对该项目的施工进行公开招标。

2. 项目概况与招标范围

（说明本次招标项目的建设地点、规模、计划工期、招标范围、标段划分等）

3. 投标人资格要求

3.1 本次招标要求投标人须具备_____资质，_____业绩，并在人员、设备、资金等方面具有相应的施工能力。

3.2 本次招标_____（接受或不接受）联合体投标。联合体投标的，应满足下列要求：（略）。

3.3 各投标人均可就上述标段中的____（具体数量）个标段投标。

4. 招标文件的获取

4.1 凡有意参加投标者，请于____年____月____日至____年____月____日（法定公休日、法定节假日除外），每日上午____时至____时，下午____时至____时（北京时间，下同），在_____（详细地址）持单位介绍信购买招标文件。

4.2 招标文件每套售价____元，售后不退。图纸押金____元，在退还图纸时退还（不计利息）。

4.3 邮购招标文件的，需另加手续费（含邮费）____元。招标人在收到单位介绍信和邮购款（含手续费）后____日内寄送。

5. 投标文件的递交

5.1 投标文件递交的截止时间（投标截止时间，下同）为____年____月____日____时____分，地点为____。

5.2 逾期送达的或者未送达指定地点的投标文件，招标人不予受理。

6. 发布公告的媒介

本次招标公告同时在____（发布公告的媒介名称）上发布。

7. 联系方式

招标人：	招标代理机构：
地址：	地址：
邮编：	邮编：
联系人：	联系人：
电话/传真：	电话/传真：
电子邮箱/网址：	电子邮箱/网址：
开户银行：	开户银行：
账号：	账号：

____年__月__日

6. 投标资格预审

（1）公开招标进行资格预审时，通过对申请单位填报的资格预审申请文件和资料进行评比和分析，确定出合格的申请单位名单，将合格名单报招标管理机构审查核准。

（2）待招标管理机构核准同意后，招标人向所有合格的申请单位发出资格预审合格通知书（见附件3）。申请单位在收到资格预审合格通知书后，应以书面形式予以确认，在规定的时间领取招标文件、图纸及有关技术资料，并在投标截止日期前递交有效的投标文件。

（3）资格预审审查的主要内容

投标人组织与机构和企业概况；近3年完成工程的情况；目前正在履行的合同情况；资源方面，如财务、管理、技术、劳力、设备等方面的情况；其他资料（如各种奖励或处罚等）。

附件3　资格预审合格通知书

（项目名称）标段施工资格预审合格通知书

_____（被邀请单位名称）：

你单位已通过资格预审，现邀请你单位按招标文件规定的内容，参加_____（项目名称）标段施工投标。

请你单位于____年____月　　日至____年____月____日（法定公休日、法定节假日除外），每日上午____时至____时，下午____时至____时（北京时间，下同），在____（详细地址）持本投标邀请书购买招标文件。

招标文件每套售价为____元，售后不退。图纸押金____元，在退还图纸时退还（不计利息）。邮购招标文件的，需另加手续费（含邮费）____元。招标人在收到邮购款（含手续费）后____日内寄送。

递交投标文件的截止时间（投标截止时间，下同）为____年____月____日____时____分，地点为____。

逾期送达的或者未送达指定地点的投标文件，招标人不予受理。

你单位收到本投标邀请书后，请于_____（具体时间）前以传真或快递方式予以确认。

招标人：　　　　　　　　　　　　招标代理机构：

地址：　　　　　　　　　　　　　地址：

邮编：　　　　　　　　　　　　　邮编：

联系人：　　　　　　　　　　　　联系人：

电话：　　　　　　　　　　　　　电话：

传真：　　　　　　　　　　　　　传真：

电子邮箱：　　　　　　　　　　　电子邮箱：

网址：　　　　　　　　　　　　　网址：

开户银行：　　　　　　　　　　　开户银行：

账号：　　　　　　　　　　　　　账号：

____年__月__日

7. 工程招标控制价的编制

根据《建设工程工程量清单计价规范》GB 50500—2013 的规定，国有资金投资的建设工程招标，招标人必须编制招标控制价。招标控制价是招标工程的最高投标限价。投标人的投标报价高于招标控制价的，其投标应被否决。

招标控制价编制人员应严格按照国家的有关政策、规定，科学公正地编制标底价格。招标控制价的计价内容、计价依据应与招标文件的规定完全一致。招标控制价应由成本、利润、税金等组成，一般应控制在批准的总概算（或修正概算）及投资包干的限额内。一个工程只能编制一个招标控制价。

在工程量清单的配价上采用综合单价方法，工程量清单的综合单价包括人工费、材料费、机械台班费、企业管理费、利润和风险因素等一切费用。

想一想

建设工程项目标底和招标控制价有何区别？

建设工程项目标底与招标控制价的区别

8. 发售招标文件

（1）招标人应当按照资格预审公告、招标公告或者投标邀请书规定的时间、地点发售资格预审文件或者招标文件。资格预审文件或者招标文件的发售期不得少于 5 日，以便给潜在投标人充分的购买时间。

（2）招标人对招标文件所做的任何修改或补充，须在投标截止时间 15 日前做出。

（3）投标人收到招标文件后，若有疑问或不清的问题需澄清解释，应在投标截止前 10 日以书面形式向招标人提出，招标人应以书面形式或投标预备会形式予以解答。

现阶段，对于全部或者部分使用国有资金投资或者国家融资的依法必须招标项目实行全流程电子化交易工作，符合条件的潜在投标人的专职投标员凭本人身份证号及密码或企业 CA 锁登录当地的公共资源电子交易系统可以免费下载招标文件。

9. 勘察现场

招标人组织投标人进行勘察现场的目的在于了解工程场地和周围环境情况，以获取投标人认为有必要的信息。并据此作出关于投标策略和投标报价的决定；对于现场实际情况与招标文件不符之处向招标人书面提出。

10. 招标文件的澄清

投标人在收到招标文件、图纸和有关技术资料及勘察现场提出的疑问问题时，招标人对投标人提出的疑问问题的澄清可通过书面答复或召开投标预备会进行解答。

不论招标人以书面形式向投标人发放的任何资料文件，还是投标人以书面形式提出的问题，均应以书面形式予以确认（见附件 4）。

为了使投标人在编写投标文件时，充分考虑招标人对招标文件的修改或补充内容，以及投标预备会会议记录内容，若招标文件的修改或补充内容离投标截止时间不足 15 天，招标人可根据情况延长投标截止时间。

投标预备会结束后，投标人可进行投标文件的编制与递交。

注意：为落实《关于深化公共资源交易平台整合共享以及持续优化营商环境》相关部署要求，推进建设工程招投标全流程电子化交易工作，招标人对招标文件的澄清内容在招

标公告发布的同一媒介上发布，澄清文件在规定的网站上发布之日起，视为投标人已收到该澄清。投标人未及时关注招标人在网站上发布的澄清文件造成的损失，由投标人自行负责。

附件4　确认通知

＿＿＿＿＿＿＿＿＿（招标人名称）：

我方已接到你方＿＿＿年＿＿＿月＿＿＿日发出的＿＿＿＿＿＿＿＿＿（项目名称）标段施工招标关于＿＿＿＿＿＿＿＿＿的通知，我方已于＿＿＿年＿＿＿月＿＿＿日收到。

特此确认。

投标人：（盖单位章）

＿＿＿年＿＿＿月＿＿＿日

11. 接收投标文件

（1）投标文件的递交。在投标截止时间（依法必须招标项目自招标文件开始发售之日起至投标人提交投标文件截止之日止，最短不得少于20日）前按规定的地点递交至招标人。在投标截止时间之前，投标人可以对所递交的投标文件进行修改或撤回，但所递交的修改或撤回通知必须按招标文件的规定进行编制、密封和标志。

（2）提交投标文件的投标人少于3个的，招标人应当依法重新招标。重新招标后投标人仍少于3个的，属于必须审批的工程建设项目，报经原审批部门批准后可以不再进行招标；其他工程建设项目，招标人可自行决定不再进行招标。

（3）投标文件的接收。招标人接收投标文件时应注意以下三种情形的投标文件不得接收：逾期送达的或未送达到指定地点的；未按照招标文件要求密封的；资格预审未通过的投标人提交的文件。

12. 开标

（1）开标的规定：开标应当在招标文件确定的提交投标文件截止时间的同一时间公开进行。

（2）开标会议在招标文件规定的时间、地点、投标单位法定代表人授权代理人在场情况下举行。会议由招标人或招标代理机构组织并主持，管理机构到场监督。

（3）开标会议宣布开始后，应首先请各投标人代表确认其投标文件的密封完整性。当众宣读评标原则、评标办法。

（4）唱标顺序可按各投标人报送投标文件的时间先后顺序进行或随机进行。当众宣读投标人名称、投标报价、工期、质量、主要材料用量、投标保证金、优惠条件，以及招标人认为有必要的内容。

（5）唱标内容应做好记录，并请投标人法定代表人或授权代理人签字确认。投标人对开标有异议的，应当在开标现场提出，招标人应当当场作出答复，并制作记录（见附件5）。

投标人少于3个的，不得开标，招标人应当重新招标。开标过程结束后，进入评标阶段。

附件 5　开标记录表

（项目名称）标段施工开标记录表

序号	投标人	密封情况	投标保证金	投标报价(元)	质量目标	工期	备注	签名
招标人编制的标底								

开标时间：____年____月____日____时____分

招标人代表：_____　　　记录人：_____　　　监标人：_____

____年____月____日

13. 评标

（1）评标由招标人依法组建的评标委员会负责，由招标管理机构负责监督。评标委员会由招标人代表，以及评标专家库随机抽取有关经济、技术专家组成（以经济技术专家为主）。评标委员会由 5 人以上单数人员组成，其中招标人代表人数不能超过总人数的 1/3，有关经济、技术专家人数不能少于总人数的 2/3。完成评标后向招标人提出书面评标报告，并推荐 1～3 个合格中标候选人，并标明排列顺序。评标委员会的名单在中标结果确定之前应保密。

评标委员会成员应当按照招标文件规定的评标标准和方法，客观、公正地对投标文件提出评审意见。招标文件没有规定的评标标准和方法不得作为评标的依据。

（2）有下列情形之一的，评标委员会应当否决其投标：

1）投标文件未经投标人盖章和单位负责人签字。

2）投标联合体没有提交共同投标协议。

3）投标人不符合国家或者招标文件规定的资格条件。

4）同一投标人提交两个以上不同的投标文件或者投标报价，但招标文件要求提交备选投标的除外。

5）投标报价低于成本或者高于招标文件设定的最高投标限价。

6）投标文件没有对招标文件的实质性要求和条件作出响应。

7）投标人有串通投标、弄虚作假、行贿等违法行为。

14. 定标

（1）依法必须进行招标的项目，招标人应当自收到评标报告之日起 3 日内公示中标候选人，公示期不得少于 3 日。投标人或者其他利害关系人对依法必须进行招标的项目的评标结果有异议的，应当在中标候选人公示期间提出。招标人应当自收到异议之日起 3 日内作出答复。作出答复前，应当暂停招投标活动。

（2）中标候选人公示期满无异议或异议不成立的，招标人应在公示期结束后5日内按照招标文件规定的定标办法确定中标人，招标人应当自确定中标人之日起15日内，向工程所在地的县级以上地方人民政府建设行政主管部门提交施工招标投标情况的书面报告，建设行政主管部门自收到书面报告之日起5日内未通知招标人在招标投标活动中有违法行为的，招标人可以向中标人发出中标通知书，同时按规定的格式在发布媒介发出中标公告，将中标结果在当地电子招标投标系统中通知未中标的投标人。依法必须招标项目的中标结果公示应在当地招标投标公共服务平台上优先发布。

（3）中标单位收到中标通知书后，按规定提交履约担保，并在规定日期、时间和地点与建设单位签订合同。

15. 合同签订

（1）招标人与中标的投标人在自中标通知书发出之日起30天内签订合同。根据招标文件、中标人的投标文件订立书面合同。合同的标的、价款、质量、履行期限等主要条款应当与招标文件和中标人的投标文件的内容一致。招标人和中标人不得再行订立背离合同实质性内容的其他协议。

（2）中标人无正当理由拒签合同的，招标人取消其中标资格，其投标保证金不予退还；给招标人造成的损失超过投标保证金数额的，中标人还应当对超过部分予以赔偿。对依法必须招标的项目中标人，由有关行政监督部门责令改正。

（3）发出中标通知书后，招标人无正当理由拒签合同的，由有关行政监督部门给予警告，责令改正。同时招标人需退还中标人投标保证金；给中标人造成损失的，还应当赔偿损失。

（4）建设单位与中标单位签订合同后，招标人及时通知其他投标人其投标未被接受，按要求退回图纸和有关技术资料，招标人最迟应当在书面合同签订后5日内向中标人和未中标的投标人退还投标保证金及银行同期存款利息。因违反规定被没收的投标保证金不予退回。

招标工作结束后，招标人将开标、评标过程有关纪要、资料、评标报告、中标单位的投标文件（一份副本）报招标管理机构备案。

想 一 想

国有资金占控股或者主导地位的依法必须进行招标的项目，中标候选人第一名不与招标人签合同，招标人是否应该重新招标？

知 识 拓 展

了解某地公共资源交易平台系统工程建设招投标系统——招标代理操作手册。

中标候选人第一名不与招标人签
合同，招标人是否应该重新招标？

某地公共资源交易平台系统工程
建设招投标系统——招标代理操作手册

模块 3.2　建设工程项目投标

3.2.1　建设工程项目投标的概念

建设工程项目投标，是指投标人（或承包人）根据所掌握的招标信息，按照招标人拟定的招标文件的要求，参与投标竞争，以期获得建设工程承包权的法律活动。

建设工程投标行为，实质上是投标人参与建筑市场竞争的行为，是众多投标人综合实力的较量，是建筑企业通过竞争取得建设工程承包权的主要途径。

知识拓展

了解联合体投标。

联合体投标

3.2.2　建设工程投标的一般程序

建设工程项目的投标工作程序如图3-2所示。

3.2.3　建设工程投标工作的内容

1. 获取招标信息

目前投标人获得招标信息的渠道很多，通过招标广告或公告来发现投标目标，这是获得公开招标信息的主要方式，也可通过投标邀请函的方式获取招标信息。

2. 前期投标决策

投标人在证实招标信息真实可靠后，要对招标人的信誉、实力、拟派出监理单位、拟参与投标的单位实力等方面进行了解，根据了解到的情况，正确作出投标决策，以减少工程实施过程中投标人的承包风险。

3. 参加资格预审

投标资格审查分为资格预审和资格后审两种方法。

资格预审是投标人投标过程中首先要通过的第一关，资格预审一般按投标人所编制的资格预审申请文件内容进行审查。一般要求被审查的投标人提供如下资料：

（1）投标企业概况。

（2）投标企业财务状况。

（3）拟投入的主要管理人员情况。

（4）拟投入的施工机械设备情况。

（5）经验与信誉，如类似项目业绩，近三年的诉讼或仲裁情况，合同履约情况等。

（6）其他资料（如各种奖励和处罚等）。

招标人根据投标人所提供的资料，对投标人进行资格审查，只有经审查合格的投标人，才具备参加项目后续投标的资格。

想一想

资格预审和资格后审的区别？

4. 购买和分析招标文件

（1）购买或下载招标文件

资格预审和资格后审有何区别？

```
                    ┌──────────────┐
                    │  获取招标信息  │
                    └──────────────┘
                           │
                    ┌──────────────┐
                    │  前期投标决策  │
                    └──────────────┘
                           │
              ┌─────────────────────────────┐
              │ 参加资格预审(资格后审的此项可略) │
              └─────────────────────────────┘
                           │
                  ┌────────────────┐
                  │  购买和分析招标文件 │
                  └────────────────┘
                           │
        ┌──────────┬───────────┬──────────┬──────────┐
   ┌─────────┐ ┌─────────┐ ┌────────┐ ┌────────┐
   │组建投标班 │ │参加项目现场│ │询价及市 │ │计算或复 │
   │子或选择投 │ │踏勘及投标预│ │场调查   │ │核工程量 │
   │标代理机构 │ │备会      │ │        │ │        │
   └─────────┘ └─────────┘ └────────┘ └────────┘
        └──────────┴─────┬─────┴──────────┘
                  ┌────────────────┐
                  │  确定施工方案    │
                  └────────────────┘
                           │
                  ┌────────────────┐
                  │  报价决策        │
                  └────────────────┘
                           │
                  ┌────────────────┐
                  │  编制和提交投标书 │
                  └────────────────┘
                           │
                  ┌────────────────┐
                  │  参加开标会议    │
                  └────────────────┘
                           │
                  ┌────────────────┐
                  │ 接受评标委员会的询问 │
                  └────────────────┘
                           │
                  ┌────────────────┐
                  │  接受中标通知书   │
                  └────────────────┘
                           │
               ┌────────────────────┐
               │ 提交履约保函,签订合同  │
               └────────────────────┘
```

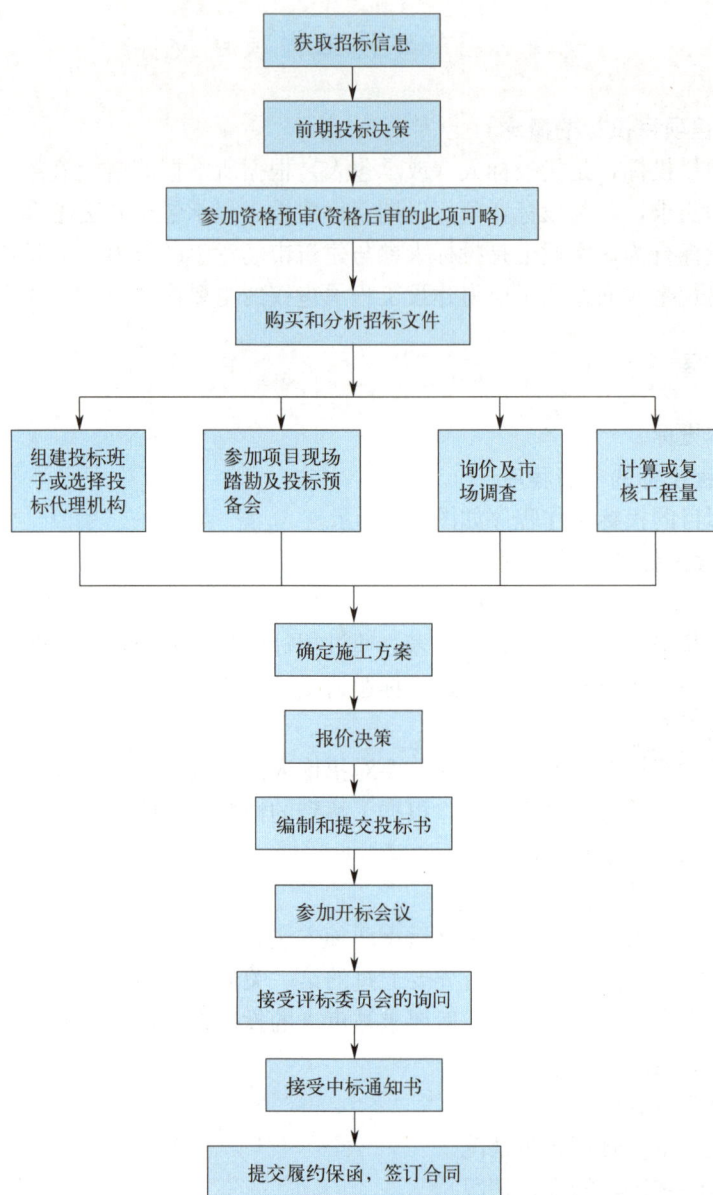

图 3-2　投标工作程序图

　　投标人在通过资格预审后,就可以在规定的时间内向招标人购买或在当地公共资源交易平台免费下载招标文件。

　　(2)分析招标文件

　　购买或下载到招标文件之后,投标人应认真阅读招标文件中的所有条款。注意投标过程中的各项活动的时间安排,明确招标文件中对投标报价、工期、质量等实质性条款的要求。同时对招标文件中的合同条款、无效标书的条件等主要内容应认真进行分析,理解招标文件隐含的涵义。对可能发生疑义或不清楚的地方,应向招标人书面提出。

5. 投标准备工作

（1）组建投标班子

为了确保在投标竞争中获胜，投标人在投标前应建立专门的投标班子，负责投标事宜。

（2）参加现场踏勘

1）投标人拿到招标文件后，应进行全面细致的调查研究。若有疑问或不清楚的问题需要招标人予以澄清和解答的，应在收到招标文件后的 7 日内以书面形式向招标人提出。

2）投标人在拿到招标文件后，除对招标文件进行认真研读分析之外，还应按照招标文件规定的时间，对拟建施工项目的现场进行考察。

（3）参加投标预备会

投标预备会又称答疑会或标前会议，一般在现场踏勘之后的 1～2 天内举行。目的是解答投标人对招标文件及现场踏勘中所提出的问题，并对图纸进行交底和解释。

（4）计算或复核工程量

现阶段我国进行工程施工投标时，工程量有两种情况：

1）招标文件提供的工程量清单。投标人在进行投标时，应根据图纸等资料对招标文件提供的工程量清单的准确性进行复核，为投标报价决策提供依据。在工程量复核过程中，如果发现某些工程量有较大的出入或遗漏，应向招标人提出，要求招标人更正或补充。

2）招标人不给出具体的工程量清单，只给相应工程的施工图纸。投标报价时应根据给定的施工图纸，结合工程量计算规则自行计算工程量。

（5）询价及市场调查

投标文件编制时，投标报价是一个很重要的环节，为了能够准确确定投标报价，投标时应通过各种渠道，采用各种手段对工程所需各种材料、设备等资源的价格、质量、供应时间、供应数量等方面进行系统全面的了解。对施工设备的租赁、维修费用、使用投标人本地原材料、设备的可能性以及成本进行比较，以便为准确报价提供依据。

6. 确定施工方案

施工方案也是招标内容中很重要的部分，是招标人了解投标人的施工技术、管理水平、机械装备的途径。编制施工方案的主要内容有：

（1）选择和确定施工方法。

（2）对大型复杂工程则要考虑几种方案，进行综合对比。

（3）选择施工设备和施工设施。

（4）编制施工进度计划等。

7. 报价决策

投标报价是投标工程是否中标及盈利的关键，因此，报价决策的好坏，直接影响投标工作的成败。

8. 编制和提交投标文件

经过前期的投标准备工作、确定施工方案、报价决策之后，投标人开始进行投标文件的编制工作。投标人编制投标文件时，应按照招标文件的内容、格式和顺序要求进行。投标文件编写完成后，应按招标文件中规定的时间、地点提交投标文件。

9. 参加开标会议

投标人在编制和提交完投标文件后，应按时参加开标会议。开标会议由投标人的法定代表人或其授权代理人参加。投标人参加开标会议，要注意其投标文件是否被正确启封、宣读，对于被错误地认定为无效的投标文件或唱标出现的错误，应当场提出异议。

10. 接受评标委员会的询问

在评标过程中，评标委员会根据情况可以要求投标人对投标文件中含义不明确的内容作必要的澄清或者说明，这时投标人应积极地予以澄清说明。所说明、澄清和确认的问题，经招标人和投标人双方签字后，作为投标书的组成部分，但投标人的澄清说明，不得超出投标文件的范围或者改变投标文件中的工期、报价、质量、优惠条件等实质性内容。

11. 接受中标通知书、提交履约担保，签订合同

经过评标，投标人被确定为中标人后，应接受招标人发出的中标通知书。我国规定招标人和中标人应当自中标通知书发出之日起 30 日内订立书面合同，合同内容应根据招标文件、中标的投标文件内容签订。同时，按照招标文件的要求，中标人提交履约保证金的，中标人应当按照招标文件的要求提交。履约保证金不得超过中标合同金额的 10%。招标人最迟应当在书面合同签订后 5 日内向中标人和未中标的投标人退还投标保证金及银行同期存款利息。

想一想

投标班子由哪类人员组成？

招标班子由哪些人员组成？

3.2.4 建设工程项目施工投标决策

1. 建设工程项目投标决策概述

建设工程项目投标决策是指一方面为是否参加投标而进行决策，另一方面是为如何进行投标而进行决策。它是投标活动中的重要环节，它关系到投标人能否中标及中标后的经济效益，所以应该引起高度重视。投标决策贯穿在整个投标过程中，关键是解决两个问题：

（1）针对所招标的项目是投标还是不投标。

（2）若投标，投什么性质的标，如何争取中标，获得合理的效益。

在获取招投标信息后，承包商决定是否参加投标，应综合考虑以下几方面的情况：

（1）承包招标项目的可能性与可行性。即是否有能力承包该项目，能否抽调出管理力量、技术力量参加项目实施，自身经济条件等情况。

（2）招标项目的可靠性。如项目审批是否已经完成、资金是否已经落实等。

（3）招标项目的承包条件。如施工项目所在地政治形势、经济形势、法律法规、风俗习惯、自然条件、生产和生活条件等。

（4）影响中标机会的因素。如业主对本企业的印象、自身信誉方面的实力情况、竞争对手实力和竞争形势等。

2. 遇到下列情况，承包商应该放弃投标

（1）工程规模、技术要求超过本企业技术等级的项目。

（2）本企业业务范围和经营能力之外的项目。

（3）本企业现有承包任务比较饱满，而招标工程风险较大的项目。

（4）本企业技术等级、经营、施工水平明显不如竞争对手的项目。

3.2.5　建设工程项目投标报价

建设工程项目投标报价是投标内容中的重要部分，是整个投标活动的核心环节，报价的高低直接影响着能否中标和中标后是否能够获利。

1. 投标报价的概念

施工企业根据招标文件及有关计算工程造价的资料，计算工程预算总造价，在工程预算总造价的基础上，再考虑投标策略以及各种影响工程造价的因素，然后提出有竞争力的投标价格。

2. 投标报价的原则

投标报价的编制主要是投标人对承建招标工程所要发生的各种费用的计算。在进行投标报价计算时，必须首先根据招标文件进一步复核工程量。作为投标报价计算的必要条件，应预先确定施工方案和施工进度，此外，投标报价计算还必须与采用的合同形式相协调。报价是投标的关键性工作，报价是否合理直接关系到投标的成败。

（1）以招标文件中设定的发承包双方责任划分，是考虑投标报价费用项目和费用计算的基础；根据工程发承包模式考虑投标报价的费用内容和计算深度。

（2）以施工方案、技术措施等作为投标报价计算的基本条件。

（3）以反映企业技术和管理水平的企业定额作为计算人工、材料和机械台班消耗量的基本依据。

（4）充分利用现场考察、调研成果、市场价格信息和行情资料编制基价，确定调价方法。

（5）报价计算方法要科学严谨、简明适用，满足招标文件的要求。

3. 投标报价的编制依据

（1）招标人提供的招标文件。

（2）招标人提供的设计图纸、工程量清单及有关的技术说明书等。

（3）国家及地区颁发的现行建筑、安装工程预算定额及与之相配套执行的各种费用定额规定等。

（4）地方现行材料预算价格、采购地点及供应方式等。

（5）因招标文件及设计图纸等资料不明确，经咨询后由招标人书面答复的有关资料。

（6）企业内部制定的有关取费、价格等的规定、标准。

（7）其他与报价计算有关的各项政策、规定及调整系数等。

（8）工程现场资料。

（9）施工组织设计。

（10）企业竞争态势的预测。

在标价的计算过程中，对于不可预见费用的计算必须慎重考虑，不要遗漏。

4. 投标报价的组成

建设工程投标报价按照费用构成要素划分，由人工费、材料（包含工程设备）费、施工机具使用费、企业管理费、利润、规费和税金组成。

5. 投标报价的编制方法

（1）以定额计价模式投标报价。一般是用预算定额来编制，即按照定额规定的分部分项工程逐项计算工程量，套用定额基价或根据市场价格确定直接费，然后再按规定的费用定额计取各项费用，最后汇总形成标价。

（2）以工程量清单计价模式投标报价。工程量清单计价应采用综合单价计价。综合单价计价指完成一个规定计量单位的工程量所需的人工费、材料费、机械使用费、管理费和利润，并考虑风险因素。工程量清单报价由招标人给出工程量清单，工程量清单上作为招标文件的组成部分，供投标人逐项填报单价，计算出总价，作为投标报价。工程量清单计价模式投标报价如图 3-3 所示。

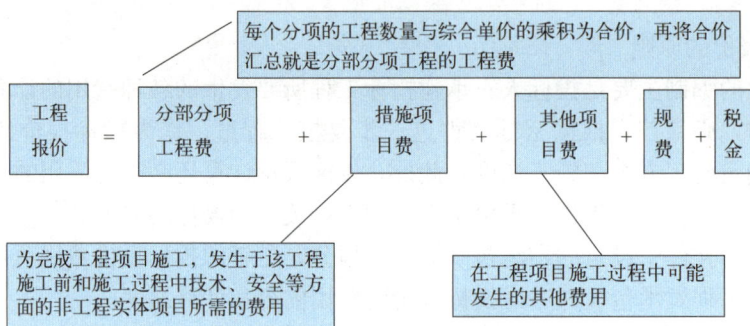

图 3-3　工程量清单计价的投标报价

6. 投标报价的编制程序

投标人编制投标报价文件可以按图 3-4 的编制程序进行。

3.2.6　建设工程项目投标文件的编制

根据中华人民共和国《标准施工招标文件》中投标文件格式，投标文件一般由以下内容组成：投标函及投标函附录；法定代表人身份证明；授权委托书；联合体协议书（联合体投标需提供）；投标保证金；已标价工程量清单；施工组织设计（施工方案）；项目管理机构配置表；拟分包项目情况表；资格审查资料；其他材料。

1. 投标文件的编制步骤

（1）编制投标文件的准备工作。熟悉招标文件、图纸、资料；参加招标人组织的施工现场踏勘和答疑会；调查当地材料供应和价格情况；了解交通运输条件和有关事项。

（2）实质性响应招标文件的条款编制。包括工期、投标有效期、质量要求、技术标准和要求、招标范围等实质性内容。

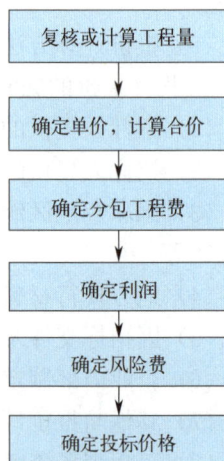

图 3-4　投标报价的编制程序

（3）复核、计算工程量。

（4）编制施工组织设计，确定施工方案。

（5）计算投标报价。

（6）装订成册。

2. 编制投标文件应注意的事项

（1）必须使用《招标文件》提供的《投标文件》表格格式。填写表格时，凡要求填写的空格都必须填写，否则，将被视为放弃该项要求。重要的项目或数字（如投标范围、工期、质量、价格等）未填写的、将被作为无效或作废的投标文件。

（2）正本仅一份，副本按招标文件要求份数提供，并标明清楚，正本与副本不一致时，以正本为准。

（3）使用不能擦去的墨水打印或书写，书写要字迹清晰、整洁、美观。

（4）所有投标文件均由投标人的法定代表人或其委托代理人签署、加盖印章，并加盖法人单位公章。

（5）全套投标文件均应无涂改和行间插字，除非是根据招标人的要求进行的，或是由投标人造成的必须修改的错误，其修改处应由投标文件签字人证明并加盖印鉴。

（6）注意查实投标截止的时间及投标文件递交的地点，确保按时、按点递交，逾期送达或送错地点，招标人不予受理。

（7）认真对待招标文件中关于废标的条件，以免被定为无效标。

（8）严格按照招标文件的包封要求进行投标文件的包封，并注意查看招标文件有关废标的条件，避免造成废标。

3.2.7　建设工程项目投标报价技巧

投标报价方法是依据投标策略选择的，一个成功的投标策略必须运用与之相适应的报价方法才能取得理想的效果。投标报价时，既要考虑自身的优势和劣势，也要分析招标项目的特点。按照工程项目的不同特点、类别、施工条件等来选择报价策略。

1. 根据招标项目的不同特点采用不同报价

（1）遇到下列情况可报价高些：施工条件差的工程；本公司有专长的；专业要求高的技术密集型工程；特殊工程；工期要求紧的工程。

（2）遇到下列情况可报价低些：施工条件好、工作简单的工程；本公司急于打入市场；投标对手多，竞争激烈的工程。

2. 不平衡报价法

这一方法是指一个建设工程项目总报价基本确定后，通过调整内部各个项目的报价，以期既不提高总报价、不影响中标，又能在结算时得到更理想的经济效益。一般可以考虑在以下几方面采用不平衡报价：

（1）能够早日结账收款的项目（如开办费、基础工程、土方开挖、桩基等费用）可适当提高。

（2）预计今后工程量会增加的项目，单价可适当提高，这样在最终结算时可多赚钱；将工程量可能减少的项目单价降低，工程结算时损失不大。

（3）设计图纸不明确，估计修改后工程量要增加的，可以提高单价；而工程内容解说不清楚的，则可适当降低一些单价，待澄清后可再要求提价。

采用不平衡报价时一定要建立在对工程量仔细核对分析的基础上，特别是对报低单价的项目，如工程量执行时增多将造成承包商的重大损失。

3. 多方案报价法

根据标准招标文件规定："除投标人须知附表另有规定外，投标人不得递交备选投标方案。允许投标人递交备选投标方案的，只有中标人所递交的备选方案方可予以考虑。"如果另有规定允许多方案报价，投标人在同一个招标项目，除了按招标文件的要求编制投标报价以外，还可以编制一个或几个建议方案。

如果发现招标文件中的工程范围很不具体、明确，或条款内容很不清楚、很不公正，或对技术规范的要求过于苛刻，可先按招标文件中的要求报价，然后再说明假如招标人对工程要求作某些修改，报价可降低多少。由此可报出一个较低的价。这样，可以降低总价，吸引业主。

4. 增加建议方案报价法

有时招标文件中规定，可以提一个建议方案，即可以修改原设计方案，提出投标者的方案。投标者这时应抓住机会，组织一批有经验的设计和施工工程师，对原招标文件的设计和施工方案仔细研究，提出更为合理的方案以吸引业主，促成自己的方案中标。这种新建议方案可以降低总造价或是缩短工期，或使工程运用更为合理。但要注意对原招标方案一定也要报价。建议方案不要写得太具体，要保留方案的技术关键，防止业主将此方案交给其他承包商。同时要强调的是，建议方案一定要比较成熟，有可操作性。

5. 联合体法

联合体法比较常用，即两、三家公司共同投标，其主营业务类似或相近，单独投标会出现经验、业绩不足或工作负荷过大而造成高报价，失去竞争优势。而以捆绑形式联合投标，可以做到优势互补、规避劣势、利益共享、风险共担，相对提高了竞争力和中标概率。这种方式目前在国内许多大项目中使用。

6. 突然降价法

为了迷惑竞争对手而采用的一种竞争方法。通常的做法是，在准备投标报价的过程中预先考虑好降价的幅度，然后有意散布一些假信息，如打算弃标、按一般情况报价或准备报高价等，等临近投标截止日期前，突然前往投标，并降低报价，以期战胜竞争对手。

7. 无利润算标报价法

缺乏竞争优势的承包商，在不得已的情况下，只好在算标中根本不考虑利润去夺标。这种办法一般是处于以下条件时采用：

（1）有可能在得标后，将大部分工程分包给索价较低的一些分包商。

（2）对于分期建设的项目，先以低价获得首期工程，而后赢得机会创造第二期工程中的竞争优势，并在以后的实施中赚得利润。

（3）较长时期内，承包商没有在建的工程项目，如果再不得标，就难以维持生存。因此，虽然本工程无利可图，只要能有一定的管理费维持公司的日常运转，就可设法渡过暂时的困难，以图将来东山再起。

8. 计日工单价的报价

如果是单纯报计日工单价，而且不计入总价中，可以报高些，以便在业主额外用工或使用施工机械时可多盈利。但如果计日工单价要计入总报价时，则需具体分析是否报高价，以免抬高总报价。总之，要分析业主在开工后可能使用的计日工数量，再来确定报价方针。

9. 可供选择的项目的报价

有些建设工程项目的分项工程，业主可能要求按某一方案报价，而后再提供几种可供选择方案的比较报价。但是，所谓"可供选择项目"并非由承包商任意选择，而是业主才有权选择。因此，投标人虽然适当提高了可供选择项目的报价，并不意味着肯定可以取得较好的利润，只是提供了一种可能性，一旦业主今后选用，承包商即可得到额外加价的利益。

10. 暂定工程量的报价

（1）暂定工程量的情况

1）业主规定了暂定工程量的分项内容和暂定总价款，并规定所有投标人都必须在总报价中加入这笔固定金额，但由于分项工程量不很准确，允许将来按投标人所报单价和实际完成的工程量付款。

2）业主列出了暂定工程量的项目的数量，但并没有限制这些工程量的估价总价款，要求投标人既列出单价，也应按暂定项目的数量计算总价，当将来结算付款时可按实际完成的工程量和所报单价支付。

3）只是暂定工程的一笔固定总金额，将来这笔金额做什么用，由业主确定。

（2）暂定工程量的报价做法

1）第一种情况，由于暂定总价款是固定的，对各投标人的总报价水平竞争力没有任何影响，因此，投标时应当对暂定工程量的单价适当提高。这样做既不会因今后工程量变更而吃亏，也不会削弱投标报价的竞争力。

2）第二种情况，投标人必须慎重考虑。如果单价定得高了，同其他工程量计价一样，将会增大总报价，影响投标报价的竞争力；如果单价定得低了，将来这类工程量增大，将会影响收益。一般来说，这类工程量可以采用正常价格。如果承包商估计今后实际工程量肯定会增大，则可适当提高单价，使将来可增加额外收益。

3）第三种情况对投标竞争没有实际意义，按招标文件要求将规定的暂定款列入总报价即可。

【例3-1】某承包商通过资格预审后，对招标文件进行了仔细分析，发现业主所提出的工期要求过于苛刻，且合同条款中规定每拖延1天工期罚合同价的1‰。若要保证实现该工期要求，必须采取特殊措施，从而大大增加成本；还发现原设计结构方案采用框架-剪力墙体系过于保守。因此，该承包商在投标文件中说明业主的工期要求难以实现，因而按自己认为的合理工期（比要求的工期增加6个月）编制施工进度计划并据此报价；还建议将框架-剪力墙体系改为框架体系，并对这两种结构体系进行了技术经济分析和比较，证明框架体系不仅能保证工程结构的可靠性和安全性、增加使用面积、提高空间利用的灵活性，而且可降低造价约3%。该承包商将技术标和商务标分别封装，在封口处加盖本单位公章和法人代表签字后，在投标截止日期前1天上午将投标文件报送业主。次日（即投标截止日当天）下午，在规定的开标时间前1小时，该承包商又递交了一份补充材料，其中声明将原报价降低4%。但是，招标单位的有关工作人员认为，根据国际上"一标一投"的惯例，一个承包商不得递交两份投标文件，因而拒收承包商的补充材料。

开标会由市招投标办的工作人员主持，市公证处有关人员到会，各投标单位代表均到场。开标前，市公证处人员对各投标单位的资质进行审查，并对所有投标文件进行审查，确认所有投标文件均有效后，正式开标。主持人宣读投标单位名称、投标价格、投标工期和有关投标文件的重要说明。

问题：

（1）该承包商运用了哪几种报价技巧？其运用是否得当？请逐一加以说明。

（2）从所介绍的背景资料来看，在该项目招标程序中存在哪些问题？请分别作简单说明。

【解析】该承包商运用了三种报价技巧，即多方案报价法、增加建议方案法和突然降价法。其中，多方案报价法运用不当，因为运用该报价技巧时，必须对原方案（本案例指业主的工期要求）报价，而该承包商在投标时仅说明了该工期要求难以实现，却并未报出相应的投标价。

增加建议方案法运用得当，通过对两个结构体系方案的技术经济分析和比较（这意味着对两个方案均报了价），论证了建议方案（框架体系）的技术可行性和经济合理性，对业主有很强的说服力。

突然降价法也运用得当，原投标文件的递交时间比规定的投标截止时间仅提前1天多，这既是符合常理的，又为竞争对手调整、确定最终报价留有一定的时间，起到了迷惑竞争对手的作用。

该项目招标程序中存在以下问题：

（1）招标单位的有关工作人员不应拒收承包商的补充文件。

（2）根据《中华人民共和国招标投标法》，应由招标人（招标单位）主持开标会，并宣读投标单位名称、投标价格等内容，而不应由市招投标办工作人员主持和宣读。

（3）资格审查应在投标之前进行（背景资料说明了承包商已通过资格预审），公证处人员无权对承包商资格进行审查，其到场的作用在于确认开标的公正性和合法性（包括投标文件的合法性）。

知识拓展

了解某地公共资源交易平台系统工程建设招投标系统投标人操作手册。

招标人员操作手册

模块 3.3　建设工程项目合同管理

3.3.1　合同及建设工程合同

1. 合同及建设工程合同概念

（1）合同的定义。合同是平等主体的自然人、法人、其他组织之间设立、变更、终止民事权利义务关系的协议。

（2）建设工程合同的定义。建设工程合同是承包人进行工程建设，发包人支付工程价款的合同。它包括工程勘察合同、设计合同、施工合同等工程合同。

2. 合同的特点及与建设工程合同的区别

（1）合同的特点。首先合同的主体在法律地位上是平等的；其次合同确立的是合同主体之间民事权利义务关系。

（2）合同与建设工程合同的区别

1）建设工程合同是合同的一个分支。

2）对主体的要求不一样。合同的主体是自然人、法人、其他组织；而建设工程合同对主体的要求更严，建设工程合同主体必须是法人和其他组织，自然人不能成为建设工程合同的主体。

3）合同的形式要求不一样。合同的形式一般可以采用书面形式、口头形式和其他形式；而建设工程合同只能采用书面形式。

4）对合同签订的程序和管理不一样。一般的合同只要合同主体双方意思表示真实一致就可以了，而建设工程合同的签订一般必须履行严格的招投标程序及合同签订后实行严格的备案制度。

3. 合同的内容

合同的主体、客体和内容是合同组成的三要素，合同的主体是签订合同的当事人；合同的客体是指合同的标的，如建筑工程合同的标的就是拟建的建筑物；合同的内容是当事人之间的民事权利义务关系。

合同的内容由合同当事人约定，也可以参照各类示范合同文本订立合同。一般包括如下条款：1）当事人的名称或者姓名和住所；2）标的；3）数量；4）质量；5）价款或者报酬；6）履行期限、地点和方式；7）违约责任；8）解决争议的方法。

3.3.2 建设工程合同的订立和作用

1. 建设工程合同的类型

建设工程合同的范围界定为工程勘察、设计、施工合同。具体按照建筑工程承发包的范围、内容及合同价款的确定方式，建设工程合同可以分为：

（1）按照建设工程承发包的范围划分

1）建设工程总承包合同，即发包人可以将工程建设的全过程（可行性研究、勘察、设计和施工等）发包给一个承包人。

2）建设工程合同，即发包人将建设工程的勘察、设计、施工分别发包给不同的承包人。

3）建设工程分包合同，即总承包人或者工程勘察、设计、施工承包人按合同约定或在征得发包人同意的基础上，可以将自己承包的部分工作交由第三人完成。

（2）按照建设工程承发包的内容划分。可以分为：建设工程勘察合同；建设工程设计合同；建设工程施工合同。

（3）按照建筑工程合同价款确定方式划分

1）单价合同。单价合同是指合同当事人约定以工程量清单及其综合单价进行合同价格计算、调整和确认的建设工程施工合同，在约定的范围内合同单价不做调整。

2）总价合同。总价合同是指合同当事人约定以施工图、已标价工程量清单或预算书及有关条件进行合同价格计算、调整和确认的建设工程施工合同，在约定的范围内合同总价不做调整。

3）其他价格形式。合同当事人可在专用合同条款中约定其他合同价格形式。如成本加酬金（费用）合同。成本加酬金合同又称成本补偿合同，是指按工程实际发生的成本结算外，发包人另加上商定好的一笔酬金（总管理费和利润）支付给承包人的一种承发包方式。工程实际发生的成本，主要包括人工、材料、施工机械使用费、其他直接费和现场经费及各项独立费等。

2. 建设工程合同的订立

（1）建设工程合同订立的条件

1）工程项目已履行报建手续。

2）建设工程项目资金已经落实。

（2）建设工程施工合同订立的条件

1）工程项目初步设计已经批准。

2）工程项目已列入年度建设计划。

3）有满足工程施工需要的设计文件和有关技术资料。

4）建设资金和主要建筑材料设备来源已经落实。

5）已确定好工程施工单位。

（3）订立建设工程合同的程序

建设工程合同作为合同在建设工程行业分支领域的运用，它的订立也遵循和采用合同订立的一般程序，即要约、承诺过程。在工程实践中，建设工程合同的订立就是要经过招标投标或直接发包的程序确定承包企业。在工程招标投标程序中，发包人的招标文件是向不特定或特定的人发出的要约邀请文件，投标人根据发包人的招标文件编制的投标文件是一个要约文件，发包人经过评标确定中标人并发出中标通知书，这个中标通知书就是发包人对中标人的承诺。

（4）订立建设工程合同遵守的原则

1）遵守国家法律、法规和国家计划原则。

2）平等、自愿、公平的原则。

3）诚实信用原则。

4）等价有偿原则。

5）不损害社会公众利益和扰乱社会经济秩序原则。

3. 建设工程合同的作用

（1）建设工程合同明确了合同实施阶段发包人和承包人之间的权利和义务。

（2）建设工程合同是实施阶段实行项目管理的依据。

（3）维护建设工程实施过程中发包人和承包人权益的依据。

3.3.3 建设工程施工合同管理

1. 概述

建设工程从项目建议、可行性研究、项目立项批准、工程勘查、工程设计、设备采购、工程施工直至工程竣工验收投入使用，这一建设过程非常漫长，在这一系列的建设活动过程中，业主要与许许多多的承包商（如中介服务机构、勘察设计单位、施工单位等）就其承包的内容签订工程承包合同。建设工程施工合同管理是这一系列工程承包合同当中的一个，也是我们接触最多、最频繁的一个工程建设合同。

合同管理贯穿招标投标、合同谈判与签约、工程实施、交工验收及保修阶段的全过程。

2. 建设工程施工合同管理的特点

建设工程施工合同管理因为其所管理的对象（建筑产品）的特点、类型、环境及合同的类型、性质、作用等不一样而有不同的管理要求，但同时也具有以下相同的特点：

（1）建设工程施工合同管理的周期长。

（2）建设工程施工合同管理综合性强、复杂性强。

（3）建设工程施工合同管理所面临的风险不可避免。

（4）建设工程施工合同管理与效益密切相关。

3. 施工招标阶段的合同管理

（1）承包人的确定及拟定合同主要条款。施工招标阶段由于处于选择潜在的承包人和拟定合同主要条款的关键阶段，因此这个阶段的合同管理主要着重于合格的承包人的确定及拟定合同主要条款。

（2）建设工程施工合同的承包人的要求

建设工程施工合同的承包人必须是具备相应施工资质的企业法人，因此合格的承包人要求具备：

1）具有承揽合同对象的相应施工资质，否则发包人与不具备相应施工资质的承包人签订的施工合同违反了我国《建筑法》第二十六条的规定，导致合同是无效的。

2）承包人是企业法人，由于建设工程涉及公众的生命财产安全，因此我国《建筑法》规定建设工程的承包人必须是企业法人，不允许个人或自然人成为建设工程的承包人。

房屋建筑施工总承包企业工程承包范围见表3-4。

房屋建筑施工总承包企业工程承包范围　　　　　　表3-4

序号	房屋建筑施工总承包企业资质等级	工程承包范围
1	特级资质	资质证书内包括专业的所有建设工程的施工
2	一级资质	(1)高度200m以下的工业、民用建筑工程； (2)高度240m以下的构筑物工程
3	二级资质	(1)高度100m以下的工业、民用建筑工程； (2)高度120m以下的构筑物工程； (3)建筑面积15万 m² 以下的单体工业、民用建筑工程； (4)单跨跨度39m以下的建筑工程
4	三级资质	(1)高度50m以下的工业、民用建筑工程； (2)高度70m以下的构筑物工程； (3)建筑面积8万 m² 以下的单体工业、民用建筑工程； (4)单跨跨度27m以下的建筑工程

（3）拟建工程的招标文件内容的确定

发包人在施工招标阶段拟定的招标文件包括：招标公告（投标邀请函）、投标人须知、投标文件格式、合同条件（通用条款、专用条款和协议书）、技术规范、工程量清单、设计图纸、工程现场水文地质资料等，在评标结束后将作为签订施工合同的依据，因此能否拟定出一份适合拟建工程的招标文件就显得尤为关键。

招标文件在确定施工单位资质时要明确适当，招标范围要明确，在拟定合同条件时要权利义务明确均等，工程量清单内容及工程量要正确且不要有大的遗漏。合同计价方式要根据工程实施的时限、复杂程度、工程设计图纸的适宜情况等来确定。

4. 建设工程合同的谈判与签订

（1）建设工程合同谈判的概念

建设工程合同谈判是指合同当事人双方就合同具体内容进行研究、协商的过程。通过合同的谈判完善合同条款，合理分配合同风险、权利、义务与责任。值得注意的是，对于依法必须招标的项目，已通过招标方式确认了承包人，双方须根据招标文件、中标文件来签订合同，不能通过合同谈判来改变合同的实质内容。

（2）建设工程合同的订立阶段的合同管理

根据《中华人民共和国民法典》（以下简称《民法典》）和建设工程相关法律、法规的规定，工程合同订立有两种方式。一种是遵守如前所述的一般订立程序，即要约-承诺订立合同。另一种是通过特殊的方式，即通过公开招标或邀请招标订立合同。目前我国建设工程领域广泛采用后一种方式订立合同。

1）工程合同订立程序。招标→投标→向中标人发出中标通知→签订工程合同。

2）工程合同订立阶段应注意的合同管理问题：

①有效避免缔约过失责任。

②工程风险的合理分配。

③工程合同担保。

④有效避免无效工程合同。

想 一 想

缔约过失责任是指什么？

缔约过失责任
的含义

2004年10月最高人民法院颁布了《最高人民法院关于审理建设工程施工合同纠纷案件适用法律问题的解释》，规定了无效建设工程施工合同的几种情形：

（1）承包人未取得建设施工企业资质或者超越资质等级订立的建设工程施工合同。

（2）没有资质的实际施工人借用有资质的施工企业名义与他人订立的建设工程施工合同。

（3）建设工程必须招标而没有招标或者中标无效情形下订立的建设工程施工合同。

（4）承包人非法转包、违法分包建设工程所订立的建设工程施工合同。

5. 施工准备阶段的合同管理

（1）施工准备阶段涉及的主要工作

1）发包人提供的图纸

目前我国的建设工程项目通常由发包人委托设计单位负责，在工程准备阶段应完成施工图纸设计文件的审查。施工图纸经监理人审核签认后，在合同约定的时期前发放给承包人，以保证承包人及时编制施工进度计划和组织施工。

发包人应当按照专用条款约定的份数及时将图纸免费提供给承包人。承包人要求增加图纸套数时，发包人应代为复制，但复制费用由承包人承担。发放给承包人的图纸中，应在施工现场保留一套完整的图纸以便监理人及有关人员进行检查时使用。

2）承包人负责设计的图纸

有些情况下承包人享有专利权利的施工技术，若具有设计资质和能力，可以由其完成部分施工图的设计，或由其委托设计分包人完成。在承包工作范围内，包括部分由承包人负责设计的图纸，则应在合同约定的时间内将按规定的审查程序批准的设计文件提交监理人审核，经过监理人签认后可以使用，虽然监理人对承包人设计认可了，但是不能解除承包人的设计责任。

3）施工进度计划

在招标阶段，承包人在投标书内提交的施工方案或施工组织设计的深度相对较浅，签订合同后通过对现场的深入考察和工程交底，对工程的施工有了进一步的了解，所以，承包人应在专用条款中约定的日期内，将施工组织设计和施工进度计划提交监理人。按图 3-5 所示的程序进行审批。

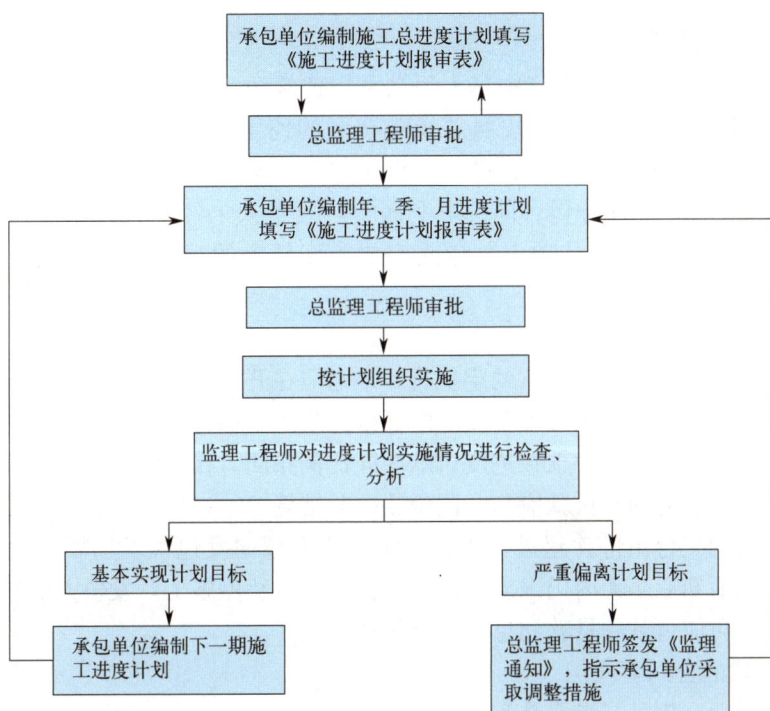

图 3-5　工程进度控制的基本程序

进度计划经监理人予以认可的主要目的，是作为发包人和监理人依据计划进行协调和对施工进度控制的依据。

4）双方做好施工前的其他准备工作

开工前，合同双方还应当做好其他各项准备工作，如发包人应当按照专用条款的规定使施工现场具备施工条件、开通施工现场公共道路，承包人应当做好施工人员和设备的调配工作等。

（2）开工

承包人应按照施工组织设计约定的期限，向监理人提交工程开工报审表，经监理人报发包人批准后执行。承包人按约定开工的时间按时开工，以便保证在合理工期内及时竣工。但在特殊情况下，工程的准备工作不具备开工条件时，则应按合同约定区分延期开工的责任。

1）承包人要求的延期开工。如果是承包人要求的延期开工，则监理人有权批准是否同意延期开工。承包人不能按时开工，应在不迟于协议书约定的开工日期前 7 天，以书面形式向监理人提出延期开工的理由和要求，工期相应顺延。若监理人不同意延期要求，工期不予顺延，如果承包人未在规定的时间内提出延期开工的要求，工期不予顺延。

2）发包人原因的延期开工。因发包人的原因施工现场尚不具备开工的条件，影响了承包人不能按照协议书约定的日期开工时，监理人应以书面形式通知承包人推迟开工日期，发包人应当赔偿承包人因此造成的损失，并顺延工期。因发包人原因造成监理人未能在计划开工日期之日起 90 天内发出开工通知的，承包人有权提出价格调整要求，或者解除合同。发包人应当承担由此增加的费用和（或）延误的工期，并向承包人支付合理利润。

（3）分包及工程预付款

1）分包。关于工程分包在《中华人民共和国建筑法》（以下简称《建筑法》）中明确规定了"建筑工程总承包单位按照总承包合同的约定对建设单位负责；分包单位按照分包合同的约定对总承包单位负责，总承包单位和分包单位就分包工程对建设单位承担连带责任。"为了保证分包合同的顺利履行，发包人未经承包人同意，不得以任何形式向分包人支付各种工程款项，分包人完成施工任务的报酬只能依据分包合同由承包人支付。

2）工程预付款的支付

①预付款的支付按照合同条款约定执行，最迟应在开工通知载明的开工日期 7 天前支付。预付款应当用于材料、工程设备的采购及修建临时工程、组织施工队伍进场等。除专用合同条款另有约定外，预付款在进度付款中同比例扣回。在颁发工程接收证书前，提前解除合同的，尚未扣完的预付款应与合同价款一并结算。

②发包人逾期支付预付款超过 7 天的，承包人有权向发包人发出要求预付的催告通知，发包人收到通知后 7 天内仍未支付的，承包人有权暂停施工，发包人应从约定应付之日起向承包人支付应付款的贷款利息，并承担违约责任。

6. 施工阶段的合同管理

（1）对原材料、成品、半成品和设备的质量控制

工程项目使用的建筑材料和设备按照合同约定的采购供应责任，可以由承包人负责，也可以由发包人提供全部或部分材料和设备。为了保证原材料、成品、半成品和设备的质量，按图 3-6 所示的开展验收流程，具体时间和工作要求按双方签订的合同约定处理。

（2）对施工质量的监督管理

监理人在施工过程中采用巡视、旁站、平行检验等方式监督检查承包人的施工工艺和产品质量，对建筑产品生产过程进行严格控制。

1）工程质量标准

①质量标准的控制。承包人施工的工程质量应当达到合同约定的标准。发包人对部分或者全部工程质量有特殊要求的，应支付由此增加的追加合同价款，对工期有影响的应给予相应顺延。监理人依据合同约定的质量标准对承包人的工程质量进行检查，达到或超过约定标准的，给予质量认可；达不到要求时，则予以拒绝。

②不符合质量要求的处理。无论何时，监理人一旦发现质量达不到约定标准的工程，均可要求承包人对其返工。承包人应按要求返工，直到符合约定标准。因承包人的原因达不到约定标准，由承包人承担返工费用，工期不予顺延。因发包人的原因达不到约定标准，由发包人承担返工的追加合同价款，工期相应顺延。因双方原因达不到约定标准，责任由双方分别承担。

2）施工过程中的检查和返工

①承包人应当按照标准、规范和设计要求以及监理人依据合同发出的指令施工，随时

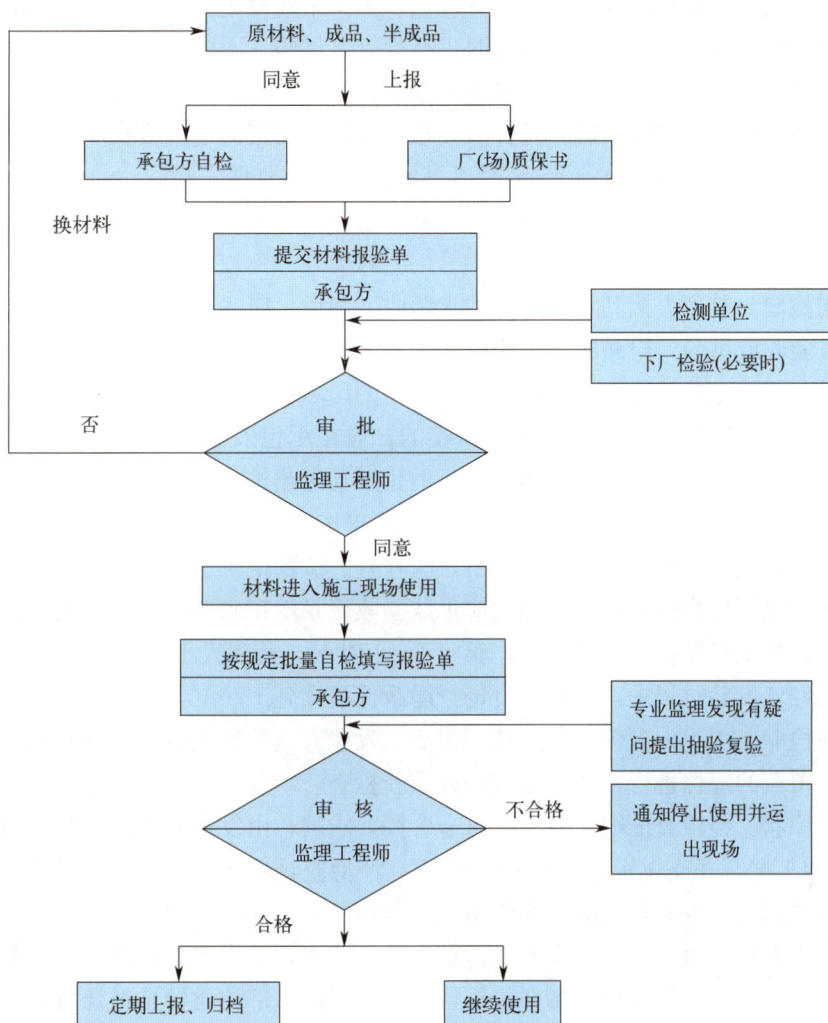

图 3-6　原材料、成品、半成品验收工作流程

接受监理人及其委派人员的检查，并为检查检验提供便利条件。工程质量达不到约定标准部分，监理人一经发现，可以要求承包人拆除和重新施工，承包人应按监理人的要求执行，承担由于自身原因导致拆除和重新施工的费用，工期不予顺延。经过监理人检验合格后，发现因承包人原因出现的质量问题，仍由承包人承担责任，赔偿发包人的直接损失，工期不应顺延。

②监理人的检查检验原则是不应影响施工正常进行，如果实际影响了施工的正常进行，其后果责任由检验结果的质量是否合格来区分合同责任。检查检验不合格时，影响正常施工的费用由承包人承担；检查检验合格时，影响正常施工的追加合同价款由发包人承担，相应顺延工期。由监理人指令失误和其他非承包人原因发生的追加合同价款，由发包人承担。

3）隐蔽工程与重新检验

隐蔽工程在施工中一旦完成隐蔽，将很难对其进行质量检查，若是检查，检查成本也是非常的高，因此必须在隐蔽前进行检查验收。对于中间验收，应在专用条款中约定，对需要进行中间验收的单项工程和部位及时进行检查、试验，不应影响后续工程的施工，发包人为检验和试验提供便利条件。检验程序如下：

①承包人自检。工程具备隐蔽条件或到达专用条款约定的中间验收部位，承包人进行自检，并在隐蔽或者中间验收前 48 小时以书面形式通知监理人验收。通知包括隐蔽和中间验收的内容、验收时间地点，并应附有自检记录和必要的检查资料。由承包人准备验收记录。

②共同检验。监理人接到承包人的请求验收通知后，应在通知约定的时间与承包人共同进行检查验收或试验。检测结果表明质量验收合格的，经监理人在验收记录上签字后，承包人可进行工程隐蔽并继续施工；验收不合格的，承包人应在监理人限定的时间内修改后重新验收。如果监理人不能按时进行验收的，应在承包人通知的验收时间前 24 小时，以书面形式向承包人提出延期验收的要求，但延期不能超过 48 小时。

若监理人未能按以上时间提出延期要求，又未按时参加验收，承包人可自行组织验收。承包人经过验收的检查、试验程序后，将检查、试验记录送交监理人，本次检验视为监理人在场情况下进行的验收，监理人应承认验收记录的正确性。经监理人验收，工程质量符合标准、规范和设计图纸等要求，验收 24 小时后，监理人不在验收记录上签字，视为监理人已经认可验收记录，承包人可进行隐蔽或继续施工。

③重新检验。承包人覆盖工程隐蔽部位后，发包人或监理人对质量有疑问的，可要求承包人对已覆盖的部位进行钻孔探测或揭开重新检查，承包人应遵照执行，并在检查后重新覆盖恢复原状。经检查证明工程质量符合合同要求的，由发包人承担由此增加的费用和（或）延误的工期，并支付承包人合理的利润；经检查证明工程质量不符合合同要求的，由此增加的费用和（或）延误的工期由承包人承担。

④承包人私自覆盖。承包人未通知监理人到场检查，私自将工程隐蔽部位覆盖的，监理人有权要求承包人钻孔探测或揭开检查，无论工程隐蔽部位质量是否合格，由此增加的费用和（或）延误的工期均由承包人承担。

【例 3-2】某单位投资兴建科研楼工程，为了加快工程进度分别与 A、B、C 三家承包商签订了土建施工合同、电梯安装合同、室内装饰合同。在一个甲方、四个乙方的工程中，四个合同都对甲方提出了一个相同的条款：甲方应协调现场及其他施工单位为乙方创造如垂直运输等可利用条件。

A 承包商开槽后发现一输气管道影响施工。甲方代表查看现场后，认为 A 承包商放线有误，提出重新复查定位线。乙方配合复查，没有查出问题。一天后，甲方代表认为前一天复查时仪器有问题，要求更换测量仪器再次复测。乙方只好停工配合复测，最后证明测量无错误。A 承包商向甲方提出了合同中未确定输气管道技术处理及甲方代表反复检查两次的配合费用的索赔要求。

另外，A 承包商在工程顶层结构楼板吊装施工的同时，电梯安装单位进入施工现场，而后装饰公司也在往施工现场大量垂直运输，三家乙方因卷扬机吨位不足发生了很大矛盾。由于甲方没有协调好三个承包单位的协作关系，他们互相之间又没有合同约束，最终引起了 C 公司和 B 公司的索赔要求，理由是"甲方没有能够按协议条款为乙方创造垂直运输条件，使乙方改变方案，推迟进度，增大了开支。"最终，整个工程的竣工期被迫推后了 50 天。

问题：

（1）甲方代表在任何情况下要求重新检验，乙方是否必须执行？

（2）乙方索赔是否有充分的理由？

（3）若两次检验不合格，乙方应承担什么责任？

（4）B、C 公司能否就工期延误向甲方索赔？

【解析】（1）甲方代表在任何情况下要求乙方重新检验，乙方必须执行，这是乙方的义务。

（2）乙方索赔有充分的理由。因为该分项工程已检验合格，甲方代表要求复验，复验结果若合格，甲方应承担由此发生的一切费用。

（3）若再次检验不合格，乙方应承担由此发生的一切费用。

（4）B、C 公司可以就工期延误向甲方提出索赔，从而取得时间和费用的补偿。

4）分部分项工程验收

①分部分项工程质量应符合国家有关工程施工验收规范、标准及合同约定，承包人应按照施工组织设计的要求完成分部分项工程施工。

②除专用合同条款另有约定外，分部分项工程经承包人自检合格并具备验收条件的，承包人应提前 48 小时通知监理人进行验收。监理人不能按时进行验收的，应在验收前 24 小时向承包人提交书面延期要求，但延期不能超过 48 小时。监理人未按时进行验收，也未提出延期要求的，承包人有权自行验收，监理人应认可验收结果。分部分项工程未经验收的，不得进入下一道工序施工。

③分部分项工程的验收资料应当作为竣工资料的组成部分。分部分项工程质量控制的验收流程如图 3-7 所示。

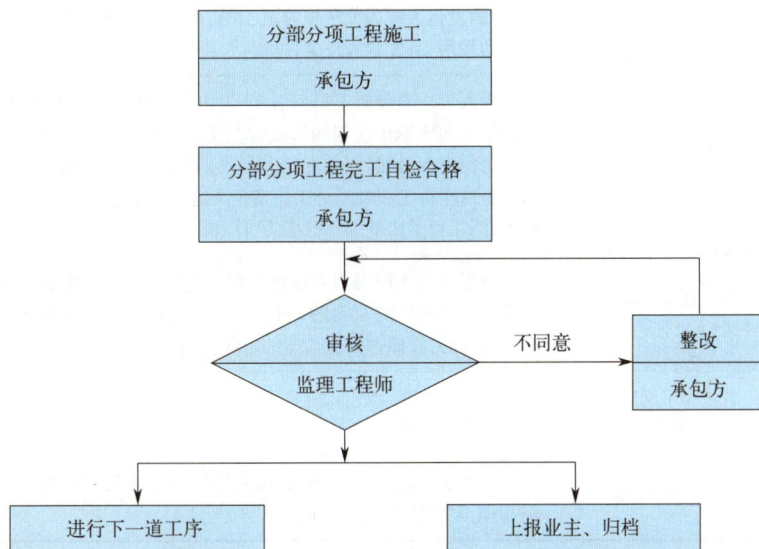

图 3-7　分部分项工程质量控制的验收流程

（3）对施工进度监督管理

①按进度计划施工。承包人必须按照监理人确认的进度计划组织施工，接受监理人对进度的检查、监督。

②暂停施工的管理见表 3-5。

暂停施工管理 表 3-5

序号	暂停施工的管理情形	处理措施
1	发包人原因引起的暂停施工	因发包人原因引起暂停施工的，监理人经发包人同意后，应及时下达暂停施工指示。情况紧急且监理人未及时下达暂停施工指示的，按照"紧急情况下的暂停施工"执行。因发包人原因引起的暂停施工，发包人应承担由此增加的费用和（或）延误的工期，并支付承包人合理的利润
2	承包人原因引起的暂停施工	因承包人原因引起的暂停施工，承包人应承担由此增加的费用和（或）延误的工期，且承包人在收到监理人复工指示后 84 天内仍未复工的，视为承包人无法继续履行合同
3	指示暂停施工	监理人认为有必要时，并经发包人批准后，可向承包人作出暂停施工的指示，承包人应按监理人指示暂停施工
4	紧急情况下的暂停施工	因紧急情况需暂停施工，且监理人未及时下达暂停施工指示的，承包人可先暂停施工，并及时通知监理人。监理人应在接到通知后 24 小时内发出指示，逾期未发出指示，视为同意承包人暂停施工。监理人不同意承包人暂停施工的，应说明理由，承包人对监理人的答复有异议，按照"争议解决"约定处理
5	暂停施工后的复工	暂停施工后，发包人和承包人应采取有效措施积极消除暂停施工的影响。在工程复工前，监理人会同发包人和承包人确定因暂停施工造成的损失，并确定工程复工条件。当工程具备复工条件时，监理人应经发包人批准后向承包人发出复工通知，承包人应按照复工通知要求复工。 承包人无故拖延和拒绝复工的，承包人承担由此增加的费用和（或）延误的工期；因发包人原因无法按时复工的，由发包人承担由此延误的工期和（或）增加的费用，且发包人应支付承包人合理的利润
6	暂停施工持续 56 天以上	监理人发出暂停施工指示后 56 天内未向承包人发出复工通知，除该项停工属于承包人原因引起的暂停施工及不可抗力约定的情形外，承包人可向发包人提交书面通知，要求发包人在收到该书面通知后 28 天内准许已暂停施工的部分或全部工程继续施工。发包人逾期不予批准的，则承包人可以通知发包人，将工程受影响的部分视为可取消工作
7	暂停施工持续 84 天以上不复工的	不属于承包人原因引起的暂停施工及不可抗力约定的情形，并影响到整个工程以及合同目的实现的，承包人有权提出价格调整要求，或者解除合同。解除合同的，按照因发包人违约解除合同执行
8	暂停施工期间的工程照管	暂停施工期间，承包人应负责妥善照管工程并提供安全保障，由此增加的费用由责任方承担
9	暂停施工的措施	暂停施工期间，发包人和承包人均应采取必要的措施确保工程质量及安全，防止因暂停施工扩大损失

③工期延误。施工过程中由于社会条件自然条件和管理水平等因素的影响，可能导致工期延误不能按时竣工。是否给承包人延长工期，应当依据合同责任来判定。工期延误管

理事项见表 3-6。

工期延误管理　　　　　　　　　　　　　　　　　　　　表 3-6

序号	工期延误管理的内容	处理结果
1	因发包人原因导致工期延误	导致工期延误和(或)费用增加的,由发包人承担由此延误的工期和(或)增加的费用,且发包人应支付承包人合理的利润
2	因承包人原因导致工期延误	因承包人原因造成工期延误的,可以在专用合同条款中约定逾期竣工违约金的计算方法和逾期竣工违约金的上限。承包人支付逾期竣工违约金后,不免除承包人继续完成工程及修补缺陷的义务
3	工期顺延的确认程序	承包人在工期可以顺延的情况发生后 14 天内,应将延误的工期向监理人提出书面报告,监理人在收到报告后 14 天内予以确认答复,逾期不予答复,视为报告要求已经被确认

想一想

在合同履行过程中,有哪些情况因发包人原因导致工期延误?

发包人原因
导致的工期延误

(4) 工程变更

1) 变更的范围。合同履行过程中发生以下情形的,监理人依据工程项目的需要和施工现场的实际情况,可以就以下方面向承包人发出变更通知:

①增加或减少合同中任何工作,或追加额外的工作。②取消合同中任何工作,但转由他人实施的工作除外。③改变合同中任何工作的质量标准或其他特性。④改变工程的基线、标高、位置和尺寸。⑤改变工程的时间安排或实施顺序。

2) 变更权

①发包人和监理人均可以提出变更。变更指示均通过监理人发出,监理人发出变更指示前应征得发包人同意。承包人收到经发包人签认的变更指示后,方可实施变更。未经许可,承包人不得擅自对工程的任何部分进行变更。

②涉及设计变更的,应由设计人提供变更后的图纸和说明。如变更超过原设计标准或批准的建设规模时,发包人应及时办理规划、设计变更等审批手续。

3) 变更程序

变更事项涉及的时间要求及规定,由双方所签的合同约定进行处理。如图 3-8 所示为工程变更管理的基本程序。

4) 变更估价原则

除专用合同条款另有约定外,变更估价按照以下约定处理:

①已标价工程量清单或预算书有相同项目的,按照相同项目单价认定。

②已标价工程量清单或预算书中无相同项目,但有类似项目的,参照类似项目的单价认定。

③变更导致实际完成的变更工程量与已标价工程量清单或预算书中列明的该项目工程量的变化幅度超过 15% 的,或已标价工程量清单或预算书中无相同项目及类似项目单价的,按照合理的成本与利润构成的原则,由合同当事人确定变更工作的单价。

(5) 工程量的确认。发包人支付工程进度款前,要对承包人完成的实际工程量予以确认或核实,按照承包人实际完成永久工程的工程量进行支付。工程量计量按照合同约定的

工程量计算规则、图纸及变更指示等进行计量。工程量计算规则应以相关的国家标准、行业标准等为依据，具体时间和工作要求按双方签订的合同约定处理。月工程计量及支付基本程序如图 3-9 所示。

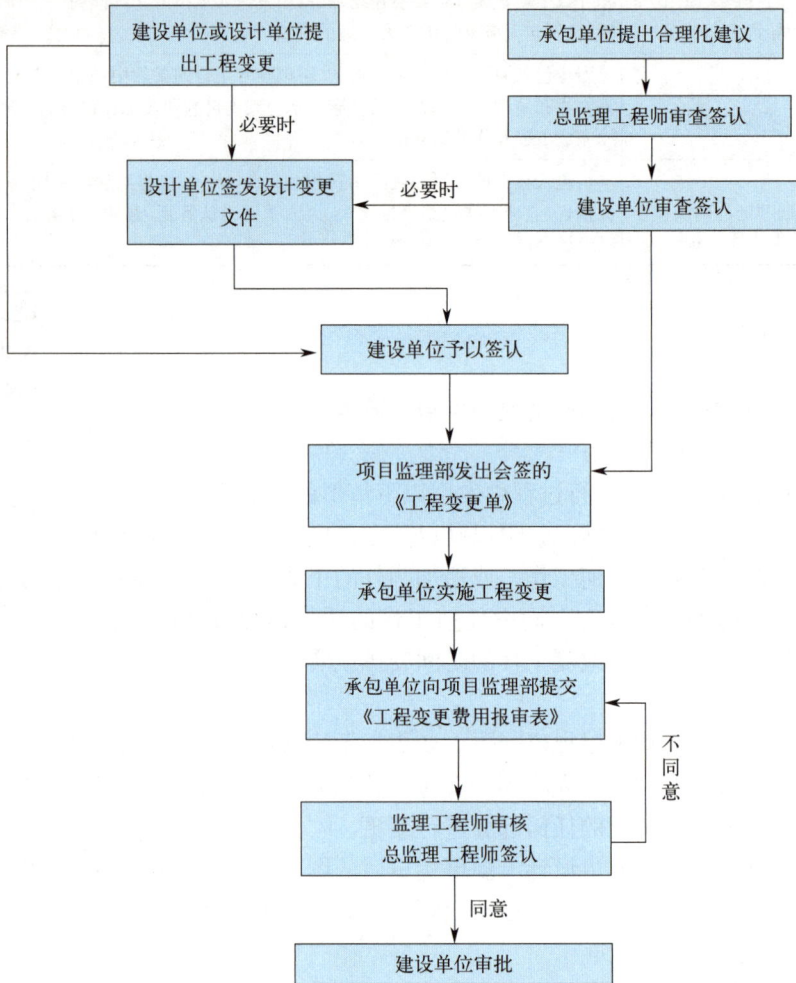

图 3-8　工程变更管理的基本程序

（6）支付管理

1）允许调整合同价款的情况

可以调整合同价款的原因有以下几个方面：

①市场价格波动引起的调整

除专用合同条款另有约定外，市场价格波动超过合同当事人约定的范围，合同价格应当调整。合同当事人可以采用价格指数进行价格调整或采用造价信息进行价格调整。

合同履行期间，因人工、材料、工程设备和机械台班价格波动影响合同价格时，人工、机械使用费按照国家或省、自治区、直辖市建设行政管理部门、行业建设管理部门或其授权的工程造价管理机构发布的人工、机械使用费系数进行调整；需要进行价格调整的

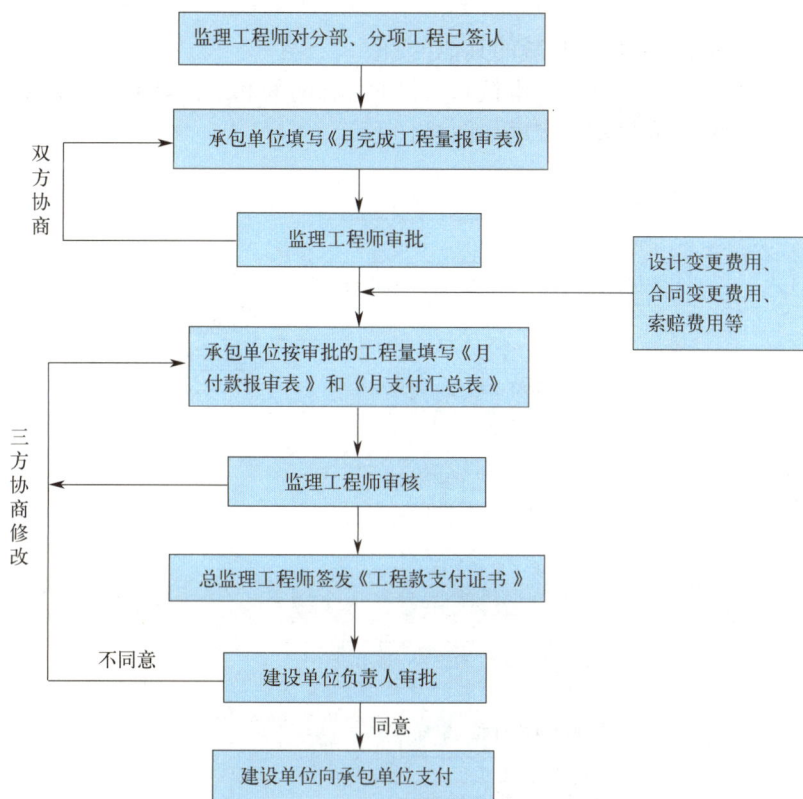

图 3-9　月工程计量及支付基本程序

材料，其单价和采购数量应由发包人审批，发包人确认需调整的材料单价及数量，作为调整合同价格的依据。

②法律变化引起的调整

基准日期后，法律变化导致承包人在合同履行过程中所需要的费用发生除市场价格波动引起的调整约定以外的增加时，由发包人承担由此增加的费用；减少时，应从合同价格中予以扣减。基准日期后，因法律变化造成工期延误时，工期应予以顺延。

因法律变化引起的合同价格和工期调整，合同当事人无法达成一致的，由总监理工程师按合同争议约定处理。

因承包人原因造成工期延误，在工期延误期间出现法律变化的，由此增加的费用和（或）延误的工期由承包人承担。

2）工程进度款的支付

①工程进度款的计算。计算本期应支付承包人的工程进度款项计算内容包括：

A. 截至本次付款周期已完成工作对应的金额。

B. 本次付款周期变更应增加和扣减的变更金额。

C. 本次付款周期约定应支付的预付款和扣减的返还预付款。

D. 本次付款周期约定应扣减的质量保证金。

E. 本次付款周期应增加和扣减的索赔金额。

F. 对已签发的进度款支付证书中出现错误的修正，应在本次进度付款中支付或扣除的金额。

G. 根据合同约定应增加和扣减的其他金额。

②进度款审核和支付。进度款审核和支付的具体时间和工作要求按双方签订的合同约定处理，进度款审核和支付基本程序如图 3-10 所示。

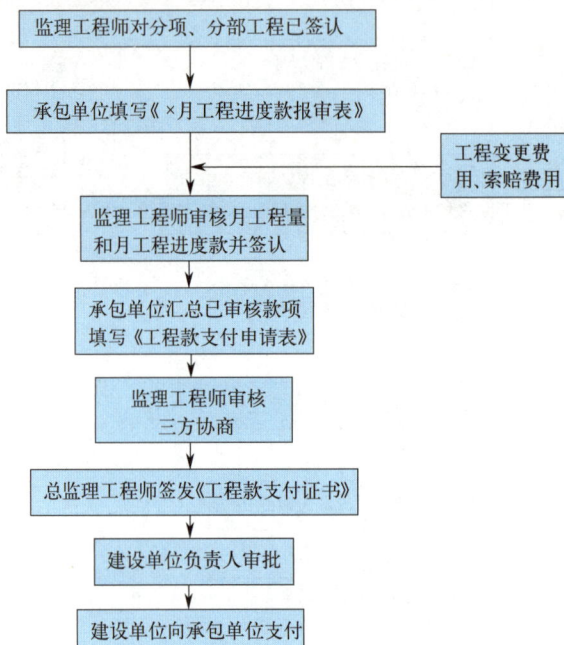

```
┌─────────────────────────────────┐
│ 监理工程师对分项、分部工程已签认    │
└─────────────────────────────────┘
                ↓
┌─────────────────────────────────┐
│ 承包单位填写《×月工程进度款报审表》 │
└─────────────────────────────────┘
                ↓                    ┌──────────┐
                ←───────────────────│ 工程变更费 │
                                     │ 用、索赔费用│
┌─────────────────────────────────┐ └──────────┘
│ 监理工程师审核月工程量              │
│ 和月工程进度款并签认                │
└─────────────────────────────────┘
                ↓
┌─────────────────────────────────┐
│ 承包单位汇总已审核款项              │
│ 填写《工程款支付申请表》            │
└─────────────────────────────────┘
                ↓
┌─────────────────────────────────┐
│ 监理工程师审核                      │
│ 三方协商                           │
└─────────────────────────────────┘
                ↓
┌─────────────────────────────────┐
│ 总监理工程师签发《工程款支付证书》   │
└─────────────────────────────────┘
                ↓
┌─────────────────────────────────┐
│ 建设单位负责人审批                  │
└─────────────────────────────────┘
                ↓
┌─────────────────────────────────┐
│ 建设单位向承包单位支付              │
└─────────────────────────────────┘
```

图 3-10　进度款审核和支付基本程序

3）进度付款的修正。在对已签发的进度款支付证书进行阶段汇总和复核中发现错误、遗漏或重复的，发包人和承包人均有权提出修正申请。经发包人和承包人同意的修正，应在下期进度付款中支付或扣除。

（7）不可抗力发生后的管理

1）不可抗力后果的承担

①不可抗力引起的后果及造成的损失由合同当事人按照法律规定及合同约定各自承担。不可抗力发生前已完成的工程应当按照合同约定进行计量支付。

②不可抗力导致的人员伤亡、财产损失、费用增加和（或）工期延误等后果，由合同当事人按以下原则承担：

A. 永久工程、已运至施工现场的材料和工程设备的损坏，以及因工程损坏造成的第三方人员伤亡和财产损失由发包人承担。

B. 承包人施工设备的损坏由承包人承担。

C. 发包人和承包人承担各自人员伤亡和财产的损失。

D. 因不可抗力影响承包人履行合同约定的义务，已经引起或将引起工期延误的，应当顺延工期，由此导致承包人停工的费用损失由发包人和承包人合理分担，停工期间必须支付的工人工资由发包人承担。

E. 因不可抗力引起或将引起工期延误，发包人要求赶工的，由此增加的赶工费用由发包人承担。

F. 承包人在停工期间按照发包人要求照管、清理和修复工程的费用由发包人承担。

不可抗力发生后，合同当事人均应采取措施尽量避免和减少损失的扩大，任何一方当事人没有采取有效措施导致损失扩大的，应对扩大的损失承担责任。

因合同一方迟延履行合同义务，在迟延履行期间遭遇不可抗力的，不免除其违约责任。

2）因不可抗力解除合同。因不可抗力导致合同无法履行连续超过 84 天或累计超过 140 天的，发包人和承包人均有权解除合同。合同解除后，由双方当事人按照商定或确定发包人应支付的款项。

【例 3-3】某业主开发一个建设工程项目，与施工单位按《建设工程施工合同（示范文本）》签订了工程施工合同，工程未进行投保。但在工程施工过程中，遭受飓风（不可抗力）的袭击，造成了相应的损失，施工单位在法定有效时间内向业主提出索赔要求，并附索赔有关的资料和证据。索赔报告的基本要求如下：

（1）遭飓风袭击是因非施工单位原因造成的损失，故应由业主承担赔偿责任。

（2）已建分部工程遭受不同程度破坏，损失共计 18 万元，应由业主全部承担修复的经济责任。

（3）施工单位进场的正在使用机械、设备受到损坏，造成损失 8 万元；由于现场停工造成台班费损失 3 万元，业主应负担赔偿和修复的经济责任。

（4）施工单位人员因此灾害有几人受伤，处理伤病医疗费用和补偿金总计 5 万元，业主应给予补偿。

（5）因风灾造成现场停工 5 天，要求合同工期顺延 5 天。

（6）由于工程破坏，清理现场需费用 3.5 万元，业主应给予支付。

问：（1）不可抗力发生后，风险承担的原则是什么？

（2）对施工单位的索赔要求如何处理？

【解析】（1）不可抗力发生后，风险承担的原则是：

1）工程本身的损害、因工程损害导致第三方人员伤亡和财产损失以及运至施工场地用于施工的材料和待安装的设备的损害，由发包人承担。

2）发包人、承包人人员伤亡由其所在单位负责，并承担相应费用。

3）承包人机械设备损坏由承包人承担。

4）因不可抗力影响承包人履行合同约定的义务，已经引起或将引起工期延误的，应当顺延工期，由此导致承包人停工的费用损失由发包人和承包人合理分担，停工期间必须支付的工人工资由发包人承担。

5）因不可抗力引起或将引起工期延误，发包人要求赶工的，由此增加的赶工费用由发包人承担。

6）承包人在停工期间按照发包人要求照管、清理和修复工程的费用由发包人承担。

（2）对施工单位的索赔要求作出如下处理：

已建工程修复费 18 万元、清理现场需费用 3.5 万元由业主支付，合同工期顺延 5 天，给予办理索赔签证。现场停工造成台班费损失 3 万元发包人和承包人合理分担。

7. 竣工阶段的合同管理

（1）竣工验收。工程验收是合同履行中的一个重要工作阶段，工程未经竣工验收或竣工收未通过的，发包人不得使用。发包人强行使用时，由此发生的质量问题及其他问题，由发包人承担。竣工验收分为过程验收和竣工验收两大类，视施工合同约定的工作范围而定。

（2）竣工验收需要满足的条件。工程具备以下条件的，承包人可以申请竣工验收：

1）除发包人同意的甩项工作和缺陷修补工作外，合同范围内的全部工程以及有关工作，包括合同要求的试验、试运行以及检验均已完成，并符合合同要求。

2）已按合同约定编制了甩项工作和缺陷修补工作清单以及相应的施工计划。

3）已按合同约定的内容和份数备齐竣工资料。

（3）竣工验收程序。验收的具体时间和工作要求按双方签订的合同约定处理，一般竣工验收基本程序如图 3-11 所示。

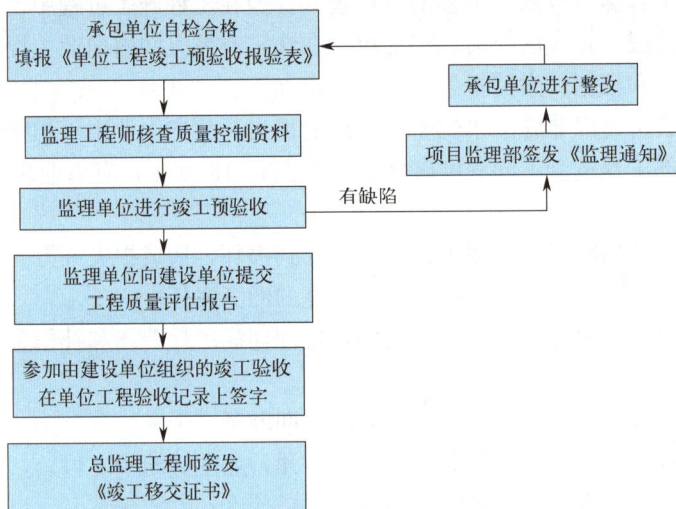

图 3-11　竣工验收基本程序

（4）工程保修。承包人与发包人在工程竣工之前，要签署质量保修书，作为合同附件。质量保修书主要内容包括工程质量保修范围和内容、质量保修期、保修责任和其他约定 5 部分。

1）工程质量保修范围和内容。双方按照工程的性质和特点，具体约定保修的相关内容。房屋建筑工程的保修范围包括：地基基础工程，主体工程，屋面防水工程、有防水要求的卫生间和外墙防渗漏，供热与供冷系统，电子管线、给水排水管道、设备安装和装修工程，以及双方约定的其他项目。

2）质量保修期。保修期从竣工验收合格之日起计算。当事人双方应针对不同工程部位，在保修书内约定具体的保修年限。当事人协商约定的保修期限，不得低于相关法律法规规定的标准。《建设工程质量管理条例》明确规定，在正常使用条件下的最低保修期限为：

①基础设施工程、房屋建筑的地基基础工程和主体工程，为设计文件规定的该工程的合理使用年限。

②房屋防水工程、有防水要求的卫生间、房间和外墙的防渗漏为 5 年。

③供热与供冷系统，为两个供暖期、供冷期。

④电气管线、给水排水管道、设备安装盒装修工程为 2 年。

3）质量保修责任。工程保修期从工程竣工验收合格之日起算，具体分部、分项工程的保修期由合同当事人在专用合同条款中约定，但不得低于法定最低保修年限。在工程保修期内，承包人应当根据有关法律规定以及合同约定承担保修责任。

发包人未经竣工验收擅自使用工程的，保修期自转移占有之日起算。

图 3-12　工程款竣工结算基本程序

流程：工程经各方竣工验收 → 承包单位提交竣工结算资料 → 监理工程师审核三方协商 → 总监理工程师签发竣工结算《工程款支付证书》 → 建设单位审核、批准 → 建设单位向承包单位支付

4）修复费用。保修期内，修复的费用按照以下约定处理：

①保修期内，因承包人原因造成工程的缺陷、损坏，承包人应负责修复，并承担修复的费用以及因工程的缺陷、损坏造成的人身伤害和财产损失。

②保修期内，因发包人使用不当造成工程的缺陷、损坏，可以委托承包人修复，但发包人应承担修复的费用，并支付承包人合理利润。

③因其他原因造成工程的缺陷、损坏，可以委托承包人修复，发包人应承担修复的费用，并支付承包人合理的利润，因工程的缺陷、损坏造成的人身伤害和财产损失由责任方承担。

（5）竣工结算。工程竣工验收报告经发包人认可后，承发包双方应当按协议书约定的合同价款及专用条款约定的合同价款调整方式，进行工程竣工结算。竣工结算的具体时间和工作要求按双方签订的合同约定处理，一般工程款竣工结算基本程序如图 3-12 所示。

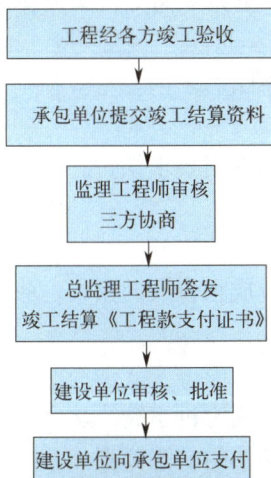

知识拓展

《建设工程施工合同（示范文本）》（GF—2017—0201）。

《建设工程施工合同（示范文本）》（GF—2017—0201）

模块 3.4　建设工程项目索赔管理

3.4.1　索赔概述

1. 索赔含义

索赔是合同的一方当事人对正当权利的主张或要求。工程索赔通常是指在工程合同履行过程中，合同当事人一方因非自身原因或因承担的风险而受到经济损失时，为保证自身权利的实现而向对方提出经济或时间补偿的要求。它是发包人、工程师和承包人之间在履行合同过程中的一种正常经济现象。

2. 索赔产生的原因

在施工合同履行过程中，引起索赔的事件和原因是非常多的，也是非常复杂的。下面主要就一些主要的、发生量比较大的原因和事件列举如下：

（1）发包人合同风险

在合同的履行过程中，发包人合同风险体现为以下几个方面：发包人（业主）未按合同约定完成基本工作；发包人（业主）未按合同规定支付预付款及工程款等；发生发包人（业主）应该承担的风险（如不可抗力）；发包人或工程师要求工程加速；设计与发包人或工程师的指令错误；发包人不正当地终止工程。

（2）不利的自然条件和客观障碍

由于不利的自然条件及客观障碍，常常导致设计变更、工期延长或成本大幅度增加，承包人可以据此提出索赔要求。

（3）工程变更

由于发包人或工程师指令增加或减少工程量、增加附加工程、修改设计、变更施工顺序等，造成工期延长和费用增加，承包人可对此提出索赔。

需要指出的是，由于工程变更减少了工作量，也有可能进行索赔。

（4）工期延长和延误

由于非承包人原因导致工程延误而造成的损失，承包人有权利提出要求偿付。如果工期拖延的责任在承包人方面，则承包人无权提出索赔。

（5）工程师指令和行为

如果工程师在工作中出现问题、失误或行使合同赋予的权力造成承包人的损失，业主应该承担相应的合同责任。

（6）合同缺陷

合同缺陷常常表现为合同文件规定不严谨甚至前后矛盾、合同规定过于笼统、合同中存在遗漏或错误。一般情况下，发包人作为合同起草人，要对合同中的缺陷负责。

（7）物价上涨

由于物价上涨，带来了人工费、材料费、施工机械费的增加，导致工程成本上升、承包人的利润受到影响，这也会导致承包人提出索赔要求。

（8）国家政策及法律、法规变更

国家政策及法律、法规变更，通常是指直接影响到工程造价的某些政策及法律法规的变更，比如限制进口、外汇管制或税收及其他收费标准的提高。

（9）货币及汇率变化

就国际工程而言，合同一般规定：如果在投标截止日期前的第 28 天以后，工程所在国政府或其授权机构对支付合同价格的一种或几种货币实行货币限制或货币汇兑限制，发包人应补偿承包人因此而受到的损失。

（10）其他承包人干扰

其他承包人干扰是指其他承包人未能按时、按序进行并完成某项工作，各独立承包人之间配合协调不好等给承包人的工作带来干扰。

（11）其他第三人原因

其他第三人原因通常表现为因与工程有关的其他第三人的问题而引起的对本工程的不利影响，如银行付款延误、邮路延误、港口压港等。承包人往往会向发包人索赔。

3.4.2 施工索赔的管理

1. 承包人的施工索赔

（1）承包人的索赔程序

按照我国《建设工程工程量清单计价规范》GB 50500—2013 对索赔的规定：合同一方向另一方提出索赔时，应当有正当的理由和有效证据，并应符合合同的相关约定。对于合同的相关约定方面，《建设工程施工合同（示范文本）》（GF—2017—0201）的要求，根据合同约定，承包人认为有权得到追加付款和（或）延长工期的，应按如图 3-13 所示的程序向发包人提出索赔：

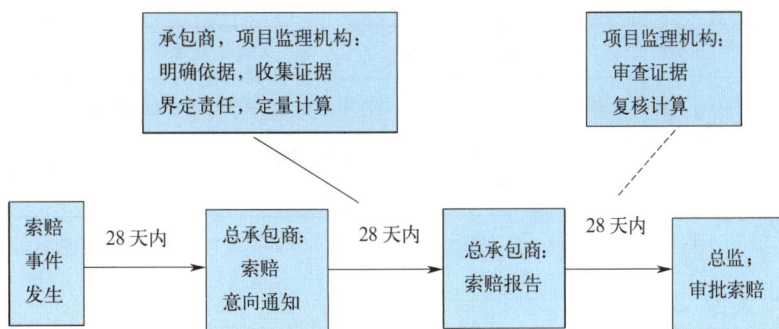

图 3-13 施工索赔程序

（2）提出索赔的期限

1）承包人按竣工结算审核约定接收竣工付款证书后，应被视为已无权再提出在工程接收证书颁发前所发生的任何索赔。

2）承包人按"最终结清"提交的最终结清申请单中，只限于提出工程接收证书颁发后发生的索赔。提出索赔的期限自接受最终结清证书时终止。

2. 发包人的施工索赔

根据合同约定，发包人认为有权得到赔付金额和（或）延长缺陷责任期的，监理人应向承包人发出通知并附有详细的证明。

发包人应在知道或应当知道索赔事件发生后 28 天内通过监理人向承包人提出索赔意向通知书，发包人未在前述 28 天内发出索赔意向通知书的，丧失要求赔付金额和（或）延长缺陷责任期的权利。发包人应在发出索赔意向通知书后 28 天内，通过监理人向承包人正式递交索赔报告。

3. 索赔的证据

索赔证据是当事人用来支持其索赔成立及与索赔有关的证明文件和资料。索赔证据作为索赔报告的组成部分，在很大程度上关系到索赔的成功与否。证据不全、不足或没有证据，索赔是很难成功的。

一般认为，一个索赔或反驳、答辩的质量和能否成功取决于证据。因此，证据收集、整理工作是承包商、业主及工程师的一项日常重要事务。

对承包商来说，常见的索赔证据如表 3-7 所示。

工程管理人员应做好平时的记录，根据记录情况就能够对问题进行预警，并在问题刚一出现就可以将其根除，或为以后有可能的索赔提供丰富、有力的第一手资料。

索赔证据   表 3-7

序号	证据类型	具体表现形式
1	合同文件	包括工程合同及附件、中标通知书、投标书、标准和技术规范、图纸、工程量清单、工程报价单或预算书、有关技术资料和要求等
2	经工程师批准的文书	包括承包人施工进度计划、施工方案、施工报表、施工项目管理规划等
3	各种施工记录	包括施工日志及工长工作日志、备忘录等
4	工程形象进度照片	表示工程进度的照片、隐蔽工程覆盖前的照片、业主责任造成返工和工程损坏的照片等，照片上应注明日期

序号	证据类型	具体表现形式
5	有关各方往来文书	包括往来信件、电话记录、指令、信函、通知、答复等
6	工程会议纪要	包括工程各项会议纪要、协议及其他各种签约、定期与业主雇员的谈话资料等
7	发包人(工程师)发布的各种书面指令书和确认书	包括发包人或工程师发布的各种书面指令书和确认书,以及承包人要求、请求、通知书
8	气象资料	气象报告和资料。如有关天气的温度、风力、雨雪的资料等。如果遇到恶劣的天气,应作记录,并请工程师签证
9	投标前业主提供的各种工程资料	施工图纸、勘察报告等
10	施工现场记录	包括设计交底记录、图纸变更、变更施工指令,工程送电、送水、道路开通、封闭的日期记录,工程停电、停水和干扰事件影响的日期及恢复施工的日期记录等
11	业主或工程师签认材料	工程各项经业主或工程师签字确认的资料
12	工程财务资料	工程结算资料和有关财务报告。如工程预付款、进度款拨付的数额及日期记录、工程结算书、保修单等
13	各种检查验收报告和技术鉴定报告	如质量验收单、隐蔽工程验收单、验收记录、竣工验收资料、竣工图
14	各种会计核算资料	如工资单、工资报表、工程款账单,各种收付款原始凭证,总分类账、管理费用报表,工程成本报表等
15	市场行情资料,国家法律、法令、政策文件	包括市场价格、官方的物价指数、工资指数、中央银行的外汇比率等公布材料

4. 工期索赔的计算

(1) 网络分析法

在工程管理实践中,工程进度网络图可以采用计算机来进行管理。网络分析法就是利用进度计划的网络图,分析其关键线路。如果延误的工作为关键工作,则延误的时间为索赔的工期;如果延误的工作为非关键工作,当该工作由于延误超过该项工作的总时差时,承包商则可以索赔工期为延误后的总工期与影响前的总工期之间的差值;若该工作延误后仍为非关键工作,则不存在工期索赔问题。

采用网络分析法得出的工期索赔值是比较科学合理的,容易得到合同双方认可。

(2) 比例计算法

比例计算法又称对比分析法。比例计算法用于分析施工过程中发生的某些事件是否影响所在的单位工程或分部分项工程的工期,对总工期的影响大小,可以采用比例计算法。对于已知额外增加工程量部分工程的延期时间的:

$$工期索赔值 = \frac{额外增加的工程量部分工程价}{原合同总价} \times 原合同总工期$$

【例3-4】某业主与施工单位签订了土方施工合同,合同约定的土方工程量为

8000m³，合同工期 16 天。合同约定，工程量增加 20％以内为施工单位应承担的工期风险。挖运工程中，因出现了较深的软弱下卧层，使土方量增加了 10200m³，则承包商提出：

【解析】工期索赔值 $=\dfrac{额外增加的工程量部分工程价}{原合同总价}\times$ 原合同总工期

$=[(10200+8000)-8000\times1.2]\times16/[8000\times(1+20\%)]=14.33(天)$

施工单位的工期索赔可参考表 3-8。

延长工期报审表 表 3-8

工程名称：　　　　　　　　　施工单位：　　　　　　　　　　　　编号：

致：＿＿＿（监理单位） 　　＿＿＿工程,根据合同条款＿＿＿的规定,由于＿＿＿的原因,要求延长工期__天,即从原来__年__月__日延长到＿＿＿年＿＿＿月＿＿＿日 (包括已延长工期在内),请予核准。 要求延长工期的原因或理由： 延长工期的计算： 附件：   项目经理 日期
监理工程师审查意见：   监理工程师 日期
总监理工程师审定意见：   总监理工程师 日期

注：本表由施工单位填写,一式三份,审核后建设、监理、施工单位各留存一份。

5. 费用索赔的计算

（1）总费用法

总费用法又称总成本法，就是计算出该项工程的总费用，再从这个已实际开支的总费用中减去投标报价时的成本费用，即为要求补偿的索赔费用。

总费用法并不十分科学，但仍被经常采用，原因是对于某些引起索赔的事件，难以精确地确定它们导致的各项费用增加额。由于引起索赔事件的性质模糊以及现场记录不足，难以采用更精确的计算方法。

【例 3-5】 某工程原合同报价如下：

工地总成本（直接费＋工地管理费）：　3，800，000 元

公司管理费（总成本×10％）：　380，000 元

利润（总成本＋公司管理费）×7％：　292，600 元

合同价：　4，472，600 元

在实际工程中，由于完全非承包商原因造成实际工地总成本增加至 4，200，000 元。现用总费用法计算索赔值如下：

总成本增加量（4，200，000－3，800，000）：　400，000 元

总部管理费（总成本增量×10％）：　40，000 元

利润（仍为 7％）：　30，800 元

利息支付（按实际时间和利率计算）：　4，000 元

索赔值：　474，800 元

（2）修正总费用法

修正总费用法是对总费用法的改进，即在总费用计算的基础上，去掉一些不合理的部分，使其更合理。修正的内容如下：

1）将计算索赔费用的时段局限于受到外界影响的时间，而不是整个施工期。

2）只计算受影响时段内的某项工作所受影响的损失，而不是计算整个施工工作所受的损失。

3）与该项工作无关的费用不列入总费用中。

4）对投标报价费用重新进行核算，即按受影响时段内该项工作的实际单价，乘以实际完成的该项工作的工作量，得出调整后的报价费用。

按修正后的总费用计算索赔费用的公式如下：

索赔费用＝某项工作调整后的实际总费用－该项工作的报价费用（或调整后的报价费用）

修正总费用法与总费用法相比，有了实质性的改进，可相当准确地反映出实际增加的费用。

（3）分项法

分项法是将索赔事件的费用按其费用组成分项进行计算。在索赔时承包商应及时向建设单位提供相应的工程记录、票据等证据资料，然后在明确责任的前提下，将需索赔的费用逐项列出，及时报与工程师核实，有利于索赔费用的顺利解决。在实际工作中，绝大多数工程的施工索赔都采用分项法计算。

施工单位的费用索赔可参考表 3-9。

费用索赔报审表   表 3-9

工程名称：   施工单位：   编号：

致:监理工程师 　　　　　工程,根据合同条款　　　　　的规定,由于　　　　　的原因,要求索赔金额(人民币)　　　　　元, 请予核准。 索赔的详细理由及经过: 索赔金额的计算: 附件: 项目经理 日期
监理工程师审查意见: 监理工程师 日期
总监理工程师审定意见: 总监理工程师 日期

注:本表由施工单位填写,一式三份,审核后建设、监理、施工单位各留存一份。

6. 索赔报告

（1）索赔报告的基本要求

索赔报告是向对方提出索赔要求的书面文件，是承包商对索赔事件处理的结果。

起草索赔报告需要根据实际工作经验。对重大的索赔或一揽子索赔最好在有经验的律师或索赔专家的指导下起草。索赔报告的一般要求有：

1）索赔事件应是真实的。这是整个索赔的基本要求，这关系到承包商的信誉和索赔的成败，不可含糊，必须保证。如果承包商提出不实的，不合情理，缺乏根据的索赔要求，工程师会立即拒绝。这还可能会影响对承包商的信任和以后的索赔。索赔报告中所指出的干扰事件必须有得力的证据。这些证据应附于索赔报告之后。

2）责任分析应清楚、准确。一般索赔报告中所针对的干扰事件都是由对方责任引起的，应将责任全部推给对方。不可用含混的字眼和自我批评式的语言，否则会丧失自己在索赔中的有利地位。

3）在索赔报告中应特别强调如下几点：

①干扰事件的不可预见性和突然性。

②在干扰事件发生后承包商已立即将情况通知工程师，听取并执行工程师的处理指令或承包商为了避免和减轻干扰事件的影响和损失尽了最大努力，采取了能够采取的措施。

③由于干扰事件的影响，使承包商的工作过程受到严重干扰，使工期拖延，费用增加。

④承包商的索赔要求应有合同文件的支持，可以直接引用相应合同条款。

4）索赔报告要简洁，条理清楚，各种结论、定义准确，有逻辑性。但索赔证据和索赔值的计算应很详细和精确。

5）用词要婉转。特别作为承包商，在索赔报告中应避免使用强硬的、不友好的、抗议式的语言。

（2）索赔报告的编写实例

【例3-6】某建设单位和某施工单位签订了工程施工合同。合同规定：钢材、木材、水泥由业主供货到现场仓库，其他材料由承包商自行采购。当工程施工到第三层框架梁钢筋绑扎时，因业主提供的钢筋未到，使该项作业停工14天（该项作业的总时差为0）。10月7日到10月9日因停电、停水使第三层的砌砖停工（该项作业的总时差为4天）。为此，承包商于10月20日向工程师提交了一份索赔报告书，并于10月25日递交了一份工期、费用索赔计算书和索赔依据的详细材料。

索赔报告书

题目	××项目临时停工索赔	
事件	业主供应材料未到以及现场停水停电	
影响	造成现场停工，虽然安排部分工人做其他工作，但是仍然有停工；机械造成停工	
要求	延长工期14天，费用索赔16671.81元。 其中：人工停工费在尽量安排工人从事其他工作之后，按补偿的工效差计算。机械停工费考虑是自有设备，仅按折旧台班费计算。本索赔事项双方同意不计取管理费和利润	
证据	相应的合同条款，施工现场情况记录，工人工资单等证据资料附在索赔报告之后。其中： 工期索赔：业主供应钢材未到，停工14天，属于关键工作，故要求延长工期14天；现场停电造成停工，因有4天的总时差，故不提出工期索赔要求，总计要求延长工期14天。 费用索赔：	
	索赔费用分类	单位：元
	人工费	
	绑扎钢筋停工	35×10×14＝4900
	砌砖停工	30×10×3＝900
	人工费合计	5800
	机械费	
	自升式塔式起重机一台	14×369.05＝5166.7
	混凝土搅拌机一台	14×371.71＝5203.94
	钢筋弯曲机一台	14×4.39＝61.46
	钢筋切断机一台	14×4.94＝69.16
	砂浆搅拌机一台	3×6.85＝20.55
	机械费合计	10521.81
	保函损失费	350
	各项费用总计	16671.81

【例3-7】某工业项目发包人采用工程量清单计价方式，与承包人按照《建设工程施工合同（示范文本）》签订了工程施工合同。合同约定：项目的成套生产设备由发包人采购，管理费和利润为人材机费用之和的18%，规费和税金为人材机费用与管理费和利润之和的15%（不考虑人材机费用中含有可抵扣的进项税对计算结果的影响），人工工资标准为80元/工日。窝工补偿标准为50元/工日，施工机械窝工闲置台班补偿标准为正常台班费的60%，人工窝工和机械窝工闲置不计取管理费和利润，工期270天，每提前或拖

后一天奖励（或罚款）5000 元（含税费）。

承包人经发包人同意将设备与管线安装作业分包给某专业分包人，分包合同中约定，分包工程进度必须服从总包施工进度的安排，各项费用、费率标准约定与总承包施工合同相同。

施工过程中发生了如下事件：

事件 1：主体结构作业 20 天后，遇到持续 2 天的特大暴风雨，造成工地堆放的承包人部分周转材料损失费用 2000 元，特大暴风雨结束后，承包人安排该作业队中 20 人修复损坏的模板及支撑，30 人进行工程修复和场地清理，其他人在现场停工待命，修复和清理工作持续了 1 天时间。施工机械 A、B 持续窝工闲置 3 个台班（台班费用分别为：1200 元/台班、900 元/台班）。

事件 2：设备基础与管沟完成后，专业分包人对其进行技术复核，发现有部分基础尺寸和地脚螺栓预留孔洞位置偏差过大，经沟通，承包人安排 10 名工人用了 6 天时间进行返工处理，发生人材费用 1260 元，使设备基础与管沟工作持续时间增加。

事件 3：设备与管线安装工作中，因发包人采购成套生产设备的配套附件不全，专业分包人自行决定采购补全，发生采购费用 3500 元，并造成作业班组整体停工 3 天，因受干扰降效增加作业用工 60 个工日，施工机械 C 闲置 3 个台班（台班费 1600 元/台班），设备与管线安装工作持续时间增加 3 天。

事件 4：为抢工期，经监理工程师同意，承包人将试运行部分工作提前安排，设备与管线安装搭接作业 5 天，因搭接作业相互干扰降效使费用增加 10000 元。

主体结构作业、设备基础与管沟、设备与管线安装工作均在关键线路上。

上述事件发生后，承包人均在合同规定的时间内向发包人提出索赔，并提交了相关索赔资料。

问题：

（1）分别说明各事件工期，费用索赔能否成立？简述其理由。

（2）各事件工程索赔分别为多少天？总工期索赔为多少天？实际工期为多少天？

（3）专业分包人可以得到的费用索赔为多少元？专业分包人应该向谁提出索赔？

（4）承包人可以得到的各事件费用索赔为多少元？总费用索赔额为多少元？工期奖励（或罚款）为多少元？

【解析】（1）事件 1：工期索赔成立，因为主体结构作业是关键工作，并且是不可抗力造成的延误和清理修复花费的时间，所以可以索赔工期。部分周转材料损失费用，修复损坏的模板及支撑、清理现场时的窝工及机械闲置费用索赔不成立，因为不可抗力期间工地堆放的承包人部分周转材料损失及窝工闲置费用应由承包人承担风险。对工程的修理和清理工作发生的费用索赔成立，因为修理和清理工作发生的费用应由业主承担。

事件 2：工期和费用索赔均不能成立，因为此事件是施工方施工质量问题，施工方施工质量原因造成的延误和费用，应由承包人自己承担风险。

事件 3：工期索赔成立，因为设备与管线安装作业是关键工作，且发生延误是因为发包人采购设备不全造成，属于发包方原因。现场施工增加的费用索赔成立，因为发包方原因造成的采购费用和现场施工的费用增加，应由发包人承担。采购费用 3500 元费用索赔不成立，因为是专业分包人自行决定采购补全，发包方未确认。

事件4：工期和费用均不能索赔，因为施工方自身原因决定增加投入加快进度，相应工期不会增加，费用增加应由施工方承担。施工单位自行赶工，工期提前，最终可以获得工期奖励。

（2）事件1索赔3天。

事件2索赔0天。

事件3索赔6天。

事件4索赔0天。

总工期索赔 $3+6=9$ 天

实际工期 $=40+90+3+30+80+6+30-5=274$ 天。

（3）事件3费用索赔 $=[3\times30\times50+60\times80\times(1+18\%)+3\times1600\times60\%]\times(1+15\%)=15000.60$ 元

专业分包人可以得到的费用索赔 15000.60 元，专业分包人应该向总承包单位提出索赔。

（4）事件1费用索赔 $=30\times80\times(1+18\%)\times(1+15\%)=3256.80$ 元

事件2费用索赔0元

事件3费用索赔 $=15000.60+1\times20\times50\times(1+15\%)=16150.60$ 元

事件4费用索赔0元

总费用索赔额 $=3256.80+16150.60=19407.40$ 元

工期奖励 $=(270+9-274)\times5000=25000$ 元

单元小结

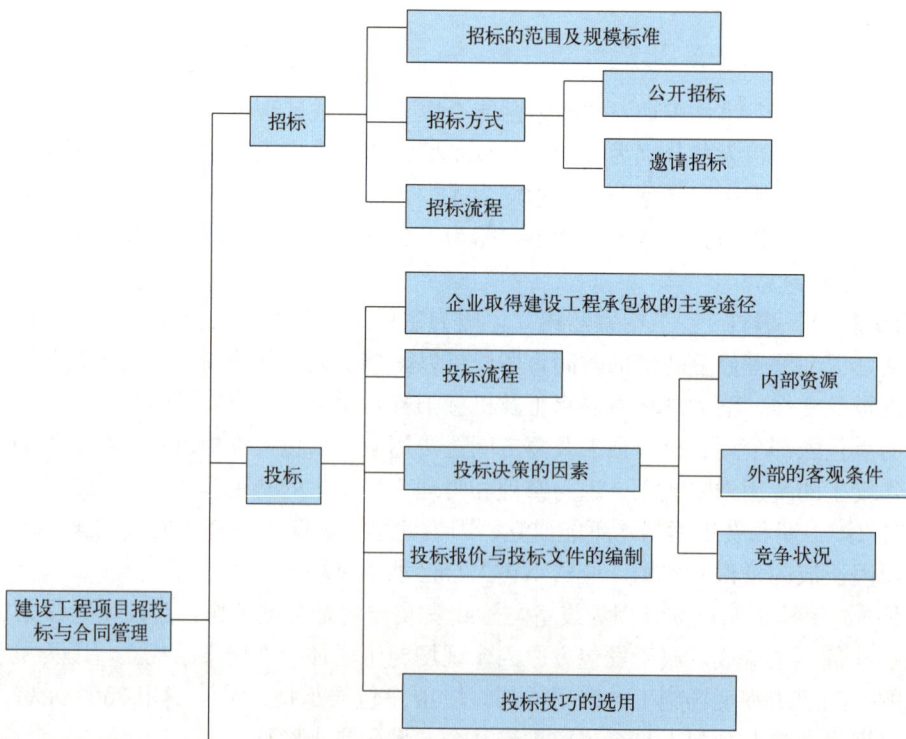

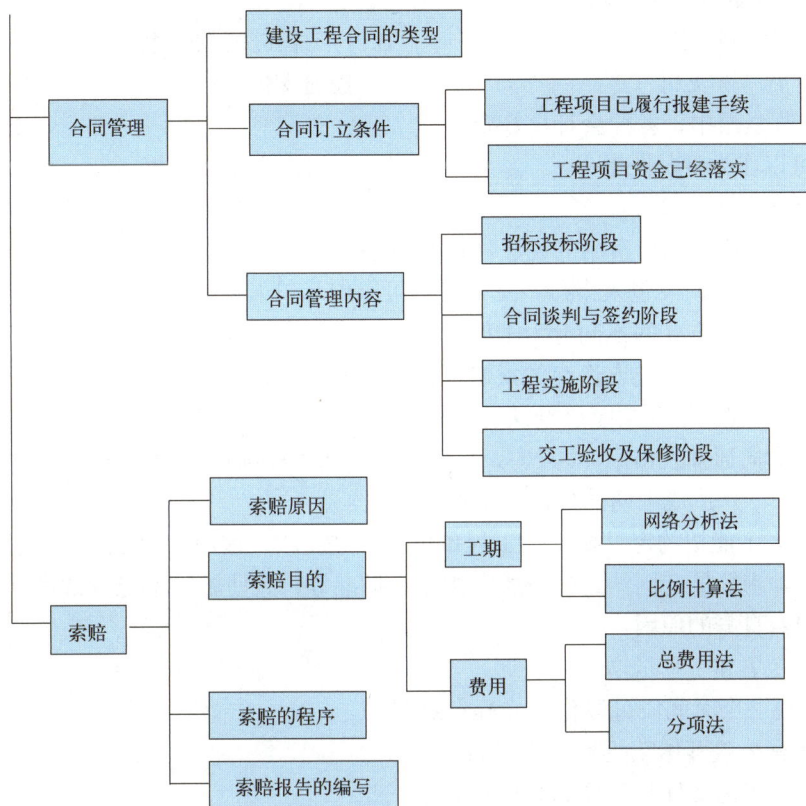

```
                          ┌─ 建设工程合同的类型
                          │
             ┌─ 合同管理 ──┼─ 合同订立条件 ──┬─ 工程项目已履行报建手续
             │            │                └─ 工程项目资金已经落实
             │            │
             │            └─ 合同管理内容 ──┬─ 招标投标阶段
             │                             ├─ 合同谈判与签约阶段
             │                             ├─ 工程实施阶段
             │                             └─ 交工验收及保修阶段
             │
             │            ┌─ 索赔原因
             │            │
             └─ 索赔 ─────┼─ 索赔目的 ──┬─ 工期 ──┬─ 网络分析法
                          │            │         └─ 比例计算法
                          │            └─ 费用 ──┬─ 总费用法
                          │                      └─ 分项法
                          ├─ 索赔的程序
                          └─ 索赔报告的编写
```

单元习题

一、单选题

1. 标底价格（   ）。

A. 由成本、利润和税金等组成

B. 仅由成本组成

C. 不应考虑人工、材料、机械台班等价格变化因素

D. 不包括不可预见费、预算包干费、措施费、现场因素费用、工程风险金等

2. 质量保修期从竣工验收之日算起。单项竣工验收的工程，按单项工程分别计算质量保修期，其中，装修工程的最低质量保修期是（   ）。

A.5年　　　　　　　B.2年　　　　　　　C.3年　　　　　　　D.1年

3. 投标人在招标文件要求提交投标文件的截止日期前，下列说法正确的是（   ）。

A. 不得撤回已提交的投标文件

B. 可以对投标文件进行补充、修改或撤回已提交的投标文件

C. 不能修改或补充投标文件

D. 投标文件可以进行修改或补充，但补充和修改的内容仅作为投标文件的参考

4.《建设工程施工合同（示范文本）》规定，工程师确认增加的工程变更价款作为追

加合同价款，此价款（　　　）。

  A. 竣工后一次支付   B. 与工程进度款同期支付

  C. 确空后一次支付   D. 提前支付

  5. 在工程索赔中，各种会计核算资料（　　　）。

  A. 不可以作为索赔证据   B. 可以作为索赔证据

  C. 只能作为索赔参考   D. 是索赔的物证

  6. 下列关于建设工程索赔的说法，正确的是（　　　）。

  A. 承包人可以向发包人索赔，发包人不可以向承包人索赔

  B. 索赔按处理方式的不同分为工期索赔和费用索赔

  C. 工程师在收到承包人送交的索赔报告的有关资料后 28 天未予以答复或未对承包人作进一步要求，视为该项索赔已经认可

  D. 索赔意向通知发出后 14 天内，承包人必须向工程师提交索赔报告及有关资料

  7. 因（　　　）造成工期的延误，工期不予顺延。

  A. 发包人不能按约定日期支付工程预付款、进度款，致使工程不能正常进行

  B. 工程师未能按合同约定提供所需指令、批准等，致使施工不能正常进行

  C. 承包商自身的原因

  D. 设计变更和工程量增加

  8. 以下哪一个时间段可以作为投标有效期（　　　）。

  A. 自招标公告开始至投标截止时间

  B. 自领取招标文件起至投标截止时间

  C. 自递交投标文件起至投标截止时间

  D. 自投标截止时间起 40 天内

  9.《招标投标法》规定："依法必须招标项目自招标文件开始发出之日起至投标提交投标文件截止之日止，最短不得少于（　　　）"。

  A. 20 天   B. 15 天   C. 30 天   D. 28 天

  10. 投标人有以下哪种情形的，其投标保证金不予退回（　　　）。

  A. 在投标截止时间之前撤回投标文件的

  B. 在投标截止时间之后撤回投标文件的

  C. 在投标有效期开始之前撤回投标文件的

  D. 中标后及时提交履约保证金的

  11. 下列属于正确的建设工程投标工作程序是（　　　）。

  A. 投标报价决策→确定施工方案→参加开标会议→编制提交投标书

  B. 接受招标人的询问→参加开标会议→签订合同→接受中标通知书

  C. 确定施工方案→投标报价决策→编制提交投标书→参加开标会议

  D. 参加开标会议→编制提交投标书→接受中标通知书→签订合同

  12.《建设工程施工合同（示范文本）》规定，工程保修期的起算日期是（　　　）。

  A. 竣工日   B. 竣工验收合格日

  C. 完成全部施工任务之日   D. 签订保修责任之日

  13. 以下不属于工程索赔证据的是（　　　）。

A. 招标公告

B. 来往信件

C. 施工现场的工程文件

D. 施工进度计划和实际施工进度记录

14. 在以下哪种情况时，投标人可以撤回或对原投标文件进行修改（　　　）。

A. 投标截止时间之前

B. 投标截止时间之后

C. 开标之后

D. 评标结束之前

15. 某工程合同总价为 400 万元，总工期为 12 个月，现业主指令增加附加工程的价格 100 万元，以所占合同价比例计算工期索赔，则承包人提出的工期索赔为（　　　）。

A. 3 个月

B. 4 个月

C. 5 个月

D. 3.5 个月

二、多选题

1. 目前国内建设工程法定的招标方式是（　　　）。

A. 公开招标

B. 议标

C. 两阶段招标

D. 邀请招标

E. 直接发包

2. 下列说法正确的有（　　　）。

A. 建设工程招标人有择优选定中标人的权利

B. 建设工程投标人有权要求招标人或招标代理机构对招标文件中的有关问题进行答疑

C. 提交合格撤回通知的投标文件，属于无效投标书

D. 监理单位有选定工程总承包人，以及与其订立合同的权利

E. 投标文件正本与副本不一致时，以正本为准；正本内容不全的，以副本为准

3. 投标文件的组成包括（　　　）。

A. 投标函及投标函附录

B. 辅助资料表

C. 具有标价的工程量清单与报价表

D. 施工组织设计

E. 图纸

4. 按照《建设工程施工合同（示范文本）》通用条款的规定，因不可抗力事件导致的损失应由发包人承担的包括（　　　）。

A. 工程本身的损害

B. 由发包人采购，已运至施工现场待安装设备的损害

C. 由承包人采购，已运至施工现场待安装设备的损害

D. 承包方人员伤亡

E. 承包人停工损失

5. 下列说法中正确的是（　　　）。

A. 因工程师指令失误和其他非承包人原因发生的追加合同价款，由发包人承担

B. 检查检验合格后，又发现因承包人引起的质量问题，由承包方承担责任，赔偿发包人的直接损失，工期相应顺延

C. 发包人不按合同约定支付各项价款或工程师不能及时给出必要的指令、确认，致使合同无法履行，发包人承担违约责任，赔偿损失，顺延工期

D. 承包人不能按合同工期竣工，工程质量达不到约定的质量标准，或由于承包人原因致使合同无法履行，承包人承担违约责任，赔偿损失，工期不予顺延

E. 由于承包人施工原因试车达不到验收要求，工程师提出修改意见。承包人修改后

重新试车，承担修改和重新试车的费用，工期不予顺延

6.《建设工程施工合同（示范文本）》GF-2017-0201 中规定，发包人的主要违约责任有（　　　　　）。

A. 不按时支付工程预付款

B. 不按合同约定支付工程款，导致施工无法进行

C. 无正当理由不支付工程竣工结算价款

D. 不履行合同义务或不按合同约定履行义务的其他情况

E. 工程质量达不到协议书约定的质量标准

7. 建设工程投标有很多种投标技巧，属于不平衡报价法的通常做法的是（　　　　　）。

A. 对能早日结账收回工程款的土方、基础等前期工程项目，单价可适当报高些

B. 对预计今后工程量可能会增加的项目，单价可适当报高些

C. 设计图纸内容不明确或有错误，估计修改后工程量要增加的项目，单价可适当报高些

D. 对暂定项目中施工可能性大的项目，单价可报低些

E. 对工程中变化较大或没有把握的工作项目，采用增加不可预见费的方法，扩大标价，减少风险

8. 下列哪些工程建设项目必须进行招标（　　　　　）？

A. 施工单项合同估算价在 400 万元人民币以上的

B. 施工单项合同估算价在 400 万元人民币以下的

C. 项目总投资额在 3000 万元人民币以上的

D. 监理服务单项合同在 100 万元人民币以上的

E. 设计单项合同在 50 万元人民币以下的

9. 工程施工招标应具备条件是（　　　　　）。

A. 招标范围、招标方式和招标组织形式等应当履行核准手续的，已经核准

B. 有相应资金或资金来源已经落实

C. 有招标所需的设计图纸及技术资料

D. 施工资质等级符合工程要求的

E. 已有施工企业报名参加投标的

10.《中华人民共和国招标投标法》规定，在确定中标人前，招标人不得与投标人就（　　　　　）等实质性内容进行谈判。

A. 投标价格　　　　B. 平整场地　　　　C. 投标方案

D. 资金到位　　　　E. 前期准备

11. 关于建设工程投标文件的提交，说法正确的是（　　　　　）。

A. 投标人的补充修改或撤回其投标文件的通知不能成为投标文件的组成部分

B. 投标人应在招标文件规定的投标截止日期内将投标文件提交给招标人

C. 投标人可以在提交投标文件以后，在规定的投标截止时间之前，采用书面形式向招标人递交补充、修改或撤回其投标文件的通知

D. 在投标截止时间与招标文件中规定的投标有效期终止日之间的这段时间内，投标人不能撤回投标文件，否则其投标保证金将不予退还

E. 在投标截止时间与招标文件中规定的投标有效期终止日之间的这段时间内,投标人能撤回投标文件,其投标保证金可以退还

12. 在实际工程中常见的索赔原因有( )。

A. 业主违约　　　　　　　　　B. 合同文件缺陷

C. 承包人为了方便施工而进行的变更　　D. 设计、地质资料不准或错误

E. 计划不周或不当的指令

三、简答题

1. 判断以下项目是否属于依法必须招标的项目:

(1) 某工程项目用了财政拨款 500 万元,但是这个项目的总投资额是 5 亿元。

(2) 某工程项目用了财政拨款 50 万元,但项目总投资额也就 200 万元,占比达到了 25%。

(3) 民营企业投资一家 100 亿元的医院,财政投资 8 亿元。

(4) 民营企业投资 10 亿元的一条公路。

2. 建设单位自行办理招标应具备哪些条件?

3. 投标人是否参加投标,应综合考虑哪几方面的情况?

4. 简述建设工程投标的程序。

5. 简述建设工程项目投标文件编制时应注意的事项。

6. 简述订立建设工程合同应遵守的原则。

7. 简述承包人施工索赔的程序。

四、案例分析题

海华建筑公司(乙方)于 2020 年 4 月 20 日与科联机械厂(甲方)签订了建筑面积为 3000m² 工业厂房(带地下室)的施工合同。乙方编制的施工方案和进度方案已获监理工程师批准。该工程的基坑开挖土方为 4500m³,假设直接费单价为 12.38 元/m³,综合费率为直接费的 20%。该基坑施工方案规定:土方工程采用租赁一台斗容量为 1m³ 的反铲挖掘机施工(租赁费 450 元/台班)。甲、乙双方合同约定 5 月 11 日开工,5 月 20 日完工。在实际施工中发生了如下几项事件:

(1) 因租赁的挖掘机大修,晚开工 2 天,造成人员窝工 10 个工日;

(2) 施工过程中,因遇软土层,接到监理工程师 5 月 15 日停工的指令,进行地质复查,配合用工 15 个工日;

(3) 5 月 19 日接到监理工程师于 5 月 20 日复工令,同时提出基坑开挖深度加深 2m 的设计变更通知单,由此增加土方开挖量 900m³;

(4) 5 月 20 日~5 月 22 日,因下大雨迫使基坑开挖暂停,造成人员窝工 10 个工日;

(5) 5 月 23 日用 30 个工日修复冲坏的永久道路,5 月 24 日恢复挖掘工作,最终基坑于 5 月 30 日挖坑完毕。

问题:

(1) 海华建筑公司对上述哪些事件可以向科联机械厂要求索赔?哪些事件不可以要求索赔?并说明原因。

(2) 每项事件工期索赔各是多少天?总计工期索赔是多少天?

(3) 假设人工费单价为 66 元/工日,因增加用工所需的管理费为增加人工费的 30%,那么合理的费用索赔总额是多少?

单元 4 建设工程项目进度管理

素质目标

弘扬民族文化，增强自信意识、充满爱国情怀。

培养一丝不苟、爱岗敬业、工匠精神。

培养诚实守信、廉洁公正、职业道德。

培养团队协作、沟通协调、职业素养。

知识目标

了解我国重大工程项目。

熟悉建设工程项目进度目标与质量、费用目标之间关系。

掌握建设工程项目进度控制的内容及重要性；掌握进度计划编制。

能力目标

能编制进度计划。

案例引入

重大工程项目建设过程中，由于内外环境因素的影响，实际进度会不断发生变化，使实际进度和计划进度产生偏差，如果不及时纠正，势必会影响总工期、总造价，进而影响投资效益。为了保证教学工作正常进行，2 号办公楼必须按期完工。因此，对项目进度进行有效控制，使其顺利达到预定的目标，是项目实施过程中一项必不可少的环节。

本单元将详细阐述建设工程项目的进度计划编制、进度影响因素以及进度控制原理。

模块 4.1 建设工程项目进度管理概述

4.1.1 建设工程项目进度管理概念

1. 建设工程项目进度管理

建设工程项目进度管理，是指在建设项目实施过程中，对各阶段的进展程度和项目最终完成的期限所进行的管理。

2. 建设工程项目进度计划控制原理

进度计划控制原理：编制项目计划进度——实施过程（实际进度）——实际进度与计划进度进行对比——找出偏离值——纠偏——实现总进度目标。如奥运鸟巢体育场项目（奥运鸟巢项目计划与实施比较）。

4.1.2　影响建设工程项目进度的因素

1. 影响建设工程施工进度的因素

（1）项目参与单位的影响。政府建设主管部门、建设单位（业主）、设计单位、业主代表（监理单位）、施工单位、材料供应部门等未能及时提供必要的手续、资金、人力、材料、构配件、机具、设备等对施工进度产生影响。

（2）施工条件的影响。勘察资料不准确对施工进度产生影响。

（3）其他因素的影响。如施工组织管理不力、意外事件。

2. 影响建设工程项目进度的责任和处理

（1）工程延误。由于承包商自身的原因造成的工期延长，称之为工程延误。工程延误所延长的时间不属于合同工期的一部分。如奥运水立方项目。

（2）工程延期。由于承包商以外的原因造成施工期的延长，称之为工程延期。经过监理工程师批准的延期，所延长的时间属于合同工期的一部分，因此，要正确地区分工程延误与工程延期，合理确定工程延期的时间。

国家体育场项目工期计划与实施比较　　国家体育场项目中的沟槽式解决方案　　奥运水立方项目工程进度案例

模块 4.2　建设工程项目进度计划的编制

4.2.1　建设工程项目进度计划概述

1. 建设工程项目进度计划

在项目实施之前，必须先对建设工程项目各建设阶段的工作内容、工作程序、持续时间和衔接关系等制定出一个切实可行的、科学的进度计划，然后再按计划逐步实施。

2. 建设工程项目进度计划的作用

（1）为项目实施过程中的进度控制提供依据。

（2）为项目实施过程中的劳动力和各种资源的配置提供依据。

（3）为项目实施过程中有关各方在时间上的协调配合提供依据。

（4）为在规定期限内保质、高效地完成项目提供保障。

3. 建设工程项目进度计划的分类

建设工程项目进度计划按对象分类，包括建设项目进度计划，单项工程进度计划，单位工程进度计划，分部、分项工程进度计划等。

4.2.2　单位工程施工进度计划的编制

1. 单位工程施工进度计划

单位工程施工进度计划是从工程开工到工程竣工的施工全过程，对各分部分项工程在时间和空间上作出的合理安排，是控制各分部分项工程施工进程及总工期的依据。如国家大剧院工程。

国家大剧院工程施工总体进度计划

2. 单位工程施工进度计划的作用

(1) 指导现场施工安排,确保在规定的工期内完成符合质量要求的工程任务。

(2) 确定各主要分部分项工程名称及施工顺序和持续时间。

(3) 确定各施工过程相互衔接和合理配合关系。

(4) 确定资源需用量。

3. 单位工程施工进度计划的编制依据

(1) 建筑场地及地区的水文、地质、气象和其他技术资料。

(2) 经过审批及会审的施工图及技术资料。

(3) 合同规定的开竣工日期。

(4) 施工组织总设计对本单位工程的有关规定。

(5) 施工条件及施工方案。

(6) 其他有关要求和资料。

4. 单位工程施工进度计划的表示方法

单位工程施工进度计划一般用图表表示,主要有横道图和网络图两种表达方式。施工进度计划表是由两部分组成的,左边部分列出的是拟建工程所划分的施工过程名称、工程量、定额、劳动量、机械台班数、每天工作班数、每天工人数、工作日数、工作延续时间等。右边上部是从规定的开工之日到竣工之日止的时间表,见表4-1。

单位工程施工进度计划 表 4-1

序号	施工过程名称	工程量		定额	劳动量		机械名称	机械台班数	每天工作班数	每天工人数	工作日数	施工进度												
		单位	数量		单位	数量						×月					×月					×月	
												5	10	15	20	25	5	10	15	20	25	5	10

5. 单位工程施工进度计划的编制内容和步骤

(1) 划分施工过程。

(2) 计算工程量。

(3) 计算劳动量及机械台班量。

施工定额一般有两种形式,即产量定额和时间定额。

$$H = \frac{1}{S} \ 或 \ S = \frac{1}{H}$$

劳动量也称劳动工日数。可按下式计算:

$$P = \frac{Q}{S} = Q \times H$$

式中 P——某施工过程所需劳动量,工日;

Q——该施工过程的工程量,m^3、m^2、m、t等;

S——该施工过程采用的产量定额,$m^3/工日$、$m^2/工日$、$m/工日$、$t/工日$等;

H——该施工过程采用的时间定额，工日/m^3、工日/m^2、工日/m、工日/t 等。

（4）编制施工进度计划的初始方案。

（5）检查与调整施工进度计划。

（6）确定最终施工进度计划。

4.2.3　建设工程项目流水施工

1. 流水施工概述

（1）流水施工的概念。流水施工是指所有的施工过程按一定的时间间隔依次投入施工，各个施工过程陆续开工、陆续竣工，使同一施工过程的施工队伍保持连续、均衡施工，不同的施工过程尽可能平行搭接施工的组织方式。

（2）流水施工的优点

1）按专业工种建立劳动组织，实行生产专业化，有利于劳动生产率的不断提高。

2）科学地安排施工进度，使各施工过程在保证连续施工的条件下，最大限度地实现搭接施工，从而减少了因组织不善而造成的停工、窝工损失，合理地利用了施工的时间和空间，有效地缩短了施工工期。

3）由于施工的连续性、均衡性，使劳动消耗、物资供应、机械设备利用等处于相对平稳状态，可以充分发挥管理水平，降低工程成本。

（3）建筑流水施工的表达形式。建筑流水施工主要有横道图和网络图两种表达方式。

2. 流水施工基本参数

在流水施工时，用以表达流水施工在工艺流程、空间布置和时间安排等方面开展状态的参数，称为流水参数。流水参数主要包括工艺参数、空间参数和时间参数三种。

（1）工艺参数。工艺参数一般指施工过程数。

施工过程数用"n"表示。施工过程划分的数目多少、粗细程度应根据实际情况而定。

（2）空间参数。在组织流水施工时，用来表达流水施工在空间布置上所处状态的参数，分为空间参数，主要包括施工段。

人为地把拟建工程项目在平面上划分为若干个劳动量大致相等的施工区段以便不同班组在不同的施工段上流水施工。施工段的数目一般用"m"表示。

1）划分施工段的基本要求有：

①各施工段的劳动量要大致相等。

②施工段分界线尽可能与结构的自然界线相一致。

③能满足合理劳动组织的要求。

2）施工段划分的一般部位：

①设置有伸缩缝、沉降缝的建筑工程，可按此缝为界划分施工段。

②单元式的住宅工程，可按单元为界分段，必要时以半个单元处为界分段。

③道路、管线等按长度方向延伸的工程，可按一定长度作为一个施工段。

④多幢同类型建筑，可以一幢房屋作为一个施工段。

（3）时间参数。在组织流水施工时，用以表达流水施工在时间安排上所处状态的参数，称为时间参数。一般有流水节拍、流水步距和工期等。

1）流水节拍

流水节拍是指在组织流水施工时，各个专业班组在每个施工段上完成施工任务所需要的工作持续时间，用 t_i 表示。

确定流水节拍的要点：

①施工班组人数应符合最少劳动组合人数的要求。

②要符合最小工作面的要求。

③确定流水节拍时，首先应考虑主导施工过程的节拍值。

④流水节拍的数值一般取整数，必要时可取半天。

2）流水步距

在组织流水施工时，相邻的两个施工专业班组先后进入第一施工段开始施工的间隔时间，称为流水步距。通常以 $K_{i,i+1}$ 表示（i 表示前一个施工过程，$i+1$ 表示后一个施工过程）。

流水步距的大小，对工期有着较大的影响。在施工段不变的条件下，流水步距越大，工期越长；流水步距越小，则工期越短。

3）工期

工期是指完成一项工程任务或一个流水组施工所需的时间，一般可采用下式计算：

$$T=\sum K_{i,i+1}+T_n+\sum t_j-\sum t_d$$

式中　T——施工工期；

$\sum K_{i,i+1}$——流水施工中各流水步距之和；

T_n——流水施工中最后一个施工过程的持续时间；

t_j——第 i 个施工过程与第 $i+1$ 个施工过程之间的间歇时间；

t_d——第 $i+1$ 个施工过程与第 i 个施工过程之间的搭接时间。

3. 流水施工的基本方式

根据流水节拍特征的不同，流水施工可分为有节奏流水和无节奏流水两大类，如图 4-1 所示。

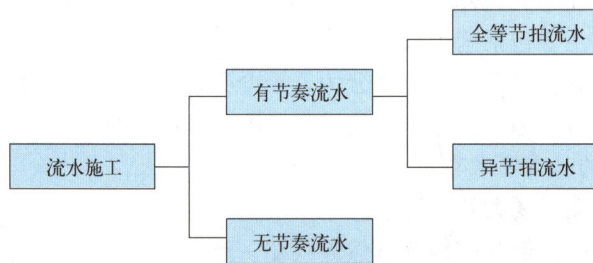

图 4-1　流水施工分类

（1）有节奏流水施工。有节奏流水是指在组织流水施工时，同一施工过程在各施工段上的流水节拍都相等的一种流水施工方式。根据不同施工过程之间的流水节拍是否相等，有节奏流水又可分为全等节拍流水和异节拍流水。

1）全等节拍流水

特点：①$t_i=t$

②$K_{i,i+1}=t$

施工工期：$T=(m+n-1)t+\sum t_j-\sum t_d$

【例 4-1】某工程划分为 A、B、C、D、E 五个施工过程，每个施工过程分 4 个施工段，各施工过程的流水节拍均为 2 天，试组织流水施工。

【解】整个流水组只有一个流水节拍，故为全等节拍流水，

其工期计算如下：

$$T=(m+n-1)t+\sum t_j-\sum t_d=(4+5-1)\times 2+0-0=16(天)$$

该工程施工进度计划如图 4-2 所示。

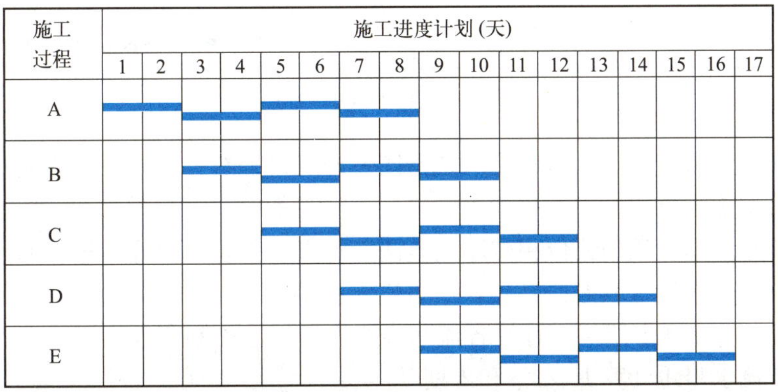

图 4-2　施工进度计划表

全等节拍流水一般适用于工程规模较小、建筑结构比较简单、施工过程不多的房屋或某些构筑物。全等节拍流水常用于组织一个分部工程的流水施工。

2）异节拍流水。异节拍流水是指同一施工过程在各施工段上的流水节拍都相等，但不同施工过程之间的流水节拍不完全相等的一种流水施工方式。

求流水步距用公式：

$$K_{i,i+1}=\begin{cases} K_{i,i+1}=t_i & （当\ t_i \leqslant t_{i+1}\ 时）\\ K_{i,i+1}=mt_i-(m-1)t_{i+1} & （当\ t_i>t_{i+1}\ 时） \end{cases}$$

式中　t_i——第 i 个施工过程的流水节拍；

t_{i+1}——第 $i+1$ 个施工过程的流水节拍。

【例 4-2】已知某工程划分为 A、B、C 三个施工过程，每个施工过程分 3 个施工段，各施工过程的流水节拍分别为 $t_A=1$ 天，$t_B=4$ 天，$t_C=2$ 天；施工过程 B 与 C 工程之间有 1 天的技术间歇时间。试组织流水施工。

【解】　①求流水步距 $K_{i,i+1}$

因为 $t_A<t_B$，所以

$$K_{A,B}=t_A=1(天)$$

因为 $t_B>t_C$，所以

$$K_{B,C}=mt_B-(m-1)t_C=3\times 4-(3-1)\times 2=8(天)$$

计算工期 T：

$$\begin{aligned} T&=\sum K_{i,i+1}+T_n+\sum t_j-\sum t_d\\ &=K_{A,B}+K_{B,C}+K_{C,D}+mt_D+\sum t_j-\sum t_d\\ &=(1+8)+(3\times 2)+1-0\\ &=16(天) \end{aligned}$$

②施工进度计划如图 4-3 所示。

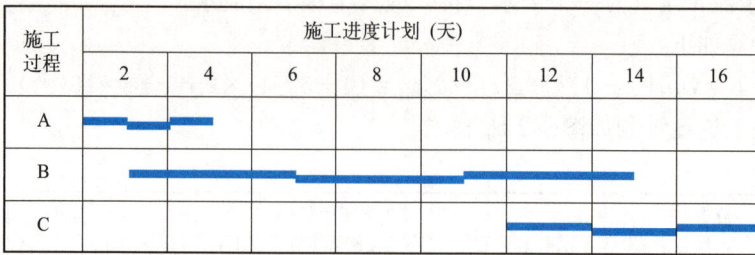

施工过程	施工进度计划（天）							
	2	4	6	8	10	12	14	16
A								
B								
C								

图 4-3　施工进度计划

（2）无节奏流水施工。无节奏流水是指同一施工过程在各施工段上的流水节拍不完全相等的一种流水施工方式。

求流水步距采用"累加错位相减取大差法"计算。先将每个施工过程的流水节拍逐段累加，再错位相减，最后取差值最大者作为流水步距。

【例 4-3】根据表 4-2 所示，计算各流水步距和工期并绘制流水施工进度表。

【解】1）流水步距计算 $K_{i,i+1}$ 和工期 T

因每一施工过程的流水节拍不完全相等，属于无节奏流水施工。故流水步距采用"累加错位相减取大差法"计算。

施工过程与施工段对照表　　　　　　　　　　　　　表 4-2

施工过程	施工段			
	一	二	三	四
A	3	2	1	2
B	1	1	3	1
C	3	3	2	3

①计算流水步距计算 $K_{i,i+1}$

求 A、B 过程间的流水步距 $K_{A,B}$

$$
\begin{array}{rrrrr}
3 & 5 & 6 & 8 & \\
& 1 & 2 & 5 & 6 \\
\hline
3 & 4 & 4 & 3 & -6
\end{array}
$$

取 $K_{A,B}=4$ 天

求 B、C 过程间的流水步距 $K_{B,C}$

$$
\begin{array}{rrrrr}
1 & 2 & 5 & 6 & \\
& 3 & 6 & 8 & 11 \\
\hline
1 & -1 & -1 & -2 & -11
\end{array}
$$

取 $K_{B,C}=1$ 天

②工期计算

$$T=\sum K_{i,i+1}+T_n+\sum t_j-\sum t_d$$

$=4+1+(3+3+2+3)+0-0=16$（天）

2）绘制施工进度表如图 4-4 所示。

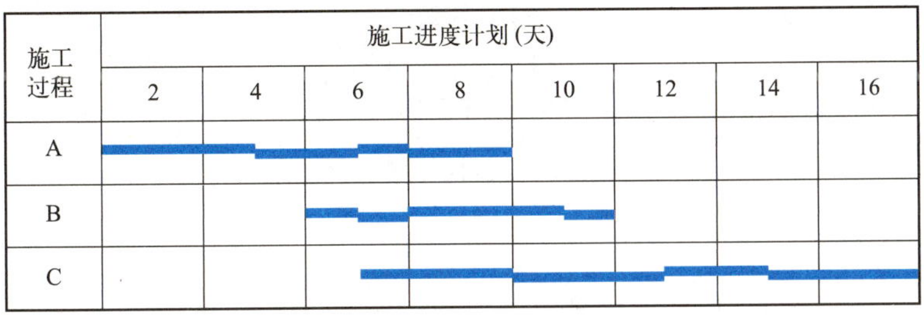

图 4-4　施工进度表

在上述各种流水施工的基本方式中，到底采用哪一种流水施工的组织形式，除了分析流水节拍的特点，还要考虑工期要求和项目经理部自身的具体施工条件。

4.2.4　网络计划技术

1. 网络计划概述

网络计划技术是指用于建设工程项目的计划与控制的一项管理技术。

（1）横道图与网络计划

横道图是以横向线条结合时间坐标表示各项工作施工的起始点和先后顺序的，整个计划是由一系列的横道组成，如图 4-5 所示。

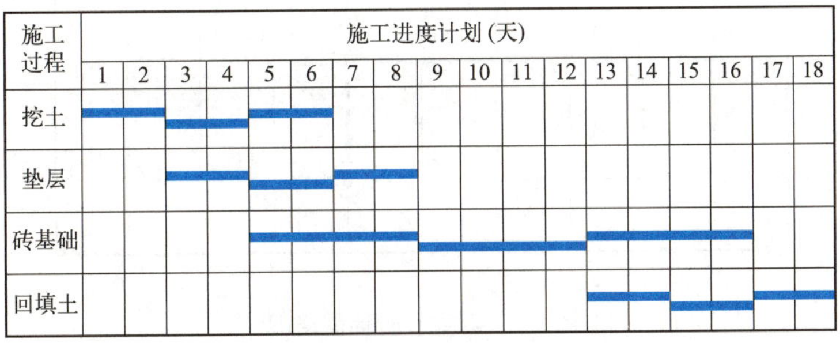

图 4-5　横道图

网络计划是以加注作业时间的箭线和节点组成的网状图形式来表示工程施工进度的。

1）横道计划的优缺点。优点：简单、明了、直观、易懂，时间进度一目了然。缺点：各项工作相互之间的复杂联系不能表达清楚，无法计算各工作的时间参数及时差。

2）网络计划方法的优缺点。优点：能反映各项工作之间的相互制约关系，能够计算时间参数，找出关键工作和关键线路，能够利用计算机计算和跟踪管理，能进行优化和调整。

缺点：不够简单、直观明了，时间坐标的网络计划可弥补这些不足。

（2）网络计划的表示方法

网络计划是一种以网状图形表示工程施工顺序的工作流程图，通常有双代号和单代号两种表示方法，如图 4-6、图 4-7 所示。

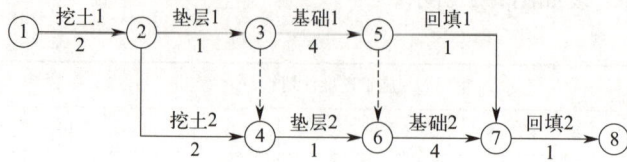

图 4-6 双代号网络图

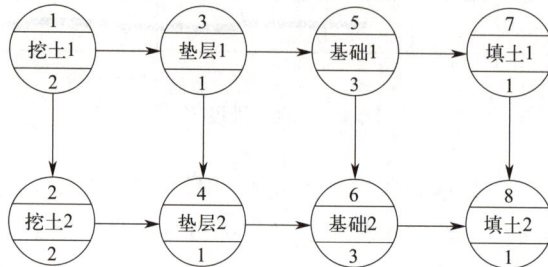

图 4-7 单代号网络图

人们在工程实践中，将双代号网络图与时间坐标有机结合起来应用形成了双代号时标网络计划，如图 4-8 所示。

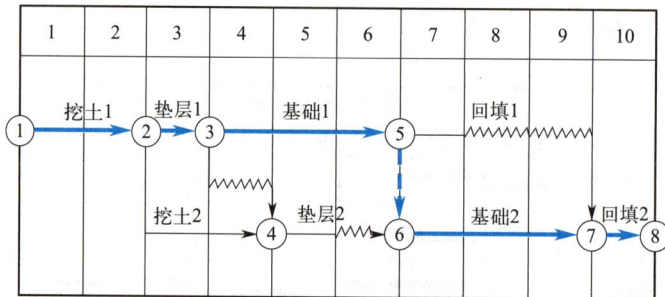

图 4-8 双代号时标网络图

将单代号网络图与搭接施工原理有机结合起来应用形成了单代号搭接网络计划，如图 4-9 所示。

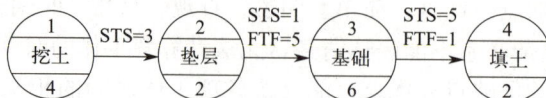

图 4-9 单代号搭接网络计划

2. 双代号网络计划

双代号网络计划是以双代号网络图表示的网络计划。

双代号网络图是由箭线、节点和线路三个要素组成的。

1）箭线（工作）。在双代号网络图中，每一条箭线表示一项工作。用实箭线表示一项实际工作，其名称标注在箭线的上方，完成该项工作所需要的持续时间标注在箭线的下方，如图 4-10 所示。虚箭线表示一项虚工作，它既不占用时间，也不消耗资源，一般起着工作之间的联系、区分和断路作用，如图 4-11 所示。

图 4-10　一项工作的表示

图 4-11　虚工作的表示

如图 4-12 所示，A、B、C、D 四项工作的相互关系是：A 完成后进行 B、C，B、C 均完成后进行 D，通过虚工作又把 B、C 区分开来。

区分作用是指双代号网络图中每一项工作都必须用一条箭线和两个代号表示，若有两项工作同时开始，又同时完成，绘图时应使用虚箭线才能区分两项工作的代号。

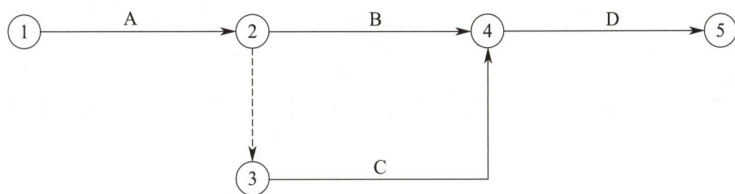

图 4-12　虚工作的区分作用

断路作用是用虚箭线把没有关系的工作隔开，如图 4-13 所示为某基础工程挖土、垫层、基础、填土四项工作的流水施工网络计划。根据施工工艺的要求，挖土 2 与基础 1、垫层 2 与填土 1 的工作是没有联系的，但这两处把它们联系上了，即出现了多余联系的错误。

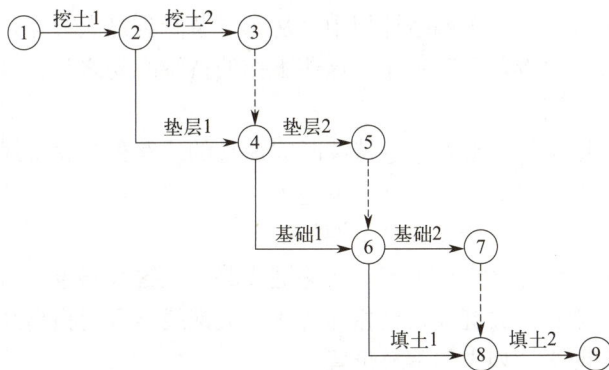

图 4-13　逻辑关系错误

117

为了正确表达工作间的逻辑关系，在出现逻辑错误的节点之间增设两条虚箭线，切断了挖土2与基础1、垫层2与填土1之间的联系，如图4-14所示。

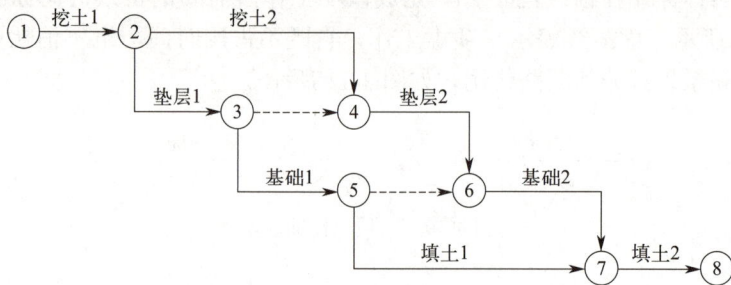

图4-14 逻辑关系正确

由此可见，网络计划中虚箭线是非常重要的，正确理解虚箭线的作用对我们绘制双代号网络图有很大的帮助。

2）节点

节点是网络图中箭线之间的连接点。双代号网络图中有三种类型的节点。

①起点节点

网络图中的第一个节点叫"起点节点"，它只与箭尾相连，一般表示一项任务或一个项目的开始。

②终点节点

网络图中的最后一个节点叫"终点节点"，它只与箭头相连，一般表示一项任务或一个项目的完成。

③中间节点

网络图中既有与箭尾相连，又有与箭头相连的节点称为中间节点。

④节点的编号

网络计划中的每个节点都有自己的编号，以便赋予每项工作以代号，便于计算网络计划的时间参数和检查网络计划是否正确。

3）线路和关键线路

①线路是指从网络图起点节点开始，顺着箭头所指的方向，通过一系列的箭线和节点不断到达终点节点的通路。一个网络计划中，从起点节点到终点节点，一般都存在着许多条线路，每条线路都包含着若干项工作，这些工作的持续时间之和就是这条线路的时间长度，即线路的总持续时间。

②关键线路和关键工作。线路上总持续时间最长的线路称为关键线路，其他线路称为非关键线路。位于关键线路上的工作称为关键工作。在关键线路上没有任何机动时间，线路上的任何工作拖延时间，都会导致总工期的后延。

一般来说，一个网络计划中至少有一条关键线路。关键线路也不是一成不变的，在一定的条件下，关键线路和非关键线路会相互转化。关键线路宜用粗箭线、双箭线或彩色箭线标注，以突出其在网络计划中的重要位置。

3. 双代号网络图的绘制

双代号网络图的绘制是根据给出的逻辑关系，按照绘图的基本规则完成的排列方法。

（1）网络图的逻辑关系

网络图中的逻辑关系是指网络计划中所表示的各个工作之间客观上存在或主观上安排的先后顺序关系。这种顺序关系划分为两类：一类是施工工艺关系，称为工艺逻辑；另一类是施工组织关系，称为组织逻辑。

1）工艺关系

生产性工作之间由工艺过程决定的、非生产性工作之间由工作程序决定的先后顺序关系称为工艺关系。如图 4-15 所示，支模 1→绑钢筋 1→混凝土 1 为工艺关系。

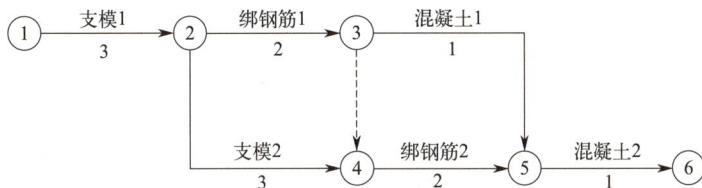

图 4-15   工艺逻辑关系

2）组织关系

工作之间由于组织安排需要或资源（劳动力、原材料、施工机具等）调配需要而规定的先后顺序关系称为组织关系。如图 4-15 所示，支模 1→支模 2；绑钢筋 1→绑钢筋 2 等为组织关系。

（2）紧前工作、紧后工作和平行工作

1）紧前工作

在网络图中，相对于某工作而言，紧排在该工作之前的工作称为该工作的紧前工作。如图 4-15 所示，支模 1 是支模 2 在组织关系上的紧前工作；工作与其紧前工作之间可能有虚工作存在。绑钢筋 1 和绑钢筋 2 之间虽然存在虚工作，但绑钢筋 1 仍然是绑钢筋 2 在组织关系上的紧前工作。

2）紧后工作

在网络图中，相对于某工作而言，紧排在该工作之后的工作称为该工作的紧后工作。如图 4-15 所示，混凝土 1 是绑钢筋 1 在工艺关系上的紧后工作。工作与其紧后工作之间也可能有虚工作存在。绑钢筋 2 是绑钢筋 1 在组织关系上的紧后工作。

3）平行工作

在网络图中，相对于某工作而言，可以与该工作同时进行的工作即为该工作的平行工作。如图 4-15 所示，绑钢筋 1 和支模 2 互为平行工作。

紧前工作、紧后工作及平行工作是工作之间逻辑关系的具体表现，只要能根据工作之间的工艺关系和组织关系明确其紧前或紧后关系，即可据此绘出网络图。它是正确绘制网络图的前提条件。

（3）绘图规则

在绘制双代号网络图时，一般应遵循以下基本规则：

1）网络图必须按照已定的逻辑关系绘制，例如，已知工作之间的逻辑关系见表 4-3。如图 4-16（a）所示的网络图是错误的，因为工作 A 不是工作 D 的紧前工作。此时，可用虚箭线将工作 A 和工作 D 的联系断开，正确表达如图 4-16（b）所示。

逻辑关系表　　　　　　　　　　　　　　　　　表 4-3

工作名称	A	B	C	D
紧前工作	—	—	A、B	B

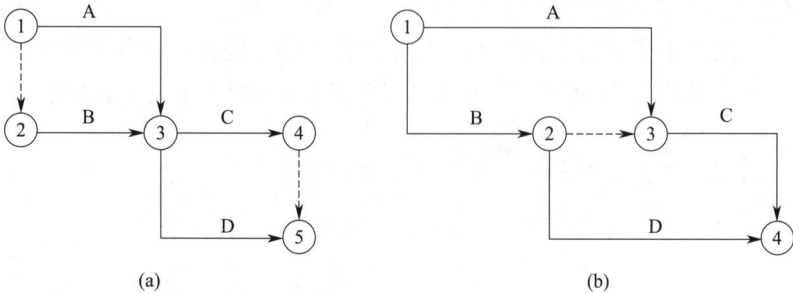

图 4-16　根据逻辑关系绘制网络图
(a) 错误的画法；(b) 正确的画法

2）网络图中严禁出现循环回路。如果出现循环回路，会造成逻辑关系混乱，使工作无法按顺序进行。如图 4-17 所示，网络图中存在不允许出现的循环回路 B→C→G→F。当然，此时节点编号也发生错误。

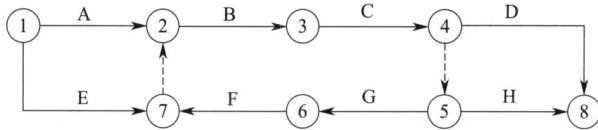

图 4-17　网络图出现错误的循环回路

3）为使图形简洁，可用母线法绘图。即将多条箭线经一条共用的垂直线段从起点节点引出，或将多条箭线经一条共用的垂直线段引入终点节点，如图 4-18 所示。对于特殊线型的箭线，如粗箭线、双箭线、虚箭线、彩色箭线等，可从母线上引出的支线上标出。

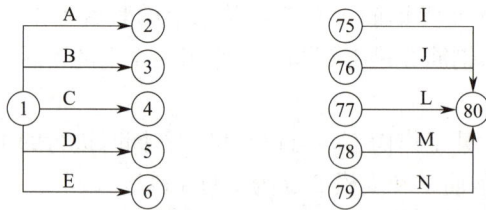

图 4-18　母线法

4）应尽量避免网络图中工作箭线的交叉。当交叉不可避免时，可以采用过桥法或指向法处理，如图 4-19 所示。

5）网络图中应只有一个起点节点和一个终点节点（任务中部分工作需要分期完成的网络计划除外）。除网络图的起点节点和终点节点外，不允许出现没有外向箭线的节点和没有内向箭线的节点。如图 4-20 所示的网络图中有两个起点节点①和②，两个终点节点⑦和⑧，这种绘制是错误的。该网络图的正确画法如图 4-21 所示，即将节点①和②合并

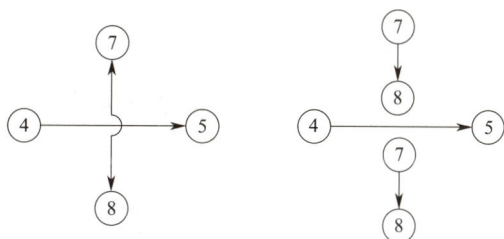

图 4-19   过桥法、指向法

为一个起点节点，将节点⑦和⑧合并为一个终点节点。

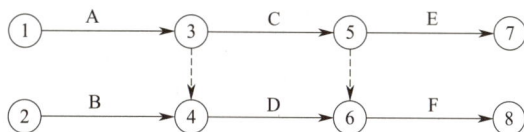

图 4-20   错误的画法

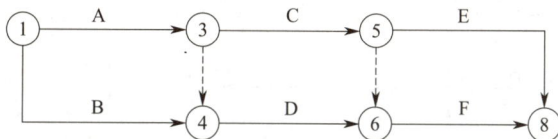

图 4-21   正确的画法

（4）绘制网络图的方法步骤

1）绘制草图。

2）检查（符合逻辑关系的网络图）。

3）整理图形（删掉多余的虚工作、节点编号、规整图形）。

【例 4-4】已知各工作之间的逻辑关系见表 4-4，试绘制双代号网络图。

逻辑关系表

表 4-4

工作名称	A	B	C	D	E	F	G	H	I	J	K
紧后工作	EF	G	GH	G	I	I	IJ	J	K	K	—
紧前工作	—	—	—	—	A	A	BCD	C	EFG	GH	IJ

①绘制草图，如图 4-22 所示。

②检查。

③整理图形，如图 4-23 所示。

4. 双代号网络计划时间参数计算

双代号网络计划时间参数计算的目的在于通过计算各项工作的时间参数，确定网络计划的关键工作、关键线路和计算工期，为网络计划的优化、调整和执行提供明确的时间参数和依据。

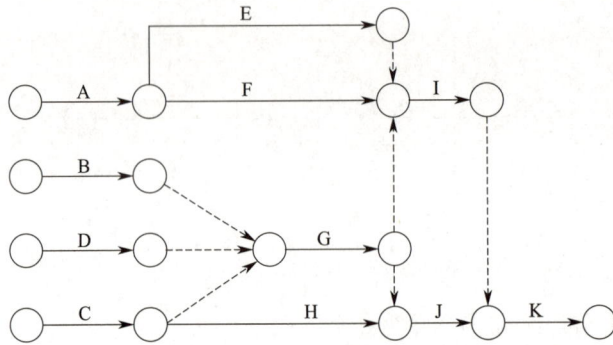

图 4-22　绘制草图

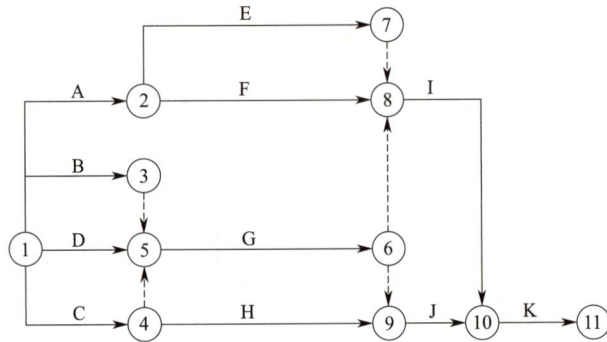

图 4-23　整理图形

（1）时间参数的概念及其符号

1）工作持续时间 D_{i-j}（Duration）

工作持续时间是指一项工作从开始到完成的时间。

2）工期 T

工期泛指完成一项任务所需要的时间。在网络计划中，工期一般有以下三种：

①计算工期 T_c（Calculated Project Duration）

计算工期是根据网络计划时间参数计算而得到的工期，用 T_c 表示。

②要求工期 T_r（Required Project Duration）

要求工期是任务委托人所提出的指令性工期，用 T_r 表示。

③计划工期 T_p（Planed Project Time）

计划工期是指根据要求工期和计算工期所确定的作为实施目标的工期，用 T_p 表示。

当已规定了要求工期时，计划工期不应超过要求工期，即：

$$T_p \leqslant T_r$$

当未规定要求工期时，可令计划工期等于计算工期，即：

$$T_p = T_c$$

3）节点时间参数

①节点最早时间 ET_i（Earliest Event Time）

节点最早时间是指在双代号网络计划中，以该节点为开始节点的各项工作的最早开始时间。

②节点最迟时间 LT_i（Lastest Event Time）

节点最迟时间是指在双代号网络计划中，以该节点为完成节点的各项工作的最迟完成时间。

4）工作时间参数

①最早开始时间：ES_{i-j}（Earliest Start Time）

工作的最早开始时间是指在其所有紧前工作全部完成后，本工作有可能开始的最早时刻。

②最早完成时间：EF_{i-j}（Earliest Finish Time）

工作的最早完成时间是指在其所有紧前工作全部完成后，本工作有可能完成的最早时刻。工作的最早完成时间等于本工作的最早开始时间与其持续时间之和。

③最迟开始时间：LS_{i-j}（Latest Start Time）

工作的最迟开始时间是指在不影响整个任务按期完成的前提下，本工作必须开始的最迟时刻。工作的最迟开始时间等于本工作的最迟完成时间与其持续时间之差。

④最迟完成时间：LF_{i-j}（Latest Finish Time）

工作的最迟完成时间是指在不影响整个任务按期完成的前提下，本工作必须完成的最迟时刻。

⑤总时差 TF_{i-j}（Total Float）

工作的总时差是指在不影响总工期的前提下，本工作可以利用的机动时间。

⑥自由时差 FF_{i-j}（Free Float）

工作的自由时差是指在不影响其紧后工作最早开始时间的前提下，本工作可以利用的机动时间。

（2）双代号网络计划时间参数计算

双代号网络计划时间参数计算的目的在于通过计算各项工作的时间参数，确定网络计划的关键工作、关键线路和计算工期。双代号网络计划时间参数的计算方法一般有：按工作计算法和按节点计算法进行计算。本节只介绍按工作时间在图上进行计算的方法（图上计算法和分析计算法）。

（3）按工作计算法计算时间参数

所谓按工作计算法，就是以网络计划中的工作为对象，直接计算各项工作的时间参数。这些时间参数包括：工作的最早开始时间和最早完成时间、工作的最迟开始时间和最迟完成时间、工作的总时差和自由时差。此外，还应计算网络计划的计算工期。

【例 4-5】下面以双代号网络计划为例，说明按工作计算法计算时间参数的过程。

$$时间格式：\frac{ES\,|\,EF\,|\,TF}{LS\,|\,LH\,|\,FF}$$

其计算结果如图 4-24 所示。

1）计算工作的最早开始时间和最早完成时间

工作最早开始时间和最早完成时间的计算应从网络计划的起点节点开始，顺着箭线方向依次进行。其计算步骤如下：

①以网络计划起点节点为开始节点的工作，当未规定其最早开始时间时，其最早开始时间为零。例如，在本例中，工作 1—2、工作 1—3 和工作 1—4 的最早开始时间都为零，即：

$$ES_{1-2}=ES_{1-3}=ES_{1-4}=0 \text{ 天}$$

②工作的最早完成时间可利用下列公式进行计算：

$$EF_{i-j}=ES_{i-j}+D_{i-j}$$

式中　EF_{i-j}——工作 i—j 的最早完成时间；

　　　ES_{i-j}——工作 i—j 的最早开始时间；

　　　D_{i-j}——工作 i—j 的持续时间。

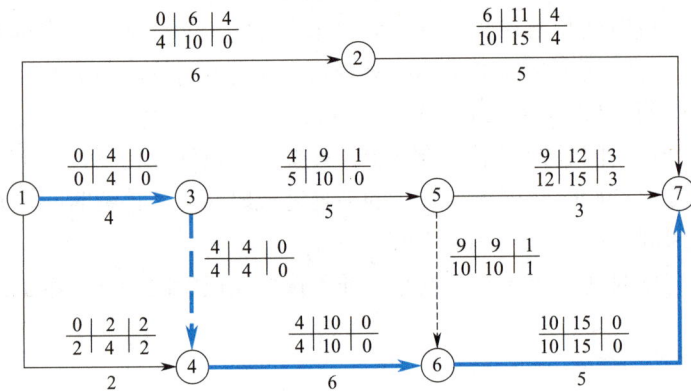

图 4-24　双代号网络计划时间参数计算图

例如，在本例中，工作 1—2、工作 1—3 和工作 1—4 的最早完成时间分别为：

工作 1—2：$EF_{1-2}=ES_{1-2}+D_{1-2}=0+6=6$ 天

工作 1—3：$EF_{1-3}=ES_{1-3}+D_{1-3}=0+4=4$ 天

工作 1—4：$EF_{1-4}=ES_{1-4}+D_{1-4}=0+2=2$ 天

③其他工作的最早开始时间应等于其紧前工作（包括虚工作）最早完成时间的最大值，即：

$$ES_{i-j}=\max\{EF_{h-i}\}=\max\{ES_{h-i}+D_{h-i}\}$$

式中　ES_{i-j}——工作 i—j 的最早开始时间；

　　　EF_{h-i}——工作 i—j 的紧前工作 h—i 的最早完成时间；

　　　ES_{h-i}——工作 i—j 的紧前工作 h—i 的最早开始时间；

　　　D_{h-i}——工作 i—j 的紧前工作 h—i 的持续时间。

例如，在本例中，工作 3—5 和工作 4—6 的最早开始时间分别为：

$$ES_{3-5}=EF_{1-3}=4 \text{ 天}$$

$$ES_{4-6}=\max\{EF_{3-4},EF_{1-4}\}=\max\{4,2\}=4 \text{ 天}$$

④网络计划的计算工期应等于以网络计划终点节点为完成节点的工作的最早完成时间的最大值，即：

$$T_c = \max\{EF_{i\text{-}n}\} = \max\{ES_{i\text{-}n} + D_{i\text{-}n}\}$$

式中 T_c——网络计划的计算工期；

    $EF_{i\text{-}n}$——以网络计划终点节点 n 为完成节点的工作的最早完成时间；

    $ES_{i\text{-}n}$——以网络计划终点节点 n 为完成节点的工作的最早开始时间；

    $D_{i\text{-}n}$——以网络计划终点节点 n 为完成节点的工作的持续时间。

在本例中，网络计划的计算工期为：

$$T_c = \max\{EF_{2\text{-}7}, EF_{5\text{-}7}, EF_{6\text{-}7}\} = \max\{11, 12, 15\} = 15 \text{ 天}$$

2）确定网络计划的计划工期

网络计划的计划工期应按上式确定。在本例中，假设未规定要求工期，则其计划工期就等于计算工期，即：

$$T_p = T_c = 15 \text{ 天}$$

计划工期应标注在网络计划终点节点的右上方。

3）计算工作的最迟完成时间和最迟开始时间

工作最迟完成时间和最迟开始时间的计算应从网络计划的终点节点开始，逆着箭线方向依次进行。其计算步骤如下：

①以网络计划终点节点为完成节点的工作，其最迟完成时间等于网络计划的计划工期，即：

$$LF_{i\text{-}n} = T_p$$

式中 $LF_{i\text{-}n}$——以网络计划终点节点 n 为完成节点的工作的最迟完成时间；

    T_p——网络计划的计划工期。

例如，在本例中，工作 2—7、工作 5—7 和工作 6—7 的最迟完成时间为：

$$LF_{2\text{-}7} = LF_{5\text{-}7} = LF_{6\text{-}7} = T_p = 15 \text{ 天}$$

②工作的最迟开始时间可利用下列公式进行计算：

$$LS_{i\text{-}j} = LF_{i\text{-}j} - D_{i\text{-}j}$$

式中 $LS_{i\text{-}j}$——工作 i—j 的最迟开始时间；

    $LF_{i\text{-}j}$——工作 i—j 的最迟完成时间；

    $D_{i\text{-}j}$——工作 i—j 的持续时间。

例如，在本例中，工作 2—7、工作 5—7 和工作 6—7 的最迟开始时间分别为：

$$LS_{2\text{-}7} = LF_{2\text{-}7} - D_{2\text{-}7} = 15 - 5 = 10 \text{ 天}$$
$$LS_{5\text{-}7} = LF_{5\text{-}7} - D_{5\text{-}7} = 15 - 3 = 12 \text{ 天}$$
$$LS_{6\text{-}7} = LF_{6\text{-}7} - D_{6\text{-}7} = 15 - 5 = 10 \text{ 天}$$

③其他工作的最迟完成时间应等于其紧后工作（包括虚工作）最迟开始时间的最小值，即：

$$LF_{i\text{-}j} = \min\{LS_{j\text{-}k}\} = \min\{LF_{j\text{-}k} - D_{j\text{-}k}\}$$

式中 $LF_{i\text{-}j}$——工作 i—j 的最迟完成时间。

其他：$LS_{i\text{-}j}$——工作 i—j 的紧后工作 j—k 的最迟开始时间；

    $LE_{i\text{-}j}$——工作 i—j 的紧后工作 j—k 的最迟完成时间；

    $D_{i\text{-}j}$——工作 i—j 的紧后工作 j—k 的持续时间。

例如，在本例中，工作 3—5 和工作 4—6 的最迟完成时间分别为：

$$LF_{3-5}=\min\{LS_{5-7},LS_{5-6}\}=\min\{12,10\}=10 \text{ 天}$$
$$LF_{4-6}=LS_{6-7}=10 \text{ 天}$$

4) 计算工作的总时差

工作的总时差是指在不影响总工期的前提下，本工作可以利用的机动时间。

工作的总时差等于该工作最迟完成时间与最早完成时间之差，或该工作最迟开始时间与最早开始时间之差，即：

$$TF_{i-j}=LF_{i-j}-EF_{i-j}=LS_{i-j}-ES_{i-j}$$

式中　TF_{i-j}——工作 i—j 的总时差；

其余符号同前。

例如在本例中，工作 3—5 的总时差为：

$$TF_{3-5}=LF_{3-5}-EF_{3-5}=10-9=1 \text{ 天}$$

或

$$TF_{3-5}=LS_{3-5}-ES_{3-5}=5-4=1 \text{ 天}$$

5) 计算工作的自由时差

工作的自由时差是指在不影响其紧后工作最早开始时间的前提下，本工作可以利用的机动时间。

工作自由时差的计算应按以下两种情况分别考虑：

①对于有紧后工作的工作，其自由时差等于本工作之紧后工作最早开始时间减本工作最早完成时间所得之差，即：

$$FF_{i-j}=ES_{i-k}-EF_{i-j}=ES_{i-k}-ES_{i-j}-D_{i-j}$$

式中　FF_{i-j}——工作 i—j 的自由时差；

　　　ES_{i-k}——工作 i—j 的紧后工作 j—k 的最早开始时间；

　　　EF_{i-j}——工作 i—j 的最早完成时间；

　　　ES_{i-j}——工作 i—j 的最早开始时间；

　　　D_{i-j}——工作 i—j 的持续时间。

例如，在本例中，工作 1—4 和工作 5—6 的自由时差分别为：

$$FF_{1-4}=ES_{4-6}-EF_{1-4}=4-2=2 \text{ 天}$$
$$FF_{5-6}=ES_{6-7}-EF_{5-6}=10-9=1 \text{ 天}$$

②对于无紧后工作的工作，也就是以网络计划终点节点为完成节点的工作，其自由时差等于计划工期与本工作最早完成时间之差，即：

$$FF_{i-n}=T_{\text{p}}-EF_{i-n}=T_{\text{p}}-ES_{i-n}-D_{i-n}$$

式中　FF_{i-n}——以网络计划终点节点 n 为完成节点的工作 i—n 的自由时差；

　　　T_{p}——网络计划的计划工期；

　　　EF_{i-n}——以网络计划终点节点 n 为完成节点的工作 i—n 的最早完成时间；

　　　ES_{i-n}——以网络计划终点节点 n 为完成节点的工作 i—n 的最早开始时间；

　　　D_{i-n}——以网络计划终点节点 n 为完成节点的工作 i—n 的持续时间。

例如，在本例中，工作 2—7、工作 5—7 和工作 6—7 的自由时差分别为：

$$FF_{2-7}=T_{\text{p}}-EF_{2-7}=15-11=4 \text{ 天}$$
$$FF_{5-7}=T_{\text{p}}-EF_{5-7}=15-12=3 \text{ 天}$$

$$FF_{6-7} = T_p - EF_{6-7} = 15 - 15 = 0 \text{ 天}$$

当网络计划的计划工期等于计算工期时，$TF_{i-j} \geqslant FF_{i-j} \geqslant 0$。所以，当工作的总时差为零时，其自由时差必然为零，可不必进行专门计算。例如，在例4-5中，工作1—3、工作4—6和工作6—7的总时差全部为零，故其自由时差也全部为零。

6）确定关键工作和关键线路

在网络计划中，总时差最小的工作为关键工作。特别地，当网络计划的计划工期等于计算工期时，总时差为零的工作就是关键工作。例如，在例4-5中，工作1—3、工作4—6和工作6—7的总时差均为零，故它们都是关键工作。

找出关键工作之后，将这些关键工作首尾相连，便至少构成一条从起点节点到终点节点的通路，通路上各项工作的持续时间总和最大的就是关键线路。在关键线路上可能存在虚工作。

关键线路一般用粗箭线或双线箭线标出，也可以用彩色箭线标出。例如，在例4-5中，线路①→③→④→⑥→⑦即为关键线路。关键线路上各项工作的持续时间总和应等于网络计划的计算工期。

5. 单代号网络计划

单代号网络图是以节点及其编号表示工作，以箭线表示工作之间逻辑关系的网络图。在单代号网络图中加注工作的持续时间，便形成单代号网络计划。

（1）单代号网络图的特点

单代号网络图与双代号网络图相比，具有以下特点：

1）工作之间的逻辑关系容易表达，且不用虚箭线，故绘图较简单。

2）便于网络图检查和修改。

3）由于工作的持续时间表示在节点之中，没有长度，故不够形象直观。

4）表示工作之间逻辑关系的箭线可能产生较多的纵横交叉现象。

（2）单代号网络图的基本符号

1）节点

单代号网络图中的每一个节点表示一项工作，节点宜用圆圈或矩形表示。节点所表示的工作名称、持续时间和工作代号等应标注在节点内。

单代号网络图中的节点必须编号。编号标注在节点内，其号码可间断，但严禁重复。箭线的箭尾节点编号应小于箭头节点的编号。一项工作必须有唯一的一个节点及相应的一个编号。

2）箭线

单代号网络图中的箭线表示紧邻工作之间的逻辑关系，既不占用时间、也不消耗资源。箭线应画成水平直线、折线或斜线。箭线水平投影的方向应自左向右，表示工作的行进方向。工作之间的逻辑关系包括工艺关系和组织关系，在网络图中均表现为工作之间的先后顺序。

3）线路

单代号网络图中，各条线路应用该线路上的节点编号从小到大依次表述。

（3）单代号网络图的绘图规则

单代号网络图的绘图规则大部分与双代号网络图的绘图规则相同，故不再进行解释。

当网络图中有多项起点节点或多项终点节点时，应在网络图的两端分别设置一项虚工作，作为该网络图的起点节点（St）和终点节点（Fin），如图 4-25 所示。

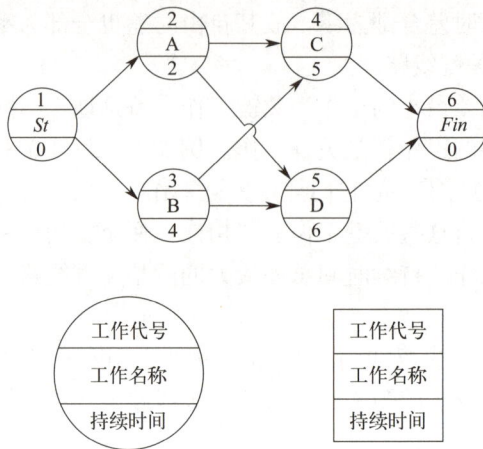

图 4-25　单代号网络图

6. 双代号时标网络计划

双代号时标网络计划是利用横道图时间坐标和网络计划结合起来应用的一种网络计划方法。双代号时标网络计划简称时标网络计划。

在时标网络计划中，箭线的长短与时间的长短有对应的关系。

（1）时标网络计划的图示特点

1）箭线的长短与时间有关。

2）时标网络计划应以实箭线表示工作，以虚箭线表示虚工作，以波形线表示工作的自由时差。

3）没有波形线出现的线路为关键线路。

4）若虚工作占用时间，其长度用波形线表示，即自由时差。

（2）时标网络计划可按最早时间编制，也可按最迟时间编制，一般安排计划宜早不宜迟，因此通常是按最早时间编制。

按最早时间编制时标网络计划的方法有直接绘制法和间接绘制法两种。

1）直接绘制法

直接绘制法是不计算网络时间参数，直接在时间坐标上进行绘图的方法。

2）间接绘制法

间接绘制法是先计算网络计划时间参数，再根据时间参数在时间坐标上进行绘制的方法。

【例 4-6】如图 4-26 所示为某工程双代号网络计划，试绘制相应的双代号时标网络图。

【解】（1）如图 4-27 所示为按最早开始时间绘制的时标网络图。

（2）关键线路的确定和时间参数的判断

关键线路的确定自终点节点逆箭线方向朝起点节点观察，自始至终不出现波形线的线

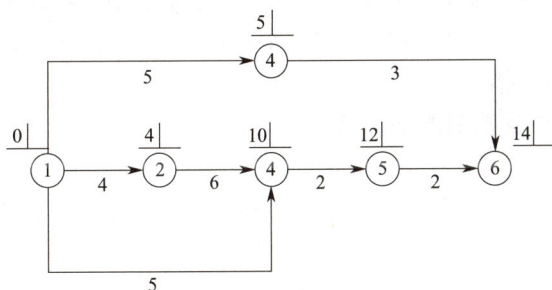

图 4-26　双代号网络图

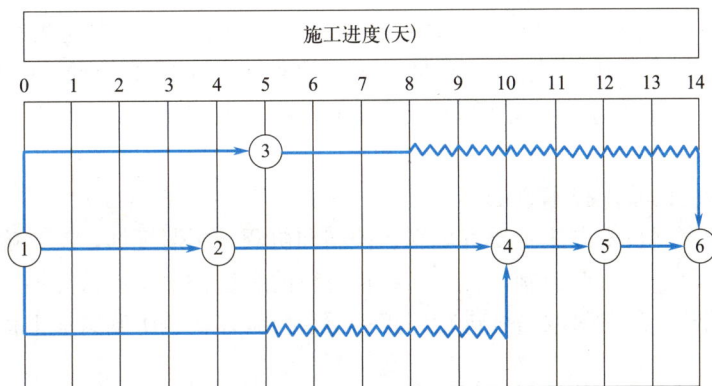

图 4-27　按最早开始时间绘制的双代号时标网络图

路为关键线路，如图 4-27 所示①→②→④→⑤→⑥的线路为关键线路。

（3）时间参数的判断

1）最早时间参数：参考工作时间参数计算，如图 4-26 所示。

2）自由时差：波形线的水平投影长度即为该工作的自由时差。

3）总时差：自右向左进行，其值等于各紧后工作的总时差的最小值与本工作的自由时差之和，即：

$$TF_{i-j} = \min\{TF_{j-k}\} + FF_{i-j}$$

模块 4.3　建设工程项目进度控制

4.3.1　建设工程项目进度控制概述

1. 建设工程项目进度控制任务

建设工程项目进度，是指在项目实施过程中，对各阶段的进展程度和项目最终完成的期限所进行的管理。其目的是保证项目能在满足其时间约束条件前提下实现其总体目标，是保证项目如期完成和合理安排资源供应、节约工程成本的重要措施之一。

2. 建设工程项目进度控制

建设工程项目进度控制是指在既定的工期内，编制出最优的施工进度计划，在执行该计划的施工中，按时检查施工实际进度情况，并将其与计划进度相比较，若出现偏差，就分析产生的原因及对工期的影响程度，提出必要的调整措施，修改原计划，如此不断地循环，直至工程竣工验收。施工项目进度控制是保证施工项目按期完成、合理安排资源供应、节约工程成本的重要措施。

4.3.2 建设工程项目进度控制方法、措施

1. 建设工程项目进度控制的主要方法

建设工程项目进度控制的方法主要有行政方法、经济方法和管理技术方法等。

（1）进度控制的行政方法

用行政方法控制进度，是指通过发布进度指令，进行指导、协调、考核；利用激励手段（奖、罚、表扬、批评等）监督、督促等方式进行进度控制。

（2）进度控制的经济方法

进度控制的经济方法主要有以下几种：投资部门通过投资投放速度控制工程项目的实施进度；在承包合同中写进有关工期和进度的条款；建设单位通过招标的进度优惠条件鼓励施工单位加快进度；建设单位通过工期提前奖励和工程延误罚款实施进行进度控制等。

（3）进度控制的管理技术方法

进度控制的管理技术方法主要有规划、控制和协调。所谓规划，就是确定项目的总进度目标和分进度目标；所谓控制，就是在项目进行的全过程中，进行计划进度与实际进度的比较，发现偏离，及时采取措施进行纠正；所谓协调，就是协调参加工程建设各单位之间的进度关系。

2. 建设工程项目进度控制的措施

建设工程项目进度控制的措施包括组织措施、技术措施、经济措施、管理措施等。

（1）组织措施

在项目组织结构中应有专门的工作部门和符合进度控制岗位资格的专人负责进度控制工作。进度控制的主要工作环节包括进度目标的分析和论证、编制进度计划、定期跟踪进度计划的执行情况、采取纠偏措施，以及调整进度计划。应编制项目进度控制的工作流程，如定义项目进度计划系统的组成以及各类进度计划的编制程序、审批程序和计划调整程序等。进度控制工作包含了大量的组织和协调工作，而会议是组织和协调的重要手段，应通过召开会议进行有关进度控制组织设计。

（2）技术措施

1）在工程进度受阻时，应分析是否存在设计技术的影响因素，为实现进度目标有无设计变更的可能性。

2）在决策施工方案是否选用时，不仅应分析技术的先进性和经济的合理性，还应考虑其对进度的影响。在工程进度受阻时，应分析是否存在施工技术的影响因素，为实现进度目标有无改变施工技术、施工方法和施工机械的可能性。

（3）经济措施

1）编制与进度计划相适应的资源需求计划（资源进度计划），包括资金需求计划和其他资源（人力和物力资源）需求计划，以反映工程施工的各时段所需要的资源。

2）在编制工程成本计划时，应考虑加快工程进度所需要的资金，其中包括为实现施工进度目标将要采取的经济激励措施所需要的费用。

（4）管理措施

1）施工进度控制的管理措施涉及管理的思想、管理的方法、管理的手段、承发包模式、合同管理和风险管理等。

2）为了实现进度目标，应选择合理的合同结构，以避免过多的合同交界面而影响工程的进展，工程物资的采购模式对进度也有直接的影响，对此应作比较分析。

3）为实现进度目标，不但应进行进度控制，还应注意分析影响工程进度的风险，并在分析的基础上采取风险管理措施，以减少进度失控的风险量。

4）应重视信息技术（包括相应的软件、局域网、互联网以及数据处理设备等）在进度控制中的应用。

4.3.3　建设工程项目实际进度与计划进度的比较方法

1. 建设工程项目实际进度的控制

项目实施的过程中，由于某些因素的干扰，往往造成实际进度与计划进度产生偏差，因此，在项目进度计划的执行过程中，必须采取系统的进度控制措施，并用行之有效的进度调整方法及时解决问题，如图 4-28所示。

（1）进度监测的系统过程

进度监测的系统过程主要包括以下工作：

1）进度计划执行者的跟踪检查。跟踪检查的主要工作是定期收集反映实际工程进度的有关数据：①定期收集报表资料；②指派监理人员坚守现场，检查计划进度的实际执行情况；③定期召开会议，了解实际进度情况。

2）整理、统计和分析收集的实际数据。对收集的数据进行整理、统计和分析，形成与计划具有可比性的数据。如累计完成量、本期完成的百分率和累计完成的百分率等数据。

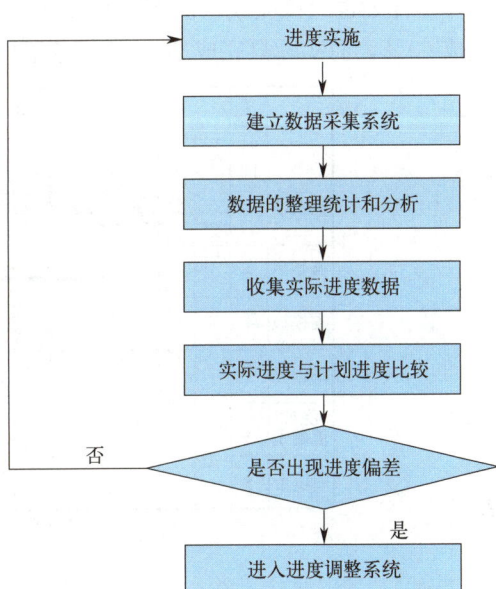

图 4-28　项目进度监测系统过程

3）实际进度与计划进度对比。将实际进度的数据与计划进度的数据进行比较，从而得出实际进度比计划进度是拖后、超前或是一致。

（2）进度调整的系统过程

在项目进度监测过程中，一旦发现实际进度与计划进度不符，即出现进度偏差时，进度控制人员必须认真分析产生的原因及对后续工作或总工期的影响，并采取合理的调整措施，确保总目标的实现。具体过程如下：

1）分析产生偏差的原因。

2）分析偏差对后续工作或总工期的影响。

3）确定影响后续工作或总工期的限制条件。

4）采取进度调整措施。

5）实施调整后的进度计划。

2. 建设工程项目实际进度与计划进度的比较方法

实际进度与计划进度的比较是建设工程项目进度监测的主要环节。常用的进度比较方法有横道图、S 曲线、香蕉曲线、前锋线等。

（1）横道图比较法

横道图比较法是指将项目实施过程中检查实际进度收集到的数据，经加工整理后直接用横道线平行绘制于原计划的横道线处，进行实际进度与计划进度的比较方法。采用横道图比较法，可以形象、直观地反映实际进度与计划进度的对比情况。

【例 4-7】某工程项目基础工程的计划进度和截至第 9 周末的实际进度如图 4-29 所示，其中细实线表示该工程计划进度，粗实线表示实际进度。从图中实际进度与计划进度的比较可以看出，到第 9 周末进行实际进度检查时，挖土方和做垫层两项工作已经完成；支模板工作按计划也应该完成，但实际只完成 75%，任务量拖欠 25%；绑钢筋工作按计划应该完成 60%，而实际只完成 20%，任务量拖欠 40%。

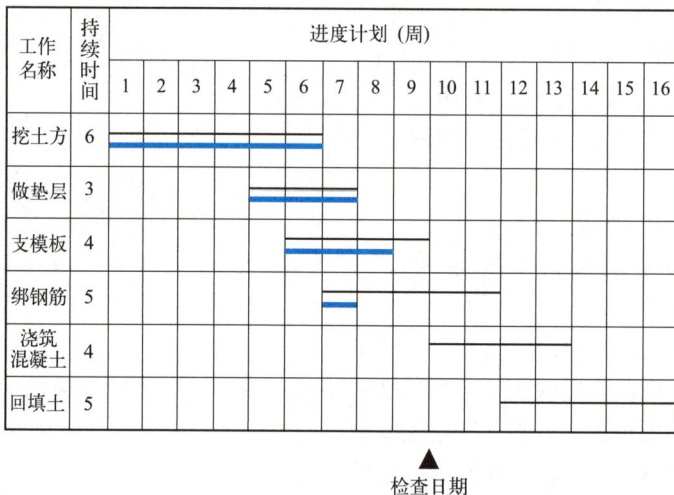

图 4-29　某基础工程实际进度与计划进度比较图

根据各项工作的进度偏差，进度控制者可以采取相应的纠偏措施对进度计划进行调整，以确保该工程按期完成。

如图 4-29 所表达的比较方法仅适用于各项工作都是均匀进展的情况，即每项工作在单位时间内完成的任务量都相等的情况。事实上，各项工作的进展不一定是匀速的。根据各项工作的进展是否匀速，可分别采用以下两种方法进行实际进度与计划进度的比较。

1）匀速进展横道图比较法

匀速进展横道图比较法是指在建设工程项目中，每项工作在单位时间内完成的任务量都是相等的，即工作的进展速度是均匀的。此时，每项工作累计完成的任务量与时间呈线性关系，如图 4-30 所示。完成的任务量可以用实物工程量、劳动消耗量或费用支出表示。为了便于比较，上述常用物理量用百分比表示。

采用匀速进展横道图比较法时，其步骤如下：

①编制横道图进度计划。

②在进度计划上标出检查日期。

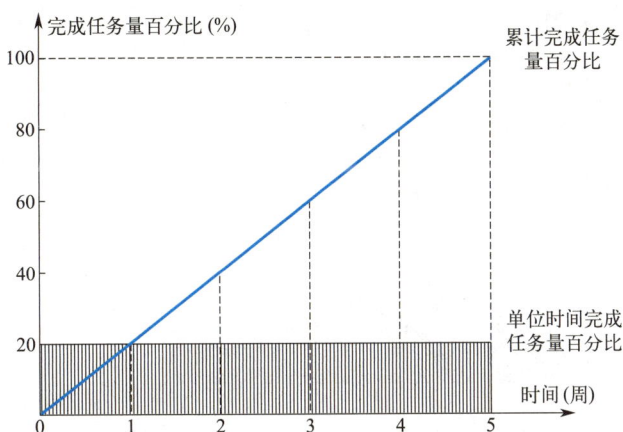

图 4-30　工作均速进展时任务量与时间关系曲线

③将检查收集到的实际进度数据经过加工整理后按比例用粗黑线标于计划进度的下方，如图 4-31 所示。

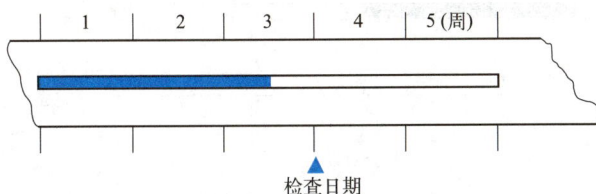

图 4-31　匀速进展横道图比较图

④对比分析实际进度与计划进度。

A. 如果涂黑的粗线右端落在检查日期左侧（右侧），表明实际进度拖后（超前）。

B. 如果涂黑的粗线右端与检查日期重合，表明实际进度与计划进度一致。

2）非匀速进展横道图比较法

当工作在不同单位时间里的进展速度不相等时，累计完成的任务量与时间的关系就不可能是线性关系。此时，应采用非匀速进展横道图比较法进行工作实际进度与计划进度的比较。

非匀速进展横道图比较法在用涂黑粗线表示工作实际进度的同时，还要标出其对应时刻完成任务量的累计百分比，并将该百分比与其同时刻计划完成任务量的累计百分比相比较，判断工作实际进度与计划进度之间的关系。

【例 4-8】某工程项目中的基槽开挖工作按施工进度计划安排需要 7 周完成，每周计划完成的任务量百分比如图 4-32 所示。

①编制横道图进度计划，如图 4-33 所示。

②在横道线上方标出基槽开挖工作每周计划累计完成任务量的百分比，分别为 10％、25％、45％、65％、80％、90％和 100％。

③在横道线下方标出第 1 周至检查日期（第 4 周）每周实际累计完成任务量的百分比，分别为 8％、22％、42％、60％。

④用涂黑粗线标出实际投入的时间。如图 4-33 所示，该工作实际开始时间晚于计划

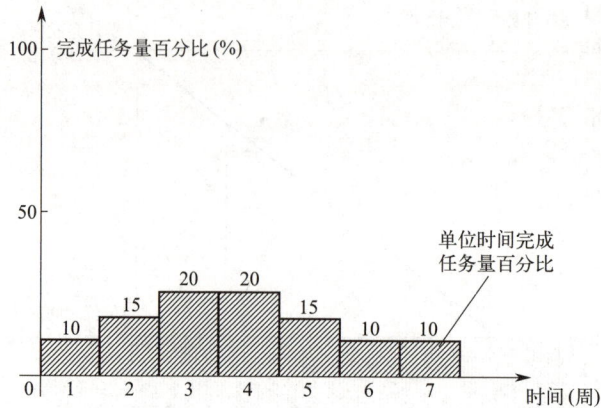

图 4-32　基槽开挖工作进展时间与完成任务量关系图

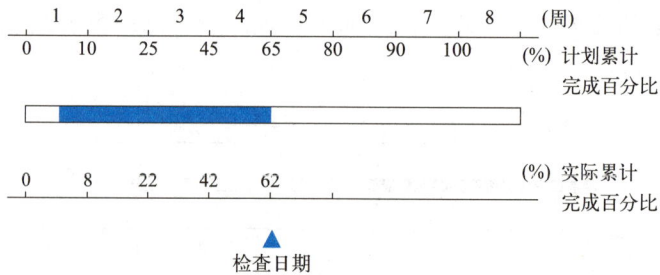

图 4-33　非匀速进展横道图

开始时间，在开始后连续工作，没有中断。

⑤比较实际进度与计划进度。从图 4-33 中可以看出，该工作在第一周实际进度比计划进度拖后 2％，此后各周末累计拖后分别为 3％、3％和 5％。

由于工作进展速度是变化的，因此，在图中的横道线，无论是计划的还是实际的，只能表示工作的开始时间、完成时间和持续时间，并不表示计划完成的任务量和实际完成的任务量。此外，采用非匀速进展横道图比较法，不仅可以进行某一时刻（如检查日期）实际进度与计划进度的比较，而且还能进行某一时间段实际进度与计划进度的比较。当然，这需要实施部门按规定的时间记录当时的任务完成情况。

横道图比较法虽有记录和比较简单、形象直观、易于掌握、使用方便等优点，但一旦某些工作实际进度出现偏差时，难以预测其对后续工作和工程总工期的影响，也就难以确定相应的进度计划调整方法。因此，横道图比较法主要用于建设工程项目中某些工作实际进度与计划进度的局部比较。

（2）S曲线比较法

S曲线比较法是以横坐标表示时间，纵坐标表示累计完成任务量，绘制一条按计划时间累计完成任务量的S曲线；然后将工程项目实施过程中各检查时间实际累计完成任务量的S曲线也绘制在同一坐标系中，进行实际进度与计划进度比较的一种方法。

从整个建设工程项目进展全过程来看，单位时间投入的资源量一般是开始和结束时较少，中间阶段较多，与其相对应，单位时间完成的任务量也呈现相同的变化规律，如图 4-34(a) 所示。而随工程进展累计完成的任务量则应呈 S 形变化，如图 4-34(b) 所示。

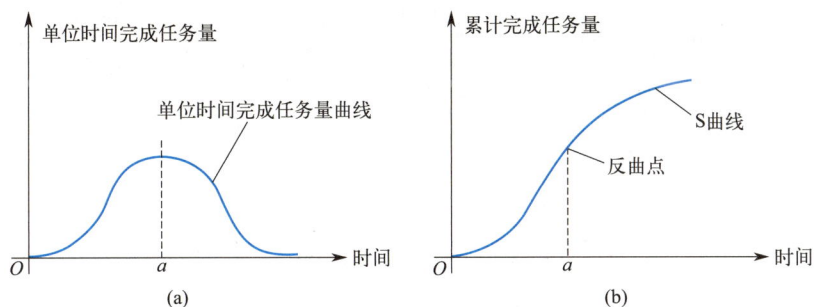

图 4-34　时间与完成任务时关系曲线

1）S 曲线的绘制方法

【例 4-9】 某混凝土工程的浇筑总量为 2000m³，按照施工方案，计划 9 个月完成，每月计划完成的混凝土浇筑量如图 4-35 所示，试绘制该混凝土工程的计划 S 曲线。

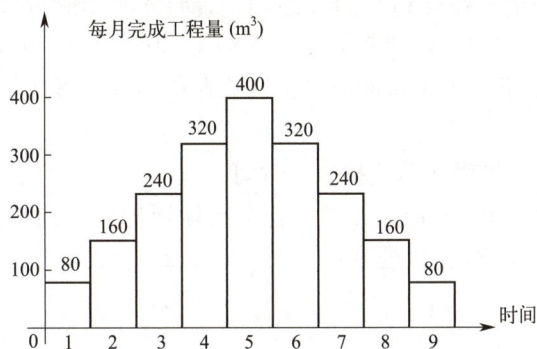

图 4-35　时间与完成任务量关系曲线

【解】 根据已知条件：

①确定单位时间计划完成任务量。在本例中，将每月计划完成混凝土浇筑量列于表 4-5 中。

②计算不同时间累计完成任务量。在本例中，依次计算每月计划累计完成的混凝土浇筑量，结果列于表 4-5 中。

完成工程量汇总表　　　　　　　　　　　　　表 4-5

时间(月)	1	2	3	4	5	6	7	8	9
每月完成量(m³)	80	160	240	320	400	320	240	160	80
累计完成量(m³)	80	240	480	800	1200	1520	1760	1920	2000

③根据累计完成任务量绘制 S 曲线。在本例中，根据每月计划累计完成混凝土浇筑量而绘制的 S 曲线如图 4-36 所示。

2）实际进度与计划进度的比较

同横道图比较法一样，S 曲线比较法也是在图上进行工程项目实际进度与计划进度的

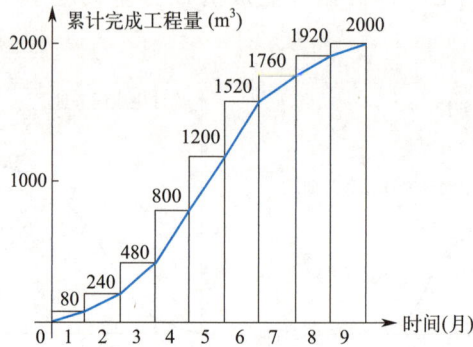

图 4-36　S 曲线图

直观比较。在工程项目实施过程中，按照规定时间将检查收集到的实际累计完成任务量绘制在原计划 S 曲线图上，即可得到实际进度 S 曲线，如图 4-37 所示。

通过比较实际进度 S 曲线和计划进度 S 曲线，可以获得如下信息：

①建设工程项目实际进展状况

如果工程实际进展点落在计划 S 曲线左侧，表明此时实际进度比计划进度超前，如图 4-37 中的 a 点；如果工程实际进展点落在 S 计划曲线右侧，表明此时实际进度拖后，如图 4-37 中的 b 点；如果工程实际进展点正好落在计划 S 曲线上，则表示此时实际进度与计划进度一致。

②建设工程项目实际进度超前或拖后的时间

在 S 曲线比较图中可以直接读出实际进度比计划进度超前或拖后的时间。如图 4-37 所示，ΔT_a 表示 T_a 时刻实际进度超前的时间；ΔT_b 表示 T_b 时刻实际进度拖后的时间。

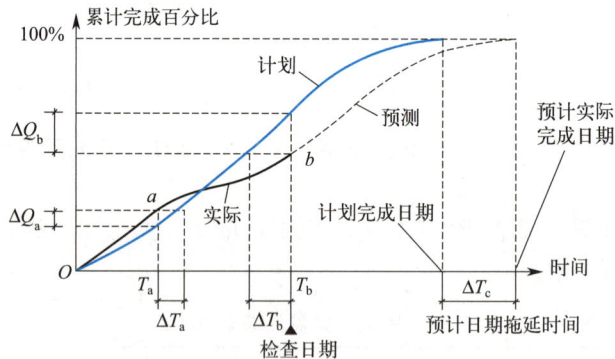

图 4-37　S 曲线比较图

③建设工程项目实际超额或拖欠的任务量

在 S 曲线比较图中也可直接读出实际进度比计划进度超额或拖欠的任务量。如图 4-37 所示，ΔQ_a 表示 T_a 时刻超额完成的任务量，ΔQ_b 表示 T_b 时刻拖欠的任务量。

④后期工程进度预测

如果后期工程按原计划速度进行，则可作出后期工程计划 S 曲线如图 4-37 中虚线所

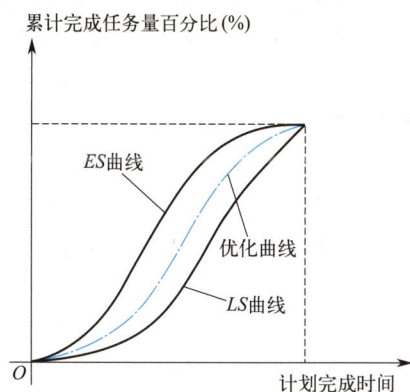

图 4-38　香蕉曲线比较图

示，从而可以确定工期拖延预测值 ΔT_c。

（3）香蕉曲线比较法

香蕉曲线是由两条 S 曲线组合而成的闭合曲线。由 S 曲线比较法可知，工程项目累计完成的任务量与计划时间的关系，可以用一条 S 曲线表示。对于一个工程项目的网络计划来说，如果以其中各项工作的最早开始时间安排进度而绘制 S 曲线，称为 ES 曲线；如果以其中各项工作的最迟开始时间安排进度而绘制 S 曲线，称为 LS 曲线。两条 S 曲线具有相同的起点和终点，因此，两条曲线是闭合的。在一般情况下，ES 曲线上的其余各点均落在 LS 曲线的相应点的左侧。由于该闭合曲线形似"香蕉"，故称为香蕉曲线，如图 4-38 所示。

（4）前锋线比较法

前锋线比较法是通过绘制某检查时刻建设工程项目实际进度前锋线，进行工程实际进度与计划进度比较的方法，它主要适用于时标网络计划。前锋线比较法就是通过实际进度前锋线与原进度计划中各工作箭线交点的位置来判断工作实际进度与计划进度的偏差，进而判定该偏差对后续工作及总工期影响程度的一种方法。

采用前锋线比较法进行实际进度与计划进度的比较，其步骤如下：

1）绘制时标网络计划图

建设工程项目实际进度前锋线是在时标网络计划图上标示，为清楚起见，可在时标网络计划图的上方和下方各设一时间坐标。

2）绘制实际进度前锋线

一般从时标网络计划图上方时间坐标的检查日期开始绘制，依次连接相邻工作的实际进展位置点，最后与时标网络计划图下方坐标的检查日期相连接。

工作实际进展位置点的标定方法有两种：

①按该工作已完成任务量比例进行标定

假设工程项目中各项工作均为匀速进展，根据实际进度检查时刻该工作已完成任务量占其计划完成总任务量的比例，在工作箭线上从左至右按相同的比例标定其实际进展位置点。

②按尚需作业时间进行标定

当某些工作的持续时间难以按实物工程量来计算而只能凭经验估算时，可以先估算出检查时刻到该工作全部完成尚需作业的时间，然后在该工作箭线上从右向左逆向标定其实际进展位置点。

3）进行实际进度与计划进度的比较

前锋线可以直观地反映出检查日期有关工作实际进度与计划进度之间的关系。对某项工作来说，其实际进度与计划进度之间的关系可能存在以下三种情况：

①工作实际进展位置点落在检查日期的左侧（右侧），表明该工作实际进度拖后（超前），拖后（超前）的时间为两者之差。

②工作实际进展位置点与检查日期重合，表明该工作实际进度与计划进度一致。

4）预测进度偏差对后续工作及总工期的影响

通过实际进度与计划进度的比较确定进度偏差后，还可根据工作的自由时差和总时差预测该进度偏差对后续工作及项目总工期的影响。由此可见，前锋线比较法既适用于工作实际进度与计划进度之间的局部比较，又可用来分析和预测工程项目整体进度状况。

值得注意的是，以上比较是针对匀速进展的工作。对于非匀速进展的工作，比较方法较复杂，此处不赘述。

【例4-10】某工程项目时标网络计划如图4-39所示。该计划执行到第6周末检查实际进度时，发现工作A和B已经全部完成，工作D和E分别完成计划任务量的20%和50%，工作C尚需3周完成，试用前锋线法进行实际进度与计划进度的比较。

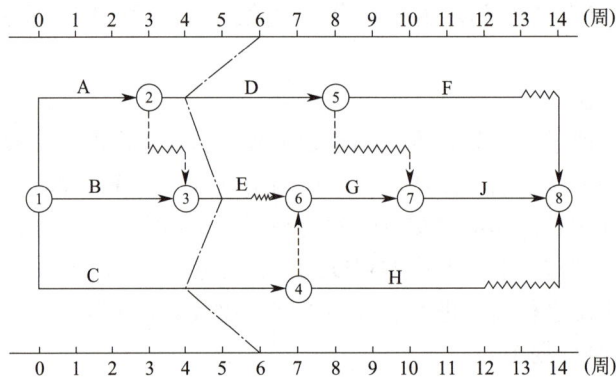

图4-39 某工程前锋线比较图

【解】根据第6周末实际进度的检查结果绘制前锋线，如图4-39中点划线所示。通过比较可以看出：

①工作D实际进度拖后2周，将使其后续工作F的最早开始时间推迟2周，并使总工期延长1周。

②工作E实际进度拖后1周，既不影响总工期，也不影响其后续工作的正常进行。

③工作C实际进度拖后2周，将使其后续工作G、H、J的最早开始时间推迟2周。由于工作G、J开始时间的推迟，从而使总工期延长2周。

综上所述，如果不采取措施加快进度，该工程项目的总工期将延长2周。

3.进度计划的调整方法

当实际进度偏差影响到后续工作、总工期而需要调整进度计划时，其调整方法主要有两种。

（1）改变某些工作间的逻辑关系

当建设工程项目实施中产生的进度偏差影响到总工期，且有关工作的逻辑关系允许改变时，可以改变关键线路和超过计划工期的非关键线路上的有关工作之间的逻辑关系，达到缩短工期的目的。例如，将顺序进行的工作改为平行作业、搭接作业以及分段组织流水作业等，都可以有效地缩短工期。

【例4-11】某工程项目基础工程包括挖基槽、作垫层、砌基础、回填土4个施工过程，各施工过程的持续时间分别为21天、15天、18天和9天，如果采取顺序作业方式进行施工，则其总工期为63天。为缩短该基础工程总工期，如果在工作面及资源供应允许的条件下，将基础工程划分为工程量大致相等的3个施工段组织流水作业，试绘制该基础工程流水作业网络计划，并确定其计算工期。

【解】该基础工程流水作业网络计划如图4-40所示。通过组织流水作业，使得该基础工程的计算工期由63天缩短为35天。

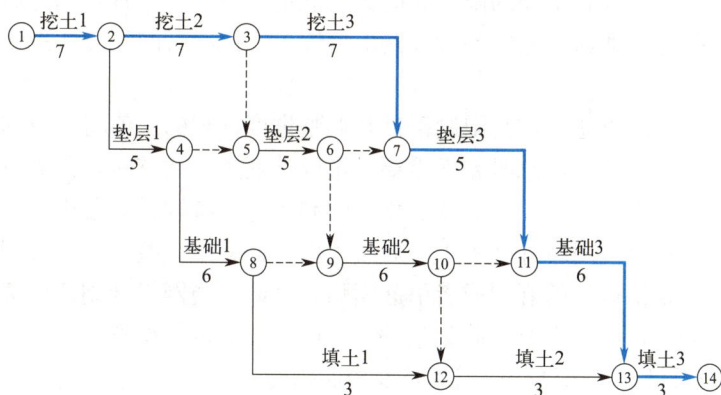

图4-40　某基础工程流水施工网络计划

（2）缩短某些工作的持续时间

这种方法是不改变建设工程项目中各项工作之间的逻辑关系，而通过采取措施来缩短某些工作的持续时间，以保证按计划工期完成该建设工程项目。这些被压缩持续时间的工作是位于关键线路和超过计划工期的非关键线路上的工作。同时，这些工作又是其持续时间可被压缩的工作。这种调整方法通常可以在网络图上直接进行。其调整方法视限制条件及对其后续工作的影响程度的不同而有所区别，一般可分为以下三种情况：

1）网络计划中某项工作进度拖延的时间已超过其自由时差但未超过其总时差

如前所述，此时该工作的实际进度不会影响总工期，而只对其后续工作产生影响。因此，在进行调整前，需要确定其后续工作允许拖延的时间限制，并以此作为进度调整的限制条件。该限制条件的确定常常较复杂，尤其是当后续工作由多个平行的承包单位负责实施时更是如此。后续工作如不能按原计划进行，在时间上产生的任何变化都可能使合同不能正常履行，而导致蒙受损失的一方提出索赔。因此，必须寻求合理的调整方案，把进度拖延对后续工作的影响减少到最低程度。

2）网络计划中某项工作进度拖延的时间超过其总时差

如果网络计划中某项工作进度拖延的时间超过其总时差，则无论该工作是否为关键工作，其实际进度都将对后续工作和总工期产生影响。此时，进度计划的调整方法又可分为以下三种情况：

A. 项目总工期不允许拖延

如果建设工程项目必须按照原计划工期完成，则只能采取缩短关键线路上后续工作持续时间的方法来达到调整计划的目的。

B. 项目总工期允许拖延

如果项目总工期允许拖延，则此时只需以实际数据取代原计划数据，并重新绘制实际进度检查日期之后的简化网络计划即可。

C. 项目总工期允许拖延的时间有限

如果项目总工期允许拖延，但允许拖延的时间有限。则当实际进度拖延的时间超过此限制时，也需要对网络计划进行调整，以便满足要求。

具体的调整方法是以总工期的限制时间作为规定工期，对检查日期之后尚未实施的网络计划进行工期优化，即通过缩短关键线路上后续工作持续时间的方法来使总工期满足规定工期的要求。

以上三种情况均是以总工期为限制条件来调整进度计划的。值得注意的是，当某项工作实际进度拖延的时间超过其总时差而需要对进度计划进行调整时，除需考虑总工期的限制条件外，还应考虑网络计划图中后续工作的限制条件，特别是对总进度计划的控制更应注意这一点。因为在这类网络计划图中，后续工作也许就是一些独立的合同段。时间上的任何变化，都会带来协调上的麻烦或者引起索赔。因此，当网络计划图中某些后续工作对时间的拖延有限制时，同样需要以此为条件，按前述方法进行调整。

4. 建设工程项目进度拖延的原因分析及控制措施

（1）建设工程项目进度拖延的原因

进度拖延是工程项目中经常发生的现象。各层次的项目单元、各个项目阶段都可能出现拖延。进度拖延的原因是多方面的，常见的有以下几种：

1）工期及相关计划的失误

计划失误是进度拖延常见的原因。人们在计划期将持续时间安排得过于紧凑，包括：

①计划时忘记部分必需的功能或工作。

②计划值（如计划工作量、持续时间）不足，相关的实际工作量增加。

③资源或能力不足，如计划时没有考虑到资源的限制或缺陷。

④出现了计划中未能考虑到的风险或状况，未能使工程实施达到预定的效率。

⑤业主、投资者或企业主管常常在开始就提出很紧迫的工期要求，使承包商或其他设计人、供货商的工期太紧。

2）外界的条件变化

①工作量的变化。可能是由于设计的修改、设计的错误、业主新的要求、修改项目的目标及系统范围的扩展造成的。

②外界（如政府、上层系统）对项目新的要求或限制。设计标准的提高可能造成项目资源的缺乏，使得工程无法及时完成。

③环境条件的变化。如不利的施工条件不仅会对工程实施过程产生干扰，还可能出现调整原来已确定的计划的情况。

④发生不可抗力事件。

3）管理过程中的失误

①计划部门与实施者之间、总包商与分包商之间、业主与承包商之间缺少沟通。

②工程实施者缺乏工期意识。

③项目参加单位对各个活动之间的逻辑关系没有清楚理解，许多工作脱节，信息沟通、资源供应出现问题。

④其他未完成计划规定的任务而造成的拖延。

⑤承包商组织施工的能力不强。

⑥业主的资金或材料、设备供应不及时。

4）其他原因

（2）解决建设工程项目进度拖延的措施

1）基本措施

①积极赶工，以弥补或部分弥补已经产生的拖延。

②不采取特别的措施，在目前进度状态的基础上，仍按照原计划安排后期工作。

2）可以采取的赶工措施

与在计划阶段压缩工期一样，解决进度拖延有许多方法，但每种方法都有它的适用条件、限制，必然会带来一些负面影响。在人们以往的讨论以及实际工作中，都将重点集中在时间问题上，这是不对的。许多措施常常没有效果，或引起其他更严重的问题，最典型的是增加成本开支、现场的混乱和引起质量问题。所以应该将它作为一个新的计划过程来处理。

在实际工程中经常采用如下赶工措施：

①增加资源投入，如增加劳动力、材料、周转材料和设备的投入量。这是最常用的办法。但它会带来如下问题：

A. 造成费用的增加，如增加人员的调遣费用、周转材料一次性费、设备的进出场费。

B. 由于增加资源造成资源使用效率的降低。

C. 加剧资源供应的困难。如有些资源没有增加的可能性，加剧项目之间或工序之间对资源激烈的竞争。

②重新分配资源，如将服务部门的人员投入到生产中去，投入风险准备资源，采用加班或多班制工作。

③减少工作范围，包括减少工作量或删去一些工作包（或分项工程）。但这可能产生如下影响：

A. 损害工程的完整性、经济性、安全性、运行效率，或提高项目运行费用。

B. 必须经过上层管理者，如投资者、业主的批准。

④改善工具器具以提高劳动效率。

⑤提高劳动生产率，主要通过辅助措施和合理的工作过程来实现。但这里要注意如下

问题：加强培训，通常培训应尽可能提前；注意工人级别与工人技能的协调；工作中的激励机制，如奖金、小组精神发扬、个人负责制、目标明确；改善工作环境及项目的公用设施（需要花费）；项目小组时间上和空间上合理的组合和搭接；避免项目组织中的矛盾，多沟通。

⑥将部分任务转移，如分包、委托给另外的单位，将原计划由自己生产的结构构件改为外购等。当然这不仅有风险，产生新的费用，而且需要增加控制和协调工作。

⑦改变网络计划图中工程活动的逻辑关系，如将前后顺序工作改为平行工作，或采用流水施工的方法。这又可能产生如下问题：

A. 工程活动逻辑上的矛盾性。

B. 资源的限制，平行施工要增加资源的投入强度，尽管投入总量不变。

C. 工作面限制及由此产生的现场混乱和低效率问题。

⑧将一些工作包合并，特别是在关键线路上按先后顺序实施的工作包合并，与实施者一道研究，通过局部调整实施过程和人力、物力的分配，达到缩短工期。

通常，A_1、A_2 两项工作如果由两个单位分包按次序施工，则它的持续时间较长。而如果将它们合并为 A，由一个单位来完成，则持续时间就会大幅缩短。这是由于：

A. 两个单位分别负责，则他们都经过前期低效率准备，正常施工，后期低效率过程，则总的平均效率很低。

B. 由于由两个单位分别负责，中间有一个对 A_1 工作的检查、打扫和场地交接和对 A_2 准备的过程，会使工期延长，这是由分包合同或工作任务单所决定的。

C. 如果合并由一个单位完成，则平均效率会较高，而且许多工作能够穿插进行。

D. 实践证明，采用"设计—施工"总承包，或施工总承包，比分阶段、分专业平行承包工期会大大缩短。

⑨修改实施方案，如将现浇混凝土改为场外预制、现场安装。这样可以提高施工速度。例如，在国际工程中，原施工方案为现浇混凝土，工期较长，进一步调查发现该国技术工缺乏，劳动力的素质和可培训性较差，无法保证原工期，后来采用预制装配施工方案，则大大缩短了工期。当然这一方面必须有可用的资源，另一方面又考虑会造成成本的超支。

3）应注意的问题

①在选择措施时，要考虑到：赶工应符合项目的总目标与总战略；措施应是有效的、可以实现的；花费比较省；对项目的实施、承包商、供应商的影响面较小。

②在制订后续工作计划时，这些措施应与项目的其他过程协调。

③在实际工作中，人们常常采用了许多事先认为有效的措施，但实际效力却很小，常常达不到预期的缩短工期的效果。这是由于：

A. 这些计划是无正常计划期状态下的计划，常常是不周全的。

B. 缺少协调，没有将加速的要求、措施、新的计划、可能引起的问题通知相关各方，如其他分包商、供应商、运输单位、设计单位。

C. 人们对以前造成拖延的问题的影响认识不清。例如，由于外界干扰，到目前为止已造成两周的拖延，实质上，这些影响是有惯性的，还会继续扩大。所以即使现在采取措施，在一段时间内，其效果是很小，拖延仍会继续扩大。

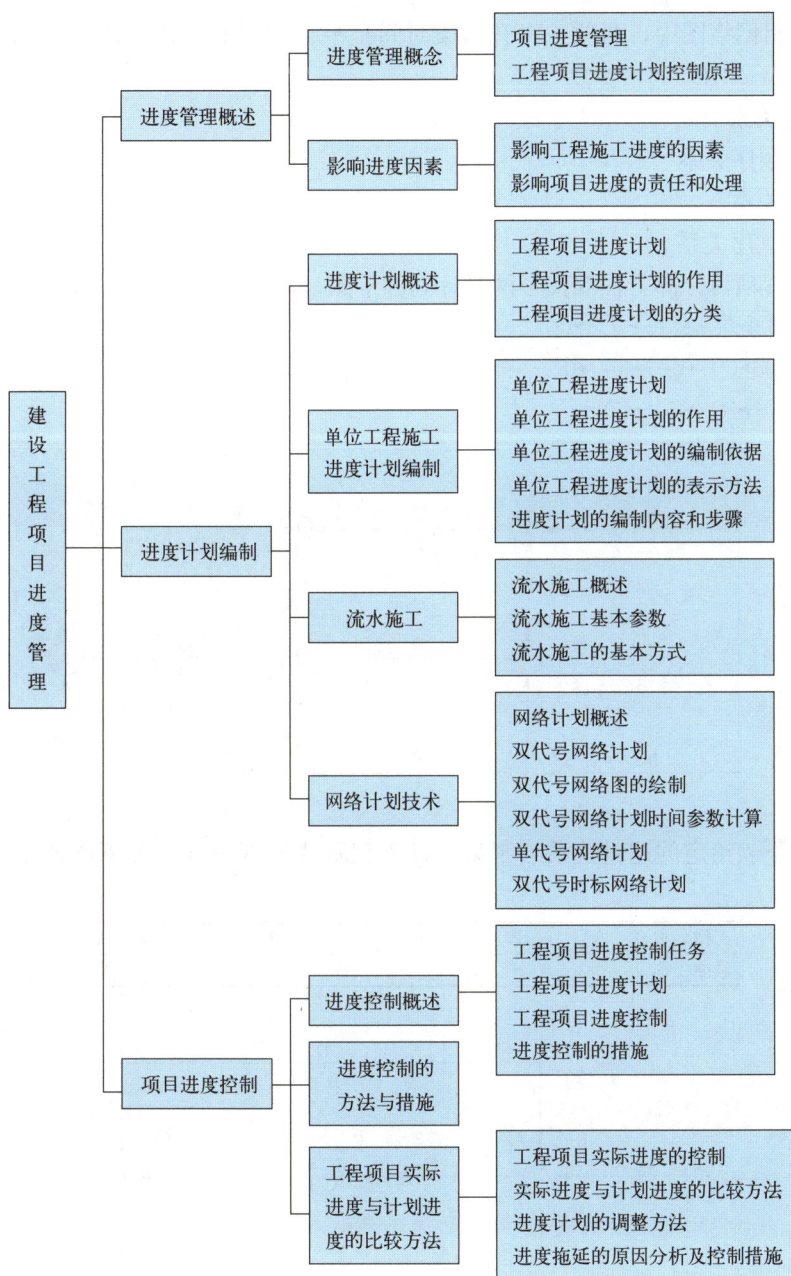

单元小结

单元习题

一、单选题

1. 下列关于双代号时标网络计划的表述中，正确的是（　　　）。

A. 双代号时标网络计划只能表示工作的开始和完成时间

B. 虚箭线只能垂直画，是因为虚工作的持续时间为零

C. 时标网络计划宜按各项工作的最晚开始时间编制

D. 双代号时标网络计划必须以天为时标单位

2. 在项目网络图中，两项工作有一段时间是平行进行的，则这两项工作之间的关系为（　　）。

A. 平行关系

B. 紧连顺序关系

C. 搭接关系

D. 间隔顺序关系

3. 某工程项目分部工程双代号网络计划如下图，其关键线为（　　）。

A. ①→③→④→⑤→⑦→⑧

B. ①→③→④→⑤→⑥→⑧

C. ①→②→④→⑤→⑦→⑧

D. ①→②→④→⑤→⑥→⑧

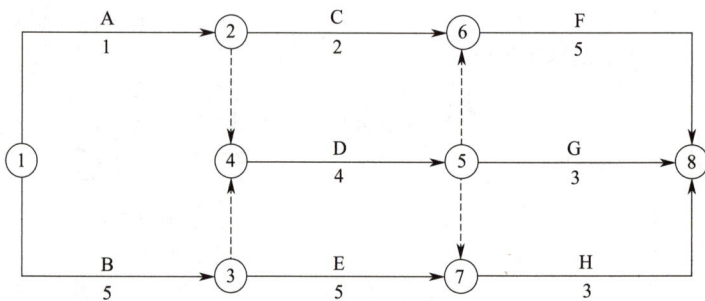

4. 根据下表给定的逻辑关系绘制某分部工程双代号网络计划如下图所示，其作图错误的是（　　）。

工作名称	A	B	C	D	E	G	H
紧前工作	—	—	A	A	B	C	E

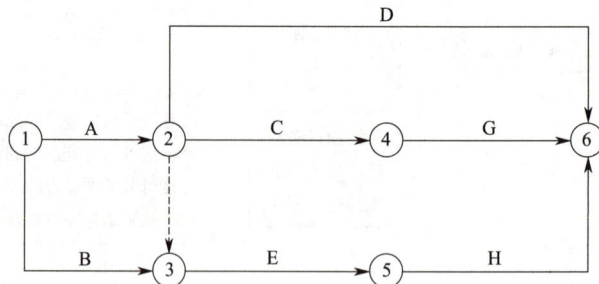

A. 有多余虚工作

B. 逻辑关系不对

C. 有多个起点节点

D. 有多个终点节点

5. 工作的总时差是（　　　）。

A. 在不影响紧后工作最早开始时间前提下，本工作可以利用的机动时间

B. 在不影响紧后工作最迟完成时间前提下，本工作可以利用的机动时间

C. 在不影响总工期前提下，本工作可以利用的机动时间

D. 在不影响紧前工作最早完成时间前提下，本工作可以利用的机动时间

6. 工作的自由时差是指（　　　）。

A. 在不影响总工期的前提下，本工作所具有的机动时间

B. 在不影响紧后工作最迟完成时间的前提下，本工作所具有的机动时间

C. 在不影响紧后工作最早开始时间的前提下，本工作所具有的机动时间

D. 在不影响紧前工作最早完成时间的前提下，本工作所具有的机动时间

7. 已知某双代号网络计划中，某工作的最早开始时间为第 4 天，最早完成时间为第 6 天，最迟开始时间为第 7 天，最迟完成时间为第 9 天，则该工作的总时差为（　　　）天。

A. 6　　　　　　　　B. 4　　　　　　　　C. 3　　　　　　　　D. 2

8. 某工作 A 的持续时间为 3 天，该工作有三项紧后工作，工作持续时间分别为 4 天、6 天、3 天；最迟完成时间分别为 15 天、12 天、11 天，则工作 A 的最迟开始时间为第（　　　）天。

A. 6　　　　　　　　B. 3　　　　　　　　C. 8　　　　　　　　D. 12

9. 某分部工程双代号时标网络计划如下图所示，则工作 D 的总时差和自由时差分别是（　　　）。

A. 0 天，0 天　　　　　　　　　　　B. 2 天，0 天

C. 2 天，2 天　　　　　　　　　　　D. 4 天，0 天

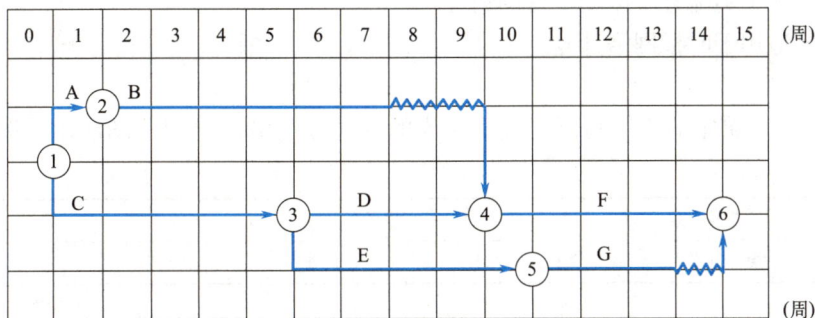

10. 在某工程双代号网络计划中，工作 D 的最早开始时间和最迟开始时间分别为第 20 天和第 25 天，其持续时间为 9 天。该工作有两项紧后工作，它们的最早开始时间分别为第 32 天和第 34 天，则工作 D 的总时差和自由时差分别为（　　　）天。

A. 3 和 0　　　　　　　　　　　B. 3 和 2

C. 5 和 0　　　　　　　　　　　D. 5 和 3

11. 工程网络计划的工期优化是通过（　　　），使计算工期满足要求工期。

A. 压缩关键工作的持续时间

B. 将关键工作压缩成非关键工作

C. 压缩直接费最小的工作的持续时间

D. 改变关键工作之间的逻辑关系

12. 在进度计划的表示方法中，既表示项目的逻辑关系，又表示工作时间的方法是（　　）。

A. 横道图法　　　　　　　　　　　B. 进度曲线法

C. 里程碑法　　　　　　　　　　　D. 时标网络图法

13. 采用非匀速进展横道图比较法中，涂黑粗线表示该工作的（　　）。

A. 计划完成任务量　　　　　　　　B. 实际完成任务量

C. 实际进度　　　　　　　　　　　D. 实际投入的时间

14. 在 S 曲线比较法中，当实际进展点落在计划 S 曲线左侧表示（　　）。

A. 实际进度比计划进度超前　　　　B. 实际进度比计划进度落后

C. 实际进度与计划进度相同　　　　D. 计划进度估计错误

15. 以横坐标表示时间，纵坐标表示累计完成任务量，对实际进度与计划进度进行比较的方法是（　　）。

A. 横道图比较法　　　　　　　　　B. 香蕉曲线比较法

C. 进度曲线法　　　　　　　　　　D. S 曲线比较法

16. 蕉曲线是由（　　）曲线绘制而成的。

A. ES 与 LS　　　　　　　　　　　B. EF 与 LF

C. ES 与 EF　　　　　　　　　　　D. LS 与 LF

17. 前锋线比较法叙述正确的有（　　）。

A. 适用于任何情况下的进度监测

B. 仅适用于工作进度为变速进展的情况

C. 只适用于实施进展速度不变的情况

D. 主要适用于时标网络计划

二、多选题

1. 根据下表给定的工作间逻辑关系绘成的双代号网络计划如下图所示，图中正确的有（　　）。

工作	A	B	C	D	E	F
紧后工作	C、D	E、F	—	F	—	—

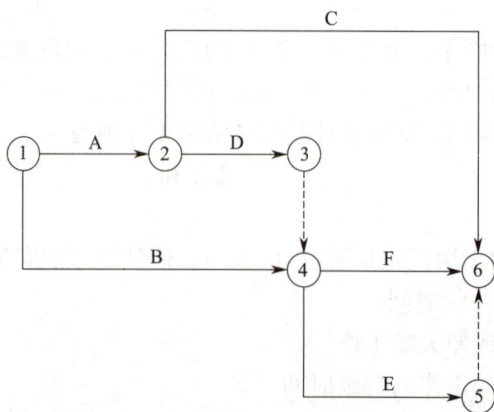

A. 节点编号有误　　B. 有循环回路　　　C. 有多个起点节点

D. 有多余虚工作　　E. 不符合给定的逻辑关系

2. 下列关于单代号绘图法的表述，正确的是（　　　　　）。

A. 单代号绘图法是用节点来代表工作

B. 单代号网络图和双代号网络图的绘制原则没有相同之处

C. 单代号绘图法也叫箭线工作法

D. 大多数项目管理软件包都使用单代号网络技术

E. 单代号绘图法中的节点一般用圆圈或方框来绘制

3. 某分部工程双代号网络计划如下图所示，关键工作有（　　　　　）。

A. 工作 A　　　　　B. 工作 B　　　　　　C. 工作 C

D. 工作 D　　　　　E. 工作 F

4. 某工程双代号网络计划如下图所示。下列有关该计划中工作时差和关键工作的说法，正确的有（　　　　　）。

A. 工作 1—6 的总时差为 2　　　　　　　B. 工作 2—3 的总时差为 1

C. 工作 2—4 为关键工作　　　　　　　　D. 工作 2—5 的自由时差为 0

E. 工作 4—7 的自由时差为 1

时间格式：$\dfrac{ES \mid EF}{LS \mid LF}$

5. 某工程双代号时标网络计划执行到第 3 周末和第 9 周末时，检查其实际进度如下图前锋线所示，检查结果表明（　　　　　）。

A. 第 3 周末检查时，工作 A 已完成，不影响工期

B. 第 3 周末检查时，工作 B 拖后 1 周，将影响工期 1 周

C. 第 3 周末检查时，工作 C 拖后 2 周，将影响工期 2 周

D. 第 9 周末检查时，工作 B 拖后 2 周，但不影响工期

E. 第 9 周末检查时，工作 E 提前 1 周，不影响工期

单元 5　建设工程项目成本管理

素质目标

培养学生养成良好的思维习惯。

培养学生沟通合作能力。

培养学生树立正确的人生观和价值观。

知识目标

了解施工成本管理的内容、成本管理的任务与措施。

熟悉施工成本管理组织职责、成本管理责任体系、成本管理的任务。

掌握施工成本控制的方法、成本降低的途径。

能力目标

能编制施工成本计划；能进行成本核算；能进行成本分析和考核。

案例引入

2号办公楼工程已完成招投标工作，中标单位为某建筑公司。该建筑公司各部门及建设工程项目部正有序开展相关的项目管理工作，其中成本预测、成本计划、成本控制、成本核算、成本分析和成本考核等项目成本管理工作须立即着手。

在本单元，我们将学习到建设工程项目成本管理的相关知识，对建设工程项目在实施过程中的成本管理目标与责任体系、成本管理的任务与措施、建设工程项目成本管理实务有一个较深刻的认识。

模块 5.1　建设工程项目成本管理概述

5.1.1　建设工程项目成本管理基本概念

1. 成本

（1）成本的概念

成本一般是指为进行某项生产经营活动（如材料采购、产品生产、劳务供应、工程建设等）所发生的全部费用。成本可以分为广义成本和狭义成本两种。

广义成本是指企业为实现生产经营目的而取得各种特定资产（固定资产、流动资产、无形资产和制造产品）或劳务所发生的费用支出，它包含了企业生产经营过程中一切对象化的费用支出。

狭义成本是指为制造产品而发生的支出。狭义成本的概念强调成本是以企业生产的特定产品为对象来归集和计算的，是为生产一定种类和一定数量的产品所应负担的费用。目前所讨论的是狭义成本的概念，即产品成本。

（2）成本的意义

成本的意义见表5-1。

成本的意义 表5-1

序号	意义	说明
1	补偿生产消耗的尺度	成本客观地表示了生产消耗价值补偿的尺度，企业只有使收益大于成本才能有盈利，而企业盈利则是保证满足整个社会需要和扩大再生产的主要源泉
2	制定价格的重要依据	就整个社会而言，在产品价值目前还难以直接精确计算的情况下，成本为制定产品价格提供了近似的依据，使产品价格基本上接近于产品价值
3	企业进行经营决策、经济核算的工具	产品成本是考查和分析决策方案经济效果的重要指标；同时，可以将成本指标分层次地分解为各种消耗指标，以便于编制成本计划，控制日常消耗，定期分析、考核，促使企业不断降低成本消耗，增加盈利

（3）成本的分类

成本的分类见表5-2。

成本的分类 表5-2

划分标准	名称	说明
按成本控制的不同标准划分	目标成本	是指企业在生产经营活动中某一时期内要求实现的成本目标。目标成本应在目标利润的基础上进行预测和预算
	计划成本	是指根据计划期内的各项平均先进消耗定额和有关资料确定的成本。它反映计划期应达到的成本水平，是计划期在成本方面的努力目标
	标准成本	是指企业在正常的生产经营条件下，以标准消耗量和标准价格计算的产品单位成本
	定额成本	是指根据一定时期的执行定额计算成本
按计入产品成本的方法划分	直接成本	亦称直接费用，是指生产产品时，能够直接计入产品成本的费用
	间接成本	是直接成本的对立，是指不能直接计入而要按一定标准分摊计入产品成本的费用
按成本与产量的关系划分	变动成本	也称变动费用，它的总额随产量的增减而变动
	固定成本	也称固定费用，它的总额在一定时间和一定业务量范围内不随产量的增减而变动

2. 建设工程项目成本

（1）项目成本的概念

项目成本是指施工企业以项目作为成本核算对象的施工过程中所耗费的生产资料转移价值和劳动者的必要劳动所创造的价值的货币形式。也是指，某项目在施工中所发生的全部生产费用的总和，包括所消耗的主、辅材料，构配件，周转材料的摊销费或租赁费，施工机械的台班费或租赁费，支付给生产工人的工资、奖金以及项目经理部（或分公司、工程处）和为组织和管理工程施工所发生的全部费用支出。项目成本不包括劳动者为社会所创造的价值（如税金和计划利润），也不应包括不构成建设工程项目价值的一切非生产性支出。

项目成本是施工企业的产品成本，一般以项目的单位工程作为成本核算对象，通过各单位工程综合成本核算来反映建设工程项目成本。

（2）项目成本的分类

根据建设工程项目管理的需要，按项目成本费用目标，项目成本可分为生产成本、质量成本、工期成本和不可预见成本。

项目成本的分类见表5-3。

项目成本的分类　　　　　　　　　　　　　　　　　　表5-3

名称	说明
生产成本	是指完成某建设工程项目所必须消耗的费用
质量成本	是指项目部为保证和提高建筑产品质量而发生的一切必要费用，以及因未达到质量标准而蒙受的经济损失。一般情况下，质量成本分为以下四类：建设工程项目内部故障成本（如返工、停工、降级、复检等引起的费用）、外部故障成本（如保修、索赔等引起的费用）、质量检验费用与质量预防费用
工期成本	是指项目经理部为实现工期目标或合同工期而采取相应措施所发生的一切必要费用以及工期索赔等费用的总和
不可预见成本	是指项目经理部在施工生产过程所发生的除生产成本、工期成本、质量成本之外的成本，如扰民费、资金占用费、人员伤亡等安全事故损失费、政府部门罚款等不可预见的费用。不可预见成本可发生，也可不发生

（3）项目成本的构成

以建筑装饰装修工程费用为例说明项目成本的构成。建筑安装工程费按费用构成要素划分，由人工费、材料费（包含工程设备，下同）、施工机具使用费、企业管理费、利润、规费和税金组成。其中人工费、材料费、施工机具使用费、企业管理费和利润包含在分部分项工程费、措施项目费、其他项目费中。其各项费用构成见表5-4。

建筑与装饰装修工程费用组成表（按构成要素分）　　　　　　表5-4

建筑装饰装修工程费用组成	人工费		计时工资或计价工资
			津贴、补贴
			特殊情况下支付的工资
			奖金
			加班加点工资
	材料费		材料原价
			运杂费
			运输损耗费
			采购及保管费
	施工机具使用费	施工机械使用费	折旧费
			大修理费
			经常修理费
			安拆费及场外运费
			人工费
			燃料动力费
			税费
		仪器仪表使用费	—

建筑装饰装修工程费用组成	企业管理费	检验试验费
		管理人员工资
		办公费
		差旅交通费
		固定资产使用费
		工具用具使用费
		劳动保险和职工福利费
		劳动保护费
		工会经费
		职工教育经费
		财产保险费
		财务费
		税金
		其他
	利润	
	规费	社会保险费
		住房公积金
		工程排污费
	增值税	

3. 建设工程项目成本管理

项目成本管理是企业的一项重要的基础管理，是指施工企业结合本行业的特点，以施工过程中直接耗费为原则，以货币为主要计量单位，对项目从开工到竣工所发生的各项收、支进行全面系统的管理，以实现项目施工成本最优化目的的过程。它包括落实项目施工责任成本，制定成本计划，分解成本指标，进行成本控制、成本核算、成本考核和成本监督的过程。

（1）项目成本管理的重要性

1）项目成本是项目产品市场竞争能力的经济表现。市场经济对于单个市场参与主体来说，在本质上是一个竞争经济，项目成本是项目产品竞争能力的经济表现，它在一定程度上决定了项目的竞争优势，间接刻画了企业的盈利水平和能力。

2）项目成本管理是项目实现经济效益的内在基础。施工企业作为我国建筑市场中独立的法人实体和竞争主体，成本管理应体现在项目管理的全过程中，项目管理的一切活动实际也是成本活动，项目成本管理既是项目管理的起点，也是项目管理的终点。

3）项目成本管理是动态反映项目一切活动的最终水准。项目产品的价格一旦确定，成本就是决定的因素，而这个任务，是由项目经理部来完成的。因此，项目管理的水平，显然集中体现在成本管理水平上。

4）项目成本管理是确立项目经济责任机制，实现有效控制和监督的手段。施工企业要对所属建设工程项目实施有效的监控，尤其要对其管理的绩效进行评价，以保证企业的利益，提高企业的管理水平和社会声誉。

（2）项目成本管理的特点

项目成本管理的特点见表 5-5。

项目成本管理的特点　　　　　　　　　　　　　　　　　　　　　　表 5-5

特点	说明
事先能动性	假如一个建设工程项目没有进行事先的管理,而仅仅在项目结束或进行到相当阶段才对已经发生的成本进行核算,那显然已为时过晚,即所谓"不算不知道,一算吓一跳",此时就回天乏力了
综合优化性	项目成本管理的过程,要求其与项目的进度管理、质量管理、技术管理、分包管理、预算管理、资金管理、安全管理紧密结合起来,从而组成项目成本管理的完整网络
动态跟踪性	项目产品的成本状况随着生产过程的推进会随客观条件的改变而发生较大的变化。例如,建材价格的提高、工程设计的修改、产品功能的调整、因建设单位责任引起的工期延误、资金的到位情况、国家规定的预算定额的调整、人工机械安装等分包人的价格上涨等,都使项目成本的实际水平处在不稳定的环境中
内容适应性	一般来说,项目成本管理只是对建设工程项目的直接成本和间接成本的管理

5.1.2　建设工程项目成本管理基础知识

1. 建设工程项目成本管理的原则

项目成本管理需要遵循以下 6 项原则:

(1) 领导者推动原则

企业的领导者是企业成本的责任人,必然是建设工程项目施工成本的责任人。领导者应该明确项目成本管理的方针和目标,组织项目成本管理体系的建立和完善,创造使企业全体员工能充分参与项目施工成本管理、实现企业成本目标的良好内部环境。

(2) 以人为本,全员参与原则

项目成本管理工作是一项系统工程,项目的进度管理、质量管理、安全管理、物资管理等一切管理工作都关联到项目成本,项目成本管理是项目管理的中心工作,须让企业全体人员共同参与,才能保证项目成本管理工作顺利地进行。

(3) 目标分解,责任明确原则

项目成本管理的工作业绩最终要转化为定量指标,为明确各级各岗位的成本目标和责任,就必须进行指标分解。把总目标进行层层分解,落实到每一个人,通过每个指标的完成来保证总目标的实现。

(4) 管理层次与管理内容的一致性原则

项目成本管理是企业各项专业管理的一个部分,为了完成或者实现工程管理和成本目标,必须建立一套相应的管理制度。相应的管理层次,与它相对应的管理内容和管理权力必须相称和匹配,否则会发生责、权、利的不协调,从而导致管理目标和管理结果的扭曲。

(5) 动态性、及时性、准确性原则

由于项目成本的构成是随着工程施工的进展而不断变化的,因而动态性是项目成本管理的属性之一。项目成本管理需要及时、准确地提供成本核算信息,不断反馈,为上级部门或项目经理进行项目成本管理提供科学的决策依据。

(6) 过程控制与系统控制原则

项目成本是在施工过程的各个环节的资源消耗中形成的。因此,项目成本的控制必须采用过程控制的方法,使之时时处于受控状态。

项目成本形成的每一个过程又是与其他过程互相关联的,一个过程成本的降低,可能会引起关联过程成本的提高。因此，项目成本的管理，必须遵循系统控制的原则，进行系统分析，制定过程的工作目标必须从全局利益出发，不能为了小团体的利益，损害了整体的利益。

2. 建设工程项目成本管理的内容

建设工程项目成本管理的内容包括：成本预测、成本计划、成本控制、成本核算、成本分析和成本考核等。项目经理部在项目施工过程中对所发生的各种成本信息，通过有组织、有系统地进行预测、计划、控制、核算和分析等工作，使建设工程项目系统内各种要素按照一定的目标运行，从而将建设工程项目的实际成本控制在预定的计划成本范围内。

项目成本管理的内容见表5-6。

项目成本管理的内容 表5-6

名称	内容	作用
成本预测	是指通过成本信息和建设工程项目的具体情况，并运用一定的专门方法，对未来的成本水平及其可能发展趋势作出科学的估计，其实质就是在施工以前对成本进行核算	可提高预见性，是项目成本决策与计划的依据
成本计划	是以货币形式编制建设工程项目在计划期内的生产费用、成本水平、成本降低率以及为降低成本所采取的主要措施和规划的书面方案	是降低项目成本的指导文件，是设立目标成本的依据
成本控制	是指在施工过程中，对影响项目成本的各种因素加强管理，并采取各种有效措施，将施工中实际发生的各种消耗和支出严格控制在成本计划范围内，随时揭示并及时反馈，严格审查各项费用是否符合标准、计算实际成本和计划成本之间的差异并进行分析	消除施工中的损失浪费现象，发现和总结先进经验，节约资金
成本核算	是指项目施工过程中所发生的各种费用和项目成本的核算。一是按照规定的成本开支范围对施工费用进行归集，计算出施工费用的实际发生额；二是根据成本核算对象，采用适当的方法，计算出该建设工程项目的总成本和单位成本	对降低项目成本、提高企业的经济效益有积极的作用
成本分析	是在成本形成过程中，对项目成本进行的对比评价和剖析总结工作	揭示成本变动的规律，寻找降低项目成本的途径，以便有效地进行成本控制
成本考核	是指在项目完成后，对项目成本形成中的各责任者，按项目成本目标责任制的有关规定，将成本的实际指标与计划、定额、预算进行对比和考核，评定项目成本计划的完成情况和各责任者的业绩，并以此给以相应的奖励和处罚	有效地调动企业的每一个职工在各自的施工岗位上努力完成目标成本的积极性

3. 建设工程项目成本管理的组织职责

建设工程项目成本管理的组织管理可分为公司管理层、项目管理层、岗位管理层三个层次，管理层次之间是互相关联、互相制约的关系。岗位管理层次是项目施工成本管理的基础，项目管理层次是项目施工成本管理的主体，公司管理层次是项目施工成本管理的龙头。项目层次和岗位层次在公司管理层次的控制和监督下行使成本管理的职能。岗位层次对项目层次负责，项目层次对公司层次负责。

项目成本管理的组织职责见表5-7。

项目成本管理的组织职责　　　　　　　　　　　　　　表 5-7

层级	说明	职责
公司管理层	项目施工的直接组织者和领导者,对项目成本负责,对项目施工成本管理负领导、组织、监督、考核责任	①负责制定项目成本管理的总目标及各项目(工程)的成本管理目标。 ②负责本单位成本管理体系的建立及运行情况考核、评定工作。 ③负责对项目成本管理工作进行监督、考核及奖罚兑现工作。 ④负责制定本单位有关项目成本管理的政策、制度、办法等
项目管理层	结合本项目实际情况和特点确定的本项目部成本管理的组织及人员,在公司管理层的领导和指导下,负责本项目部所承担工程的施工成本管理,对本项目的施工成本及成本降低率负责	①遵守公司管理层次制定的各项制度、办法,接受公司管理层次的监督和指导。 ②在公司项目成本管理体系中,建立本项目的成本管理体系,并保证其正常运行。 ③根据公司制定的项目成本目标制定本项目的目标成本和保证措施、实施办法。 ④分解成本指标,落实到岗位人员身上,并监督和指导岗位成本的管理工作
岗位管理层	是指项目经理部的各管理岗位,执行公司及项目部制定的各项成本管理制度和成本管理程序,完成本岗位的成本责任指标	①遵守公司及项目制定的各项成本管理制度、办法,自觉接受公司和项目的监督、指导。 ②根据岗位成本目标,制定具体的落实措施和相应的成本降低措施。 ③按施工部位或按月对岗位成本责任的完成情况及时总结并上报,发现问题要及时汇报。 ④按时报送有关报表和资料

5.1.3　影响建设工程项目成本管理的因素

1. 投标报价

项目成本管理的框架是从投标报价阶段作成本预测时就构建起来的，所以，投标报价对工程随后各阶段的项目成本管理工作起着很大的影响作用。

投标报价时，既要考虑自身的优势和劣势，也要分析招标项目的特点。按照建设工程项目的不同特点、类别、施工条件等来选择报价策略。

2. 施工组织

建设工程项目的施工组织设计与施工技术方案的编制与执行水平对项目成本有着很大的影响。技术先进、经济合理的施工方案将大大减少施工资源的消耗，从而降低项目成本。

在合同价控制下，尽量降低施工成本，使方案更加经济合理，增加施工生产的盈利。从施工成本的直接费（人工、材料、机具、设备、周转性材料等）和间接费中找出节约的途径，采取措施控制直接消耗，减少非生产人员，使施工费用降到最低的限度，不突破合同价，取得好的经济效益。

（1）施工组织的建立

建设工程项目是通过施工活动完成的，进行这种活动即施工，需要有大量的各种各样的建筑材料、施工机械、机具和具有一定生产经验和劳动技能的劳动者；并且要把这些资源按照施工技术规律与组织规律，以及按照设计文件的要求，在时间上按照先后顺序，在数量上按照不同的比例，将它们合理地组织起来，让劳动者在统一的指挥下行动。

（2）施工方法的确定

在现代化的施工条件下，对施工方法的确定，一般是对施工机械、机具的选择和配备，有时还会成为主要问题。在确定施工方法时应进行多种可能方案的经济比较，力求降低成本。

（3）施工顺序的安排

施工顺序安排是编制施工方案的重要内容之一，施工顺序安排得好，可以加快施工进度，减少人工和机械的停歇时间，并能充分利用工作面，避免施工干扰，达到均衡的、连续的施工，实现科学组织施工，做到不增加资源，加快工期，降低施工成本。

（4）施工机械的选择

正确选择施工机械是合理地组织施工的关键。正确地选择施工机械能使施工方法更为先进、合理又经济。因此施工机械选择得好与坏很大程度上决定了施工方案的优劣。

（5）施工技术组织措施

施工技术组织措施是保证施工方案实施的措施。它包括加快施工进度，保证工程质量、施工安全，降低施工成本的各种技术措施。如采用新材料、新工艺、先进技术，建立安全质量保证体系及责任制，编写工序作业指导书，实行标准化作业，采用网络技术编制施工进度等。

（6）施工现场平面管理

施工场地平面管理的好坏与项目成本有着直接的关系，统一指挥，科学管理，可节约施工成本中的措施费、人工费和机械使用费，否则产生的浪费也是不可忽视的。如果我们能尽量做到临时房屋、临时通信、临时用电用水和道路与永久性的设施结合起来，可在一定程度上节约直接成本。因此，施工现场的平面布置和管理也是制约项目成本的重要因素，两者也是相互制约和互相依赖的统一体。

3. 施工质量、进度、安全

（1）施工质量成本

施工质量成本是指项目组织为保证和提高产品质量而支出的一切费用，以及因未达到质量标准而产生的一切损失费用之和。质量成本包括两个主要方面，即控制成本和故障成本。控制成本包括预防成本和鉴定成本；故障成本又可划分为内部故障成本和外部故障成本。

施工质量成本管理内容见表 5-8。

施工质量成本管理内容　　　　　　　　　　表 5-8

施工质量成本			说明
质量成本	控制成本	预防成本	质量规划费、工序控制费、新产品鉴定费、质量培训费、质量信息设备费、其他预防成本
		鉴定成本	采购材料的试验和检验费、工序监测和其他计量服务费用、评价产品或零配及施工用的构配件质量所支出的试验和检验费用、质量评审活动费、其他鉴定成本
	故障成本	内部故障成本	废品损失费、返修损失费、停工损失费、材料采购的损失费
		外部故障成本	保修费、赔偿费、罚款

（2）施工进度

在规定的工程造价内，做到按规定的工期提前完成建设工程项目是一项复杂的工作，必须从技术、管理和经济等各个方面采取综合措施，使之协同动作，才能达到既缩短工期，又减少成本费用支出的目的。否则，盲目地缩短工期，加快施工进度，会增加更多的人力、物力和财力的支出，提高建设工程项目造价，增加建设工程项目的成本。

施工进度和项目成本的关系：在保证要求工期的前提下尽量降低施工成本；在项目目标成本控制下尽量加快施工进度。两者是相互联系、相互制约的统一体，切不可孤立地对待。

（3）施工安全

安全施工是项目管理的重要目标之一。安全工作越好，处理安全事故支出的费用就越少，施工所受的干扰也就越小，因而费用支出也越少。否则，如出现重大安全事故，不但给国家、集体和职工个人都带来重大的损失，也影响工人的施工情绪，导致劳动生产率下降，施工进度势必受到影响，从而会加大施工费用的支出。施工安全直接影响建设工程项目的成本，因此，加强安全工作与项目成本有着密切的关系，施工安全制约着项目成本，项目成本依赖着施工安全，两者是统一的。

4. 工程变更

（1）工程变更的内容

工程变更，一般是指施工条件和设计的变更，根据国际咨询工程师联合会（FIDIC）制定的"土木工程施工合同条件"，变更工程通常有下列几种情况：

1）增加或减少合同中所包括的任何工作的数量。

2）省略任何这类工作（但被省略的工作由业主或其他承包商实施的除外）。

3）改变任何这类工作的性质或质量或类型。

4）改变工程任何部分的标高、基线、位置或尺寸。

5）实施工程竣工所必需的任何种类的附加工作。

6）改变工程任何部分的任何规定的施工顺序或时间安排。

（2）工程变更的处理方法

当发生工程变更时，经常对项目的投资和工程成本产生很大影响，如果不能正确、及时地将费用和费用承担者予以合理确定，势必影响项目双方的和谐协作关系，直接影响项目的顺利完成。无论是发生设计变更，还是施工条件发生变化，对项目承包方既定的施工方法、机械设备使用、材料供应、劳动力调配，甚至工期目标的顺利达成会产生不同程度的影响，况且变更内容的实施往往还要辅以特别的资源使用。所以，当工程变更发生时，必须适当处理，以明确建设工程项目双方的责任。工程变更的处理方法有：

1）工程变更的内容有大小之分。发生工程的构造、位置等重大变更时，则需要先办理合同变更手续，然后再进行处理；至于很小的变更，工程中时有发生，则可在监理工程师同意下先变更内容，到一定时期再统一办理合同变更手续。在变更合同时，应协商好费用增减的范围和程度，这有利于减少日后的麻烦，即使小的变更，次数一多费用也很可观，也会影响到工期，故需慎重处理，不能草率行事。我国目前工程设计变更分甲、乙、丙三类，其分工为：丙类变更设计由承包方提出设计，监理工程师和设计单位同意即可；乙类变更设计由设计单位提出设计，业主（或监理工程师）、承包方同意即可；甲类变更设计由设计单位提出，业主、监理工程师、承包方共同协商一致后方可实施。

2）工程变更由业主单位提出要求的，相应费用由业主承担；由于客观条件的影响（如施工条件、天气等）而产生的，在合同规定范围的，按合同规定处理，否则应由双方协商解决。

3）在明确费用承担者的情况下，要尽可能准确地统计已造成的损失和变更后可能带来的损失。

4）经双方协商同意的工程变更，应有书面材料作为正式文件；涉及设计变更的，还必须有设计单位的意见（如丙类设计变更），以此作为工程价款结算的依据。

5）如果工程变更部分费用的增减超过原合同价的一定百分数时，这对既定的施工方案、资源有效利用可能带来较多不利的影响，承包方可以据此要求调整合同价格。

目前，有的建设项目是采取投资包干的形式，一般不变更设计，若有变更设计则按上述方法处理。

5. 费用索赔

索赔是指作为合法的所有者及权利方申请或要求其认为应该得到的资格、权益或付款。建筑建设工程项目承包合同，是业主和承包商双方权利和义务对等的合约，当事人任何一方既享有合同赋予的权利，又必须履行合同所要求的责任和义务。一旦一方没有履行自己的义务，就会造成违约行为。若这种违约行为给另一方造成损失，违约方必须按照法律和合同的规定给对方予以补偿。索赔是正常且合理合法的情况，并非是对任何一方的不友好的惩罚行为，只是对实际损失和额外费用的一种补偿。因此，对于索赔必须要正确对待。

（1）索赔费用的组成

索赔费用的主要组成部分，同工程款的计价内容相似。按我国相关规定，建筑安装工程费按照费用构成要素划分：由人工费、材料（包含工程设备）费、施工机具使用费、企业管理费、利润、规费和税金组成。一般承包商可索赔的具体费用内容见表5-9。

可索赔费用的组成 表5-9

	人工费
可索赔的费用	材料费
	施工机械使用费
	分包费
	工地管理费
	保函手续费
	保险费
	临时设施费
	咨询费
	交通设施费
	代理费
	利息
	税金

续表

可索赔的费用	总部管理费	管理人员工资
		通信费
		办公费
		差旅费
		职工福利费
	其他	
	利润	

从原则上说，承包商有索赔行为的工程会造成成本增加，这是可以申请索赔费用的。这些费用都是承包商为了完成额外的施工任务而增加的开支。但是，对于不同原因引起的索赔，承包商可索赔的具体费用内容是不完全一样的。哪些内容可索赔，要按照各项费用的特点、条件进行分析论证。

1）人工费

人工费包括施工人员的计时工资或计件工资、津贴补贴、加班加点工资、奖金以及特殊情况下支付的工资等费用。对于索赔费用中的人工费而言，人工费是指完成合同之外的额外工作所花费的人工费用；由于非承包商责任的工效降低所增加的人工费用；超过法定工作时间加班劳动；法定人工费增长以及非承包商责任导致工程延误所产生的人员窝工费和工资上涨费等。

2）材料费

材料费的索赔包括：

①由于材料实际用量超过计划用量而增加的费用。

②由于客观原因材料价格大幅度上涨。

③由于非承包商责任导致工程延误致使材料价格上涨以及产生超期储存费用。

材料费中应包括材料原价、运杂费、运输损耗费及采购及保管费。如果由于承包商管理不善，造成材料损坏或失效，则不能列入索赔计价。

3）施工机械使用费

施工机械使用费的索赔包括：

①由于完成额外工作增加的机械使用费。

②非承包商责任导致工效降低而增加的机械使用费。

③由于业主或监理工程师原因导致机械停工的窝工费。窝工费的计算，如租赁设备，一般按实际租金和调进调出分摊费计算；如系承包商自有设备，一般按台班折旧费计算，而不能按台班费计算，因台班费中包括了设备使用费。

4）分包费用

分包费用索赔指的是分包商的索赔费，一般也包括人工、材料和机械使用费的索赔。分包商的索赔应如数列入总承包商的索赔款总额以内。

5）工地管理费

索赔款中的工地管理费是指承包商完成额外工程、索赔事项工作以及工期延长期间的工地管理费，包括管理人员工资、办公费、交通费等。但如果对部分工人窝工损失索赔时，因其他工程仍然进行，可能不予计算工地管理费索赔。

6）利息

在索赔款额的计算中，经常包括利息。利息的索赔通常发生于下列情况：

①拖期付款的利息。

②由于工程变更和工程延期而增加投资的利息。

③索赔款的利息。

④错误扣款的利息。

至于这些利息的具体利率应是多少，在实践中可采用不同的标准，主要有以下几种：

①按当时的银行贷款利率。

②按当时的银行透支利率。

③按合同双方协议的利率。

④按中央银行贴现率加三个百分点。

7）总部管理费

索赔款中的总部管理费主要指的是工程延误期间所增加的管理费。这项索赔款的计算，目前没有统一的方法。

8）利润

一般来说，由于工程范围的变更、文件有缺陷或技术性错误、业主未能提供现场资料等引起的索赔，承包商均可以列入利润。但对于工程暂停的索赔，由于利润通常是包括在每项实施的工程内容的价格之内的，而延误工期并未削减某些项目的实施，也未导致利润减少。所以，一般监理工程师很难同意在工程暂停的费用索赔中加入利润损失。

索赔利润的计算通常是与原报价单中的利润百分率保持一致，即在成本的基础上，增加原报价单中的利润率，作为该项索赔款的利润。

【例 5-1】某高速公路由于业主修改高架桥设计方案，监理工程师下令承包商工程暂停一个月。试分析在这种情况下，承包商可索赔哪些费用？

【解】可索赔如下费用：

①人工费：对于不可辞退的工人，索赔人工窝工费，应按人工工日成本计算；对于可以辞退的工人，可索赔人工上涨费。

②材料费：可索赔超期储存费用或材料价格上涨费。

③施工机械使用费：可索赔机械窝工费或机械台班上涨费。自有机械窝工费一般按台班折旧费索赔；租赁机械一般按实际租金和调进调出的分摊费计算。

④分包费用：是指由于工程暂停分包商向总包索赔的费用。总包向业主索赔应包括分包商向总包索赔的费用。

⑤工地管理费：由于全面停工，可索赔增加的工地管理费。可按日计算，也可按直接成本的百分比计算。

⑥保险费：可索赔延期一个月的保险费。按保险公司保险费率计算。

⑦保函手续费：可索赔延期一个月的保函手续费。按银行规定的保函手续费率计算。

⑧利息：可索赔延期一个月而增加的利息支出。按合同约定的利率计算。

⑨总部管理费：由于全面停工，可索赔延期增加的总部管理费。可按总部规定的百分比计算。如果工程只是部分停工，监理工程师可能不同意总部管理费的索赔。

（2）索赔费用的计算方法

1）总费用法

2）修正的总费用法

3）分项法

具体内容详见本教材模块 3.2 "建设工程投标"。

模块 5.2　建设工程项目成本管理目标与责任体系

5.2.1　建设工程项目成本管理目标

1. 建设工程项目成本管理目标的概念

成本目标是成本管理的一项重要内容，是目标管理在成本管理中的实际运用。它以企业的目标利润和顾客所能接受的销售价格为基础，根据先进的消耗定额和计划期内能够实现的成本降低措施及其效果确定的，改变了以实际消耗为基础的传统成本控制观念，增强了成本管理的预见性、目的性和科学性。

项目成本目标是以项目为基本核算单元，通过定性或定量的分析计算，在充分考虑现场实际、市场供求等情况的前提下，确定出目前的内外环境下及合理工期内，通过努力所能达到的成本目标值。它是项目成本管理的一个重要环节，是项目实际成本支出的指导性文件。

2. 建设工程项目成本管理目标的作用

正确制定项目成本目标的作用在于：

（1）是编制其他有关生产经营计划的基础

每一个建设工程项目都有着自己的项目目标，这是一个完整的体系。在这个体系中，成本目标与其他各方面的计划有着密切的联系。它们既相互独立，又起着相互依存和相互制约的作用。如编制项目流动资金计划、企业利润计划等都需要成本目标编制的资料，同时，成本目标的编制也需要以施工方案、物资与价格计划等为基础。

（2）为生产耗费的控制、分析和考核提供重要依据

成本目标既体现了社会主义市场经济体制下对成本核算单位降低成本的客观要求，也反映了核算单位降低成本的目标。成本目标可作为对生产耗费进行事前预计、事中检查控制和事后考核评价的重要依据。许多施工单位仅单纯重视项目成本管理的事中控制及事后考核，却忽视甚至省略了至关重要的事前计划，使得成本管理从一开始就缺乏目标，对于考核控制，也无从对比，产生很大的盲目性。项目成本目标一经确定，就要层层落实到部门、班组，并应经常将实际生产耗费与成本目标进行对比分析，揭露执行过程中存在的问题，及时采取措施，改进和完善成本管理工作，以保证项目成本目标指标得以实现。

（3）调动全体职工深入开展增产节约、降低产品成本活动的积极性

成本目标是全体职工共同奋斗的目标。为了保证成本目标的实现，企业必须加强成本管理责任制，把成本目标的各项指标进行分解，落实到各部门、班组乃至个人，实行归口管理并做到责、权、利相结合，检查评比和奖励惩罚有根有据，使开展增产节约、降低产品成本、执行和完成各项成本目标指标成为上下一致、左右协调、人人自觉努力完成的共

同行动。

3. 建设工程项目成本管理目标制定的原则

成本目标制定的原则主要是指在成本目标制定过程中对有关业务处理的标准和要求。目标成本是项目控制成本的标准，所制定的成本目标要能真正起到控制生产成本的作用，就必须符合以下原则：

（1）可行性原则

成本目标必须是项目执行单位在现有基础上经过努力可以达到的成本水平。这个水平既要高于现有水平，又不能高不可攀，脱离实际，也不能把目标定得过低，失去激励作用。因此，成本目标应当结合企业各种资源条件和生产技术水平，符合国内市场竞争的需要，切实可行。

（2）科学性原则

成本目标的科学性就是成本目标的确定不能主观臆断，要收集整理大量的情报资料，以可靠的数据为依据，通过科学的方法计算出来。

（3）先进性原则

成本目标要有激发职工积极性的功能，能充分调动广大职工的热情，使每个人尽力贡献自己的力量。如果成本目标可以轻而易举地达到，也就失去了成本控制的意义。

（4）适时性原则

项目的成本目标一般是在全面分析当时主客观条件的基础上制定的。由于现实中存在大量的不确定性因素，项目实施过程中的外部环境和内部条件会不断发生变化，这就要求企业根据条件的变化及时调整修订成本目标，以适应实际情况的需要。

（5）可衡量性原则

可衡量性是指成本目标要能用数量或质量指标表示。有些难以用数量表示的指标应尽量用间接方法使之数量化，以便能作为检查和评价实际成本水平偏离目标程度的标准和考核目标成本执行情况的准绳。

（6）统一性原则

同一时期对不同项目成本目标的制定必须采用统一标准，以统一尺度（施工定额水平）对项目成本进行约束。同时，成本目标要和企业总的经营目标协调一致，而且成本目标各种指标之间不能相互矛盾、相互脱节，要形成一个统一的整体的指标体系。

4. 建设工程项目成本管理目标的编制

（1）项目成本目标编制的依据

项目成本目标编制的依据包括：项目与公司签订的项目经理责任合同，其中包括项目施工责任成本指标及各项管理目标；根据施工图计算的工程量及参考定额；施工组织设计及分部分项施工方案；劳务分包合同及其他分包合同；项目岗位成本责任控制指标。

（2）项目成本目标编制的程序

项目成本目标编制的基本程序如图 5-1 所示。

（3）项目成本目标编制的方法

项目成本目标编制的方法见表 5-10。

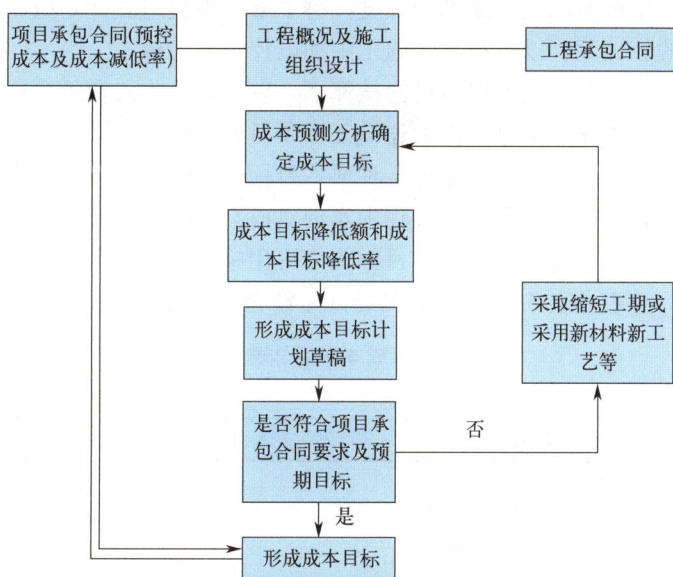

图 5-1　项目成本目标编制程序图

项目成本目标编制的方法　　　　　　　　表 5-10

方法	说明
定性分析法	常用的定性分析方法是用目标利润百分比表示的成本控制标准。即:成本目标＝工程投标价×[1－目标利润率(%)]
定量分析法	在投标价格的基础上,充分考虑企业的外部环境对各成本要素的影响,通过对各工序中人工、材料、机械消耗的考察和定量分析计算,进而得出项目成本目标的方法

定性分析法中,目标利润率的取定主要是通过主观判断和对历史资料分析而得出的。在计划经济条件下,由于工程造价按国家预算编制,其中的法定利润和计划利润是固定不变的,按此两项之和或略高一点制定工程的目标利润是完全可行的,也是被普遍认同的。

定量分析得出的成本目标使得经营者提出的指标更为具体,更为现实,便于管理者抓住成本管理中的关键环节,有利于对成本的分解细化。

（4）项目成本目标的分解

项目成本目标一般可分为直接成本目标和间接成本目标,如果项目设有附属生产单位（如加工厂、预制厂、机械动力站和汽车队等）,成本目标还可分解为产品和作业成本目标。

项目成本目标的分解见表 5-11。

项目成本目标的分解　　　　　　　　表 5-11

内容	说明
直接成本目标	主要反映工程成本的目标价值,具体来说,要对材料、人工、机械费、运费等主要支出项目加以分解并各自制定目标
间接成本目标	主要反映施工现场管理费用的目标支出数

直接成本目标应说明钢材、木材、水泥、砂石、加工订货制品等主要材料加工制品的

目标用量、价格，模板摊销列入成本的幅度，脚手架等租赁用品计划应付款项，材料采购发生的成本差异的处理等，以便在实际施工中加以控制与考核。

间接成本目标应根据建设工程项目的核算期，以项目总收入费的管理费用为基础，制定各部门的成本目标收支，汇总后作为建设工程项目的目标管理费用。

在编制了成本目标以后还需要通过各种成本目标表格的形式将成本降低任务落实到项目的施工全过程，以便于在项目实施过程中实现对成本的控制。成本目标表格通常通过直接成本目标总表的形式反映，间接成本目标表格可用施工目标管理费用表格来控制。

直接成本目标总表见表 5-12，施工现场目标管理费用表格如表 5-13 所示。

直接成本目标总表　　　　　　　　　　表 5-12

工程名称：　　项目经理：　　日期：　　单位：

项目	成本目标	实际发生成本	差异	差异说明
1)直接费用				
人工费				
材料费				
机械使用费				
其他直接费				
2)间接费用				
施工管理费				
合 计				

施工现场目标管理费用表　　　　　　　　表 5-13

项目	目标费用	实际支出	差异	差异说明
1)工作人员工资				
2)生产工人辅助工资				
3)工资附加费				
4)办公费				
5)差旅交通费				
6)固定资产使用费				
7)工具用具使用费				
8)劳动保护费				
9)检验试验费				
10)工程保养费				
11)财产保险费				
12)取暖、水电费				
13)排污费				
14)其他				
合 计				

5.2.2　建设工程项目成本管理责任体系

1. 建设工程项目全面成本管理责任体系的重要性

一个健全的企业，应该有各自健全的工作体系，诸如经营工作体系、生产调度体系、质量保证体系、成本管理体系、思想工作体系等，各系统协调工作，才能确保企业的健康发展。

项目成本管理不单纯是财务部门的一项业务，而是涉及施工企业全员的管理行为。建立项目全面成本管理责任体系的重要性具体可表现为以下几个方面：

（1）建立项目全面成本管理责任体系的目的是通过建立相应的组织机构来规定成本管理活动的目的和范围。

（2）建立项目全面成本管理责任体系是施工企业建立健全企业管理机制，完善企业组织结构的重要组成部分。

（3）建立项目全面成本管理责任体系是企业搞好成本管理、提高经济效益的重要基础。

2. 建设工程项目全面成本管理责任体系的组织结构

项目全面成本管理责任体系中组织结构是指企业职工为实现成本管理目标，在相应的管理工作中进行分工协作，在职务范围、责任、权力方面所形成的结构体系。成本管理责任体系应包括组织管理层和项目经理部。

（1）项目成本管理组织结构的内容

项目成本管理组织结构的内容见表5-14。

项目成本管理组织结构的内容　　　　　　　　　　　　　　　表 5-14

内容	说明
职能结构	即完成成本管理目标所需的各项业务工作及其关系，包括机构设置、业务分工及其相互关系
层次结构	又称组织的纵向结构，即各管理层次的构成。在成本管理工作中，管理层次的多少，表明企业组织结构的纵向复杂程度。 根据现在大多数建筑施工企业的管理体制，一般设置为三个层次，即公司层次（分公司或工程处层次）、项目层次和岗位层次
部门结构	又称组织的横向结构，即各管理部门的构成。与成本管理相关的部门主要有生产、计划、技术、劳动、人事、物资、财务、预算、审计及负责企业制度建设工作的部门
职权结构	职权结构即各层次、各部门在权力和责任方面的分工及相互关系。由于与成本管理相关的部门较多，在纵向结构上层次也较多，因此，在确定成本管理的职权结构时，一定要注意权力要有层次，职责要有范围，分工要明确，关系要清晰

（2）项目成本管理组织结构的责任

项目经理责任制，是项目管理的特征之一。实行项目经理责任制，就是要求项目经理对项目建设的进度、质量、成本、安全和现场管理标准化等全面负责，特别要把成本控制放在首位，因为成本失控，必然影响项目的经济效益，难以完成预期的成本目标，更无法向职工交代。项目管理人员的成本责任，不同于工作责任。有时工作责任已经完成，甚至还完成得相当出色，但成本责任却没有完成。例如，项目工程师按照工程技术规范认真贯彻执行，对保证工程质量起了积极的作用，但往往只强调了质量，忽视了节约，从而影响了成本。又如，材料员采购及时供应到位，配合施工得力，值得赞扬，但在材料采购时就远不就近，就次不就好，就高不就低，既增加了采购成本，又不利于工程质量。因此，应该在原有职责分工的基础上，进一步明确成本管理责任，使每一个项目管理人员都有这样的认识，即在完成工作责任的同时还要为降低成本、节约开支严格把关。

项目成本管理组织结构的责任见表 5-15。

项目成本管理组织结构的责任   表 5-15

岗位	责任
造价工程师	①根据合同内容、预算定额和有关规定，充分利用有利因素，编好施工图预算，为增收节支把好第一关。 ②深入研究合同规定的"开口"项目，在有关项目管理人员(如项目工程师、材料员等)的配合下，努力增加工程收入。 ③收集工程变更资料(包括工程变更通知单、技术核定单和按实结算的资料等)，及时办理增加账，保证工程收入，及时收回垫付的资金。 ④参与对外经济合同的谈判和决策，以施工图预算和增加账为依据，严格控制经济合同的数量、单价和金额，切实做到"以收定支"
财务成本员	①按照成本开支范围、费用开支标准和有关财务制度，严格审核各项成本费用，控制成本支出。 ②建立月度财务收支计划制度，根据施工生产的需要，平衡调度资金，通过控制资金使用，达到控制成本的目的。 ③建立辅助记录，及时向项目经理和有关项目管理人员反馈信息，以便对资源消耗进行有效的控制。 ④开展成本分析，特别是分部分项工程成本分析、月度成本综合分析和针对特定问题的专题分析，要做到及时向项目经理和有关项目管理人员反映情况、提出问题和解决问题的建议，以便采取针对性的措施来纠正项目成本的偏差。 ⑤在项目经理的领导下，协助项目经理检查、考核各部门、各单位乃至班组责任成本的执行情况，落实责、权、利相结合的有关规定
工程技术人员	①根据施工现场的实际情况，合理规划施工现场平面布置(包括机械布局，材料、构件的堆放场地，车辆进出现场的运输道路，临时设施的搭建数量和标准等)，为文明施工、减少浪费创造条件。 ②严格执行工程技术规范和以预防为主的方针，确保工程质量，减少零星修补，消灭质量事故，不断降低质量成本。 ③根据工程特点和设计要求，运用自身的技术优势，采取实用有效的技术组织措施和合理化建议，走技术和经济相结合的道路，为提高项目经济效益开拓新的途径。 ④严格执行安全操作规程，减少一般安全事故，消灭重大人身伤亡事故和设备事故，确保安全生产，将事故减少到最低限度
材料员	①材料采购和构件加工，要选择质高、价低、运距短的供应(加工)单位。对到场的材料、构件要正确计量、认真验收，如遇质量差、量不足的情况，要进行索赔。切实做到：一要降低材料、构件的采购(加工)成本；二要减少采购(加工)过程中的管理消耗，为降低材料成本走好第一步。 ②根据项目施工的计划进度，及时组织材料、构件的供应，保证项目施工的顺利进行，防止因停工待料造成的损失。在构件加工的过程中，要按照施工顺序组织配套供应，以免因规格不齐造成施工间隙，浪费时间，浪费人力。 ③在施工过程中，严格执行限额领料制度，控制材料消耗；同时，还要做好余料的回收和利用，为考核材料的实际消耗水平提供正确的依据。 ④钢管脚手架和钢模板等周转材料，进出现场都要认真清点，正确核实并减少赔偿数量。使用后，要及时回收、整理、堆放，并及时退场，既可节省租费，又有利于场地整洁；还可加速周转，提高利用效率。 ⑤根据施工生产的需要，合理安排材料储备，减少资金的占用，提高资金利用效率

续表

岗位	责任
机械管理员	①根据工程特点和施工方案,合理选择机械的型号规格,充分发挥机械的效能,节约机械费用。 ②根据施工需要,合理安排机械施工,提高机械利用率,减少机械费成本。 ③严格执行机械维修保养制度,加强平时的机械维修保养,保证机械完好,随时都能保持良好的状态并在施工中正常运转,为提高机械作业、减轻劳动强度、加快施工进度发挥作用
行政管理员	①根据施工生产的需要和项目经理的意图,合理安排项目管理人员和后勤服务人员,节约工资性支出。 ②认真执行费用开支标准和有关财务制度,控制非生产性开支。 ③管好行政办公用的财产物资,防止损坏和流失。 ④安排好生活后勤服务,在勤俭节约的前提下,满足职工群众的生活需要,安心为前方生产出力

5.2.3　建设工程项目成本管理责任体系的建立

1. 建设工程项目全面成本管理责任体系的内容

（1）成本预测体系

在企业经营整体目标指导下，通过成本的预测、决策和计划确定目标成本，目标成本再进一步分解到企业各层次、各部门，以及生产各环节，形成明确的成本目标，层层落实，保证成本管理控制的具体实施。

（2）成本控制体系

围绕建设工程项目，企业从纵向上（各层次）和横向上（各部门以及全体人员），根据分解的成本目标，对成本形成的整个过程进行控制，具体内容包括：在投标过程中对成本预测、决策和成本计划的事前控制，对施工阶段成本计划实施的事中控制和交工验收成本结算评价的事后控制。根据各阶段、各条线上成本信息的反馈，对成本目标的优化控制进行监督并及时纠正发生的偏差，使项目成本限制在计划目标范围内，以实现降低成本的目标。

（3）信息流通体系

信息流通体系是对成本形成过程中有关成本信息（计划目标、原始数据资料等）进行汇总、分析和处理的系统。企业各层次、各部门及生产各环节对成本形成过程中实际成本信息进行收集和反馈，用数据及时、准确地反映成本管理控制中的情况。反馈的成本信息经过分析处理，对企业各层次、各部门以及生产各环节发出调整成本偏差的调节指令，保证降低成本目标按计划得以实现。

2. 建设工程项目全面成本管理责任体系建立的原则

（1）任务目标原则。即不管设立什么部门，配置什么岗位都必须有明确的目标和任务，做到因事设岗，而不能因人设岗。

（2）分工协作原则。成本管理是一项综合性的管理，它涉及预算、财务、工程等各部门，与进度、质量、安全等管理有着千丝万缕的联系，因此，在成本管理体系中相关部门之间必须分工协作，单靠某一部门或仅侧重于某一项管理，成本管理工作是搞不好的。

（3）责、权、利相符合原则。任何部门的管理工作都与其责、权、利有着紧密的联系。正确处理好各部门在成本管理中的责任、权利及利益分配是搞好成本管理工作的关键，尤其要注意的是，正确处理责、权、利之间的关系必须符合市场经济的原则。

（4）集、分权原则。在处理上下管理层的关系时，必须做到把必要的权力集中到上级（集权）与把恰当的权力分散到下层（分权）正确地结合起来，两者不可偏废。集权与分权的相对程度与各管理层的人员素质和公司的管理机制有着密切的联系，必须根据实际情况合理考虑，不是越集权越好，也不是越分权越好。

（5）执行与监督分开原则。执行与监督分开的目的，是为了使成本管理工作公正、公平、公开，确保奖罚合理、到位，防止个人行为或因缺乏监督导致工作失误或腐败现象产生。

3. 建设工程项目全面成本管理责任体系建立的步骤

（1）建立项目全面成本管理责任体系的组织机构

项目全面成本管理责任体系的组织机构层级见表5-16。

项目全面成本管理责任体系的组织机构层级　　　　　　表 5-16

层级	说明
组织管理层	主要是设计和建立项目成本管理体系，组织体系的运行，行使管理职能、监督职能。负责项目全面成本管理的决策，确定项目合同价格和成本计划，确定项目管理层的成本目标
项目经理部	成本管理职能是组织项目部人员，在保证质量、如期完成建设工程项目施工的前提下，制定措施，落实公司制定的各项成本管理规章制度，完成上级确定的施工成本降低目标。其中，很重要的一项工作是将成本指标层层分解，与项目经理部各岗位人员签订项目经理部内部责任合同，落实到人
岗位层次	即项目经理部岗位的设置，由项目经理部根据公司人事部门的工程施工管理办法及建设工程项目的规模、特点和实际情况确定；项目管理岗位人员必须符合规定，持证上岗

（2）制定项目全面成本管理责任体系的目标、制度文件

各层级项目成本管理办法见表5-17。

各层级项目成本管理办法　　　　　　表 5-17

层级	说明
公司层次	①项目责任成本的确定及核算办法。 ②物资管理或控制办法。 ③成本核算办法。 ④成本的过程控制及审计。 ⑤成本管理业绩的确定及奖罚办法
项目层次	①成本目标的确定办法。 ②材料及机具管理办法。 ③成本指标的分解办法及控制措施。 ④各岗位人员的成本职责。 ⑤成本记录的整理及报表程序
岗位层次	①岗位人员日常工作规范。 ②成本目标的落实措施

（3）完善项目成本管理的内部配套工作

项目经理部是一次性的临时机构，因此项目的成本收益也是一次性的。它无法像企业那样从众多商业行为中获得抵御市场风险能力和相应的风险收益；再者，企业拥有固定的资源和要素，项目经理部只能对供应到本建设工程项目的要素拥有支配权和处置权。因此企业要为项目施工成本管理完成内部配套工作。

主要工作包括：建立内部模拟要素市场；远离项目施工成本中的市场风险；建立项目施工成本管理体制，完善内部约束、激励机制。

（4）配套完善其他的管理系统

由于成本管理纵向贯穿工程投标、施工准备、施工、竣工结算的全过程，横向覆盖企业的经营、技术、物资、财务等管理部门及项目经理部等现场管理部门，涉及面广、周期长，是一项综合性的管理工作，因此，在建立项目成本管理体系的过程中，要注意以成本管理系统为中心，配套并完善相关的管理系统。

成本管理的配套管理系统见表 5-18。

成本管理的配套管理系统　　　　　　　　　　　　表 5-18

系统	说明
项目成本测算管理系统	以确定项目责任成本和项目成本责任范围为主要任务，由预算合约部门牵头，生产、技术、劳资等部门参加
企业成本决策和成本管理考核系统	以确定项目成本核算岗位责任和协调成本管理工作为主要任务
项目成本核算的管理系统	以落实项目成本支出和消耗为主要任务，由财务部门牵头，物资、设备、劳动等部门参加
工程施工内部要素市场管理系统	以建立健全企业内部模拟市场管理为主要任务，由物资部门牵头，设备、劳动等部门参加
企业生产、经济管理系统	以工程各项专业管理为主要任务

（5）认真解决项目成本管理工作中出现的问题

项目成本管理是一个动态过程，项目成本管理在实施过程中由于生产管理和经济活动的变化，会出现一些计划和预测时未能考虑到的、未能准确定位的、随机发生的必须解决的问题。例如，项目成本责任总额的调整、工期调整、要素供应中出现的问题，对内和对外索赔问题，以及市场波动对项目成本的影响等。因此，企业与项目经理部在实行项目成本管理中一定要在动态中解决问题，保证项目成本管理工作的正常进行。

模块 5.3　建设工程项目成本管理的任务与措施

5.3.1　建设工程项目成本管理的任务

1. 建设工程项目成本计划

（1）施工成本计划的类型

对于一个施工项目而言，其成本计划是一个不断深化的过程。在这一过程的不同阶段将形成深度和作用不同的成本计划，按其作用可分为竞争性成本计划、指导性成本计划和实施性成本计划三类。施工成本计划的类型见表 5-19。

施工成本计划的类型   表 5-19

施工成本计划类型	说明
竞争性成本计划	即建设工程项目投标及签订合同阶段的估算成本计划。这类成本计划以招标文件中的合同条件、投标者须知、技术规程、设计图纸或工程量清单等为依据,以有关价格条件说明为基础,结合调研和现场考察获得的情况,根据本企业的工料消耗标准、水平、价格资料和费用指标,对本企业完成招标工程所需要支出的全部费用的估算。在投标报价过程中虽也着力考虑降低成本的途径和措施,但总体上较为粗略
指导性成本计划	即选派项目经理阶段的预算成本计划,是项目经理的责任成本目标。它以合同标书为依据,按照企业的预算定额标准制订预算成本,且一般情况下只是确定责任总成本指标
实施性成本计划	即项目施工准备阶段的施工预算成本计划,它是以项目实施方案为依据,以落实项目经理责任目标为出发点,采用企业的施工定额,通过施工预算的编制而形成的实施性施工成本计划

以上三类成本计划互相衔接和不断深化,构成了整个工程施工成本的计划过程。其中,竞争性成本计划带有成本战略的性质,是项目投标阶段商务标书的基础,而有竞争力的商务标书又是以其先进合理的技术标书为支撑的。因此,它奠定了施工成本的基本框架和水平。指导性成本计划和实施性成本计划,都是战略性成本计划的进一步展开和深化,是对战略性成本计划的战术安排。

(2) 施工成本计划的编制依据

编制施工成本计划,需要广泛收集相关资料并进行整理,以作为施工成本计划编制的依据。在此基础上,根据有关设计文件、工程总包合同、施工组织设计、施工成本预测资料等,按照施工项目应投入的生产要素,结合各种因素的变化和拟采取的各种措施,估算施工项目生产费用支出的总水平,进而提出施工项目的成本计划控制指标,确定目标总成本。目标总成本确定后,应将总目标分解落实到各个机构、班组,以及便于进行控制的子项目或工序。最后,通过综合平衡,编制完成施工成本计划。

施工成本计划的编制依据包括:

①投标报价文件。

②企业定额、施工预算。

③施工组织设计或施工方案。

④人工、材料、机械台班的市场价。

⑤企业颁布的材料指导价、企业内部机械台班价格、劳动力内部挂牌价格。

⑥周转设备内部租赁价格、摊销损耗标准。

⑦已签订的工程合同、分包合同(或估价书)。

⑧结构件外加工计划和合同。

⑨有关财务成本核算制度和财务历史资料。

⑩施工成本预测资料。

⑪拟采取的降低施工成本的措施。

⑫其他相关资料。

(3) 施工成本计划编制的具体内容

施工成本计划编制的具体内容见表 5-20。

施工成本计划编制的具体内容　　　　表 5-20

内容	说明	
编制说明	指对工程的范围、投标竞争过程及合同条件、承包人对项目经理提出的责任成本目标、施工成本计划编制的指导思想和依据等的具体说明	
施工成本计划的指标	成本计划的数量指标	按子项目汇总的建设工程项目计划总成本指标；按分部汇总的各单位工程（或子项目）计划成本指标；按人工、材料、机械等汇总的各主要生产要素计划成本指标
	成本计划的质量指标	施工项目总成本降低率，可采用以下方法得到： 设计预算成本计划降低率＝设计预算总成本计划降低额/设计预算总成本； 责任目标成本计划降低率＝责任目标总成本计划降低额/责任目标总成本
	成本计划的效益指标	工程项目成本降低额可通过以下方式获得： 设计预算成本计划降低额＝设计预算总成本－计划总成本； 责任目标成本计划降低额＝责任目标总成本－计划总成本
按工程量清单列出的单位工程计划成本汇总表	根据清单工程量分析，分别对各分项工程的工程量进行汇总，形成单位工程成本计划表	
按成本性质划分的单位工程成本汇总表	根据清单项目的造价分析，分别对人工费、材料费、机械费、措施费、企业管理费和税费进行汇总，形成单位工程成本计划表	

（4）施工成本计划编制的方法

施工总成本目标确定之后，还需通过编制详细的实施性施工成本计划把目标成本层层分解，落实到施工过程的每个环节，有效地进行成本控制。施工成本计划的编制方式有：按施工成本组成编制施工成本计划；按项目组成编制施工成本计划；按工程进度编制施工成本计划。

1）按施工成本组成编制施工成本计划的方法

目前我国建筑安装工程费按照费用构成要素划分：由人工费、材料（包含工程设备）费、施工机具使用费、企业管理费、利润、规费和税金组成。

2）按项目组成编制施工成本计划的方法

大中型建设工程项目通常是由若干单项工程构成的，而每个单项工程包括了多个单位工程，每个单位工程又是由若干个分部分项工程所构成的。因此，首先要把项目总施工成本分解到单项工程和单位工程中，再进一步分解到分部工程和分项工程中。在完成施工项目成本目标分解之后，接下来就要具体分配成本，编制分项工程的成本支出计划，从而得到详细的成本计划表。

在编制成本支出计划时，要在总的方面考虑项目总的预备费，也要在主要的分项工程中安排适当的不可预见费，避免在具体编制成本计划时，可能发现个别单位工程或工程量表在某项内容的工程量计算有较大出入且导致原来的成本预算失实，并在项目实施过程中对其尽可能地采取措施。

3）按工程进度编制施工成本计划的方法

按工程进度编制的施工成本计划，通常可利用控制项目进度网络图进一步扩充得到。即在建立网络图的同时一方面确定完成各项工作所需花费的时间，另一方面确定合适的施工成本支出计划。

在实践中，将建设工程项目分解为既能方便地表示时间，又能方便地表示施工成本支出计划的工作是不容易的，通常如果项目分解程度对时间控制合适的话，则对施工成本支出计划分解过细，以至于不可能对每项工作确定其施工成本支出计划；反之亦然。

因此在编制网络计划时，应在充分考虑进度控制对项目划分要求的同时，要考虑确定施工成本支出计划对项目划分的要求，做到两者兼顾。通过对施工成本目标按时间进行分解，在网络计划基础上，可获得项目进度计划的横道图，并在此基础上编制成本计划。

以上三种编制施工成本计划的方式并不是相互独立的。在实践中往往是将这几种方式结合起来使用，从而可以取得扬长避短的效果。

2. 建设工程项目成本控制

施工项目的成本控制，通常是指在项目成本的形成过程中，对生产经营所消耗的人力资源、物质资源和费用开支，进行指导、监督、调节和限制，及时纠正将要发生和已经发生的偏差，把各项生产费用控制在计划成本的范围之内，以保证成本目标的实现。施工项目成本控制的目的在于降低项目成本，提高经济效益。

（1）施工成本控制的类型

1）施工准备阶段的成本控制

项目经理部首先以中标"标书"为依据确定项目的目标成本。根据设计图纸和有关技术资料，对项目的特点和实施方法等进行认真的研究分析，并运用价值工程原理制定出科学先进、经济合理的施工方案。其次，根据目标成本，以分部分项工程实物工程量为基础编制具体的分步实施的项目成本计划，为今后的成本控制做好准备。然后编制现场经费预算，进行分解后以责任成本的形式落实下去，为今后的成本控制和绩效考评提供依据。

2）施工期间的成本控制

强化施工任务单和限额领料单的管理。首先，对实耗人工、实耗材料进行计量，为成本控制提供真实可靠的数据；其次，将施工任务单和限额领料单的结算资料与施工预算进行核对，计算分部分项工程的成本差异并分析原因，采取有效的纠偏措施。

做好月度成本原始资料的收集和整理，正确计算月度成本，分析月度预算成本与实际成本的差异。对于盈亏比例异常的分项进行重点分析并查明原因，尽快加以纠正。在月度成本核算的基础上，进行责任成本的核算，即重新按责任部门或责任者归集成本费用，并与责任成本进行分析对比。

经常检查对外经济合同的履约情况。项目部垫付分包单位的各项费用（试验费、水电费等）要注意办理结算。定期组织检查成本控制情况，发现成本差异偏离或偏低的情况，会同责任部或责任者分析原因，找出产生差异的原因，并督促他们采取相应的对策来纠正差异。

3）竣工验收阶段的成本控制

重视竣工验收工作，及时办理工程结算，使建设工程项目顺利交付使用。有些工程一到竣工收尾阶段，就把主要施工力量抽调到其他在建工程，造成收尾工作拖拉，使施工阶段取得的经济效益逐步流失。有些按实结算的经济业务，往往在工程结算时容易遗漏。

（2）施工成本控制的依据

施工成本控制的依据包括以下内容：

1）工程承包合同

施工成本控制要以工程承包合同为依据，围绕降低工程成本这个目标，从预算收入和实际成本两方面，努力挖掘增收节支潜力，力求获得最大的经济效益。

2）施工成本计划

施工成本计划是根据施工项目的具体情况制定的施工成本控制方案，既包括预定的具体成本控制目标，又包括实现控制目标的措施和规划，是施工成本控制的指导性文件。

3）进度报告

进度报告提供了每一时刻工程实际完成量，工程施工成本实际支付情况以及实际收到工程款等重要信息。施工成本控制工作正是通过实际情况与施工成本计划相比较，找出两者之间的差别，分析偏差产生的原因，从而采取措施改进以后的工作。此外，进度报告还有助于管理者及时发现工程实施中存在的隐患，并在事态还未造成重大损失之前采取有效措施，尽量避免损失。

4）工程变更

在项目的实施过程中，由于各方面的原因，工程变更是很难避免的。工程变更一般包括设计变更、进度计划变更、施工条件变更、技术规范与标准变更、施工次序变更、工程量变更等。一旦出现变更，工程量、工期、成本都必将发生变化，从而使得施工成本控制工作变得更为复杂和困难。因此，施工成本管理人员就应当通过对变更要求当中各类数据的计算、分析，随时掌握变更情况，包括已发生工程量、将要发生工程量、工期是否拖延、支付情况等重要信息，判断变更以及变更可能带来的索赔额度等。

除了上述几种施工成本控制工作的主要依据以外，有关施工组织设计、分包合同文本等也都是施工成本控制的依据。

（3）施工成本控制的方法

1）以施工图预算控制支出

在施工项目的成本控制中，按施工图预算控制是最有效的方法之一，具体内容如下：

①人工费的控制

项目经理部与施工队签订劳务合同时，应将人工费单价定在预算定额规定的人工费以下（普工可略低一些），其余部分考虑用于定额外人工费和关键工序的奖励费。

②材料费的控制

按"量价分离"的方法计算工程造价，以投标价格来控制材料的采购成本，材料消耗数量通过"限额领料单"控制。

③钢管脚手架、钢模板等周转设备使用费的控制

施工图预算中的周转设备使用费＝摊销数量×市场价格，而实际发生的周转设备使用费＝使用数×企业内部的租赁单价或摊销率。由于两者的计量基础和计价方法各不相同，只能以周转设备预算收费的总量来控制实际发生的周转设备使用费的总量。

④施工机械使用费的控制

采用市场台班单价测算出各个分部分项工程的实际机械使用费，并据此进行成本控制。

2）建立资源消耗台账，实行资源消耗的中间控制

材料成本是整个项目成本的重要环节，不仅比重大，而且有潜力可挖。材料部门根据本月消耗数，联系本月实际完成的工程量，分析材料消耗水平和节超原因，会同项目经理制订相应的措施，分别落实给有关人员和生产班组，根据尚可使用数，联系项目施工的实际进度，从总量上控制今后的材料消耗，而且要保证有所节约。

3）应用成本与进度同步跟踪的方法（赢得值法）控制分部分项工程成本

赢得值法（Earned Value Management，EVM）作为一项先进的项目管理技术，最初是美国国防部于 1967 年首次确立的。主要涉及三个参数、四个指标。

①赢得值法的三个基本参数

A. 已完工作预算费用。已完工作预算费用，简称 BCWP（Budgeted Cost for Work Performed），是指在某一时间已经完成的工作（或部分工作），以批准认可的预算为标准所需要的资金总额，由于建设单位正是根据这个值为施工企业完成的工作量支付相应的费用，也就是施工企业获得（挣得）的金额，故称赢得值或挣值。BCWP 的计算公式如下：

已完工作预算费用(BCWP)＝已完成工作量×预算(计划)单价

B. 计划工作预算费用。计划工作预算费用，简称 BCWS（Budgeted Cost for Work Scheduled），即根据进度计划，在某一时刻应当完成的工作（或部分工作），以预算为标准所需要的资金总额，一般来说，除非合同有变更，BCWS 在工程实施过程中应保持不变。BCWS 的计算公式如下：

计划工作预算费用(BCWS)＝计划工作量×预算(计划)单价

C. 已完工作实际费用。已完工作实际费用，简称 ACWP（Actual Cost for Work Performed），即到某一时刻为止，已完成的工作（或部分工作）所实际花费的总金额。ACWP 的计算公式如下：

已完工作实际费用(ACWP)＝已完成工作量×实际单价

②赢得值法的四个评价指标。在这三个基本参数的基础上，可以确定赢得值法的四个评价指标，它们也都是时间的函数。

A. 费用偏差 CV。CV 的计算公式如下：

费用偏差 CV＝已完工作预算费用(BCWP)－已完工作实际费用(ACWP)

当费用偏差 CV 为负值时，即表示项目运行超出预算费用；当费用偏差 CV 为正值时，表示项目运行节支，实际费用没有超出预算费用。但是，必须特别指出的是，进度偏差对施工成本偏差分析的结果有重要影响，如果不加以考虑就不能正确反映施工成本偏差的实际情况。例如，某一阶段的施工成本超支，可能是由于进度超前导致的，也可能是由于物价上涨导致。所以，必须引入进度偏差的概念。

B. 进度偏差 SV。SV 的计算公式如下：

进度偏差 SV＝已完工作预算费用(BCWP)－计划工作预算费用(BCWS)

当进度偏差 SV 为负值时，表示进度延误，即实际进度落后于计划进度（计划工作未完成）；当进度偏差 SV 为正值时，表示进度提前，即实际进度快于计划进度（实际工作超前）。

C. 费用绩效指数 CPI。CPI 的计算公式如下：

费用绩效指数 CPI＝已完工作预算费用(BCWP)÷已完工作实际费用(ACWP)

当费用绩效指数 CPI＜1 时，表示超支，即实际费用高于预算费用；当费用绩效指数 CPI＞1 时，表示节支，即实际费用低于预算费用。

D. 进度绩效指数 SPI。SPI 的计算公式如下：

进度绩效指数 SPI＝已完工作预算费用(BCWP)÷计划工作预算费用(BCWS)

当进度绩效指数 SPI＜1 时，表示进度延误，即实际进度比计划进度拖后；当进度绩效指数 SPI＞1 时，表示进度提前，即实际进度比计划进度快。

费用（进度）偏差反映的是绝对偏差，结果很直观，有助于费用管理人员了解项目费用出现偏差的绝对数额，并据此采取一定措施，制定或调整费用支出计划和资金筹措计划。但是，绝对偏差有其不容忽视的局限性。如同样是 10 万元的费用偏差，对于总费用 1000 万元的项目和总费用 1 亿元的项目而言，其严重性显然是不同的。因此，费用（进度）偏差仅适合于对同一项目作偏差分析。费用（进度）绩效指数反映的是相对偏差，它不受项目层次的限制，也不受项目实施时间的限制，因而在同一项目和不同项目比较中均可采用。

赢得值法基本参数关系如图 5-2 所示。

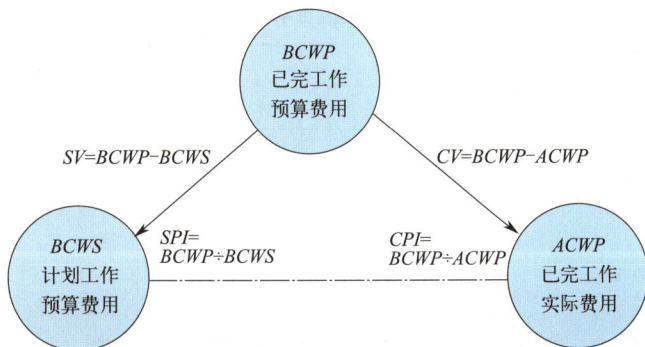

图 5-2　赢得值法基本参数关系

偏差分析可采用不同的方法，常用的有横道图法、表格法和曲线法。

①横道图法：用横道图进行费用偏差分析，是用不同的横道标识已完工作预算费用（BCWP）、计划工作预算费用（BCWS）和已完工作实际费用（ACWP），横道的长度与其金额成正比例。

横道图法具有形象、直观、一目了然等优点，它能够准确表达出费用的绝对偏差，而且能一眼感受到偏差的严重性。但这种方法反映的信息少，一般在项目的较高管理层应用，如图 5-3 所示。

项目编码	项目名称	费用参数数额(万元)	费用偏差(万元)	进度偏差(万元)	偏差原因
042	门窗工程	24.90 16.10 16.10	−8.8	0	—
041	内外装饰工程	40.25 44.41 50.15	9.90	5.74	—
042	水电安装工程	40.81 41.19 49.19	8.38	8.00	—
……		……	……	……	……
合计		105.96 101.70 115.44	9.48	13.74	—

其中：　■ 已完工作实际费用（ACWP）　□ 计划工作预算费用（BCWS）　▨ 已完工作预算费用（BCWP）

图 5-3　某实验实训楼工程偏差分析——横道图法

②表格法：表格法是进行偏差分析最常用的一种方法，它将项目编号、名称、各施工成本参数以及施工成本偏差数综合归纳入一张表格中，并且直接在表格中进行比较，见表5-21。由于各偏差参数都在表中列出，使得施工成本管理者能够综合地了解并处理这些数据。用表格法进行偏差分析具有如下优点：灵活性、适用性强，可根据实际需要设计表格，进行增减项；信息量大，可以反映偏差分析所需的资料，从而有利于施工成本控制人员及时采取针对性措施，加强控制；表格处理可借助于计算机，从而节约大量数据处理所需的人力并大大提高速度。

施工成本偏差分析表　　　　　表 5-21

项目编码	(1)	041	042	043
项目名称	(2)	木门窗安装	钢门窗安装	铝门窗安装
单位	(3)			
预算单位成本	(4)			
拟完工程量	(5)			
拟完工作预算费用（BCWS）	(6)=(4)×(5)	30万元	30万元	40万元
已完工程量	(7)			
已完工作预算费用（BCWP）	(8)=(4)×(7)	30万元	40万元	40万元
实际单位成本	(9)			
其他款项	(10)			
已完工作实际费用（ACWP）	(11)=(7)×(9)+(10)	30万元	50万元	50万元
施工成本局部偏差	(12)=(8)-(11)	0	-10万元	-10万元
施工成本局部偏差程度	(13)=(8)÷(11)	1	0.8	0.8
施工成本累计偏差	(14)=Σ(12)	-20万元		
进度局部偏差	(15)=(8)-(6)	0	10万元	0
进度局部偏差程度	(16)=(8)÷(6)	1	1.33	1
进度累计偏差	(17)=Σ(16)	10万元		

③曲线法

在项目实施过程中，以上三个参数可以形成三条曲线，即计划工作预算费用（BCWS）、已完工作预算费用（BCWP）、已完工作实际费用（ACWP）曲线，如图5-4所示。

在图5-4中，$CV=BCWP-ACWP$，由于两项参数均以已完工作为计算基准，所以两项参数之差，反映项目进展的费用偏差。

$SV=BCWP-BCWS$，由于两项参数均以预算值（计划值）作为计算基准，所以两者之差，反映项目进展的进度偏差。

在项目的实际操作过程中，最理想的状态是$BCWP$、$ACWP$、$BCWS$三条S曲线靠得很紧密，平稳上升，预示着项目和人们所期望的走势差不多，朝着良好的方向发展。如果三条曲线的偏离度和离散度很大，则表示项目实施过程中有严重的隐患，或已经发生了严重问题。

曲线法是用施工成本累计曲线（S曲线）来进行施工成本偏差分析的一种方法。用曲线法进行偏差分析具有形象、直观的特点，但这种方法很难直接用于定量分析，只能对定

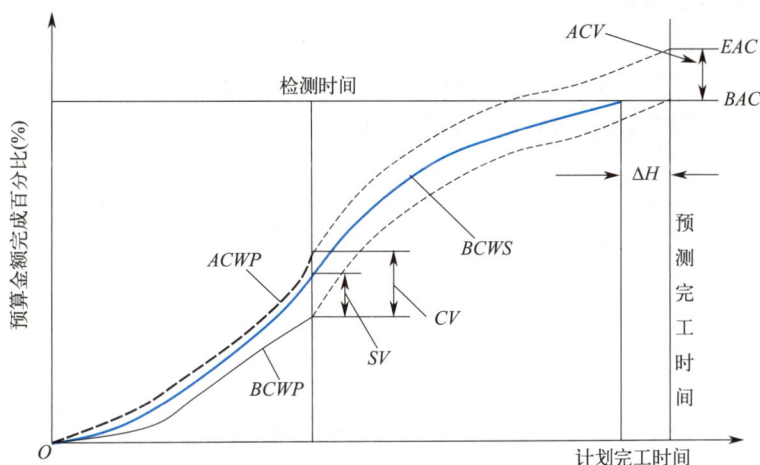

图 5-4　赢得值法评价曲线

量分析起一定的指导作用。

（4）施工成本控制的要求

1）要按照计划成本目标值来控制生产要素的采购价格，并认真做好材料、设备进场数量和质量的检查、验收与保管。

2）要控制生产要素的利用效率和消耗定额。如任务单管理、限额领料、验收报告审核等，同时要做好不可预见成本风险的分析和预控，包括编制相应的应急措施等。

3）控制影响效率和消耗量的其他因素（如工程变更等）所引起的成本增加。

4）把施工成本管理责任制度与对项目管理者的激励机制结合起来，以增强管理人员的成本意识和控制能力。

5）承包人必须有一套健全的项目财务管理制度。按规定的权限和程序对项目资金的使用和费用的结算支付进行审核、审批，使其成为施工成本控制的一个重要手段。

6）项目成本控制不仅需要进行内部挖潜，也要积极向外拓展，从增收的角度考虑降低成本的途径。一是认真会审图纸、积极提出修改意见；二是加强合同预算管理，及时办理"签证"；三是组织均衡施工，加快施工进度。

为了加快施工进度，也会增加一定的成本支出。如在组织两班制施工的时候，需要增加模板的使用费、夜间施工的照明费和工效损失等费用。

因此，在签订合同时，应根据业主要求和赶工情况，将赶工费列入施工图预算。如果事先并未明确，而由业主在施工中临时提出的赶工要求，则应请业主签字确认，由此产生的费用按实结算。

项目成本控制能否取得预期目标的关键还在于项目施工成本管理体制和项目部在成本控制意识与措施的正确性和合理性。项目经理部的专职人员要具备综合知识与专业素养，要学会全面综合整体地观察问题；要结合工程特点、技术要求、地理条件等因素进行查漏补缺，避免错算漏算，不能简单地确定一个成本率或成本额。否则，有可能造成企业应得的利润流失，使项目部不能完成目标，从而导致牺牲其他利益来片面地满足效益，使工程质量、安全与文明施工等各方面产生问题，甚至会对企业今后的生存产生较大的影响。

3. 建设工程项目成本核算

施工项目成本核算是指按照规定开支范围对施工费用进行归集，计算出施工实际费用的成本。施工项目成本核算所提供的各种成本信息是成本预测、成本计划、成本控制、成本考核等各个环节的依据。项目成本核算管理内容见表5-22。

项目成本核算 表 5-22

内容		说明
项目成本核算的要求		①项目成本核算应坚持形象进度、产值统计、成本归集三同步的原则。 ②项目经理部应根据财务制度和会计制度的有关规定，建立项目成本核算制，明确项目成本核算的原则、范围、程序、方法、内容、责任及要求，并设置核算台账，记录原始数据。 ③项目经理部应按照规定的时间间隔进行项目成本核算。 ④项目经理部应编制定期成本报告
项目成本核算的制度		施工项目成本核算制度是施工项目管理的基本制度之一。成本核算是实施成本核算制的关键环节，是搞好成本控制的首要条件。项目经理部应建立成本核算制，明确成本核算的原则、范围、程序、方法、内容、责任及要求。这项制度与项目经理责任制同等重要
项目成本核算的特点		①项目成本核算的内容繁杂、周期长。 ②在项目总分包制条件下，对分包商的实际成本很难把握。 ③成本核算满足"三同步"要求难度大。 ④成本核算需要全员分工与协作来共同完成
项目成本核算的方法	项目成本直接核算	是指将核算放在项目上，既便于及时了解项目各项成本情况，也可以减少一些扯皮现象。不足的是每个项目都要配有专业水平和工作能力较高的会计核算人员。目前一些单位还不具备直接核算的条件。此种核算方式，一般适用于大型项目
	项目成本间接核算	是指将核算放在企业的财务部门，项目经理部不配专职的会计核算部门，由项目有关人员按期与相应部门共同确定当期的项目成本
	项目成本列账核算	是介于直接核算和间接核算之间的一种方法。项目经理部组织相对直接核算，正规的核算资料留在企业的财务部门
项目成本核算的工作内容	项目成本核算的辅助记录台账	可分为项目成本核算积累资料的台账、对项目资源消耗进行控制的台账、为项目成本积累资料的台账，为项目管理服务和备忘性质台账
	项目成本实际数据的收集与计算	①人工费应按照劳动管理人员提供的用工分析和受益对象进行账务处理。 ②材料费应根据当月项目材料的消耗和实际价格，计算当期耗费，计入工程成本；周转材料应实行内部调配制，按照当月使用时间、数量、单价计算计入工程成本。 ③机械使用费按照项目当月使用台班和单价计入工程成本。 ④其他直接费、临时设施费等应根据有关核算资料进行财务处理计入工程成本。 ⑤间接成本应根据现场发生的间接成本项目的有关资料进行账务处理计入工程成本。 ⑥按照统计人员提供的当月完成工程量的价值及有关规定，扣减各项上缴税费后作为当期工程的结算收入

4. 建设工程项目成本分析

项目成本分析，就是根据统计核算、业务核算和会计核算提供的资料对项目成本的形成过程和影响成本升降的因素进行分析，以寻求进一步降低成本的途径，包括项目成本中的有利偏差的挖潜和不利偏差的纠正。

项目成本分析管理内容见表 5-23。

项目成本分析　　　　　　　　　　　　　　　　表 5-23

内容		说明
项目成本分析的原则		①实事求是的原则。 ②为生产经营服务的原则。 ③用数据说话的原则。 ④注重时效的原则
项目成本分析的基本方法	比较法	与本行业平均水平、先进水平对比。通过这种对比，可以反映本项目的技术管理和经济管理与本行业的平均水平和先进水平的差距，进而采取措施赶超先进水平
	因素分析法	把项目施工成本综合指标分解为与各个项目相联系的原始因素，以确定引起指标变动的各个因素的影响程度的一种成本费用分析方法。它可以衡量各项因素影响程度的大小，以便查明原因，明确主要问题所在，提出改进措施，达到降低成本的目的
	差额计算法	差额计算法是因素分析法的一种简化形式
	比率法	利用各个因素的目标与实际的差额来计算。包括： ①相关比率法：由于项目经济活动的各个方面是相互联系、相互依存、又相互影响的，因而可以将两个性质不同而又相关的指标加以对比，求出相关比率，并以此来考察经营成果的好坏。 ②动态比率法：将同类指标不同时期的数值进行对比，求出动态比率，用以分析该项指标的发展方向和发展速度。动态比率的计算通常采用基期指数和环比指数两种方法。 ③构成比率法：又称比重分析法或结构对比分析法，通过构成比率，可以考察成本总量的各成本项目占成本总量的比重，同时也可看出量、率、利的比例关系（即预算成本、实际成本和降低成本的比例关系），从而为寻求降低成本途径指明方向
项目综合成本分析法	分部、分项工程成本分析	分部、分项工程成本分析的对象为已完成分部、分项工程。分析的方法是：进行预算成本、目标成本和实际成本的"三算"对比，分别计算实际偏差和目标偏差，分析偏差产生的原因，为今后的分部、分项工程成本寻求节约的途径
	月（季）度成本分析	是建设工程项目定期的、经常性的中间成本分析，以便及时发现问题，以便按照成本目标指示的方向进行监督
	年度成本分析	重点是针对下一年度的施工进展情况提出切实可行的成本管理措施，以保证项目成本目标的实现
	竣工成本的综合分析	以各单位工程竣工成本分析资料为基础，再加上项目经理部的经营效益（如资金调度、对外分包等所产生的效益）进行综合分析

内容		说明
工期成本分析		计划工期成本与实际工期成本的比较分析。工期成本分析的方法一般采用比较法,即将计划工期成本与实际工期成本进行比较,然后应用"因素分析法"分析各种因素的变动对工期成本差异的影响程度
项目成本目标差异分析法	人工费分析	①人工费量差。计算人工费量差首先要计算工日差,即实际耗用工日数同预算定额工日数的差异。 ②人工费价差。计算人工费价差先要计算出每个工人的工费价差,即预算人工单价和实际人工单价之差
	材料费分析	主要材料和结构件费用分析。主要材料和结构件费用的高低,主要受价格和消耗数量的影响。材料价格的变动,又要受采购价格、运输费用、途中损耗、来料不足等因素的影响;材料消耗数量的变动,也要受操作损耗、管理损耗和返工损失等因素的影响,可在价格变动较大和数量超用异常的时候再作深入分析
	机械使用费分析	机械使用费分析主要通过实际成本与成本目标之间的差异进行分析,成本目标分析主要列出超高费和机械费补差收入
	施工措施费分析	施工措施费的分析,主要应通过预算与实际数的比较来进行。如果没有预算数,可以计划数代替预算数
	间接费用分析	间接费用分析主要用于分析施工设备、组织施工生产和管理所需要的费用、现场管理人员的工资和进行现场管理所需要的费用

5. 建设工程项目成本考核

(1) 项目成本考核的要求

主要包括项目成本管理的绩效考核,既是对项目成本管理过程所进行的经验与教训总结,也是对项目成本管理的绩效所进行的审查与确认,对于调动各级项目管理者的积极性、责任心以及进行项目成本管理的持续改进,将产生积极的推动作用。项目成本考核的要求有:

1) 组织应建立和健全项目成本考核制度,对考核的目的、时间、范围、对象、方式、依据、指标、组织领导、评价与奖惩原则等作出规定。

2) 组织应对项目经理部的成本和效益进行全面审核、审计、评价、考核与奖惩。

3) 组织应以项目成本降低额和项目成本降低率作为成本考核的主要指标,项目经理部应设置成本降低额和成本降低率等考核指标。

(2) 项目成本考核的依据

1) 工程施工承包合同。

2) 项目管理目标责任书。

3) 项目管理实施规划及施工组织、设计文件。

4) 项目成本计划。

5) 项目成本核算资料与成本报告文件等。

(3) 项目成本考核的原则

1) 按照项目经理部人员分工,进行成本内容确定。每个施工项目有大有小,管理人员投入量也有所不同。项目大的，管理人员就多一些，项目有几个栋号施工时，还可能设立相应的栋号长，分别对每个单体工程或几个单体工程进行协调管理。工程量小时，项目管理人员就相应减少，一个人可能兼几份工作，所以成本考核，以人和岗位为主，没有岗位就计算不出管理目标，同样没有人，就会失去考核的责任主体。

2）及时性原则。岗位成本是项目成本考核的实时成本，如果以传统的会计核算对项目成本进行考核，就偏离了考核的目的，所以时效性是项目成本考核的生命。

3）简单易行、便于操作。项目的施工生产，每时每刻都在发生变化，考核项目的成本，必须让项目相关管理人员明白，由于管理人员的专业特点，对一些相关概念不可能很清楚，所以确定的考核内容，必须简单明了，要让考核者一目了然。

（4）项目成本考核的程序

1）组织主管领导或部门发出考评通知书，说明考评的范围、具体时间和要求。

2）项目经理部按要求做好相关范围成本管理情况的总结和数据资料的汇总，提出自评报告。

3）组织主管领导签发项目经理部的自评报告，交送相关职能部门和人员进行审阅。

4）及时进行项目审计，对项目整体的综合效益作出评估。

5）按规定时间召开组织考评会议，进行集体评价与审查，并形成考评结论。

（5）项目成本考核的内容

项目成本考核的内容见表5-24。

项目成本考核内容

表5-24

项目成本考核的内容	项目经理		①项目成本目标和阶段成本目标的完成情况。 ②以项目经理为核心的成本管理责任制的落实情况。 ③成本计划的编制和落实情况。 ④对各部门、各作业队和班组责任成本的检查和考核情况
	项目经理对所属各部门、各作业队和班组考核	对各部门考核	①本部门、本岗位责任成本的完成情况。 ②本部门、本岗位成本管理责任的执行情况
		对各作业队考核	①对劳务规定的承包范围和承包内容的执行情况。 ②劳务合同以外的补充收费情况。 ③对班组施工任务单的管理情况，以及班组完成施工任务后的考核情况
		对生产班组考核	以分部、分项工程成本作为班组的责任成本。以施工任务单和限额领料单的结算资料为依据，与施工预算进行对比，考核班组责任成本的完成情况

（6）项目成本考核的实施

项目成本考核是建设工程项目根据责任成本完成情况和成本管理工作业绩确定权重后，按考核的内容进行评分。通常情况下是按7∶3的比例加权平均，即责任成本完成情况的评分为7，成本管理工作业绩的评分为3。这是一个假设的比例，建设工程项目可以根据自己的具体情况进行调整。

项目成本的考核评分要考虑相关指标的完成情况，并予嘉奖或扣罚。项目成本考核的相关指标包括进度、质量、安全、现场标准化管理等。

项目成本的中间考核，能更好地带动之后成本的管理工作，保证项目成本目标的实现。因此，应充分重视项目成本的中间考核。

项目的竣工成本，是在工程竣工和工程款结算的基础上编制的，它是竣工成本考核的依据，也是项目成本管理水平和项目经济效益的最终反映，还是考核承包经营情况、实施奖罚的依据。项目竣工成本考核必须做到核算无误，考核正确。

项目成本奖罚的标准，应通过经济合同的形式明确规定。在确定项目成本奖罚标准的时候，必须从本项目的客观情况出发，既要考虑职工的利益，又要考虑项目成本的承受能力。在一般情况下，造价低的项目，奖金水平要定得低一些；造价高的项目，奖金水平可以适当提高。具体的奖罚标准，应该经过认真测算再确定。

企业领导和项目经理还可对完成项目成本目标有突出贡献的部门、施工队、班组和个人进行随机奖励。

想 一 想

施工成本计划的编制依据中，投标报价的报表包括哪些内容？

施工成本计划中投标报价的报表内容

5.3.2 建设工程项目成本管理的措施、控制方法与途径

1. 建设工程项目成本管理的措施

为了取得施工成本管理的理想成效，应当从多方面采取措施实施管理，通常可以将这些措施归纳为组织措施、技术措施、经济措施、合同措施。

（1）组织措施

组织措施是从施工成本管理的组织方面采取的措施。施工成本控制是全员的活动，如实行项目经理责任制，落实施工成本管理的组织机构和人员，明确各级施工成本管理人员的任务和职能分工、权利和责任。施工成本管理不仅是专业成本管理人员的工作，各级项目管理人员都负有成本控制责任。

同时，组织措施也是编制施工成本控制工作计划的工作流程。要做好施工采购规划，通过生产要素的优化配置、合理使用、动态管理，有效控制实际成本；加强施工定额管理和施工任务单管理，控制活劳动和物化劳动的消耗；加强施工调度，避免因施工计划不周和盲目调度造成的窝工损失、机械利用率降低、物料积压等使施工成本增加。

（2）技术措施

施工过程中降低成本的技术措施，包括：进行技术经济分析，确定最佳的施工方案；结合施工方法，进行材料使用的比选，在满足功能要求的前提下，通过代用、改变配合比、使用添加剂等方法降低材料消耗的费用；确定最合适的施工机械、设备使用方法。结合项目的施工组织设计及自然地理条件，降低材料的库存成本和运输成本；先进的施工技术的应用、新材料的运用、新开发机械设备的使用等。在实践中，也要避免仅从技术角度选定方案而忽视对其经济效果的分析论证。

技术措施不仅对解决施工成本管理过程中的技术问题是不可缺少的，而且对纠正施工成本管理目标偏差也有相当重要的作用。因此，运用技术纠偏措施的关键，一是要能提出多个不同的技术方案；二是要对不同的技术方案进行技术经济分析。

（3）经济措施

经济措施是最易为人们所接受和采用的措施。管理人员应编制资金使用计划，确定、分解施工成本管理目标。对施工成本管理目标进行风险分析，并制定防范性对策应对各种支出，应认真做好资金的使用计划，并在施工中严格控制各项开支。及时准确地记录、收集、整理、核算实际发生的成本。对各种变更，及时做好增减账，及时落实业主签证，及时结算工程款。通过偏差分析和未完工程预测，可发现一些潜在的问题这将引起未完工程施工成本的增加，对这些问题应以主动控制为出发点，及时采取预防措施。由此可见，经济措施的运用绝不仅仅是财务人员的事情。

（4）合同措施

采用合同措施控制施工成本，应贯穿整个合同周期，包括从合同谈判开始到合同终结的全过程。首先，要选用合适的合同结构，对各种合同结构模式进行分析、比较。在合同谈判时，要争取选用适合于工程规模、性质和特点的合同结构模式。其次，在合同的条款中应仔细考虑一切影响成本和效益的因素，特别是潜在的风险因素。通过对引起成本变动的风险因素的识别和分析，采取必要的风险对策，如通过合理的方式，增加承担风险的个体数量以此降低损失发生的比例，并最终使这些策略反映在合同的具体条款中。在合同执行期间，合同管理的措施既要密切关注对方合同执行的情况，以寻求合同索赔的机会，同时也要密切关注自己履行合同的情况，防止被对方索赔。

2. 建设工程项目成本控制的方法

施工项目成本是反映企业经营效果的综合指标。成本控制的方法很多，而且有一定的随机性，也就是在什么情况下，就要采取与之相适应的控制手段和控制方法，但一般都包括成本预测、成本计划、成本核算等。

（1）以施工图预算控制成本支出

在施工项目的成本控制中，可按施工图预算，实行"以收定支"，或者是"量入为出"，这是最有效的方法之一。

如在对材料成本进行控制的过程中，首先要以材料预算价格来控制材料的采购成本；钢管脚手架和模板等周转设备使用费的控制以周转设备预算收费的总量来控制实际发生的周转设备使用费的总量；在签订构件加工费和分包工程经济合同的时候，特别要坚持"以施工图预算控制合同金额"的原则，绝不允许合同金额超过施工图预算。

（2）以施工预算控制人力资源和物质资源的消耗

资源消耗数量的货币表现就是成本费用。因此，资源消耗的减少，就等于成本费用的节约；控制了资源消耗，也等于是控制了成本费用。

为了便于任务完成后进行施工任务单和限额领料单与施工预算的逐项对比，要求在编制施工预算时对每一个分项工程工序名称统一编号，在签发施工任务单和限额领料单时也要按照施工预算的统一编号对每一个分项工程工序名称进行编号，以便对号检索对比，分析节超。

（3）应用成本控制的财务方法——成本分析表法控制项目成本

作为成本分析控制手段之一的成本分析表，包括月度成本分析表和最终成本控制报告表。月度成本分析表又分直接成本分析表和间接成本分析表两种。

以上项目成本的控制方法，不可能也没有必要在一个建设工程项目全部同时使用，可由各建设工程项目根据自己的具体情况和客观需要，选用其具有针对性的、简单实用的方法。

（4）应用成本与进度同步跟踪的方法控制分部分项工程成本

长期以来，与成本控制的要求和管理方法截然不同，大家都认为计划工作是为安排施工进度和组织流水作业服务的。其实，成本控制与计划管理、成本与进度之间有着必然的同步关系，即施工到什么阶段，就应该发生相应的成本费用。如果成本与进度不对应，就要作为"不正常"现象进行分析，找出原因，并加以纠正。

（5）以用款计划控制成本费用支出

建立项目月度财务收支计划制度，以用款计划控制成本费用支出。

1）以月度施工作业计划为龙头，并以月度计划产值为当月财务收入计划，同时由项目各部门根据月度施工作业计划的具体内容编制本部门的用款计划。

2）项目财务成本员应根据各部门的月度用款计划进行汇总，并按照用途的轻重缓急平衡调度，同时提出具体的实施意见，经项目经理审批后执行。

3）在月度财务收支计划的执行过程中，项目财务成本员应根据各部门的实际用款做好记录，并于下月初反馈给相关部门，由各部门自行检查分析节超原因，吸取经验教训。对于节超幅度较大的部门，应以书面分析报告的形式发送项目经理和财务部门，以便项目经理和财务部门采取针对性的措施。

（6）建立项目成本审核签证制度，控制成本费用支出

引进项目经理责任制以后，需要建立以项目为成本中心的核算体系。所有的经济业务，不论是对内或对外，都要与项目直接对口。在发生经济业务的时候，首先要由有关项目管理人员审核，最后经项目经理签字后支付。这是项目成本控制的最后一关，必须重视。其中，对有关项目管理人员的审核尤为重要，因为他们熟悉自己分管的业务，有一定的权威性。

（7）加强质量管理，控制质量成本

质量成本是指项目为保证和提高产品质量而支出的一切费用，以及未达到质量标准而产生的一切损失费用之和。质量成本包括两个主要方面：控制成本和故障成本。控制成本包括预防成本和鉴定成本，属于质量保证费用，与质量水平成正比关系，即工程质量越高，鉴定成本和预防成本就越大；故障成本包括内部故障成本和外部故障成本，属于损失性费用，与质量水平成反比关系，即工程质量越高，故障成本就越低。

（8）坚持现场管理标准化，堵塞浪费漏洞

1）现场平面布置管理

施工现场的平面布置，是根据工程特点和场地条件，以配合施工为前提合理安排的，有一定的科学根据。但在施工过程中，往往会出现不执行现场平面布置，造成人力、物力浪费的情况。不执行现场平面布置的情况如下：

①材料、构件不按规定地点堆放，造成二次搬运，不仅浪费人力，材料、构件在搬运中还会受到损失。

②钢模和钢管脚手架等周转设备，使用后不予整修和堆放整齐，而是任意乱堆乱放，既影响场容整洁，又容易造成损失，特别是将周转设备放在路边，一旦车辆开过，轻则变形，重则报废。

③任意开挖道路，又不采取措施，造成交通中断，影响物资运输。

④排水系统不畅，一旦下雨，现场积水严重，造成电器设备受潮，容易触电，水泥受潮就会变质报废，至于用钢模铺路的现象更是比比皆是。

由此可见，施工项目一定要强化现场平面布置的管理，堵塞一切可能发生的漏洞，争创"文明工地"。

2）现场安全生产管理

现场安全生产管理的目的，在于保护施工现场的人身安全和设备安全，减少和避免不必要的损失。要达到这个目的，就必须强调按规定的标准去管理，不允许有任何细小的疏忽，否则，将会造成难以估量的损失。不安全的行为如下：

①不遵守现场安全操作规程，容易发生工伤事故，甚至死亡事故，不仅本人痛苦、家属痛苦，项目还要支付一笔可观的医药、抚恤费用，有时还会造成停工损失。

②不遵守机电设备的操作规程，容易发生一般设备事故，甚至重大设备事故，不仅会损坏机电设备，还会影响正常施工。

③忽视消防工作和消防设施的检查，容易发生火灾，其后果更是不可想象。

④不注意食堂卫生管理，有可能发生食物中毒，危害职工的身体健康，也将影响施工生产。

诸如此类的事情，都是不利于项目成本的因素，必须从现场标准化管理着手，切实做好预防工作，把可能发生的经济损失减少到最低限度。

（9）建立资源消耗台账，实行资源消耗的中间控制

根据"必需、实用、简便"的原则，施工项目成本核算应设立资源消耗台账。

（10）定期开展"三同步"检查，防止项目成本盈亏异常

项目经济核算的"三同步"，就是统计核算、业务核算、会计核算的"三同步"。统计核算是产值统计；业务核算即人力资源和物质资源的消耗统计；会计核算即成本会计核算。根据项目经济活动的规律，这三者之间表现为规律性的同步关系，即完成多少产值，消耗多少资源，发生多少成本。否则，项目成本就会出现盈亏异常。开展"三同步"检查的目的就在于查明不同步的原因，纠正项目成本盈亏异常的偏差。

在选用控制方法时，应该充分考虑与各项施工管理工作相结合。例如，在计划管理、施工任务单管理、限额领料单管理、合同预算管理等工作中，跟踪原有的业务管理程序，利用业务管理所取得的资料进行成本控制，不仅省时省力，还能帮助各业务管理部门落实责任成本，从而得到各部门的配合和支持。

3．建设工程项目成本降低的途径

降低施工项目成本应该从加强施工管理、技术管理、劳动工资管理、机械设备管理、材料管理、费用管理以及正确划分成本中心、使用先进的成本管理方法和考核手段入手，制定既开源又节流，或者说既增收又节支的方针，从两方面来降低施工项目成本。如果只开源不节流，或者只节流不开源，都不太可能达到降低成本的目的，至少是不会有理想的降低成本的效果。

（1）认真会审图纸，积极提出修改意见

在项目建设过程中，施工单位必须按图施工。但是，图纸是由设计单位按照用户要求和项目所在地的自然地理条件（如水文地质情况等）设计的，施工单位应该在满足用户要

求和保证工程质量的前提下，结合项目施工的主客观条件，对设计图纸进行认真的会审，并提出积极的修改意见，在取得用户和设计单位的同意后，修改设计图纸，同时办理增减账。

在会审图纸的时候，对于结构复杂、施工难度高的项目，更要加倍认真，并且要从既方便施工、有利于加快工程进度和保证工程质量，又能降低资源消耗、增加工程收入等方面综合考虑，提出有科学根据的合理化建议，取得业主、监理单位和设计单位的认同。

（2）加强合同预算管理，增创工程预算收入

一是在编制施工图预算的时候，要充分考虑可能发生的成本费用，将其全部列入施工图预算，然后通过工程款结算向甲方取得补偿；二是把合同规定的"开口"项目，作为增加预算收入的重要方面；三是根据工程变更资料，及时办理增减账。

（3）制订先进的、经济合理的施工方案

施工方案主要包括四项内容：施工方法的确定、施工机具的选择、施工顺序的安排和流水施工的组织。施工方案的不同，工期就会不同，所需机具也不同，因而发生的费用亦会不同。因此，正确选择施工方案是降低成本的关键所在。

必须强调，施工项目的施工方案，应该同时具有先进性和可行性。如果只先进不可行，不能在施工中发挥有效的指导作用，那就不是最佳施工方案。

（4）落实技术组织措施

落实技术组织措施，走技术与经济相结合的道路，以技术优势来取得经济效益，是降低项目成本的又一个关键。一般情况下，项目应在开工以前根据工程情况制订技术组织措施计划，作为降低成本计划的内容之一列入施工组织设计。在编制月度施工作业计划的同时，也可按照作业计划的内容编制月度技术组织措施计划。

必须强调，在结算技术组织措施执行效果时，除要按照定额数据等进行理论计算外，还要做好节约实物的验收，防止"理论上节约、实际上超用"的情况发生。

（5）组织均衡施工，加快施工进度

凡是按时间计算的成本费用，如项目管理人员的工资和办公费、现场临时设施费和水电费以及施工机械和周转设备的租赁费等，在加快施工进度、缩短施工周期的情况下，都会有明显的节约。除此之外，还可从业主那里得到一笔相当可观的提前竣工奖。因此，加快施工进度也是降低项目成本的有效途径之一。

为了加快施工进度，将会增加一定的成本。例如，在组织两班制施工的时候，需要增加夜间施工的照明费和工效损失费等；同时，还将增加模板的使用量和租赁费。

因此，在签订合同时，应根据业主的赶工要求，将赶工费列入施工图预算。如果事先并未明确写出，而由业主在施工中临时提出的赶工要求，则应请业主签字确认，费用按实结算。

5.3.3 建筑安装工程费用结算

1. 建筑安装工程费用的主要结算方法

建筑安装费用的结算可以根据不同情况采取多种方法。

（1）按月结算。即先预付部分工程款，在施工过程中按月结算工程进度款，竣工后进行竣工结算。

（2）竣工后一次结算。建设工程项目或单项工程全部建筑安装工程建设期在12个月以内，或者工程承包合同价值在100万元以下的，可以实行工程价款每月月中预支，竣工后一次结算。

（3）分段结算。即当年开工，当年不能竣工的单项工程或单位工程，按照工程实际进度划分不同阶段进行结算。分段结算可以按月预支工程款。

（4）结算双方约定的其他结算方式。实行竣工后一次结算和分段结算的工程，当年结算的工程款应与分年度的工作量一致，年终不另清算。

2. 工程预付款

（1）工程预付款

工程预付款是建设工程施工合同订立后由发包人按照合同约定，在正式开工前预先支付给承包人的工程款。它是施工准备和所需要材料、构件等流动资金的主要来源，国内习惯上称为预付备料款。

《建设工程工程量清单计价规范》GB 50500—2013规定：发包人应按照合同约定支付工程预付款。支付的工程预付款，按照合同约定在工程进度款中抵扣。当合同对工程预付款的支付未约定时，可按财政部、建设部印发的《建设工程价款结算暂行办法》（财建〔2004〕369号）的规定办理。

关于工程预付款的额度，对于包工包料工程的预付款按合同约定拨付，原则上预付比例不低于合同金额（扣除暂列金额）的10%，不高于合同金额（扣除暂列金额）的30%；对重大建设工程项目，按年度工程计划逐年预付；实行工程量清单计价的工程，实体性消耗和非实体性消耗部分应在合同中分别约定预付款比例。

凡是没有签订合同或不具备施工条件的工程，发包人不得预付工程款，不得以预付款为名转移资金。

（2）工程预付款的扣回

发包人支付给承包人的工程预付款其性质是预支。随着工程进度的推进，拨付的工程进度款数额不断增加，工程所需主要材料、构件的用量逐渐减少，原已支付的预付款应以抵扣的方式予以陆续扣回，扣款的方法有以下几种：

1）发包人和承包人通过洽商用合同的形式予以确定。可采用等比率或等额扣款的方式，也可针对工程实际情况具体处理。如有些工程工期较短、造价较低，就无需分期扣还；有些工期较长，如跨年度工程，其预付款的占用时间很长，根据需要可以少扣或不扣。

2）采用起扣点法。未完施工工程尚需的主要材料及构件的价值相当于工程预付款数额时开始扣起，从每次中间结算工程价款中，按材料及构件比例扣抵工程价款，至竣工之前全部扣清。因此确定起扣点是工程预付款起扣的关键。确定工程预付款起扣点的依据是，未完施工工程所需主要材料和构件的费用，等于工程预付款的数额。

工程预付款起扣点可按下式计算：

$$T=P-M/N$$

式中　T——起扣点，即工程预付款开始扣回的累计完成工程金额；

　　　P——承包工程合同总额；

　　　M——工程预付款数额；

N——主要材料、构件所占比例。

【例 5-2】某工程合同总额 200 万元，工程预付款为 24 万元，主要材料、构件所占比例为 60%。试计算起扣点为多少万元？

【解】按起扣点计算公式：

$$T=P-M/N=200-24/60\%=160 \text{ 万元}$$

则当工程完成 160 万元时，本项工程预付款开始起扣。

3. 工程进度款

工程进度款的计算，主要涉及两个方面：一是工程量的计量，二是单价的计算。单价的计算方法，主要根据发包人和承包人事先约定的工程价格的计价方法确定。

（1）采用可调工料单价法计算工程进度款。当采用可调工料单价法计算工程进度款时，在确定已完工程量后，可按以下步骤计算工程进度款：

1）根据已完工程量的项目名称、分项编号、单价得出合价。

2）将本月所完成全部项目合价相加，得出直接工程费小计。

3）按规定计算出措施费、间接费、利润。

4）按规定计算主材差价或差价系数。

5）按规定计算税金。

6）累计本月应收工程进度款。

（2）采用全费用综合单价法计算工程进度款。采用全费用综合单价法计算工程进度款，只要将工程量与综合单价相乘得出合价，再累加即可完成本月工程进度款的计算。

4. 建筑安装工程费用的竣工结算

《建设工程施工合同（示范文本）》GF—2017—0201 约定："承包人应在工程竣工验收合格后 28 天内向发包人和监理人递交竣工结算申请单及完整的结算资料，双方按照协议书约定的合同价款及专用条款约定的合同价款调整内容，进行工程竣工结算"。

监理人应在收到竣工结算申请单后 14 天内完成核查并报送发包人。发包人应在收到监理人提交的经审核的竣工结算申请单后 14 天内完成审批，并由监理人向承包人签发经发包人签认的竣工付款证书。监理人或发包人对竣工结算申请单有异议的，有权要求承包人进行修正和提供补充资料，承包人应提交修正后的竣工结算申请单。

在工程竣工验收合格后 28 天内，承包人未能向发包人递交竣工结算申请单及完整的结算资料，造成工程竣工结算不能正常进行或工程竣工结算价款不能及时支付，发包人要求交付工程的，承包人应当交付；发包人不要求交付工程的，承包人承担保管责任。

5. 建筑安装工程费用的动态结算

建筑安装工程费用的动态结算就是要把各种动态因素渗透到结算过程中，使结算大体能反映实际的消耗费用。下面介绍几种常用的动态结算办法。

（1）按实际价格结算法

在我国，由于建筑材料需从市场采购的范围越来越大，有些地区规定对钢材、木材、水泥三大材料的价格采取按实际价格结算的办法，工程承包人可凭发票实报实销。这种方法方便，但由于实报实销，因而承包人对降低成本不感兴趣，为了避免副作用，造价管理部门要定期公布最高结算限价，同时合同文件中应规定建设单位或监理工程师有权要求承包人选择更廉价的供应来源。

（2）按主材计算价差法

发包人在招标文件中列出需要调整价差的主要材料表及其基期价格（一般采用当时当地工程造价管理机构公布的信息价或结算价），工程竣工结算时按竣工当时当地工程造价管理机构公布的材料信息价或结算价，与招标文件中列出的基期价比较计算材料差价。

（3）竣工调价系数法

按工程造价管理机构公布的竣工调价系数及调价计算方法计算差价。

（4）调值公式法

调值公式法（又称动态结算公式法），即在发包方和承包方签订的合同中明确规定了调值公式，如下所示。

$$\Delta P = P_0 \left[A + \left(B_1 \times \frac{F_{t1}}{F_{01}} + B_2 \times \frac{F_{t2}}{F_{02}} + B_3 \times \frac{F_{t3}}{F_{03}} + \cdots + B_n \times \frac{F_{tn}}{F_{0n}} \right) - 1 \right]$$

式中

ΔP——需调整的价格差额；

P_0——约定的付款证书中承包人应得到的已完成工程量的金额。此项金额应不包括价格调整、不计质量保证金的扣留和支付、预付款的支付和扣回。约定的变更及其他金额已按现行价格计价的，也不计在内；

A——定值权重（即不调部分的权重）；

$B_1, B_2, B_3, \cdots, B_n$——各可调因子的变值权重（即可调部分的权重），为各可调因子在签约合同价中所占的比例；

$F_{t1}, F_{t2}, F_{t3}, \cdots, F_{tn}$——各可调因子的现行价格指数，指约定的付款证书相关周期最后一天的前42天的各可调因子的价格指数；

$F_{01}, F_{02}, F_{03}, \cdots, F_{0n}$——各可调因子的基本价格指数，指基准日期的各可调因子的价格指数。

价格调整的计算程序如下：

1）确定调整价格的品种。一般来说，品种不宜太多，只确定那些对工程款影响较大的因素，如水泥、钢材、木材等，这样便于计算。

2）要明确的两个问题。

①在合同价格条款中，应写明经双方商定的调整因素，在签订合同时要写明考核几种物价波动到何种程度才进行调整，一般都在±5%；二是考核的地点和时点，地点一般在工程所在地，或指定的某地市场价格；时点指的是某月某日的市场价格。这里要明确两个时点价格，即基准日期的市场价格（基础价格）和与特定付款证书有关的期间最后一天的28天前的时点价格。这两个时点就是计算调值的依据。

②确定各成本因素的系数和固定系数，各成本要素的系数要根据各成本要素对总造价的影响程度而定。各成本要素系数之和加上固定系数应该等于1。

3）建筑安装工程费用的价格调值公式。建筑安装工程费用价格调值公式包括固定部分、材料部分和人工部分等。

【例5-3】某工程合同总价为1000万元。其组成为：土方工程费100万元，占10%；砌体工程费400万元，占40%；钢筋混凝土工程费500万元，占50%。这三个组成部分的人工费和材料费占工程价款 85%，人工材料费中各项费用比例如下：

①土方工程：人工费 50%，机具折旧 26%，柴油 24%。

②砌体工程：人工费 53%，钢材 5%，水泥 20%，骨料 5%，空心砖 12%，柴油 5%。

③钢筋混凝土工程：人工费 53%，钢材 22%，水泥 10%，骨料 7%，木材 4%，柴油 4%。

假定该合同的基准日期为 2013 年 1 月 4 日，2013 年 9 月完成的工程价款占合同总价的 10%，有关月报的工资、材料物价指数见表 5-25。

工资、材料物价指数 表 5-25

费用名称	代号	2013 年 1 月指数	代号	2013 年 8 月指数
人工费	A0	100.0	A	116.0
钢材	B0	153.4	B	187.6
水泥	C0	154.8	C	178.0
骨料	D0	132.6	D	169.3
柴油	E0	178.3	E	192.8
机具折旧	F0	154.4	F	162.5
空心砖	G0	160.1	G	162.0
木材	H0	142.7	H	159.5

试计算 2013 年 9 月的实际价款。

【解】该工程其他费用，即不调值的费用占工程价款的 15%，计算出各项参加调值的费用占工程价款比例如下：

人工费：$(50\% \times 10\% + 53\% \times 40\% + 53\% \times 50\%) \times 85\% \approx 45\%$

钢材：$(5\% \times 40\% + 22\% \times 50\%) \times 85\% \approx 11\%$

水泥：$(20\% \times 40\% + 10\% \times 50\%) \times 85\% \approx 11\%$

骨料：$(5\% \times 40\% + 7\% \times 50\%) \times 85\% \approx 5\%$

柴油：$(24\% \times 10\% + 5\% \times 40\% + 4\% \times 50\%) \times 85\% \approx 5\%$

机具折旧：$26\% \times 10\% \times 85\% \approx 2\%$

空心砖：$12\% \times 40\% \times 85\% \approx 4\%$

木材：$4\% \times 50\% \times 85\% \approx 2\%$

不调值费用占工程价款的比例为：15%

根据公式得：

$\Delta P = 10\% \times 1000 \times [0.15 + (0.45 \times 116/100 + 0.11 \times 187.6/153.4 + 0.11 \times 178.0/154.8 + 0.05 \times 169.3/132.6 + 0.05 \times 192.8/178.3 + 0.02 \times 162.5/154.4 + 0.04 \times 162.0/160.1 + 0.02 \times 159.5/142.7)] - P_0$

$= 1013.3 - 1000$

$= 13.3$ 万元

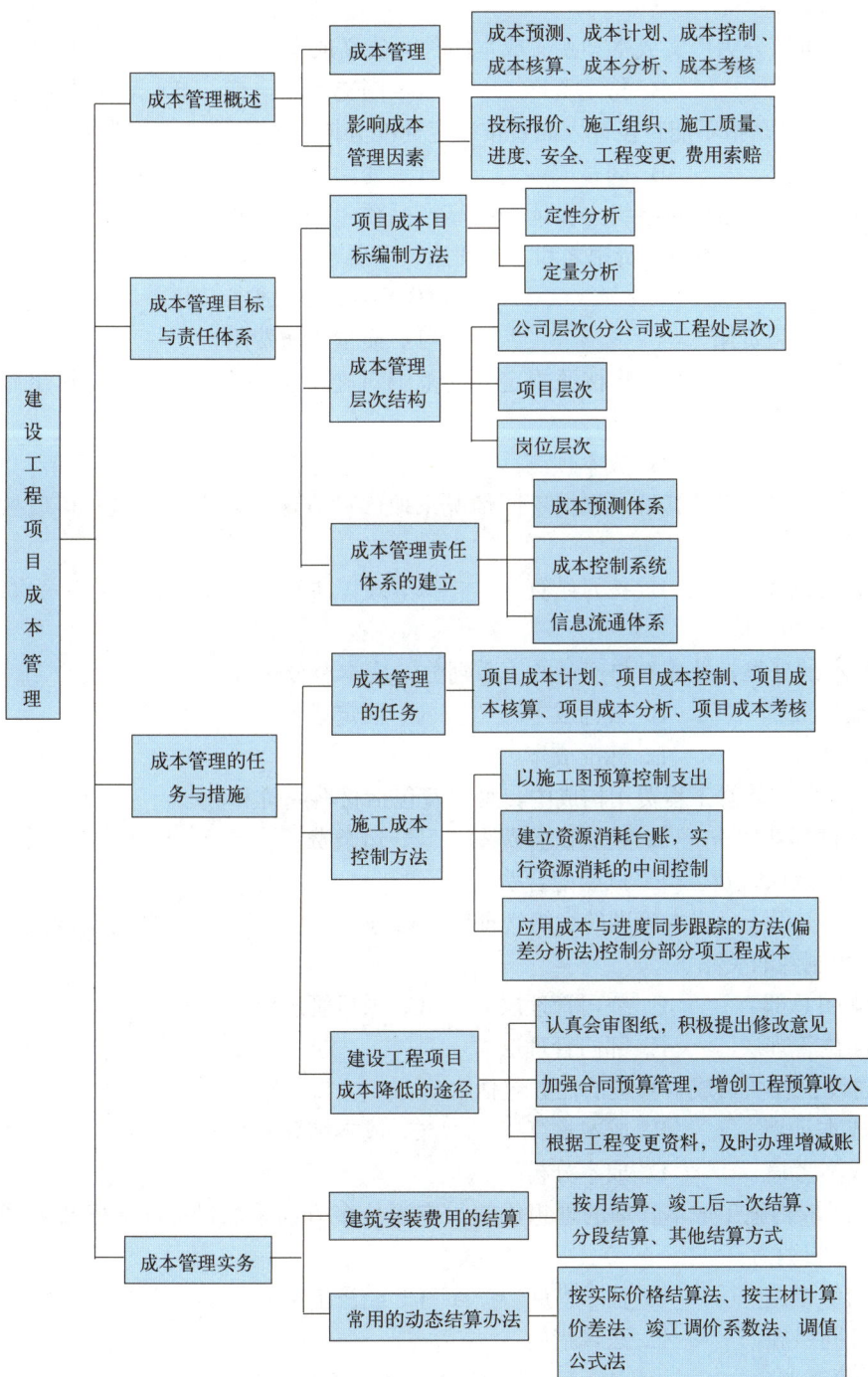

单元小结

```
建设工程项目成本管理
├─ 成本管理概述
│   ├─ 成本管理 ── 成本预测、成本计划、成本控制、成本核算、成本分析、成本考核
│   └─ 影响成本管理因素 ── 投标报价、施工组织、施工质量、进度、安全、工程变更、费用索赔
├─ 成本管理目标与责任体系
│   ├─ 项目成本目标编制方法 ── 定性分析 / 定量分析
│   ├─ 成本管理层次结构 ── 公司层次(分公司或工程处层次) / 项目层次 / 岗位层次
│   └─ 成本管理责任体系的建立 ── 成本预测体系 / 成本控制系统 / 信息流通体系
├─ 成本管理的任务与措施
│   ├─ 成本管理的任务 ── 项目成本计划、项目成本控制、项目成本核算、项目成本分析、项目成本考核
│   ├─ 施工成本控制方法 ──
│   │    ├─ 以施工图预算控制支出
│   │    ├─ 建立资源消耗台账，实行资源消耗的中间控制
│   │    └─ 应用成本与进度同步跟踪的方法(偏差分析法)控制分部分项工程成本
│   └─ 建设工程项目成本降低的途径 ──
│        ├─ 认真会审图纸，积极提出修改意见
│        ├─ 加强合同预算管理，增创工程预算收入
│        └─ 根据工程变更资料，及时办理增减账
└─ 成本管理实务
    ├─ 建筑安装费用的结算 ── 按月结算、竣工后一次结算、分段结算、其他结算方式
    └─ 常用的动态结算办法 ── 按实际价格结算法、按主材计算价差法、竣工调价系数法、调值公式法
```

单元习题

一、单选题

1. 成本可以分为广义成本和狭义成本两种。狭义成本是指为（   ）而发生的支出。

A. 固定资产　　　　B. 特定资产　　　　C. 制造产品　　　　D. 对象化的费用支出

2. （   ）是指不能直接计入而要按一定标准分摊计入产品成本的费用。

A. 直接成本　　　　B. 间接成本　　　　C. 变动成本　　　　D. 摊销成本

3. 质量成本是指项目组织为保证和提高产品质量而支出的一切费用，以及因未达到质量标准而产生的一切损失费用之和。下列选项不属于质量成本的是（   ）。

A. 故障成本　　　　　　　　　　　B. 不可预见成本

C. 质量检验费用　　　　　　　　　D. 质量预防费用

4. 施工项目（   ）是指按照规定开支范围对施工费用进行归集，计算出施工实际费用的成本。

A. 成本考核　　　　B. 成本预测　　　　C. 成本分析　　　　D. 成本核算

5. 建筑安装费用结算可以根据不同情况采取多种方法。其中（   ）可以按月预支工程款。

A. 分段结算　　　　B. 按月结算　　　　C. 竣工决算　　　　D. 竣工后一次结算

二、多选题

1. 成本的分类，按成本与产量的关系划分，成本可分为（   ）。

A. 变动成本　　　　B. 目标成本　　　　C. 固定成本

D. 计划成本　　　　E. 标准成本

2. 建筑装饰装修工程费用构成中，材料费包括材料原价和（   ）。

A. 运输损耗费　　　B. 检验试验费　　　C. 运杂费

D. 采购及保管费　　E. 试验配合费

3. 建设工程项目成本管理的组织管理层次可分为（   ），管理层次之间是互相关联、互相制约的关系。

A. 集团总部　　　　B. 公司管理层　　　C. 项目管理层

D. 岗位管理层　　　E. 部门管理层

4. 建设工程项目成本管理的任务包括（   ）。

A. 成本计划　　　　B. 成本核算　　　　C. 成本结算

D. 成本考核　　　　E. 成本分析

5. 为了取得施工成本管理的理想成效，应当从多方面采取措施实施管理，通常可以将这些措施归纳为（   ）。

A. 组织措施　　　　B. 技术措施　　　　C. 经济措施

D. 合同措施　　　　E. 法律措施

三、简答题

1. 简述成本的分类。

2. 建设工程项目成本管理的原则是什么？

单元 6　建设工程项目质量管理

素质目标

具备较强的分析能力，自我学习能力，善于创新和总结经验。

具备极强的敬业精神和责任心，诚信、豁达、团结、乐于助人，能遵守职业道德规范要求。

知识目标

了解质量、建设工程项目质量、施工过程质量、工作质量的定义。

了解建设工程项目质量控制体系。

掌握建设工程项目施工质量控制。

能力目标

能利用质量控制数理统计方法对工程质量问题进行分析、找出问题的原因，并提出相应对策。

能进行建设工程施工质量验收与施工质量不合格的处理。

案例引入

质量是建设工程项目管理的主要控制目标之一。建设工程项目在建造过程中，基础工程、砌筑工程、钢筋混凝土工程等各分部分项工程施工工序及构件生产制作应符合相关设计标准及施工规范要求。

建设工程项目的质量控制，需要系统有效地应用质量管理和质量控制的基本原理和方法，建立和运行工程项目质量控制体系，落实项目各参与方的质量责任，通过项目实施过程各个环节质量控制的职能活动，有效预防和正确处理可能发生的工程质量事故。

模块 6.1　建设工程项目质量管理概述

6.1.1　质量专业术语

1. 质量

根据国家标准《质量管理体系 基础和术语》GB/T 19000—2016，质量满足要求，产品或服务符合规格要求，达到客户需求的程度。就工程质量而言，其固有特性通常包括使用功能、寿命、可靠性、安全性、经济性等，这些特性满足程度越高，质量越好。

2. 质量管理

质量管理是对产品或服务质量的全面管理过程。这些活动通常包括制定质量方针和质量目标、质量策划、质量控制、质量保证和质量改进等一系列工作。

3. 质量控制

根据现行国家标准《质量管理体系 基础和术语》的定义，质量控制是质量管理的一部分，是致力于满足质量要求的一系列相关活动。这些活动主要包括：

(1) 设定标准：即规定要求，确定需要控制的区间、范围、区域。

(2) 测量结果：测量满足所设定标准的程度。

(3) 评价：即评价控制的能力和效果。

(4) 纠偏：对不满足设定标准的偏差，及时纠偏，保持控制能力的稳定性。

质量控制是在明确的质量目标和具体的条件下，通过行动方案和资源配置的计划、实施、检查和监督，进行质量目标的事前预控、事中控制和事后纠偏控制，实现预期质量目标的系统过程。由于建设工程项目的质量要求是由业主（或投资者、项目法人）提出的，即建设工程项目的质量总目标是业主的建设意图，其通过包括项目的定义及建设规模、系统构成、使用功能和价值、规格档次标准等的定位策划和目标决策来确定。因此，建设工程项目质量控制，在工程勘察设计、招标采购、施工安装、竣工验收等各个阶段，项目参与各方均应围绕着致力于满足业主要求的质量总目标而努力。

想 一 想

质量管理与质量控制的关系？

6.1.2 建设工程项目质量管理的基本方法

1. 全面质量管理（TQC）

TQC（Total Quality Control）即全面质量管理，是 20 世纪中期在欧美和日本广泛应用的质量管理理念和方法。我国从 20 世纪 80 年代开始引进和推广全面质量管理方法。这种方法的基本原理就是强调在企业或组织最高管理者的质量方针指引下，实行全面、全过程和全员参与的质量管理。

TQC 的主要特点是以顾客满意为宗旨；领导参与质量方针和目标的制定；提倡预防为主、科学管理、用数据说话等。

(1) 全方位质量管理

建设工程项目的全方位质量管理，是指建设工程项目参与各方所进行的质量管理的总称，其中包括对工程（产品）质量和工作质量的全面管理。工作质量是产品质量的保证，工作质量直接影响产品质量的好坏。业主、监理单位、勘察单位、设计单位、施工总承包单位、施工分包单位、材料设备供应商等，任何一方、任何环节的怠慢疏忽或质量责任不到位都会造成不利影响。

(2) 全过程质量管理

全过程质量管理，是指根据工程质量的形成规律，从源头抓起，全过程推进。《质量管理体系 基础和术语》GB/T 19000—2016 强调质量管理的"过程方法"管理原则，要求应用"过程方法"进行全过程质量控制。质量管理要控制的主要过程有：项目策划与决策过程；勘察设计过程；施工采购过程；施工组织与准备过程；检测设备控制与计量过程；施工生产的检验试验过程；工程质量的评定过程；工程竣工验收与交付过程；工程回访维修服务过程等。

（3）全员参与质量管理

按照全面质量管理的思想，组织内部的每个部门和工作岗位都承担着相应的质量职能，组织的最高管理者确定了质量方针和目标，就应组织和动员全体员工参与到实施质量方针的系统活动中去，发挥自己的角色作用。开展全员参与质量管理的重要手段就是运用目标管理方法，将组织的质量总目标逐级进行分解，使之形成自上而下的质量目标分解体系和自下而上的质量目标保证体系，发挥组织系统内部每个工作岗位、部门或团队在实现质量总目标过程中的作用。

2. PDCA 循环

在长期的生产实践和理论研究中形成的 PDCA 循环，是建立质量体系和进行质量管理的基本方法。PDCA 循环如图 6-1 所示。从某种意义上说，管理就是确定任务目标，并通过 PDCA 循环来实现预期目标。每一循环都围绕着实现预期的目标，进行计划、实施、检查和处置活动，随着对存在问题的解决和改进，在一次一次的滚动循环中逐步上升，不断增强质量能力，不断提高质量水平。每一个循环的四大职能活动相互联系，共同构成了质量管理的系统过程。

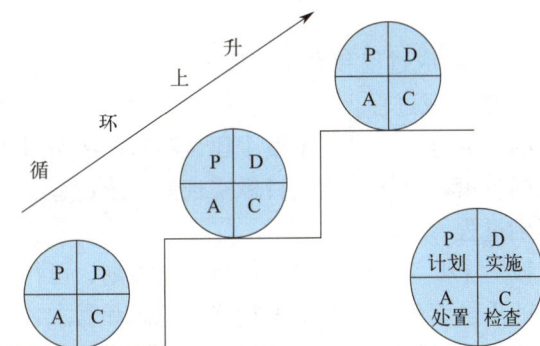

图 6-1　质量管理的 PDCA 循环

（1）计划 P（Plan）

计划由目标和实现目标的手段组成，所以说计划是一条"目标—手段链"。质量管理的计划职能，包括确定质量目标和制定行动方案两方面。实践表明质量计划的严谨周密、经济合理和切实可行，是保证工作质量、产品质量和服务质量的前提条件。

建设工程项目的质量计划，是由项目参与各方根据其在项目实施中所承担的任务、责任范围和质量目标，分别制定质量计划而形成的质量计划体系。其中，建设单位的工程项目质量计划，包括确定和论证项目总体的质量目标，提出项目质量管理的组织、制度、工作程序、方法和要求。项目其他各参与方，则根据工程合同规定的质量标准和责任，在明确各自质量目标的基础上，制定实施相应范围质量管理的行动方案，包括技术方法、业务流程、资源配置、检验试验要求、质量记录方式、不合格处理、管理措施等具体内容和做法的质量管理文件，同时亦需对其实现预期目标的可行性、有效性、经济合理性进行分析论证，并按照规定的程序与权限，经过审批后执行。

（2）实施 D（Do）

实施职能在于将质量的目标值，通过生产要素的投入、作业技术活动和产出过程，转换为质量的实际值。为保证工程质量的产出或形成过程能够达到预期的结果，在各项质量活动实施前，要根据质量管理计划进行行动方案的部署和交底；交底的目的在于使具体的作业者和管理者明确计划的意图和要求，掌握质量标准及其实现的程序与方法。在质量活动的实施过程中，则要求严格执行计划的行动方案，规范行为，把质量管理计划的各项规定和安排落实到具体的资源配置和作业技术活动中去。

（3）检查 C（Check）

指对计划实施过程进行各种检查，包括自检、互检和专检。各类检查也都包含两大方面：一是检查是否严格执行了计划的行动方案，实际条件是否发生了变化，以及不执行计划的原因；二是检查计划执行的结果，即产出的质量是否达到标准的要求，对此进行确认和评价。

（4）处置 A（Action）

对于质量检查所发现的质量问题或质量不合格，及时进行原因分析，采取必要的措施，予以纠正，保持工程质量形成过程的受控状态。处置分纠偏和预防改进两个方面。前者是采取有效措施，解决当前的质量偏差、问题或事故；后者是将目前质量状况信息反馈到管理部门，反思问题症结或计划时的不周，确定改进目标和措施，为今后类似质量问题的预防提供借鉴。

6.1.3 建设工程项目质量的形成过程和影响因素分析

1. 建设工程项目质量的形成过程

建设工程项目质量的形成过程，贯穿于整个建设项目的决策过程和各个子项目的设计与施工过程，体现在目标决策、目标细化到目标实现的系统过程。

（1）质量需求的识别过程

在建设项目决策阶段，主要工作包括建设项目发展策划、可行性研究、建设方案论证和投资决策。这一过程的质量管理职能在于识别建设意图和需求，对建设项目的性质、规模、使用功能、系统构成和建设标准要求等进行策划、分析、论证，对整个建设工程项目的质量总目标以及项目内各子项目的质量目标提出明确要求。必须指出，由于建筑产品采取定制式的承发包生产模式，因此，其质量目标的决策是建设单位（业主）或项目法人的质量管理职能。尽管建设项目的前期工作，业主可以采用社会化、专业化的方式，委托咨询机构、设计单位或建设工程总承包企业进行，但这一切并不改变业主或项目法人的决策性质。业主的需求和法律法规的要求，是决定质量目标的主要依据。

（2）质量目标的定义过程

建设工程项目质量目标的具体定义过程是在设计阶段。设计的任务就在于按照业主的建设意图、决策要点、相关法规和标准、规范的强制性条文要求，将质量目标具体化。通过建设工程的方案设计、初步设计、技术设计和施工图设计等环节，对建设工程项目各细部的质量特性指标进行明确定义，即确定质量目标值，为施工安装作业活动及质量控制提供依据。

（3）质量目标的实现过程

建设工程项目质量目标实现是在施工阶段，包括施工准备过程和施工作业技术活动过程。其任务是按照质量策划的要求，制定企业或工程项目内控标准，实施目标管理、过程监控、阶段考核、持续改进，严格按设计图纸施工，正确合理地配备施工生产要素，把特定的劳动对象转化成符合质量标准的建设工程产品。

综上所述，建设工程项目质量的形成过程，贯穿于建设工程项目的决策过程和实施过程，这些过程的各个重要环节构成了工程建设的基本程序，它是工程建设客观规律的体现。建设工程项目质量的形成过程，在某种意义上说，也就是在履行建设程序的过程中，对建设工程项目实体注入一组固有的质量特性，以满足人们的预期需求。在这个过程中，业主方的项目管理，担负着对整个建设工程项目质量总目标的策划、决策和实施监控的任务；而建设工程项目各参与方，则直接承担着相关建设工程项目质量目标的控制职能和相应的质量责任。

2. 建设工程项目质量的影响因素

建设工程项目质量的影响因素，主要是指在质量目标策划、决策和实现过程中影响质量形成的各种客观因素和主观因素，包括人的因素、材料因素、机械因素、方法因素和环境因素等。

（1）人的因素

人的因素对建设工程项目质量形成的影响，取决于两个方面：一是指直接履行质量职能的决策者、管理者和作业者个人的质量意识及质量活动能力；二是指承担建设工程项目策划、决策或实施的建设单位、勘察设计单位、咨询服务机构、工程承包企业等实体组织的质量管理体系及其管理能力。前者是个体的人，后者是群体的人。我国实行建筑业企业经营资质管理制度、市场准入制度、执业资格注册制度、作业及管理人员持证上岗制度等，从本质上说，都是对从事建设工程活动的人的素质和能力进行必要的控制。此外，《建筑法》和《建设工程质量管理条例》还对建设工程的质量责任制度作出明确规定，如规定按资质等级承包工程任务，不得越级、不得挂靠、不得转包，严禁无证设计、无证施工等，从根本上防止质量管理失控。

（2）材料因素。包括原材料、半成品、成品、构配件和周转材料等。各类材料是工程施工的基本物质条件。材料质量是工程质量的基础，材料不符合要求，工程质量就不可能达到标准，所以加强对材料的质量控制，是保证工程质量的基础。

（3）机械因素。机械包括工程设备、施工机械和各类工器具。工程设备是指组成工程实体的工艺设备和各类机具，如各类生产设备、装置和辅助配套的电梯、泵机，以及通风空调设备，消防、通信、环保设备等，它们是工程项目的重要组成部分，其质量优劣，直接影响到工程使用功能的发挥。

施工机械和各类工器具是指施工过程中使用的各类机具设备，包括运输设备、吊装设备、操作工具、测量仪器、计量器具以及施工安全设施等，施工机械设备是所有施工方案和工法得以实施的重要物质基础，合理选择和正确使用施工机械设备是保证施工质量和安全的重要条件。

（4）方法因素。方法的因素也可以称为技术因素。包括勘察、设计、施工所采用的技术和方法，以及工程检测、试验的技术和方法等。

影响建设工程项目质量的技术因素包括直接的工程技术和辅助的生产技术，前者如工程勘察技术、设计技术、施工技术、材料技术等，后者如工程检测检验技术、试验技术等。项目技术的先进性，主要通过技术工作的组织与管理，优化技术方案，发挥技术因素对建设工程项目质量的保证作用。

（5）环境因素。包括自然环境因素、社会环境因素、管理环境因素和作业环境因素。自然环境因素主要指工程地质、水文、气象条件和地下障碍物以及其他不可抗力等影响项目质量的因素。社会环境因素，表现在建设法律法规的健全程度及其执法力度；建筑市场包括建设工程交易市场和建筑生产要素市场的发育程度及交易行为的规范程度；政府的工程质量监督及行业管理的成熟程度；建设咨询服务业的发展程度及其服务水准的高低；廉政建设及行风建设的状况等。管理环境因素，主要是决策因素和组织因素。其中，决策因素首先是业主方的决策，其次是实施主体的各项技术决策和管理决策。管理因素中的组织因素，包括管理组织和任务组织。管理组织指管理的组织架构、管理制度及其运行机制，三者的有机联系构成了一定的组织管理模式，其各项管理职能的运行情况，直接影响着质量目标的实现。任务组织是指对项目实施的任务及其目标进行分解、发包、委托，以及对实施任务所进行的计划、指挥、协调、检查和监督等一系列工作过程。从建设工程项目质量控制的角度看，管理组织系统是否健全、实施任务的组织方式是否科学合理，无疑将对质量目标控制产生重要的影响。

作业环境因素，主要是指实施现场平面和环境条件，各种能源介质供应，施工照明，通风，安装防护设施，施工场地给水排水，以及交通运输和道路条件等因素，这些条件是否良好，都直接影响到施工能否顺利进行，以及施工质量能否得到保证。

想 一 想

建设工程项目质量的影响因素？

6.1.4 建设工程项目质量控制体系

1. 质量控制体系的建立

质量控制体系的建立过程，实际上就是项目质量总目标的确定和分解过程，也是各参与方之间质量管理关系和控制责任的确立过程。

为了保证质量控制体系的科学性和有效性，必须明确体系建立的原则、内容、程序和主体。

实践经验表明，建设工程项目质量控制体系的建立，对于质量目标的规划、分解和有效实施控制是非常重要的，应遵循以下原则：

1）分层次规划原则

建设工程项目质量控制体系的分层次规划，是指建设工程项目管理的总组织者（建设单位或代建制项目管理企业）和承担项目实施任务的各参与单位，分别进行不同层次和范围的质量控制体系规划。

2）目标分解原则

建设工程项目质量控制系统总目标的分解，是根据控制系统内工程项目的分解结构，将工程项目的建设标准和质量总体目标分解到各个责任主体，明示于合同条件，由各责任主体制订出相应的质量计划，确定其具体的控制方式和控制措施。

3）质量责任制原则

建设工程项目质量控制体系的建立，应按照《建筑法》和《建设工程质量管理条例》有关质量责任的规定，界定各方的质量责任范围和控制要求。

4）系统有效性原则

建设工程项目质量控制体系，应从实际出发，结合项目特点、合同结构和项目管理组织系统的构成情况，建立项目各参与方共同遵循的质量管理制度和控制措施，并形成有效的运行机制。

2. 质量控制体系的责任主体

根据建设工程项目质量控制体系的性质、特点和结构，一般情况下，质量控制体系应由建设单位或工程项目总承包企业的工程项目管理机构负责建立；在分阶段依次对勘察、设计、施工、安装等任务进行分别招标发包的情况下，该体系通常应由建设单位或其委托的工程项目管理企业负责建立，并由各承包企业根据项目质量控制体系的要求，建立隶属于总的项目质量控制体系的设计项目、施工项目、采购供应项目等分质量保证体系（可称相应的质量控制子系统），以具体实施其质量责任范围内的质量管理和目标控制。

3. 施工企业质量管理体系的建立与认证

施工企业质量管理体系是企业为实施质量管理而建立的管理体系，通过第三方质量认证机构的认证，为该企业的工程承包经营和质量管理奠定基础。企业质量管理体系应按照我国《质量管理体系　基础和术语》GB/T 19000—2016 进行建立和认证。主要包括质量管理八项原则，企业质量管理体系文件的构成，以及企业质量管理体系的建立与运行、认证与监督等相关知识。

质量管理八项原则是 ISO 9000 标准的编制基础，是世界各国质量管理成功经验的科学总结，其中不少内容与我国全面质量管理的经验吻合。它的贯彻执行能促进企业管理水平的提高，提高顾客对其产品或服务的满意程度，帮助企业达到持续成功的目的。质量管理八项原则的具体内容如下：

1）以顾客为关注焦点

组织（从事一定范围生产经营活动的企业）依存于其顾客。组织应理解顾客当前的和未来的需求，满足顾客要求并争取超越顾客的期望。

2）领导作用

领导者确立本组织统一的宗旨和方向，并营造和保持使员工充分参与实现组织目标的内部环境。因此领导在企业的质量管理中起着决定性的作用。只有领导重视，各项质量活动才能有效开展。

3）全员参与

各级人员都是组织之本，只有全员充分参加，才能使他们的才干为组织带来收益。产品质量是产品形成过程中全体人员共同努力的结果，其中也包含着为他们提供支持的管理、检查、行政人员的贡献。企业领导应对员工进行质量意识等各方面的教育，激发他们的积极性和责任感，为其能力、知识、经验的提高提供机会，发挥创造精神，鼓励持续改进，给予必要的物质和精神奖励，使全员积极参与，为达到让顾客满意的目标而奋斗。

4）过程方法

将活动和相关的资源作为过程进行管理，可以更高效地得到期望的结果。任何使用资源的生产活动和将输入转化为输出的一组相关联的活动都可视为过程。一般在过程的输入端、过程的不同位置及输出端都存在着可以进行测量、检查的机会和控制点，对这些控制点实行测量、检测和管理，便能控制过程的有效实施。

5）管理的系统方法

将相互关联的过程作为系统加以识别、理解和管理，有助于组织提高实现其目标的有效性和效率。不同企业应根据自己的特点，建立资源管理、过程实现、测量分析改进等方面的关联关系，并加以控制。即采用过程网络的方法建立质量管理体系，实施系统管理。建立实施质量管理体系的工作内容一般包括：①确定顾客期望；②建立质量目标和方针；③确定实现目标的过程和职责；④确定必须提供的资源；⑤规定测量过程有效性的方法；⑥实施测量确定过程的有效性；⑦确定防止不合格并清除产生原因的措施；⑧建立和应用持续改进质量管理体系的过程。

6）持续改进

持续改进总体业绩是组织的一个永恒目标，其作用在于增强企业满足各项要求的能力，包括产品质量、过程及体系的有效性和效率的提高。持续改进是增强和满足质量要求能力的循环活动，是使企业的质量管理走上良性循环轨道的必由之路。

7）基于事实的决策方法

有效的决策应建立在数据和信息分析的基础上，数据和信息分析是事实的高度提炼。以事实为依据作出决策，可防止决策失误。为此企业领导应重视数据信息的收集、汇总和分析，以便为决策提供依据。

8）与供方互利的关系

组织与供方是相互依存的，建立双方的互利关系可以增强双方创造价值的能力。处理好与供方的关系，涉及企业能否持续稳定提供顾客满意的产品。因此，对供方不能只讲控制，不讲合作互利，特别是关键供方，更要建立互利关系，这对企业与供方双方都有利。

4. 企业质量管理体系文件构成

质量管理标准所要求的质量管理体系文件由下列内容构成，这些文件的详略程度无统一规定，以适合于企业使用，使过程受控为准则。

（1）质量方针和质量目标

质量方针和质量目标一般以简明的文字来表述，是企业质量管理的方向目标，应反映用户及社会对工程质量的要求及企业相应的质量水平和服务承诺，也是企业质量经营理念的反映。

（2）质量手册

质量手册是规定企业组织质量管理体系的文件，质量手册对企业质量体系作系统、完整和概要的描述。其内容一般包括：企业的质量方针、质量目标、组织机构及质量职责、体系要素或基本控制程序、质量手册的评审、修改和控制的管理办法。

质量手册作为企业质量管理系统的纲领性文件，应具备指令性、系统性、协调性、先进性、可行性和可检查性。

（3）程序性文件

各种生产、工作和管理的程序文件是质量手册的支持性文件，是企业各职能部门为落实质量手册要求而规定的细则，企业为落实质量管理工作而建立的各项管理标准、规章制度都属程序文件范畴。各企业程序文件的内容及详略可视企业情况而定。一般有以下6个方面的程序为通用性管理程序，各类企业都应在程序文件中制定：

1）文件控制程序。

2）质量记录管理程序。

3）内部审核程序。

4）不合格品控制程序。

5）纠正措施控制程序。

6）预防措施控制程序。

除以上 6 个程序以外，涉及产品质量形成过程各环节控制的程序文件，如生产过程、服务过程、管理过程、监督过程等管理程序文件，可视企业质量控制的需要而制定，不作统一规定。

为确保过程的有效运行和控制，在程序文件的指导下，尚可按管理需要编制相关文件，如作业指导书、具体工程的质量计划等。

（4）质量记录

质量记录是产品质量水平和质量体系中各项质量活动进行及结果的客观反映，对质量体系程序文件所规定的运行过程及控制测量检查的内容如实加以记录，用以证明产品质量达到合同要求及质量保证的满足程度。如在控制体系中出现偏差，则质量记录不仅需要反映偏差情况，而且应反映出针对不足之处所采取的纠正措施及纠正效果。

质量记录应完整地反映质量活动实施、验证和评审的情况，并记载关键活动的过程参数，具有可追溯性的特点。质量记录以规定的形式和程序进行，并有实施、验证、审核等签署意见。

5. 质量管理体系的建立和运行

（1）质量管理体系的建立

质量管理体系的建立，是在确定市场及顾客需求的前提下，按照八项质量管理原则制定企业的质量方针、质量目标、质量手册、程序文件及质量记录等体系文件，并将质量目标分解落实到相关层次、相关岗位的职能和职责中，形成企业质量管理体系的执行系统。

质量管理体系的建立还包含组织企业不同层次的员工进行培训，使体系的工作内容和执行要求为员工所了解，为形成全员参与的企业质量管理体系的运行创造条件。

质量管理体系的建立需识别并提供实现质量目标和持续改进所需的资源，包括人员、基础设施、环境、信息等。

（2）质量管理体系的运行

质量管理体系的运行是在生产及服务的全过程，按质量管理体系文件所制定的程序、标准、工作要求及目标分解的岗位职责进行运作。

在质量管理体系运行的过程中，按各类体系文件要求，监视、测量和分析过程的有效性和效率，做好文件规定的质量记录，持续收集、记录并分析过程的数据和信息，全面反映产品质量和过程符合要求，并具有可追溯的效能。

按文件规定的办法进行质量管理评审和考核。对过程运行的评审考核工作，应针对发现的主要问题，采取必要的改进措施，使这些过程达到所策划的结果并实现对过程的持续改进。

落实质量体系的内部审核程序，有组织、有计划地开展内部质量审核活动，其主要目的：

1）评价质量管理程序的执行情况及适用性。

2）揭露过程中存在的问题，为质量改进提供依据。

3）检查质量体系运行的信息。

4）向外部审核单位提供体系有效的证据。

为确保系统内部审核的效果，企业领导应发挥决策领导作用，制定审核政策和计划，组织内审人员队伍，落实内审条件，并对审核发现的问题采取纠正措施和提供人、财、物等方面的支持。

6. 质量管理体系的认证与监督

（1）质量管理体系认证的意义

质量认证制度是第三方认证机构对企业的产品及质量体系作出正确可靠的评价，从而使社会对企业的产品建立信心。第三方质量认证制度自 20 世纪 80 年代以来已得到世界各国的普遍重视，它对供方、需方、社会和国家的利益都具有以下重要意义：

1）提高供方企业的质量信誉。

2）促进企业完善质量体系。

3）增强国际市场竞争能力。

4）减少社会重复检验和检查费用。

5）有利于保护消费者利益。

6）有利于法规的实施。

（2）质量管理体系认证的程序

1）申请和受理

具有法人资格，并已按 GB/T 19000—2016 系统标准或其他国际公认的质量体系规范建立了文件化的质量管理体系，并在生产经营全过程贯彻执行的企业可提出申请。申请单位须按要求填写申请书。认证机构经审查符合要求后接受申请，如不符合要求则不接受申请，接受或不接受均予发出书面通知书。

2）审核

认证机构派出审核组对申请方质量管理体系进行检查和评定，包括文件审查、现场审核，并提出审核报告。

3）审批与注册发证

认证机构对审核组提出的审核报告进行全面审查，对符合标准者予以批准并注册，发给认证证书（内容包括证书号、注册企业名称地址、认证和质量管理体系覆盖产品的范围、评价依据及质量保证模式标准及说明、发证机构、签发人和签发日期）。

模块 6.2 建设工程项目施工质量计划

建设工程项目的质量计划是针对具体项目的特殊要求，以及应重点控制的环节，所编制的对设计、采购、施工安装、试运行等质量控制方案。开始编制质量计划时，可以总体上考虑如何保证产品质量，可以是带有指导性的较粗的计划。随着设计、施工、安装进展，再编制相应各阶段详细的质量计划，如设计控制计划、施工控制计划、安装控制计划和检验计划等。本模块重点介绍施工质量计划。

6.2.1 建设工程施工质量计划编制原则及作用

1. 施工质量计划编制原则

由于建筑产品具有单件性、生产周期长、空间固定性、露天作业及人为影响因素多等特点，使得工程实施过程必然繁杂、涉及面广且协作要求多。因此编制项目质量计划时要针对项目的具体特点。一般的项目质量计划的编制原则可归纳为以下几个方面：

（1）项目质量计划应符合国家及地区现行有关法律法规和标准规范的要求。

（2）项目质量计划应以合同的要求为编制前提。

（3）项目质量计划应体现出企业质量目标在项目上的分解。

（4）项目质量计划对质量手册、程序文件中已明确规定的内容仅作引用和说明如何使用即可，而不需要整篇搬移。

（5）如果已有文件的规定不适合或没有涉及的内容，在质量计划中作出规定或补充。

（6）按工程大小、结构特点、技术难易程度、具体质量要求来确定项目质量计划的详略程度。

2. 项目质量计划的作用

项目质量计划的作用可归纳为以下三个方面：

（1）为操作者提供了指导文件，指导具体操作人员如何工作，完成哪些活动。

（2）为检查者提供检查项目，是一种活动控制文件。指导跟踪具体施工，检查具体结果。

（3）提供活动结果证据。所有活动的时间、地点、人员、活动项目等均如实记录，得到控制并经验证。

6.2.2　建设工程施工质量计划的形式和内容

1. 施工质量计划的形式

目前我国已经建立质量管理体系的施工企业除了采用施工质量计划的文本形式外，通常还采用施工组织设计和项目管理实施规划等文本形式。因此，现行的施工质量计划有三种形式：

（1）施工质量计划。

（2）施工组织设计（含施工质量计划）。

（3）项目管理实施规划（含施工质量计划）。

施工组织设计或项目管理实施规划之所以能发挥施工质量计划的作用，这是因为根据建筑生产的技术经济特点，每个工程项目都需要进行施工生产过程的组织与计划，包括施工质量、进度、成本、安全等目标的设定，实现目标的计划和控制措施的安排等，因此，施工质量计划所要求的内容，理所应当地被包含于施工组织设计或项目管理实施规划中，而且能够充分体现施工项目管理目标（质量、工期、成本、安全）的关联性、制约性和整体性、这也和全面质量管理的思想方法相一致。

2. 施工质量计划的基本内容

在已经建立质量管理体系的情况下，质量计划的内容必须全面体现和落实企业质量管理体系文件的要求（也可引用质量体系文件中的相关条文），编制程序、内容和编制依据符合有关规定，同时结合本工程的特点，在质量计划中编写专项管理要求。施工质量计划的基本内容一般应包括：

（1）工程特点及施工条件（合同条件、法规条件和现场条件等）分析。

（2）质量总目标及分解目标。

（3）质量管理组织机构和职责，人员及资源配置计划。

（4）确定施工工艺与操作方法的技术方案和施工组织方案。

（5）施工材料、设备等物资的质量管理及控制措施。

（6）施工质量检验、检测、试验工作的计划安排及其实施方法与检测标准。

（7）施工质量控制点及其跟踪控制的方式与要求。

（8）质量记录的要求等。

6.2.3 建设工程施工质量计划的编制

建设工程项目施工任务的组织，无论业主采用平行发包还是总发包方式，都将涉及多方参与主体的质量责任。也就是说建筑产品的直接生产过程，是在协同方式下进行的，因此，在工程项目质量控制系统中，要按照谁实施、谁负责的原则，明确施工质量控制的主体构成及其各自的控制范围。

1. 施工质量计划的编制主体

施工质量计划应由自控主体（即施工承包企业）进行编制。在平行发包方式下，各承包单位应分别编制施工质量计划；在总发包模式下，施工总承包单位应编制总承包工程范围的施工质量计划，各分包单位编制相应分包范围的施工质量计划，作为施工总承包方质量计划的深化和组成部分。施工总承包方有责任对各分包方施工质量计划的编制进行指导和审核，并承担相应施工质量的连带责任。

2. 施工质量计划涵盖的范围

施工质量计划涵盖的范围，按整个项目质量控制的要求，应与建筑安装工程施工任务的实施范围相一致。以此保证整个项目建筑安装工程的施工质量总体受控；对具体施工任务承包单位而言，施工质量计划涵盖的范围，应能满足其履行工程承包合同质量责任的要求。项目的施工质量计划，应在施工程序、控制组织、控制措施、控制方式等方面，形成一个有机的质量计划系统，确保实现项目质量总目标和各分解目标的控制能力。

6.2.4 建设工程施工质量计划与施工组织设计的关系

施工组织设计是针对某一特定工程项目，指导工程施工全局、统筹施工过程，是建筑安装施工管理中重要的技术经济文件。它对项目施工中劳动力、机械设备、原材料和技术资源以及工程进度等方面均进行科学、合理的统筹，着重解决施工过程中可能遇到的技术难题，其内容包括工程进度、工程质量、工程成本和施工安全等，在施工技术和必要的经济指标方面比较具体，而在实施施工管理方面描述得较为粗浅，不便于指导施工过程。

施工质量计划侧重于对施工现场的管理控制，对某个过程、某个工序、由什么人、如何去操作等作出了明确规定；对项目施工过程影响工程质量的环节进行控制，以合理的组织结构、培训合格的在岗人员和必要的控制手段，保证工程质量达到合同要求。但在经济技术指标方面很少涉及。

但是，两者又有一定的相同点。项目的施工组织设计和项目质量计划都是以具体的工程项目为对象并以文件的形式提出的；编制的依据都是政府的法律法规文件、项目的设计文件、现行的规范和操作规程、工程的施工合同以及有关的技术经济资料、企业的资源配置情况和施工现场的环境条件；编制的目的都是为了强化项目施工管理和对工程施工的控制。但是两者在作用、编制原则、内容等方面有较大的区别。

模块 6.3　建设工程项目施工质量控制

6.3.1　建设工程项目施工质量控制含义

建设工程项目的施工质量控制，有两个方面的含义：一是指施工单位的质量控制，包括总承包、分包单位，综合的和专业的施工质量控制；二是指广义的施工阶段质量控制，即除了施工单位的质量控制外，还包括业主、设计单位、监理单位以及政府质量监督机构，在施工阶段对建设工程项目质量所实施的监督管理和控制职能。因此，从建设工程项目管理的角度，应全面理解施工质量控制的内涵，掌握施工阶段质量控制的目标、依据与基本环节，以及施工质量计划的编制，施工生产要素、施工准备工作和施工作业过程的质量控制方法。

6.3.2　施工质量控制的目标、依据与基本环节

1. 施工阶段质量控制的目标

施工是实现工程设计意图形成工程实体的阶段，最终形成工程产品质量和项目使用价值。施工阶段的质量控制是整个工程项目质量控制的关键环节，是从对投入原材料的质量控制开始，直到完成工程竣工验收和交工后服务的系统过程，分施工准备、施工、竣工验收和回访服务 4 个阶段。

施工质量控制的总目标，是实现决策、设计文件和合同预期的质量标准。施工阶段质量控制目标可具体表述如下：

（1）建设单位的控制目标

建设单位在施工阶段，通过对施工全过程、全面的质量监督管理，保证整个施工过程及其成果达到项目决策所确定的质量标准。

（2）设计单位的控制目标

设计单位在施工阶段，通过对关键部位和重要分部分项工程施工质量验收签字确认、设计变更控制及纠正施工中所发现的设计问题、采纳变更设计的合理化建议等，保证竣工项目的各项施工成果与设计文件（包括变更文件）所规定的质量标准相一致。

（3）施工单位的控制目标

施工单位包括施工总承包和分包单位，作为建设工程产品的生产者，应根据施工合同的任务范围和质量要求，通过全过程、全面的施工质量自控，保证最终交付满足施工合同及设计文件所规定质量标准（含建设工程质量创优要求）的建设工程产品。根据我国建设工程质量管理条例规定，施工单位对建设工程的施工质量负责，分包单位应当按照分包合同的约定对其分包工程的质量向总承包单位负责，总承包单位与分包单位对分包工程的质量承担连带责任。

（4）供货单位的控制目标

建筑材料、设备、构配件等供应厂商，应按照采购供货合同约定的质量标准提供货物及其合格证明，包括检验试验单据、产品规格和使用说明书，以及其他必要的数据和资料，并对其产品质量负责。

（5）监理单位的控制目标

监理单位在施工阶段，通过审核施工质量文件、报告报表，采取现场旁站、巡视、平

行检验等形式进行施工过程质量监理；并应用施工指令和结算支付控制等手段，监控施工承包单位的质量活动行为，协调施工关系，正确履行对工程施工质量的监督责任，以保证工程质量达到施工合同和设计文件所规定的质量标准。根据我国《建筑法》规定，监理人员认为工程施工不符合工程设计要求、施工技术标准和合同约定的，有权要求建筑施工企业整改。

施工质量的自控和监控是相辅相成的系统过程。自控主体的质量意识和能力是关键，是影响施工质量的决定因素。各监控主体所进行的施工质量监控是对自控行为的推动和约束。因此，必须正确处理自控和监控的关系，在致力于施工质量自控的同时，还必须接受来自业主、监理等的监督管理，包括质量检查、评价和验收，自控主体不能因为监控主体的存在和监控职能的实施而减轻或免除其质量责任。

2. 施工质量控制的依据

（1）共同性依据

指适用于施工阶段且与质量管理有关的、通用的、具有普遍指导意义和必须遵守的基本条件。主要包括：工程建设合同、设计文件、设计交底及图纸会审记录、设计修改和技术变更、国家和政府有关部门颁布的与质量管理有关的法律和法规性文件（如《中华人民共和国建筑法》《中华人民共和国招标投标法》）。

（2）专门技术法规性依据

指针对不同的行业、不同质量控制对象制定的专门技术法规文件，包括规范、规程、标准、规定等。例如，工程建设项目质量检验评定标准，有关建筑材料、半成品和构配件的质量方面的专门技术法规性文件，有关材料验收、包装和标志等方面的技术标准和规定，施工工艺质量等方面的技术法规性文件，有关新工艺、新技术、新材料、新设备的质量规定和鉴定意见等。

3. 施工质量控制的基本环节

施工质量控制应贯彻全面、全过程质量管理的思想，运用动态控制原理，进行质量的事前控制、事中控制和事后控制。

（1）事前质量控制

即在正式施工前进行事前主动质量控制，通过编制施工质量计划，明确质量目标，制定施工方案，落实质量责任，分析可能导致质量目标偏离的各种影响因素，针对这些影响因素制定有效的预防措施，防患于未然。

事前质量预控必须充分发挥组织的技术和管理方面的整体优势，把长期形成的先进技术、管理方法和经验智慧，创造性地应用于工程项目。

事前质量预控要求针对质量控制对象的控制目标、活动条件、影响因素进行周密分析，找出薄弱环节，制定有效的控制措施和对策。

（2）事中质量控制

指在施工质量形成过程中，对影响施工质量的各种因素进行全面的动态控制。事中质量控制也称作业活动过程质量控制，包括质量活动主体的自我控制和他人监控的控制方式。自我控制是第一位的，即作业者在作业过程对自己质量活动行为的约束和技术能力的发挥，以完成符合预定质量目标的作业任务；他人监控是指作业者的质量活动过程和结果，接受来自企业内部管理者和企业外部有关方面的检查检验，如工程监理机构、政府质量监督部门等的监控。

事中质量控制的目标是确保工序质量合格，杜绝质量事故发生；控制的关键是坚持质量标准；控制的重点是对工序质量、工作质量和质量控制点的控制。

（3）事后质量控制

事后质量控制也称为事后质量把关，以使不合格的工序或最终产品（包括单位工程或整个工程项目）不流入下道工序、不进入市场。事后控制包括对质量活动结果的评价、认定；对工序质量偏差的纠正；对不合格产品进行整改和处理。控制的重点是发现施工质量方面的缺陷，并通过分析提出施工质量改进的措施，保持质量处于受控状态。

以上三大环节不是互相孤立和截然分开的，它们共同构成有机的系统过程，实质上也就是质量管理PDCA循环的具体化，在每一次滚动循环中不断提高，达到质量管理和质量控制的持续改进。

6.3.3　施工质量控制点的设置与管理

施工质量控制点的设置是施工质量计划的重要组成内容，是质量控制的重点对象。

1. 质量控制点的设置原则

质量控制点应选择那些技术要求高、施工难度大、对工程质量影响大或是发生质量问题时危害大的对象进行设置。一般选择下列部位或环节作为质量控制点：

（1）对工程质量形成过程产生直接影响的关键部位、工序、环节及隐蔽工程。

（2）施工过程中的薄弱环节，或者质量不稳定的工序、部位或对象。

（3）对下道工序有较大影响的上道工序。

（4）采用新技术、新工艺、新材料的部位或环节。

（5）施工质量无把握的、施工条件困难的或技术难度大的工序或环节。

（6）用户反馈指出的和过去有过返工的不良工序。

一般建筑工程质量控制点的设置可参考表6-1。

质量控制点的设置参考表　　　　　　　　　　表6-1

序号	分项工程	质量控制点
1	工程测量定位	标准轴线桩、水平桩、龙门板、定位轴线、标高
2	地基、基础	基础位置、尺寸、标高，基坑(槽)尺寸、标高、土质、地基承载力，基础垫层标高
3	砌筑工程	砌体数量，砌块排列，砌体轴线，皮数杆，砂浆配合比
4	模板工程	模板位置、标高、尺寸，模板承载力、刚度和稳定性，模板内部清理及润湿情况
5	钢筋混凝土	水泥品种、强度等级，砂石质量，混凝土配合比，外加剂配比，混凝土振捣，钢筋品种、规格、尺寸、搭接长度，钢筋焊接、机械连接
6	吊装	吊装设备的起重能力、吊具、索具、地锚；预留洞、孔及预埋件规格、位置、尺寸、数量，预制构件吊装或出厂(脱模)强度，吊装位置、标高、支承长度、焊缝长度
7	钢结构	翻样图、放大样；焊接条件、焊接工艺
8	装饰装修	视具体情况而定
……	……	……

2. 质量控制点的控制对象

质量控制点的重点控制对象主要包括：

（1）人的行为。某些操作或工序，应以人为重点控制对象，如高空、高温、水下、易燃易爆、重型构件吊装作业以及操作要求高的工序和技术难度大的工序等，都应从人的生理、心理、技术能力等方面进行控制。

（2）材料的质量与性能。这是直接影响工程质量的重要因素，在某些工程中应作为控制的重点。如钢结构工程中使用的高强度螺栓、某些特殊焊接使用的焊条，都应重点控制其材质与性能；又如水泥的质量是直接影响混凝土工程质量的关键因素，施工中就应对进场的水泥质量进行重点控制，必须检查核对其出厂合格证，并按要求进行强度和安定性的复验等。

（3）施工方法与关键操作。某些直接影响工程质量的关键操作应作为控制的重点，如预应力钢筋的张拉工艺操作过程及张拉力的控制，是可靠地建立预应力值和保证预应力构件质量的关键过程。同时，那些易对工程质量产生重大影响的施工方法，也应列为控制的重点，如大模板施工中模板的稳定和组装问题、液压滑模施工时支承杆稳定问题、升板法施工中提升量的控制问题等。

（4）施工技术参数。如混凝土的外加剂掺量、水灰比，回填土的含水量，砌体的砂浆饱满度，防水混凝土的抗渗等级，建筑物沉降与基坑边坡稳定监测数据，大体积混凝土内外温差及混凝土冬期施工受冻临界强度等技术参数都是应重点控制的质量参数与指标。

（5）技术间歇。有些工序之间必须留有必要的技术间歇时间，如砌筑与抹灰之间，应在墙体砌筑后留6～10天时间，让墙体充分沉陷、稳定、干燥，然后再抹灰，抹灰层干燥后，才能喷白、刷浆；混凝土浇筑与模板拆除之间，应保证混凝土有一定的硬化时间，达到规定拆模强度后方可拆除等。

（6）施工顺序。对于某些工序之间必须严格控制施工顺序，如对冷拉的钢筋应当先焊接后冷拉，否则会失去冷强；屋架的安装固定，应采取对角同时施焊方法，否则会由于焊接应力导致校正好的屋架发生倾斜。

（7）易发生或常见的质量通病。如混凝土工程的蜂窝、麻面、空洞，墙、地面、屋面工程渗水、漏水、空鼓、起砂、裂缝等，都与工序操作有关，均应事先研究对策，提出预防措施。

（8）新技术、新材料及新工艺的应用。由于缺乏经验，施工时应将其作为重点进行控制。

（9）产品质量不稳定和不合格率较高的工序应列为重点，认真分析，严格控制。

（10）特殊地基或特种结构。对于湿陷性黄土、膨胀土、红黏土等特殊土地基的处理，以及大跨度结构、高耸结构等技术难度较大的施工环境和重要部位，均应予以特别的重视。

3. 质量控制点的管理

设定了质量控制点，质量控制的目标及工作重点就更加明晰。首先，要做好施工质量控制点的事前质量预控工作，包括：明确质量控制的目标与控制参数；编制作业指导书和质量控制措施；确定质量检查检验方式及抽样的数量与方法；明确检查结果的判断标准及质量记录与信息反馈要求等。

其次，要向施工作业班组进行认真交底，使每一个控制点上的作业人员明白施工作业规程及质量检验评定标准，掌握施工操作要领；在施工过程中，相关技术管理和质量控制人员要在现场进行重点指导和检查验收。

同时，还要做好施工质量控制点的动态设置和动态跟踪管理。所谓动态设置，是指在工程开工前、设计交底和图纸会审时，可确定一批质量控制点，随着工程的展开、施工条件的变化，随时或定期进行控制点的调整和更新。动态跟踪是应用动态控制原理，落实专人负责跟踪和记录控制点质量控制的状态和效果，并及时向项目管理组织的高层管理者反馈质量控制信息，保持施工质量控制点的受控状态。

对于危险性较大的分部分项工程或特殊施工过程，除按一般过程质量控制的规定执行外，还应由专业技术人员编制专项施工方案或作业指导书，经项目技术负责人审批及监理工程师签字后执行。超过一定规模的危险性较大的分部分项工程，还要组织专家对专项方案进行论证。作业前施工员、技术员做好交底和记录，使操作人员在明确工艺标准、质量要求的基础上进行作业。为保证质量控制点的目标实现，应严格按照三级检查制度进行检查控制。在施工中发现质量控制点有异常时，应立即停止施工，召开分析会，查找原因采取对策予以解决。

施工单位应积极主动地支持、配合监理工程师的工作，应根据现场工程监理机构的要求，对施工作业质量控制点，按照不同的性质和管理要求，细分为"见证点"和"待检点"进行施工质量的监督和检查。凡属"见证点"的施工作业，如重要部位、特种作业、专门工艺等，施工方必须在该项作业开始前 24 小时，书面通知现场监理机构旁站，见证施工作业过程；凡属"待检点"的施工作业，如隐蔽工程等，施工方必须在完成质量自检的基础上，提前通知监理机构进行检查验收，然后才能进行工程隐蔽或下道工序的施工。未经过监理机构检查验收合格，不得进行工程隐蔽或下道工序的施工。

6.3.4　现场质量检查

现场质量检查是施工作业质量监控的主要手段。

1. 现场质量检查的内容

（1）开工前的检查，主要检查是否具备开工条件，开工后是否能够保持连续正常施工，能否保证工程质量。

（2）工序交接检查，对于重要的工序或对工程质量有重大影响的工序，应严格执行"三检"制度（即自检、互检、专检），未经监理工程师（或建设单位技术负责人）检查认可，不得进行下道工序施工。

（3）隐蔽工程的检查，施工中凡是隐蔽工程必须检查认证后方可进行隐蔽掩盖。

（4）停工后复工的检查，因客观因素停工或处理质量事故等停工复工时，经检查认可后方能复工。

（5）分部、分项工程完工后，应经检查认可，并签署验收记录后，才能进行下一工程项目的施工。

（6）成品保护的检查，检查成品有无保护措施以及保护措施是否有效可靠。

2. 现场质量检查的方法

（1）目测法

即凭借感官进行检查，也称观感质量检验，其手段可概括为"看、摸、敲、照"四个字。

1）看：就是根据质量标准要求进行外观检查，例如，清水墙面是否洁净，喷涂的密实度和颜色是否良好、均匀，工人的操作是否正常，内墙抹灰的大面及口角是否平直，混凝土外观是否符合要求等。

2）摸：就是通过触摸手感进行检查、鉴别，例如，油漆的光滑度，浆体是否牢固、不掉粉等。

3）敲：就是运用敲击工具进行音感检查，例如，对地面工程、装饰工程中的水磨石、面砖、石材饰面等，均应进行敲击检查。

4）照：就是通过人工光源或反射光照射，检查难以看到或光线较暗的部位，例如，管道井、电梯井等内的管线、设备的安装质量，装饰吊顶内连接及设备的安装质量等。

（2）实测法

实测法是通过实测数据与施工规范、质量标准的要求及允许偏差值进行对照，以此判断质量是否符合要求，其手段可概括为"靠、量、吊、套"四个字。

1）靠：就是用直尺、塞尺检查诸如墙面、地面、路面等的平整度。

2）量：就是指用测量工具和计量仪表等检查断面尺寸、轴线、标高、湿度、温度等的偏差，例如，大理石板拼缝尺寸，摊铺沥青拌合料的温度，混凝土坍落度的检测等。

3）吊：就是利用托线板以及线坠吊线检查垂直度，例如，砌体垂直度检查、门窗的安装等。

4）套：是以方尺套方，辅以塞尺检查，例如，对阴阳角的方正、踢脚线的垂直度、预制构件的方正、门窗口及构件的对角线检查等。

（3）试验法

试验法是指通过必要的试验手段对质量进行判断的检查方法，主要包括如下内容。

1）理化试验

工程中常用的理化试验包括物理力学性能方面的检验和化学成分及化学性能的测定等两个方面。物理力学性能的检验，包括各种力学指标的测定，如抗拉强度、抗压强度、抗弯强度、抗折强度、冲击韧性、硬度、承载力等，以及各种物理性能方面的测定，如密度、含水量、凝结时间、安定性及抗渗、耐磨、耐热性能等。化学成分及化学性质的测定，如钢筋中的磷、硫含量，混凝土中粗骨料中的活性氧化硅成分，以及耐酸、耐碱、抗腐蚀性等。此外，根据规定有时还需进行现场试验，例如，对桩或地基的静载试验、下水管道的通水试验、压力管道的耐压试验、防水层的蓄水或淋水试验等。

2）无损检测

利用专门的仪器仪表从表面探测结构物、材料、设备的内部组织结构或损伤情况。常用的无损检测方法有超声波探伤、X射线探伤等。

3. 技术核定与见证取样送检

（1）技术核定

在施工过程中，因施工方对施工图纸理解不透彻，或图纸内部存在矛盾，或工程材料调整与代用，改变建筑节点构造、管线位置或走向等，需要通过设计单位明确或确认的，施工方必须以技术核定单的方式向监理工程师提出，报送设计单位核准确认。

（2）见证取样送检

为了保证工程质量，我国规定对工程所使用的主要材料、半成品、构配件以及施工过程留置的试块、试件等应实行现场见证取样送检。见证人员由建设单位或监理机构中有相关专业知识的人员担任，送检的试验室应具备经国家或地方工程检验检测主管部门核准的相关资质，见证取样送检必须严格按执行规定的程序，包括取样见证并记录、样本编号、填单、封箱、送试验室、核对、交接、试验检测、报告等。

检测机构应当建立档案管理制度。检测合同、委托单、原始记录、检测报告应当按年度统一编号，编号应当连续，不得随意抽撤、涂改。

想一想

现场质量检查的方法有哪些？

《建筑工程施工
质量验收统一
标准》（节选）

6.3.5 建设工程项目施工质量验收

1. 质量验收概念

建设工程项目的质量验收，主要是指工程施工质量的验收。施工质量验收应按照《建筑工程施工质量验收统一标准》GB 50300—2013进行。该标准是建筑工程各专业工程施工质量验收规范编制的统一准则，各专业工程施工质量验收规范应与该标准配合使用。

根据《建筑工程施工质量验收统一标准》GB 50300—2013，所谓"验收"，是指建筑工程在施工单位自行质量检查评定的基础上，参与建设活动的有关单位共同对检验批、分项、分部、单位工程的质量进行抽样复验，根据相关标准以书面形式对工程质量达到合格与否作出确认。

正确地进行工程项目质量的检查评定和验收，是施工质量控制的重要手段。施工质量验收包括施工过程的质量验收及竣工质量验收两个部分。

2. 工程质量检查验收的项目划分

建设工程项目从施工准备开始到竣工交付使用，要经过若干工序、若干工种的配合施工。施工质量的优劣，取决于各个施工工序、工种的管理水平和操作质量。因此，为了便于控制、检查、评定和监督每个工序和工种的工作质量，就要把整个项目逐级划分为若干个子项目，并分级进行编号，在施工过程中据此来进行质量控制和检查验收。这是进行施工质量控制的一项重要准备工作，应在项目施工开始之前进行。项目划分越合理、明晰，越有利于分清质量责任，便于施工人员进行质量自控和监督人员检查验收，也有利于质量记录等资料的填写、整理和归档。

建筑工程质量验收应逐级划分为单位（子单位）工程、分部（子分部）工程、分项工程和检验批。施工过程质量验收主要是指检验批和分项、分部工程的质量验收。

（1）单位（子单位）工程的划分应按下列原则确定：

1）具备独立施工条件并能形成独立使用功能的建筑物或构筑物为一个单位工程。

2）建筑规模较大的单位工程，可将其能形成独立使用功能的部分划为若干个子单位工程。

（2）分部（子分部）工程的划分应按下列原则确定：

1）分部工程的划分应按专业性质、建筑部位确定。

2）当分部工程较大或较复杂时，可按材料种类、施工特点、施工程序、专业系统及类别等划分为若干子分部工程。

（3）分项工程应按主要工种、材料、施工工艺、设备类别等进行划分。

（4）分项工程可由一个或若干个检验批组成，检验批可根据施工及质量控制和专业验收需要按楼层、施工段、变形缝等进行划分。

（5）室外工程可根据专业类别和工程规模划分单位（子单位）工程。一般室外单位工程可划分为室外建筑环境工程和室外安装工程。

3. 建设工程项目施工过程质量验收

（1）施工过程质量验收的内容

根据《建筑工程施工质量验收统一标准》GB 50300—2013 与各个专业工程施工质量验收规范，明确规定了各分项工程的施工质量基本要求，规定了分项工程、检验批的抽查办法和抽查数量，规定了检验批主控项目、一般项目的检查内容、检验方法、允许偏差、需要的技术资料等，同时对涉及人民生命财产安全、人身健康、环境保护和公共利益的内容以强制性条文作出规定，要求必须坚决、严格遵照执行。

检验批和分项工程是质量验收的基本单元；分部工程是在所含全部分项工程验收的基础上进行验收的，在施工过程中随完工随验收，并留下完整的质量验收记录和资料；单位工程作为具有独立使用功能的完整的建筑产品，进行竣工质量验收。

施工过程的质量验收包括以下验收环节：

1）检验批质量验收

所谓检验批是指"按同一的生产条件或按规定的方式汇总起来供检验用的，由一定数量样本组成的检验体"，"检验批可根据施工及质量控制和专业验收需要按楼层、施工段、变形缝等进行划分"。检验批是工程验收的最小单位，是分项工程乃至整个建筑工程质量验收的基础。有如下规定：

①检验批应由监理工程师（建设单位项目技术负责人）组织施工单位项目专业质量（技术）负责人等进行验收。

②检验批质量验收合格应符合下列规定：

A. 主控项目和一般项目的质量经抽样检验合格。

B. 具有完整的施工操作依据、质量检查记录。

主控项目是指对检验批的基本质量起决定性作用的检验项目。因此，主控项目的验收必须从严要求，不允许有不符合要求的检验结果，主控项目的检查具有否决权。除主控项目以外的检验项目称为一般项目。

2）分部工程质量验收

分部工程的验收在其所含各分项工程验收的基础上进行。有如下规定：

①分部工程应由总监理工程师（建设单位项目负责人）组织施工单位项目负责人和技术、质量负责人等进行验收；地基与基础、主体结构分部工程的勘察、设计单位工程项目负责人和施工单位技术、质量部门负责人也应参加相关分部工程验收。

②分部（子分部）工程质量验收合格应符合下列规定：

A. 所含分项工程的质量均应验收合格。

B. 质量控制资料应完整。

C. 地基与基础、主体结构和设备安装等分部工程有关安全、使用功能、节能、环境保护的检验和抽样检验结果应符合有关规定。

D. 观感质量验收应符合要求。

必须注意的是，由于分部工程所含的各分项工程性质不同，因此它并不是在所含分项验收基础上的简单相加，即所含分项验收合格且质量控制资料完整，只是分部工程质量验收的基本条件，还必须在此基础上对涉及安全和使用功能的地基基础、主体结构、有关安全及重要使用功能的安装分部工程进行见证取样试验或抽样检测，而且还需要对其观感质量进行验收，并综合给出质量评价，对于评价为"差"的检查点应通过返修处理等补救。

（2）竣工质量验收

竣工质量验收是施工质量控制的最后一个环节，是对施工过程质量控制成果的全面检验，是从终端进行的质量控制。未经验收或验收不合格的工程，不得交付使用。

1）竣工质量验收的依据

①国家相关法律法规和建设主管部门颁布的管理条例和办法。

②《建筑工程施工质量验收统一标准》GB 50300—2013。

③专业工程施工质量验收规范。

④批准的设计文件、施工图纸及说明书。

⑤工程施工承包合同。

⑥其他相关文件。

2）竣工质量验收的要求

工程项目竣工质量验收应按下列要求进行：

①检验批的质量应按主控项目和一般项目验收。

②工程质量的验收均应在施工单位自检合格的基础上进行。

③隐蔽工程在隐蔽前应由施工单位通知监理工程师或建设单位专业技术负责人进行验收，并应形成验收文件，验收合格后方可继续施工。

④参加工程施工质量验收的各方人员应具备规定的资格，单位工程的验收人员应具备工程建设相关专业的中级以上技术职称并具有5年以上从事工程建设相关专业的工作经历，参加单位工程验收的签字人员应为各方项目负责人。

⑤涉及结构安全的试块、试件以及有关材料，应按规定进行见证取样检测；对涉及结构安全、使用功能、节能、环境保护等重要分部工程应进行抽样检测。

⑥承担见证取样检测及有关结构安全、使用功能等项目的检测单位应具备相应资质。

⑦工程的观感质量应由验收人员现场检查，并应共同确认。

建筑工程施工质量验收合格应符合下列要求：

A. 符合《建筑工程施工质量验收统一标准》GB 50300—2013和相关专业验收规范的规定。

B. 符合工程勘察、设计文件的要求。

C. 符合合同约定。

3）竣工质量验收的标准

单位工程是竣工质量验收的基本对象。按照《建筑工程施工质量验收统一标准》GB 50300—2013，建设项目单位（子单位）工程质量验收合格应符合下列规定：

①单位（子单位）工程所含分部（子分部）工程质量验收均应合格。

②质量控制资料应完整。

③单位（子单位）工程所含分部工程有关安全和功能的检验资料应完整。

④主要功能项目的抽查结果应符合相关专业质量验收规范的规定。

⑤观感质量验收应符合规定。

4）竣工质量验收的程序

建设工程项目竣工验收，可分为验收准备、竣工预验收和正式验收三个环节进行。整个验收过程涉及建设单位、设计单位、监理单位及施工总分包各方的工作，必须按照工程项目质量控制系统的职能分工，以监理工程师为核心进行竣工验收的组织协调。

①竣工验收准备

施工单位按照合同规定的施工范围和质量标准完成施工任务后，应自行组织有关人员进行质量检查评定。自检合格后，向现场监理机构提交工程竣工预验收申请报告，要求组织工程竣工预验收。施工单位的竣工验收准备，包括工程实体的验收准备和相关工程档案资料的验收准备，使之达到竣工验收的要求，其中设备及管道安装工程等，应经过试压、试车和系统联动试运行检查记录。

②竣工预验收

监理机构收到施工单位的工程竣工预验收申请报告后，应就验收的准备情况和验收条件进行检查，对工程质量进行竣工预验收。对工程实体质量及档案资料存在的缺陷，及时提出整改意见，并与施工单位协商整改方案，确定整改要求和完成时间。具备下列条件时，由施工单位向建设单位提交工程竣工验收报告，申请工程竣工验收。

③正式竣工验收

建设单位收到工程竣工验收报告后，应由建设单位（项目）负责人组织施工（含分包单位）、设计、勘察、监理等单位（项目）负责人进行单位工程验收。

建设单位应组织勘察、设计、施工、监理等单位和其他方面的专家组成竣工验收小组，负责检查验收的具体工作，并制定验收方案。

建设单位应在工程竣工验收前7个工作日前将验收时间、地点、验收组名单以书面形式通知该工程的质量监督机构，建设单位组织竣工验收会议，正式验收过程的主要工作有：

A. 建设、勘察、设计、施工、监理单位分别汇报工程合同履约情况及工程施工各环节施工满足设计要求，质量符合法律、法规和强制性标准的情况。

B. 检查审核设计、勘察、施工、监理单位的工程档案资料及质量验收资料。

C. 实地检查工程外观质量，对工程的使用功能进行抽查。

D. 对工程施工质量管理各环节工作、对工程实体质量及质保资料情况进行全面评价，形成经验收组人员共同确认签署的工程竣工验收意见。

E. 竣工验收合格，建设单位应及时提出工程竣工验收报告。验收报告应附有工程施工许可证、设计文件审查意见、质量检测功能性试验资料、工程质量保修书等法规所规定的其他文件。

F. 工程质量监督机构应对工程竣工验收工作进行监督。

想一想

竣工质量验收的依据有哪些？

模块 6.4　数理统计方法在质量管理中的应用

统计质量管理是 20 世纪 30 年代发展起来的科学管理理论与方法，它把数理统计方法应用于产品生产过程的抽样检验，研究样本质量特性数据的分布规律，分析和推断生产过程质量的总体状况，改变传统的事后把关的质量控制方式，为工业生产的事前质量控制和过程质量控制，提供了有效的科学手段。

建筑业虽然是现场型的单件性建筑产品生产，数理统计方法直接在现场施工过程工序质量检验中的应用，受到客观条件的某些限制，但在进场材料的抽样检验、试块试件的检测试验等方面，仍然有广泛的应用。尤其是人们应用数理统计原理所创立的分层法、因果分析法、直方图法、排列图法、管理图法、分布图法、检查表法等定量和定性方法，对施工现场质量管理都有应用价值。本模块中我们主要介绍因果分析图法、排列图法、直方图法的应用。

6.4.1　因果分析图法的应用

1.因果分析图法的基本原理

因果分析图法，也称为质量特性要因分析法，其基本原理是对每一个质量特性或问题，采用如图 6-2 混凝土强度不合格因素分析所示的方法，逐层深入排查可能原因，然后确定其中最主要原因，进行有的放矢的处置和管理。

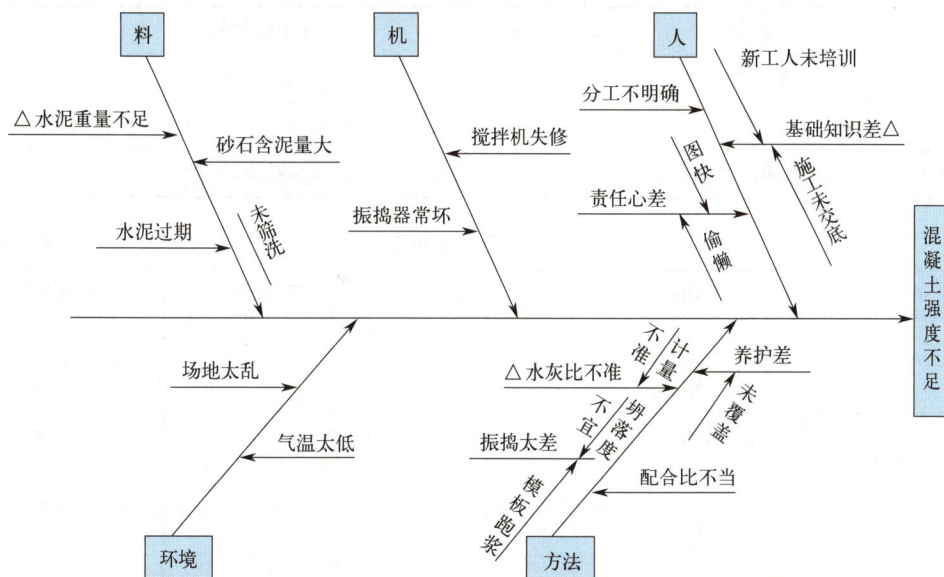

图 6-2　混凝土强度不合格因素

2.因果分析图法的简单示例

图 6-2 表示混凝土强度不合格因素的原因分析，其中，把混凝土施工的生产要素，即将人、机械、材料、施工方法和施工环境作为第一层面的因素进行分析；然后对第一层面的各个因素，再进行第二层面的可能原因的深入分析。依此类推，直至把所有可能的原因，分层次地一一罗列出来。

3. 因果分析图法应用时的注意事项

（1）一个质量特性或一个质量问题使用一张图分析。

（2）通常采用 QC 小组活动的方式进行，集思广益，共同分析。

（3）必要时可以邀请小组以外的有关人员参与，广泛听取意见。

（4）分析时要充分发表意见，层层深入，排出所有可能的原因。

（5）在充分分析的基础上，由各参与人员采用投票或其他方式，从中选择 1 至 5 项多数人达成共识的最主要原因。

6.4.2　排列图法的应用

1. 排列图法的适用范围

排列图法，又称主次因素分析图法。在质量管理过程中，通过抽样检查或检验试验所得到的质量问题、偏差、缺陷、不合格等统计数据，以及造成质量问题的原因分析统计数据，均可采用排列图方法进行状况描述，它具有直观、主次分明的特点。

2. 排列图法的简单示例

表 6-2 表示对某项模板施工精度进行抽样检查，得到 150 个不合格点数的统计数据。然后按照质量特性不合格点数（频数）由大到小的顺序，重新整理为表 6-3，并分别计算出累计频数和累计频率。

某模板施工精度抽样检查数据　　　　　　　　　　　　　　表 6-2

序号	检查项目	不合格点数	序号	检查项目	不合格点数
1	轴线位置	1	5	平面水平度	15
2	垂直度	8	6	表面平整度	75
3	标高	4	7	预埋设施中心位置	1
4	截面尺寸	45	8	预留孔洞中心位置	1

抽样检查数据整理　　　　　　　　　　　　　　表 6-3

序号	项目	频数	频率（%）	累计频率（%）
1	表面平整度	75	50.0	50.0
2	截面尺寸	45	30.0	80.0
3	平面水平度	15	10.0	90.0
4	垂直度	8	5.3	95.3
5	标高	4	2.7	98.0
6	其他	3	2.0	100.0
合计		150	100	

根据表 6-3 的统计数据画排列图，如图 6-3 所示，并将其中累计频率 0~80% 定为 A 类问题，即主要问题，进行重点管理；将累计频率在 80%~90% 区间的问题定为 B 类问题，即次要问题，作为次重点管理；将其余累计频率在 90%~100% 区间的问题定为 C 类问题，即一般问题，按照常规适当加强管理。以上方法称为 ABC 分类管理法。

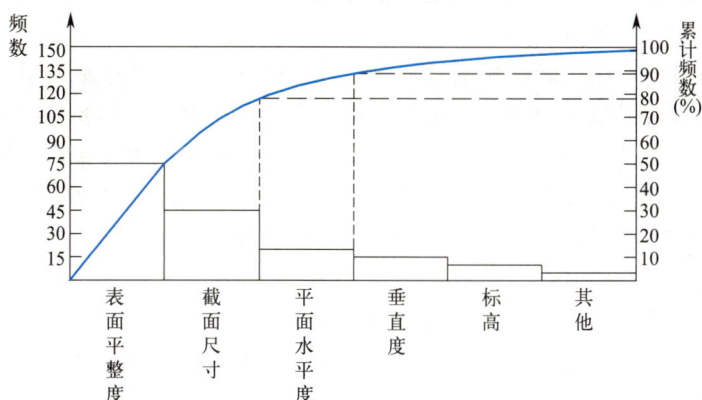

图 6-3　构件尺寸不合格点排列图

6.4.3　直方图法的应用

直方图法，又称频数（或频率）分布直方图。它是把从生产工序搜集来的产品质量数据，按数量整理分成若干级，画出以组距为底边，以根数为高度的一系列矩形图。正常直方图呈正态分布，其形状特征是中间高，两边低，呈对称状分布，如图 6-4 所示。

通过直方图整理统计数据，了解统计数据的分布特征，即数据分布的集中或离散状况，从中掌握质量能力状态。观察分析生产过程质量是否处于正常、稳定和受控状态以及质量水平是否保持在公差允许的范围内。

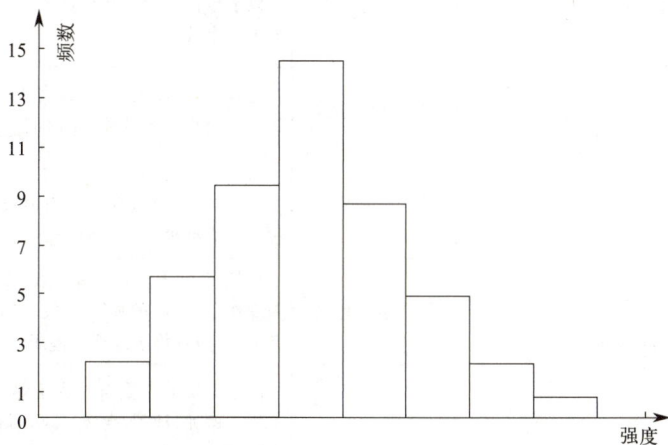

图 6-4　混凝土强度分布直方图

模块 6.5　建设工程项目质量事故处理

6.5.1　工程质量问题和质量事故的分类

1. 工程质量不合格概念

（1）质量不合格和质量缺陷

根据我国质量管理体系标准的规定，凡工程产品没有满足这个规定的要求，就称之为质量不合格；未满足某个与预期或规定用途有关的要求，称为质量缺陷。

（2）质量问题和质量事故

凡是工程质量不合格，影响使用功能或工程结构安全，造成永久质量缺陷或存在重大质量隐患，甚至直接导致工程倒塌或人身伤亡，必须进行返修、加固或报废处理，按照由此造成直接经济损失的大小分为质量问题和质量事故。凡是工程质量不合格，必须进行返修、加固或报废处理，由此造成直接经济损失低于 5000 元的，称为质量问题。若经济损失在 5000 元（含 5000 元）以上的，称为工程质量事故。

2. 工程质量事故的分类

工程质量事故具有成因复杂、后果严重、种类繁多，往往存在与安全事故共生的特点，建设工程质量事故的分类有多种方法，不同专业工程类别对工程质量事故的等级划分也不尽相同，如表 6-4 所示。

工程质量事故分类 表 6-4

序号	分类方法	事故类别	内容及说明
1	按事故造成损失的程度分级〔住房和城乡建设部《关于做好房屋建筑和市政基础设施工程质量事故报告和调查处理工作的通知》（建质〔2010〕111 号）〕	一般事故	造成 3 人以下死亡，或者 10 人以下重伤，或者 100 万元以上 1000 万元以下直接经济损失的事故
		较大事故	造成 3 人以上 10 人以下死亡，或者 10 人以上 50 人以下重伤，或者 1000 万元以上 5000 万元以下直接经济损失的事故
		重大事故	造成 10 人以上 30 人以下死亡，或者 50 人以上 100 人以下重伤，或者 5000 万元以上 1 亿元以下直接经济损失的事故
		特别重大事故	造成 30 人以上死亡，或者 100 人以上重伤，或者 1 亿元以上直接经济损失的事故
2	按事故责任分类	指导责任事故	由于工程实施指导或领导失误而造成的质量事故。例如，由于工程负责人片面追求施工进度，放松或不按质量标准进行控制和检验，降低施工质量标准等
		操作责任事故	在施工过程中，由于实施操作者不按规程和标准实施操作，而造成的质量事故。例如，浇筑混凝土时随意加水，或振捣疏漏造成混凝土质量事故等
		自然灾害事故	由于突发的严重自然灾害等不可抗力造成的质量事故。例如，地震、台风、暴雨、雷电、洪水等对工程造成破坏甚至倒塌。这类事故虽然不是人为责任直接造成，但灾害事故造成的损失程度也往往与人们是否在事前采取了有效的预防措施有关，相关责任人员也可能负有一定责任

想 一 想

工程质量事故等级划分标准？

6.5.2 施工质量事故的原因

建立健全施工质量管理体系，加强施工质量控制，就是为了预防施工质量问题和质量事故，在保证工程质量合格的基础上，不断提高工程质量。所以，所有施工质量控制的措施和方法，都是预防施工质量问题和质量事故的手段。

施工质量事故发生的原因大致有如下四类：

（1）技术原因：由于设计、施工中技术上的失误引发质量事故。例如，结构设计计算错误，对水文地质情况判断错误，以及采用了不适合的施工方法或施工工艺等。

（2）管理原因：由于管理上的不完善或失误引发的质量事故。例如，施工单位或监理单位的质量管理体系不完善，检验制度不严密，质量控制不严格，质量管理措施落实不力，检测仪器设备管理不善而失准，以及材料检验不严等原因引起质量事故。

（3）社会、经济原因：由于经济因素及社会上不正之风引发的质量事故，造成建设中的错误行为，而导致出现质量事故。例如，某些施工企业盲目追求利润而不顾工程质量；在投标报价中随意压低标价，中标后则依靠违法的手段或修改方案追加工程款，甚至偷工减料等，这些因素往往会导致出现重大工程质量事故，必须予以重视。

（4）人为事故和自然灾害原因：由于人为因素引发的质量事故，以及严重的自然灾害等不可抗力造成质量事故。

6.5.3　施工质量问题和质量事故的处理

1. 施工质量事故处理的依据

（1）质量事故实况资料

包括质量事故发生的时间、地点，质量事故状况的描述，质量事故发展变化的情况，有关质量事故的观测记录，事故现场状态的照片或录像，事故调查组调查研究所获得的第一手资料。

（2）有关合同及合同文件

包括工程承包合同、设计委托合同、设备与器材购销合同、监理合同及分包合同等。

（3）有关的技术文件和档案

主要是有关的设计文件（如施工图纸和技术说明）、与施工有关的技术文件、档案和资料（如施工方案、施工计划、施工记录、施工日志、有关建筑材料的质量证明资料、现场制备材料的质量证明资料、质量事故发生后对事故状况的观测记录、试验记录或试验报告等）。

（4）相关的建设法规

包括《建筑法》和与工程质量及质量事故处理有关的法规，以及勘察、设计、施工、监理等单位资质管理方面的法规，从业者资格管理方面的法规，建筑市场方面的法规，建筑施工方面的法规，标准化管理方面的法规等。

2. 施工质量事故的处理程序

（1）事故调查

事故发生后，施工项目负责人应按法定的时间和程序，及时向企业报告事故的状况，积极组织事故调查。事故调查应力求及时、客观、全面，以便为事故的分析与处理提供正确的依据。调查结果要整理撰写成事故调查报告，其主要内容包括：工程概况，事故情况，事故发生后所采取的临时防护措施，事故调查中的有关数据、资料，事故原因分析与初步判断，事故处理的建议方案与措施，事故涉及人员主要责任者的情况等。

（2）事故的原因分析

在事故调查的基础上，避免情况不明就主观推断事故的原因。特别是对涉及勘察、设计、施工、材料和管理等方面的质量事故，往往事故的原因错综复杂。因此，必须对调查所得到的数据、资料进行仔细分析，去伪存真，找出造成事故的主要原因。

（3）制定事故处理的方案

事故的处理要建立在原因分析的基础上，并广泛地听取专家及有关方面的意见，经科学论证，决定事故是否进行处理和怎样处理。在制定事故处理方案时，应做到安全可靠、技术可行、不留隐患、经济合理、具有可操作性、满足建筑功能和使用要求。

（4）事故处理

根据制定的质量事故处理方案，对质量事故进行认真的处理。处理的内容主要包括：事故的技术处理，以解决施工质量不合格和缺陷问题；事故的责任处罚，根据施工质量事故处理的一般程序的性质、损失大小、情节轻重对事故的责任单位和责任人作出相应的行政处分直至追究刑事责任。

（5）事故处理的鉴定验收

质量事故的处理是否达到预期的目的，是否依然存在隐患，应当通过检查鉴定和验收作出确认。事故处理的质量检查鉴定，应严格按施工验收规范和相关的质量标准的规定进行，必要时还应通过实际量测、试验仪器检测等方法获取必要的数据，以便准确地对事故处理的结果作出鉴定。事故处理后，必须尽快提交完整的事故处理报告，其内容包括：事故调查的原始资料、测试的数据；事故原因分析、论证；事故处理的依据；事故处理的方案及技术措施；实施质量处理中有关的数据、记录、资料；检查验收记录；事故处理的结论等。

3．施工质量事故处理的基本要求

（1）质量事故的处理应达到安全可靠、不留隐患、满足生产和使用要求、施工方便、经济合理的目的。

（2）重视消除造成事故的原因，注意综合治理。

（3）正确确定处理的范围和正确选择处理的时间和方法。

（4）加强事故处理的检查验收工作，认真复查事故处理的实际情况。

（5）确保事故处理期间的安全。

4．施工质量事故处理的基本方法

（1）修补处理

当工程的某些部分的质量虽未达到规定的规范、标准或设计的要求，存在一定的缺陷，但经过修补后可以达到要求的质量标准，又不影响使用功能或外观的要求时，可采取修补处理的方法。例如，某些混凝土结构表面出现蜂窝、麻面，经调查分析，该部位经修补处理后，不会影响其使用及外观；对混凝土结构局部出现的损伤，如结构受撞击、局部未振实、冻害、火灾、酸类腐蚀、碱骨料反应等，当这些损伤仅仅在结构的表面或局部，不影响其使用和外观，可进行修补处理。再比如对混凝土结构出现的裂缝，经分析研究后如果不影响结构的安全和使用时，也可采取修补处理。例如，当裂缝宽度不大于0.2mm时，可采用表面密封法；当裂缝宽度大于0.3mm时，采用嵌缝密闭法；当裂缝较深时，则应采取灌浆修补的方法。

（2）加固处理

主要是针对危及承载力的质量缺陷的处理。通过对缺陷的加固处理，使建筑结构恢复或提高承载力，重新满足结构安全性与可靠性的要求，使结构能继续使用或改作其他用途。例如，对混凝土结构常用加固的方法主要有增大截面加固法、外包角钢加固法、黏钢加固法、增设支点加固法、增设剪力墙加固法、预应力加固法等。

（3）返工处理

当工程质量缺陷经过修补处理后仍不能满足规定的质量标准，或不具备补救可能性，则必须采取返工处理。例如，某防洪堤坝填筑压实后，其压实土的干密度未达到规定值，经核算将影响土体的稳定且不满足抗渗能力的要求，须挖除不合格土，重新填筑，进行返工处理；某公路桥梁工程预应力按规定张拉系数为 1.3，而实际仅为 0.8，属严重的质量缺陷，也无法修补，只能返工处理。

（4）限制使用

当工程质量缺陷按修补处理后无法达到规定的使用和安全要求，而又无法返工处理的情况下，可作出结构卸荷或减荷以及限制使用的决定。

（5）不作处理

某些工程质量问题虽然达不到规定的要求或标准，但其情况不严重，对工程或结构的使用及安全影响很小，经过分析、论证、法定检测单位鉴定和设计单位等认可后可不作专门处理。一般可不作专门处理的情况有以下几种：

1）不影响结构安全、生产工艺和使用要求的。例如，有的工业建筑物出现放线定位的偏差，且严重超过规范标准规定，若要纠正会造成重大经济损失，但经过分析、论证其偏差不影响生产工艺和正常使用，在外观上也无明显影响，可不作处理。又如，某些部位的混凝土表面的裂缝，经检查分析，属于表面养护不够的干缩微裂，不影响使用和外观，也可不作处理。

2）后道工序可以弥补的质量缺陷。例如，混凝土结构表面的轻微麻面，可通过后续的抹灰、刮涂、喷涂等弥补，也可不作处理。再比如，混凝土现浇楼面的平整度偏差达到10mm，但由于后续垫层和面层的施工可以弥补，所以也可不作处理。

3）法定检测单位鉴定合格的。例如，某检验批混凝土试块强度值不满足规范要求，但经法定检测单位对混凝土实体强度进行检测后，其实际强度达到规范允许和设计要求值时，可不作处理。对经检测未达到要求值，但相差不多，经分析论证，只要使用前经再次检测达到设计强度，也可不作处理，但应严格控制施工荷载。

4）出现的质量缺陷，经检测鉴定达不到设计要求，但经原设计单位核算，仍能满足结构安全和使用功能的。例如，某一结构构件截面尺寸不足，或材料强度不足，影响结构承载力，但按实际情况进行复核验算后仍能满足设计要求的承载力时，可不进行专门处理。这种做法实际上是挖掘设计潜力或降低设计的安全系数，应谨慎处理。

（6）报废处理

出现质量事故的工程，通过分析或实践，采取上述处理方法后仍不能满足规定的质量要求或标准，则必须予以报废处理。

想一想

施工质量事故处理的基本方法是什么？

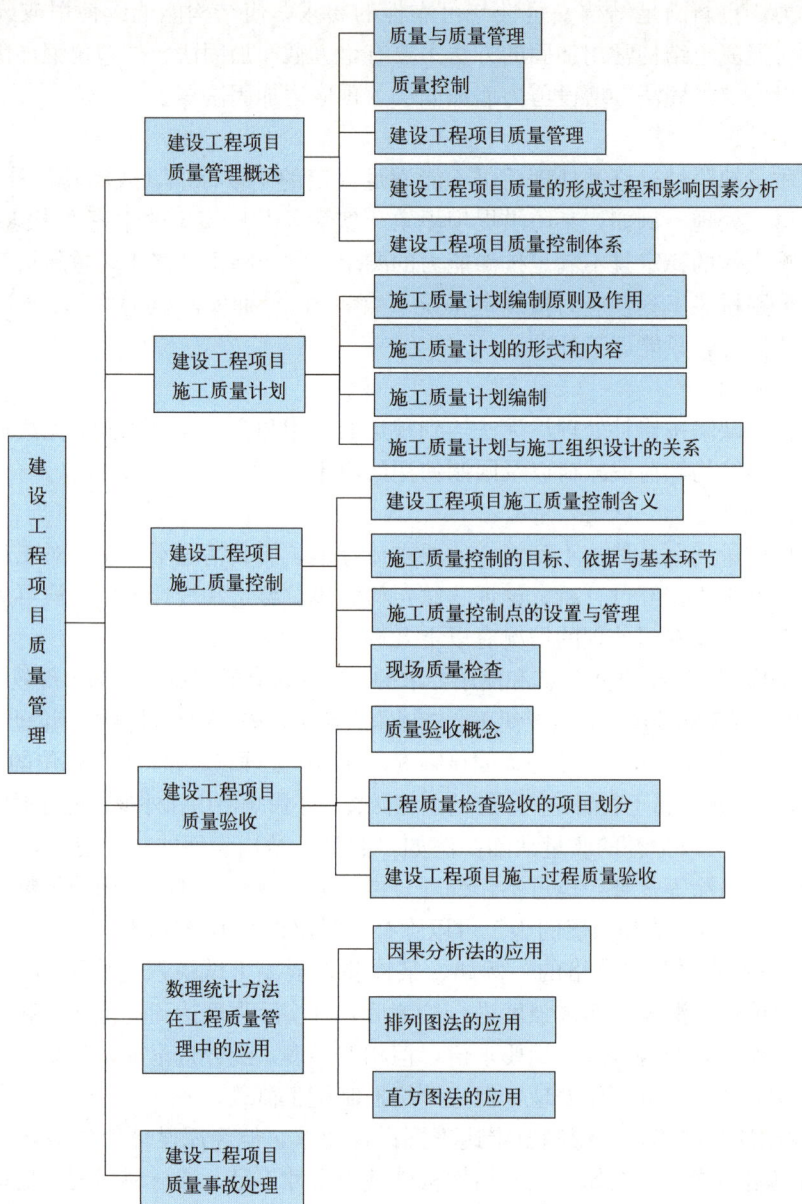

单元小结

单元习题

一、单选题

1. 全面质量管理思想的主要特点是以（　　）为宗旨。

A. 现场实际　　　　B. 顾客满意　　　　C. 整体效果　　　　D. 利润最大

2. 建设工程项目质量的形成过程，贯穿于整个建设项目的（　　）和各个子项目的设计与施工过程，体现在建设工程项目质量的目标决策、目标细化到目标实现的系统过程。

　　A. 设计过程　　　　B. 监理过程　　　　C. 决策过程　　　　D. 施工过程

　　3.（　　）指在施工质量形成过程中，对影响施工质量的各种因素进行全面的动态控制。

　　A. 事前质量控制　　　　　　　　　　B. 事中质量控制

　　C. 事后质量控制　　　　　　　　　　D. 质量管理 PDCA 循环中实施（D）

　　4.（　　）也称为质量特性要因分析法，其基本原理是对每一个质量特性或问题，逐层深入排查可能原因，然后确定其中最主要原因，进行有的放矢的处置和管理。

　　A. 分层法　　　　B. 因果分析法　　　　C. 排列图法　　　　D. 直方图法

　　5. 根据我国 GB/T 19000—2016 质量管理体系标准的规定，凡工程产品没有满足这个规定的要求，就称之为（　　）。

　　A. 质量不合格　　　B. 质量缺陷　　　　C. 质量问题　　　　D. 质量事故

　　二、多选题

　　1. 全面质量管理（TQC）思想包括（　　　　）。

　　A. 全方位　　　　　B. 全过程　　　　　C. 全员参与

　　D. 全面发展　　　　E. 全面调查

　　2. 质量管理 PDCA 循环的职能活动有（　　　　）。

　　A. 计划　　　　　　B. 实施　　　　　　C. 检查　　　　D. 处置　　　　E. 决策

　　3. 质量控制点应选择那些技术要求高、施工难度大、对工程质量影响大或是发生质量问题时危害大的对象进行设置。一般选择以下部位或环节作为质量控制点（　　　　）。

　　A. 对工程质量形成过程产生直接影响的关键部位、工序、环节及隐蔽工程

　　B. 施工过程中的薄弱环节，或者质量不稳定的工序、部位或对象

　　C. 对下道工序有较小影响的上道工序

　　D. 采用新技术、新工艺、新材料的部位或环节

　　E. 施工质量无把握的、施工条件困难的或技术难度大的工序或环节

　　4. 建设工程项目质量的影响因素，主要是指在建设工程项目质量目标策划、决策和实现过程中影响质量形成的各种客观因素和主观因素，包括（　　　　）等。

　　A. 人的因素　　　B. 材料因素　　　　C. 机械因素

　　D. 管理因素　　　E. 环境因素

　　5. 质量控制统计法有以下几种方法（　　　　）。

　　A. 直方图法　　　B. 折线图法　　　　C. 排列图法

　　D. 比重分析法　　E. 横道图法

　　三、简答题

　　1. 建设工程项目质量管理八项原则的具体内容有哪些？

　　2. 根据工程质量事故造成的人员伤亡或者直接经济损失，工程质量事故分为 4 个等级，是哪 4 个等级，每个等级划分标准有哪些？

单元 7　建设工程项目资源管理

素质目标

培养学生养成良好的思维习惯。

培养学生沟通合作能力。

培养学生树立正确的人生观和价值观。

知识目标

了解资源管理的相关概念、内容与范围。

熟悉材料的分类管理、材料管理的主要控制环节；机械设备来源、设备租赁和选型原则。

掌握实体材料、周转性材料管理方法；人力资源需求量分析；机械设备需求量分析；资金计划。

能力目标

能编制人力资源需求量计划；能编制机械设备需求量计划；能编制材料需求量计划；能编制资金需求量计划。

案例引入

2号办公楼工程已完成招投标工作，中标单位为某建筑公司。该建设公司各部门及项目部正有序开展相关的项目管理工作，其中组建项目班子、组织劳动力、材料订购采购、机械设备租赁及添置、资金计划及筹措等项目资源管理工作需立即着手。

在本单元，我们将学习到建设工程项目资源管理的相关知识，对建设工程项目在实施过程中的人力资源、材料、施工机械设备、技术、资金管理有一个较深刻的认识。

模块 7.1　建设工程项目资源管理概述

7.1.1　建设工程项目资源管理的相关概念

1. 建设工程项目资源管理概念

项目资源管理即各生产要素的管理。项目的生产要素是指生产力作用于建设工程项目的各有关要素，通常是指投入施工项目的人力资源、材料、机械设备、技术和资金等诸要素，是完成施工任务的重要手段，也是建设工程项目目标得以实现的重要保证。

在建设工程项目管理过程中，为了取得各阶段目标和最终目标，在进行各项工作时，必须加强项目资源管理。项目资源管理的主体是以项目经理为首的项目经理部，管理的客体是与施工活动相关的各生产要素。因此，要加强对施工项目的资源管理，就必须对建设工程项目的各生产要素认真分析和研究。

2. 建设工程项目资源的种类

建设工程项目资源作为项目实施的基本要素，通常包括的内容见表 7-1。

建设工程项目资源的种类　　　　　　　　　　　　　表 7-1

序号	资源种类	说明
1	人力资源	主要包括劳动力总量，各专业、各种级别的劳动力，操作工人、修理工以及不同层次和职能的管理人员
2	材料	主要包括原材料、设备和周转材料。其中，原材料和设备构成建设工程实体
3	机械设备	主要是指项目施工所需的施工设备、临时设施和必需的后勤供应
4	技术	指操作技能、劳动手段、劳动者素质、生产工艺、试验检验、管理程序和方法等
5	资金	资金也是一种资源，从运动过程来讲，首先是投入，即筹集的资金投入到施工项目上，其次是使用，也就是支出

3. 建设工程项目资源管理的目的

建设工程项目资源管理的目的就是在保证施工质量和工期的前提下，节约活劳动和物化劳动，从而节约资源，降低成本。为达到此种目的，项目资源管理应注意以下几个方面：

（1）建设工程项目资源管理就是对资源进行优化配置，以满足施工生产需要。

（2）进行资源的优化组合，使各种资源搭配适当，充分发挥作用，更有效地形成生产力。

（3）在整个项目运行过程中，能对资源进行动态管理。由于项目的实施过程是不断变化的，对资源的需求也会不断发生变化，因此资源的配置与组合也需要不断地调整以适应建设工程的需要，这就是一种动态的管理。

（4）在施工项目运行中，合理地、节约地使用资源。

7.1.2　建设工程项目资源管理的特点

1. 建设工程项目资源管理的重要性

资源作为建设工程实施必不可少的前提条件，它们的费用一般占建设工程总费用的 80% 以上，如果资源不能保证，任何考虑得再周密的工期计划也不能实行。

在项目施工过程中，由于资源的配置组合不当往往会给项目造成很大的损失。例如，由于供应不及时造成工程停工或不能及时开工，不仅浪费时间，还会造成窝工，增加施工成本。此外，还由于不能经济地使用资源或不能获取更为廉价的资源，也将造成成本的增加。由于未能采购符合规定的材料，使材料或建设工程报废，或采购超量、采购过早造成浪费或仓库费用增加等。

综上所述，加强项目资源管理在现代施工项目管理中具有非常重要的意义。

2. 建设工程项目资源管理的复杂性

资源管理的复杂性决定了其特点主要有：

（1）资源的种类多，供应量大。通常一个建设工程的材料种类多达几千种、总质量多达几万吨；而劳动力的数量、工种及各个工种的级别等，也都很多，管理起来很不方便。

（2）资源需求和供应的不均衡性。不同时期、不同地点、不同施工工艺都可以改变资源的品种和使用量，直接影响项目资源的管理，增加管理的难度。

（3）资源供应过程的复杂性。资源的供应是一个非常复杂的过程，例如，要保证劳动力使用，就必须安排招聘、培训、调遣以及相应的现场生活设施；要保证材料的使用，就必须安排好材料的采购、运输、储存等。

（4）项目实施方案的设计和规划，与资源的投入和使用存在交互作用。在做设计和计划时，必须考虑到市场所能提供的设备和材料、供应条件、供应能力，否则设计和计划会不切实际，必须进行变更管理。

（5）在资源供应和使用中要加强成本控制，进行资源优化。例如，选择使用资源少的实施方案；均衡地使用资源；优化资源供应渠道，降低采购费用；充分利用现有的企业资源，现有的人力、物力、设备；充分利用现场可用的资源、已有建设以及已建好但未交付的永久性建设工程等。

（6）资源的供应受外界影响大。外界对项目的制约条件，常常不能由项目本身解决。例如，供应商不能及时交货；市场价格、供应条件变化；运输途中由于政治、自然、社会的原因造成拖延；冬季和雨季对供应的影响；用电高峰期造成施工现场停电等。

（7）资源经常不是一个项目的问题，而必须在多项目中协调平衡。例如，企业有限的劳动力和设备必须在几个项目中均衡使用，从而使整体效益最佳。有时由于资源的限定使得一些能够同时施工的项目必须错开实施，甚至不得不放弃能够获利的建设工程。

（8）资源的限制，不仅存在上限定义，而且可能存在下限定义，或要求充分利用现有定量资源。例如，在某项建设工程中，共有劳动力 180 人，由于没有其他建设工程相调配，这 180 人就必须在这个建设工程中得到安排。

资源的限制并不是固定的，而是不断变化的，如不同时期，企业劳动力的富余程度也不一样。现在施工企业农民务工人员用的较多，但到了农忙季节，他们大多回乡村务农，造成劳动力资源起伏较大。

7.1.3　建设工程项目资源管理的范围

1. 建设工程项目资源管理的内容

（1）人力资源管理

人力资源管理在项目整个资源管理中占有很重要的地位，从经济的角度看，人是生产力要素中的决定因素。这里所指的人力资源是广义的人力资源，它包括管理层和操作层。只有加强了这两方面的管理，充分调动各部门的积极性，才能很好地掌握手中的材料、设备、资金，把一项项工程做得尽善尽美。

人力资源管理的主要内容包括以下几方面：

①人力资源的招收、培训、录用和调配（对于劳务单位）；劳务单位和专业单位的选择和招标（对于总承包单位）。

②科学合理地组织劳动力，节约使用劳动力。

③制定、实施、完善、稳定劳动定额和定员。

④改善劳动条件，保证职工在生产中的安全与健康。

⑤加强劳动纪律，开展劳动竞赛，提高劳动生产效率。

⑥对劳动者进行考核，以便对其进行奖惩。

（2）材料管理

材料管理就是项目对施工生产过程中所需要的各种材料的计划、订购、运输、储备、发放和使用所进行的一系列组织与管理工作。做好这些物资管理工作，有利于企业合理使用和节约材料，加速资金周转，降低建设工程成本，增加企业的盈利，保证并提高产品质量。

（3）机械设备管理

机械设备管理的内容，主要包括机械设备的合理装备、选择、使用、维护和修理等。对机械设备的合理装备应以"技术上先进、经济上合理、生产上适用"为原则，既要保证施工的需要，又要使每台机械设备发挥最大效率，以获得更高的经济效益。选择机械设备时，应进行技术和经济条件的对比和分析，以确保选择的合理性。

项目施工过程中，应当正确、合理地使用机械设备，保持其良好的工作性能，减轻机械磨损，延长机械使用寿命，如出现磨损或损坏，应及时修理。此外，还应注意机械设备的保养和更新。

（4）技术管理

技术管理，是项目经理对所承包建设工程的各项技术活动和施工技术的各项内容进行计划、组织、协调和控制的总称。

建设工程的施工是一种复杂的多工种操作的综合过程，其技术管理所包括的内容也较多，主要内容包括：

技术准备阶段："三结合"设计、图纸会审、设计交底、编制施工组织设计及技术交底。

技术开发活动：科学研究、技术改造、技术革新、新技术试验以及技术培训等。

此外，还有技术装备、技术情报、技术文件、技术资料、技术档案、技术标准和技术责任制等，这些也属于技术管理的范畴。

（5）资金管理

资金是企业的血液，抓好资金管理，把有限的资金运用到关键的地方，加快资金的流动，从而降低成本，资金管理具有十分重要的意义。资金管理的内容主要包括资金筹集、使用、回收和分配等。此外，施工项目资金流动、资金的预测和对比、资金计划等，也是资金管理的重要方面。

2. 建设工程项目资源管理的基本工作

在项目的施工过程中，项目资源管理的基本工作见表 7-2。

项目资源管理的基本工作

表 7-2

序号	基本工作	说明
1	编制项目资源管理计划	在编制项目资源管理计划时，按照建设工程施工准备计划、施工进度总计划和主要分部（项）建设工程进度计划以及建设工程的工作量，套用相关的定额，来确定所需资源的数量、进场时间、进场要求和进场安排，编制出详尽的需求计划表
2	保证资源的供应	按照编制的各种资源计划，派专业部门人员负责组织资源的来源，进行优化选择，并把它投入到施工项目管理中，使计划得以实施、施工项目的需要得以保证

序号	基本工作	说明
3	节约使用资源	根据每种资源的特性,设计出科学的措施,进行动态配置和组合,协调投入,合理使用,不断地纠正偏差,以尽可能少的资源,满足项目的使用要求,达到节约的目的
4	对资源使用情况进行核算	对施工项目投入的资源的使用和产出情况进行核算,资源管理者才能做到心中有数,才知道哪些资源的投入、使用是恰当的,哪些资源还需要进行重新调整
5	对资源使用效果进行分析	一方面是对管理效果的总结,找出经验与问题,评价管理活动;另一方面又为管理者提供储备与反馈信息,以指导以后的管理工作

3. 项目资源管理的现状

项目资源管理主要体现在施工阶段,但其他阶段也有不同程度的涉及,比如投标阶段,在进行方案策划、编制施工组织设计时,就要考虑如何在该项建设工程中配置恰当的劳动力、设备,材料的初步选择、供应渠道、资金的筹措与投入回收计划等。

但是,与工期、成本的计划和控制相比较,项目的资源管理没能获得应有的重视。目前,建设工程项目资源的计划和优化方法,在实际应用中,也不太符合实际需要,究其原因有以下几点:

(1) 资源计划多采用将资源消耗总量在建设工程活动持续时间上平均分配的模型。尽管这种模型在理论上是正确的,但由于建设工程施工过程的不均衡性,造成资源使用的不均衡,理想化的模型其实并不能反映实际情况。

(2) 现在,资源计划方法仅包括跟时间相关的资源使用计划;而项目的资源供应过程是十分复杂的,必须按使用计划确定供应计划,建立供应计划网络。

(3) 用户对资源优化方法和它的适用性了解不多,其结果又未被正确全面地解释。

所以,项目资源管理应引起项目管理者和研究人员足够的重视。

模块 7.2 建设工程项目人力资源管理

7.2.1 建设工程项目人力资源管理概述

1. 建设工程项目人力资源来源

人力资源是指在一定时间空间条件下,劳动力数量和质量的总和。为了实现项目既定目标,采用计划、组织、指挥、监督、激励、协调、控制等有效措施和手段,充分开发和利用项目中人力资源所进行的一系列活动的总称,称为人力资源管理。

从来源上看,人力资源可分为自有(聘用)职工和劳务分包(或劳务合作单位)两种形式:

(1) 自有或聘用的职工

施工企业自有或聘用的职工一般多为管理人员或施工技术工人。他们一般与企业签有定期合同,有的甚至是长期合同,这类人员较为固定。但是,总承包企业对自有职工的要求较高,根据建设工程施工的需求,施工企业可对此类人员自行招收、培训、录用或聘用。

（2）劳务分包（或劳务合作单位）

随着建设技术和管理技术的发展，专业分工更加细化，社会协作更加普遍，因此项目部一般不设固定的劳务队伍。当任务需要时，可与内部劳务市场管理部门签订劳务合同；任务完成后，即可解除合同，劳动力回归劳务市场。

2. 建设工程项目人力资源组织

人力资源组织是指劳动力在劳动过程中，按照施工生产的需要，科学地组织劳动分工与协作，使各劳动力组合及它们之间整体协调的组织形式。合理的劳动组织应该是适合于施工的需要，有利于劳动力的合理使用，适合于建立现代企业制度的需要，并有利于企业的管理。

人力资源组织要服从施工生产的需要，在保持一定的稳定性的情况下，随现场施工情况不断调整。

建设工程项目人力资源组织形式见表 7-3。

建设工程项目人力资源组织形式　　　　　　　　　　　表 7-3

序号	组织形式	说明
1	在现有国有大中型建设类企业内部成立劳务开发公司	劳务开发公司就是以开发劳务资源，为企业等提供劳务服务，把劳动力的管理和使用分开的一种服务性机构。其主要工作是：开发劳务资源、组织劳务培训、提供劳务服务，管理劳务技术考核、工资福利、劳动保险等。 当施工项目需要劳动力时，由劳务开发公司按照要求的数量、工种、技术等级提供劳务服务；当施工任务结束，项目部不需要劳动力时，则将劳动力退回劳务开发公司。这种劳动组织形式的特点是：劳动力的使用可以按照不同建设产品的结构类型、规模以及施工各阶段工作量的变化进行组织，使工作量的大小与劳动力的使用达到最大限度的平衡，从而提高劳动生产率
2	与成建制的农民务工队伍建立劳务合作关系	农民务工队伍一般是自成组织，工种配套较全、有一定管理及协调能力的劳务队伍。施工企业有施工任务时，可通过协商签订合同，与农民务工队伍确立劳动关系。一旦项目完成，劳动关系即告结束。这种组织形式的特点是：施工队伍较稳定，各专业各工种之间协调较好，不需承担或较少承担劳务人员的培训费用。 施工队的规模，一般应依建设工程任务大小而定，无论采取哪种形式，都应有利于节约劳动力和提高劳动生产率

3. 建设工程项目人力资源培训和上岗

目前，施工现场缺少的不是劳动力，而是缺少有知识、有技能、能够适应现代建设行业发展要求的新型劳动者和经营管理者。劳动者的素质和劳动技能不同，在现场施工中所起的作用和获得的劳动成果也不相同。因此，很有必要对劳动者的素质和技能进行培训。

建设工程项目人力资源培训管理见表 7-4。

建设工程项目人力资源培训管理　　　　　　　　　　　表 7-4

内容	说明
培训要求	①对劳动力进行培训，要有计划、有步骤地进行，做到与需求同步，避免影响正常工作或培训滞后。 ②根据建设工程的需要，安排劳动力培训计划时，与企业其他培训相结合，争取做到结合实际，兼顾长远。 ③对培训工作进行有效的档案管理，以利于专业知识和技能的提高和普及，也有利于优化劳动力组合，达到形成专长劳动资源的目的

内容	说明
培训方法	按照培训时间的长短,可进行长期培训或短期培训。但无论哪种培训,均应因地制宜,因人制宜,广开学路,不拘形式,讲求实效,根据各企业自身的不同特点和现场实际情况,以及不同工种不同业务的工作需要,而采取不同的培训方法。 施工企业可自行组织培训,也可几个单位联合办理或委托社会培训单位进行培训。按其脱产程度的不同,企业培训可分为业余培训、半脱产培训和全脱产培训,还可采取岗位练兵、师带徒等形式
培训内容	提高劳动力的文化水平和技术熟练程度的唯一途径,就是采取有效措施全面开展培训,通过培训达到预定的目标和水平,并经过一定考核取得相应的技术熟练程度和文化水平的合格证,才能上岗
考核发证	只有获得相应的岗位证书的职工,才有资格上岗。对那些一次培训不能合格的人员不能发证上岗,要么离岗,要么继续进行培训,直到取得合格的岗位证书为止,以保证培训的质量

4. 劳动工资

工资是依据劳动者提供的劳动量,而支付给劳动者的劳动报酬。目前,施工企业的工资有计时工资、计件工资、奖金和津贴四种,其中,前两种是工资的基本形式,后两种是工资的补充形式。

劳动工资的形式见表 7-5。

劳动工资的形式 表 7-5

劳动工资的形式	说明
计时工资	是根据劳动者的工作时间和相应的工资标准来支付劳动报酬的一种工资形式。按照计算的时间单位不同,一般分为小时工资制、日工资制和月工资制三种。这种工资形式劳动者所得工资的多少,并不直接与其劳动成果多少发生关系,且计算简便,主要适用于不易从产品上计算个人成绩的工种、辅助生产人员、服务人员和管理人员
计件工资	是按劳动者所生产合格产品的数量和事先规定的计件单价来支付劳动报酬的一种工资形式。由于计件工资制将劳动者的工资收入与劳动成果紧密联系起来,因此,它能很好地体现按劳分配的原则,同时由于产量与工资直接关联,所以能促进工人经常改进工作方法,提高技术水平,充分利用工时,提高劳动生产率
奖金	是对职工超额劳动的报酬。企业奖金基本上有两大类:一类是劳动者提供了超额劳动、直接增加了社会财富所给予的奖励,这一类称为生产性奖金或工资性奖金;另一类是劳动者的劳动改变了生产条件,为提高劳动效率、增加社会财富创造了有利条件所给予的奖励,这一类称为创造发明奖或合理化建议奖等
津贴	是对职工在特殊劳动条件和工作环境下的特殊劳动消耗,以及在特殊条件下额外生活费用的支出给予合理补偿的一种工资形式。例如,补偿劳动消耗的夜班津贴;保护劳动条件特殊的职工健康的高空、粉尘保健津贴;保证职工生活的副食品津贴、取暖降温津贴等

7.2.2 建设工程项目管理层人力资源管理

1. 项目经理

国内外实践证明,项目经理责任制是符合现代项目管理要求的项目领导体制;项目经理班子,尤其是项目经理的素质对项目管理的成败具有决定性影响。

(1)项目经理责任制

项目经理责任制就是将项目经理统一领导、全面负责的组织管理形式作为项目管理的一种制度。项目经理负责制产生于西方发达国家,它已成为现代项目管理的基本特征之一。实行项目经理负责制有利于明确职责,形成合理的责、权、利体系;有利于从行政指令式的管理方式向经济合同制的管理方式转变；有利于优化组织结构；有利于强化项目意识，树立项目的权威性，统一思想，提高效率，保证项目目标的实现。实行项目经理责任制必然造就一个专家化、专业化的项目经理职业阶层。

（2）项目经理的设置

项目经理是企业法人代表在项目上派出的全权代表，这就决定了项目经理在项目管理上的中心地位。项目经理包括业主的项目经理、咨询机构的项目经理、设计单位的项目经理和施工单位的项目经理等 4 种类型（具体内容详见本教材模块 2.3 项目经理责任制）。

项目经理大多数是从公司内部选择，有一些是从公司外部招聘。选择项目经理主要是根据其工作能力的大小。

我国施工项目经理的选择一般有以下几种方式：

①竞争招聘制。招聘范围可以面向公司内外，其程序是：个人自荐，组织审查，答辩讲演，择优选聘。这种方式既可择优，又可增强竞争意识和责任心。

②领导委任制。委任的范围一般会限于公司内部，经公司领导提名，人事部门考察，党政决定。这种方式要求公司组织和人事部门严格考核，知人善用。

③基层推荐，内部协调制。这种方式一般是由公司各基层推荐若干人选，然后由人事部门集中意见，经严格考核后，提出拟聘人选，由党政决定。

总之，由于项目大小不一，组织管理的复杂程度不同，因此，项目经理的设置及其工作班子成员的组成不可能有统一的标准组织模式，应视具体情况而定。

2. 项目管理团队

项目管理团队是指本着共同的目标、为了保障项目的有效协调实施建立起来的管理组织。在项目运转过程中，项目经理手下汇集了一批各方面的专业精英，项目经理必须将他们组建成一个有效的管理团队，即为了实现一个共同的目标，按照一定的分工和工作程序协同工作而组成的有机整体。

（1）项目管理团队的一般特点

项目管理团队的一般特点见表 7-6。

项目管理团队的一般特点　　　　　　　　　　　　　　　　表 7-6

特点	说明
共同的目标	为使项目管理团队有效工作就必须明确项目目标，并在这一目标的感召下，使团队成员凝聚在一起，并为之共同努力
合理分工与协作	团队中的每个成员都应明确自己的责任、任务和权力，并为之努力工作，但同时应注意团队成员之间的协作，以形成真正意义上的团队
高度的凝聚力	凝聚力是指团队成员之间的团结以及团队的吸引力和向心力，团队的凝聚力来源于团队成员共同的愿望、利益和目标，来源于团队成员之间的相互交往、相互合作和有效沟通，来源于团队成员自身愿望的实现
团队成员的相互信任	一个有效的项目管理团队，成员之间应相互信任并承认彼此存在的差异，团队成员应通过公开交流、自由交换意见等方式推进彼此之间的信任
有效的沟通	团队应具备全方位、多种多样、正式的和非正式的沟通渠道；具有开放、坦诚的沟通气氛

（2）建设工程项目管理团队的阶段性管理

一个项目管理团队从开始到终止要经历不断成长和变化的过程。根据国际上知名企业在建立高效的项目管理团队的成功经验及我国近年来项目管理的具体实践，我们将项目管理团队的运行周期大致划分为组织初建期、工作磨合期、正常运转期和组织解体期4个阶段，在不同的阶段，项目管理团队成员会面临不同的问题，产生不同的反应，因此，管理者亦应根据具体情况采取不同的措施。

建设工程项目管理团队的阶段性管理见表7-7。

建设工程项目管理团队的阶段性管理　　　　　　　　　表 7-7

内容	说明
组织初建期	项目管理团队形成之初，管理成员互相接触，开始时，会有许多初期的不适或情绪的波动。项目经理的目标是要把人们的思想和力量集中起来，真正形成一个组织，使他们了解项目目标和项目组织规则，公布项目的工作范围，质量标准、预算及进度计划的标准和限制。要明确项目经理部中的人员安排，宣布成员授权，指出职权使用的限制和注意问题
工作磨合期	随着项目目标和工作逐步明确，成员们开始执行分配到的任务，但由于往往任务比预计的更繁重、更困难，成本或进度计划的限制可能比预计更紧张，会产生许多矛盾。这时候，项目经理要与成员们一起参与解决问题，共同作出决策，应能接受和容忍成员的不满，做导向工作，积极解决矛盾。项目经理应创造并保持一种有利的工作环境，激励人们朝预定的目标共同努力，鼓励每个人都把工作做得很出色
正常运转期	管理团队已形成了一种较为融洽的工作氛围，各成员之间已相互了解，人与人之间和人与机构之间基本适应，大家都致力于项目总体目标的实现。在这一阶段，除了一般性的工作要求以外，富有经验的项目经理会非常注意发掘组织成员的潜力，调动其成就感和荣誉感，合理地运用激励机制
组织解体期	项目目标任务完成后，建设工程项目管理团队应予解散，这一时期要做好善后工作，管理者的工作是把团队成员召集起来，认真总结经验和教训，为项目经理与各管理团队成员的下次合作及以后工作提供经验

7.2.3　建设工程项目劳动力资源管理

建设行业用工制度的改革，使施工总承包企业和专业承包企业的作业人员有了可靠的来源保证，也为劳动力管理带来了改革发展的契机。按照合同，由劳务分包公司提供作业人员并进行劳动力管理，项目部协助管理，这必将大大提高劳动力管理的水平和效果。

劳动力管理的关键是提高效率，如何调动工人的积极性，加强思想政治工作和利用行为科学，从劳动力个人的需要和行为的关键点出发进行恰当的激励，这是劳动力管理的正确思路。

1. 劳动力的优化配置

首先要做好综合劳动力和主要工种劳动力计划，以使管理者做到心中有数。项目所需劳动力的种类、数量、时间、来源等，应就项目的具体状况作出安排。包括：

（1）应在劳动力需用量计划的基础上进一步具体化，以防漏配。必要时根据实际情况对劳动力计划进行调整。

（2）配置劳动力应积极可靠，使其有超额完成的可能、以获得奖励，进而激发其劳动积极性。

（3）尽量保持劳动力和劳动组织的稳定，防止频繁变动。但是，当劳动力或劳动组织不能适应任务需要时，则应进行调整，并敢于改变原建制，不断优化组合。

（4）工种组合、技术工种和一般工种比例等应适当、配套。

（5）力求使劳动力配置均匀，使劳动资源强度适当，以达到节约的目的。

2. 劳务分包

施工企业的资质分为施工总承包、专业承包和劳务分包三个序列。其劳务分包企业就是施工项目的劳动力来源。获得劳务分包资质的企业，可以承接施工总承包企业或者专业承包企业分包的劳务作业。

劳务分包应签订劳务分包合同。劳务分包合同的内容包括：建设工程名称，劳务分包工作内容及范围，提供劳务人员的数量、合同工期、合同价款及确定原则，合同价款的结算和支付，安全施工、重大伤亡及其他安全事故处理，建设工程质量、验收与保修，工期延误，文明施工，材料机具供应，文物保护，发包人、承包人的权利和义务，违约责任等。

3. 劳动力的激励管理

要充分调动劳动力的积极性，了解其行为动机，激发潜能。应有效地将人的动机和项目所提供的工作机会、工作条件和工作报酬紧密地结合起来，这就是项目劳动力激励的主要内容。

在项目的劳动力激励管理中，应注意以下几方面的基础性工作：

（1）共同的目标和利益是劳动力激励管理的核心基础。

（2）合理的管理制度和奖励分配制度是劳动力激励管理的抓手。

（3）期望心理和公平心理的疏导是劳动力激励管理的重要手段。

（4）健康向上的企业文化是劳动力激励管理的必要环境。

（5）自然形成的群众领袖式人物是劳动力激励管理的条件。

4. 劳动力的能力培训和提高

劳动力的能力培训和提高指为提高员工技能，增长专业知识，提高工作业绩所做的努力，在整个人力资源管理过程中起重要作用。

在提高员工能力方面，为满足新员工的需要，一般可以提供两种类型的培训：技术技能培训、综合素质培训。一般来说，公司会招聘有技术知识和技能的人，但也不能保证员工对工作完全胜任，因此技术培训是必要的，通过培训还可以熟悉工作、公司政策和程序。

模块 7.3　建设工程项目材料管理

7.3.1　建设工程项目材料管理概述

1. 建设工程项目材料分类

项目材料的分类方法很多，可按材料的作用、自然属性或来源等进行分类，但对材料管理来说，最重要的是从经济观点出发的 ABC 分类法。

ABC 分类法也叫重点管理法。由于项目所用材料的品种繁多，材料费用占工程造价的比例较大，如果对所有材料不分轻重地同等管理，其结果将会事倍功半，效率低下。而运用 ABC 分类法可以找出材料管理的重点对象，针对不同对象采取不同的管理措施，以期收到最好的经济效果。

（1）根据金额分类方法

材料管理的对象可以是公司、分公司、项目部、单位工程等的材料；根据材料金额大小进行 ABC 分类见表 7-8。

根据材料金额 ABC 分类表 　　　　　　　　　　　　　　　　　表 7-8

类别	金额累计百分比	材料品种数所占比例	备注
A 类	75%～80%	8%～10%	
B 类	15%～20%	20%～25%	
C 类	约 5%	约 70%	

（2）根据质量和成本影响程度分类

根据材料对工程质量和成本的影响程度进行分类。对工程质量有直接影响的、关系用户使用生命和效果的、占工程成本较大的物资一般为 A 类；对建设工程质量有间接影响、为工程实体消耗的可分为 B 类；辅助材料中占工程成本较小的为 C 类。具体内容见表 7-9。

材料 ABC 分类表 　　　　　　　　　　　　　　　　　　　表 7-9

类别	序号	材料名称	具体种类
A 类	1	钢材	各类钢筋,各类型钢
	2	水泥	各等级袋装水泥,散装水泥,装饰工程水泥,特种水泥
	3	木材	各类板、方材、木、竹制模板,装饰、装修建设工程用各类木制品
	4	装饰材料	精装修所用各类材料,各类门窗及配件,高级五金
	5	机电材料	建设工程用电线、电缆,各类开关、阀门,安装设备等所有机电产品
	6	建设工程机械设备	公司自购各类加工设备,租赁用自升式塔吊,外用电梯
B 类	1	防水材料	室内、外各类防水材料
	2	保温材料	内外墙保温材料,施工过程中的混凝土保温材料,建设工程中管道保温材料
	3	地方材料	砂石,各类砌筑材料
	4	安全防护用具	安全网,安全帽,安全带
	5	租赁设备	①中小型设备:钢筋加工设备,木材加工设备,电动工具;②钢模板;③架料,U 形托,井字架
	6	建材	各类建设胶,PVC 管,各类腻子
	7	五金	火烧丝,电焊条,圆钉,钢丝,钢丝绳
	8	工具	单价 400 元以上的手用工具
C 类	1	油漆	临建用调和漆,机械维修用材料
	2	小五金	临建用五金
	3	杂品	
	4	工具	单价 400 元以下的手用工具
	5	劳保用品	按公司行政人事部门有关规定执行

2. 建设工程项目材料信息的收集

随着我国市场经济的不断完善和建设市场投标报价方式的转变，材料信息在企业的经营决策中起到了重要作用，成为施工企业进行物资采购、存储，投标报价的依据和基础资料。

（1）材料信息的种类

项目材料信息有多种，如资源信息、供求信息、新产品信息、淘汰材料信息、国家的管理政策以及施工技术等，这些信息的获得和整理，对企业材料管理具有非常重要的作用。

（2）材料信息的收集途径

由于信息所特有的时效性、区域性和重要性，所以信息管理要求动态管理，收集整理的信息应当全面、广泛、及时、准确。

材料信息收集的主要途径有订阅各种专业报刊、杂志；专业的学术、技术交流资料；互联网查询；政府部门和行业管理部门发布的相关信息；各级采购人员的实际采购资料；各类广告资料；各类展销会、订货会提供的资料。

（3）材料信息资源库的建立

项目应将收集来的各类信息进行分类整理，然后利用计算机等建立企业材料资源库，并使之能够在企业的相关部门工作中共享。材料信息资源库应包括价格信息库，供方资料库，有关物资的政策信息库，新产品、新材料库和物资消耗库。

3. 建设工程项目材料管理的任务

建设工程项目材料从采购、供应、运输到施工现场验收、保管、发放、使用，主要涉及材料的流通和消耗两个过程。其中，对流通过程的管理，一般称为供应管理，包括物资从项目采购供应前的策划，供方的评审与评定，合格供方的选择、采购、运输、仓储、供应到施工现场（或加工地点）的全过程；对使用过程的管理，一般称为消耗管理，它包括物资从进场验收、保管出库、拨料、限额领料、耗用过程的跟踪检查，物资盘点，剩余物资的回收利用等全过程。

在这两个过程中，材料管理的任务就是保证适时、适地、按质、按量、成套齐备地供应所需的材料，同时，加速材料周转，监督和促进材料合理使用，以降低材料费用。

项目现场材料管理的内容见表 7-10。

项目现场材料管理的内容　　　　　　　　　　　　　　表 7-10

内容	说明
材料计划管理	项目开工前，向企业材料部门提出材料需用量计划，作为供应备料依据；在施工中，根据建设工程变更及调整的施工预算，及时向企业材料部门提出调整供料月计划，作为动态供料的依据；根据施工图纸及施工进度，在加工周期允许时间内提出加工制品计划，作为供应部门组织加工和向现场送货的依据；根据施工平面图对现场设施的设计，按使用期提出施工设施用料计划，报供应部门作为送料的依据；按月对材料计划的执行情况进行检查，不断改进材料供应
材料进场验收	为了把住质量和数量关，在材料进场时必须根据进料计划、送样凭证、质量保证书或产品合格证，进行材料的数量和质量验收；验收工作按质量验收规范和计量检测规定进行；验收内容包括品种、规格、型号、质量、数量、证件等；验收要做好记录、办理验收手续；对不符合计划要求或质量不合格的材料应拒绝验收

内容	说明
材料的储存与保管	进库的材料应验收入库,建立台账。施工现场的材料必须防火、防盗、防雨、防变质、防损坏;材料的放置要按平面布置图实施,做到位置正确、保管处置得当、符合堆放保管制度;要日清、月结、定期盘点、账实相符
材料领发	凡有定额的建设工程用料,凭限额领料单领发材料;超限额的用料,用前应办理手续,填写限额领料单,注明超耗原因,经签发批准后实施,建立领发台账,记录领发状况和节约、超支状况
材料使用监督	现场材料管理责任者应对现场材料的使用进行分工监督,监督的内容包括:是否按材料做法合理用料,是否严格执行配合比,是否认真执行颁发料手续,是否做到谁用谁清、随清随用、工完料退场地清,是否按规定进行用料交底和工序交接,是否做到按平面图堆料,是否按要求保护材料等。检查是监督的手段,检查要做到情况有记录、原因有分析、责任要明确、处理有结果
材料回收	班组余料必须回收,及时办理退料手续,并在限额领料单中登记扣除。余料要造表上报;按供应部门的安排办理调拨和退料。设施用料、包装物及容器,在使用周期结束后组织回收。建立回收台账,处理好经济关系
周转材料的现场管理	按建设工程量、施工方案编报需用计划。各种周转材料均应按规格分别码放,阳面朝上,垛位见方;露天存放的周转材料应夯实场地,垫高 30cm、有排水措施,按规定限制高度,垛间留有通道;零配件要装入容器保管,按合同发放;按退库验收标准回收,做好记录;建立维修制度,按周转材料报废规定进行报废处理

4. 建设工程项目材料管理主要控制环节

（1）施工准备阶段的现场材料管理

1）调查现场环境。包括：建设工程合同的有关现场规定，建设工程地点及周围已有建设、交通道路、运输条件，临时建设及其用料情况等。

2）参与施工平面规划。材料管理部门应参与施工平面使用规划，并注意以下问题：尽量使材料存放场地接近使用地点，以减少二次搬运和提高劳动效率；存料场地及道路的选择不能影响施工用地；存料场地应能满足最大存放量。

3）制定项目材料计划。在项目开工之前，由材料管理部门根据施工方案和施工进度计划编制材料需用量计划。

4）做好料场、仓库、道路等设施及有关业务的准备。露天料场要平整、夯实、有排水设施；现场临时仓库要符合防火、防雨、防潮、防盗的要求；现场运输道路要符合道路修筑要求，循环畅通，有周转条件，有排水措施。

（2）竣工收尾阶段的现场材料管理

竣工收尾阶段的现场材料管理包括：估计未完建设工程用料，在平衡的基础上，调整原用料计划，控制进场，防止剩余积压，为完工清场创造条件；提前拆除不再使用的临时设施，充分利用可以利用的旧料，节约费用，降低成本；及时清理、利用和处理各种破、碎、旧、残料、料底和建设垃圾等；及时组织回收退库。对设计变更造成的多余材料，以及不再使用的周转材料，抓紧作价回收，以利于竣工后迅速转移；做好施工现场材料的收、发、存和定额消耗的业务核算，办理各种材料核销手续，正确核算实际耗料状况，在认真分析的基础上找出经验与教训，在新开建设工程上加以改进。

（3）节约材料成本的主要途径

节约材料成本的途径非常多，但总体可归纳为两个方面：降低材料费用和减少材料消耗量。节约材料成本的主要途径具体内容见表 7-11。

节约材料成本的主要途径 表 7-11

序号	内容	说明
1	找出材料管理的重点	一般而言，占成本比例大的材料、使用量大的材料、采购价格高的材料应重点管理，此类材料最具节约潜力
2	选择合理的材料采购和供应方式	材料成本占工程成本的绝大部分，而构成材料成本最主要的是采购价格。材料管理部门应拓宽材料供应渠道，优选材料供应厂商，加强采购业务管理，多方降低材料采购成本
3	合理订购和存储材料，节约材料订购与库存费用	材料订购和存储量过低，容易造成材料供应不足，影响正常施工，同时增加采购工作与采购费用；材料订购和存储量过高，将造成资金积压，增加存储费用，增加仓库和材料堆场的面积
4	研究节约材料的技术措施和组织措施，降低材料消耗量	要特别重视施工规划（施工组织设计）对材料节约技术组织措施的设计，特别重视月度技术组织措施计划的编制和贯彻
5	合理使用材料，充分发挥材料性能	既要防止使用不合格材料，也要防止大材小用、优材劣用。可以利用价值工程等现代管理工具，在不降低功能和质量的前提下，寻找成本较低的代用材料
6	做好周转材料的维护保养，提高周转率	模板、脚手架等周转材料的成本不仅取决于材料单价，而且与材料的周转次数有关。提高周转率可以减少周转材料的占用，降低周转材料的成本
7	建立健全材料领发管理制度	凭限额领料单颁发材料，建立领发料台账，记录颁发状况和节约、超支状况，加强材料节约与浪费的考核和奖惩
8	做好材料回收工作	班组余料必须回收；做好废料回收和修旧利废工作；工程完工后，及时清理现场，回收残旧材料
9	大力研究和推广新技术、新材料、新工艺	可使材料成本大幅度降低。例如，混凝土工程中各种混凝土填充料及各种外加剂的应用，可以大量节约水泥；钢筋工程中采用对焊、电渣压力焊，可以大量节约钢筋

5. 建设工程项目材料消耗量定额

定额是企业及其工作人员从事生产活动时，在人力、物力、财力方面所遵循的标准。材料消耗定额是指在一定的生产技术下，完成一定计量单位的工程量所必须消耗的材料数量标准。材料消耗定额在项目管理中有着重要作用，它是确定材料需要量、库存量，编制材料计划，组织材料供应的依据；是限额领发料、考核分析材料消耗利用情况的依据；是加强经济核算，进行成本控制的重要工具。

（1）材料消耗的构成

材料消耗主要是由净用量和损耗两部分构成：

①净用量。指在完成符合合同规定的质量标准的工程，实际应用到工程实体上的材料消耗。它是实际的有效的消耗，是材料消耗的主体部分。

但是，对于在施工操作中没有进入工程实体而在实体形成中损耗掉的那部分材料，则称为操作损耗。它包括材料在加工准备过程中产生的损耗，如端头短料、边角余料；也包括材料在施工过程中产生的损耗，如砌墙、抹灰时的掉灰等。这种损耗在现阶段是不可避免的，但可控制在一定范围内。

②材料损耗。指材料在运输、保管、加工或调剂、操作及事故过程中，不可避免地出现的损耗，如保管损耗、运输损耗、垛底损耗等。这种损耗一般难以完全避免，但是对于在保管过程中因工作人员责任心不强而造成的损耗，则可以避免。

（2）材料消耗定额的构成

材料消耗定额是对材料消耗过程进行分析、提炼的结果，其构成和材料消耗的构成基本相同，差别是在材料消耗中剔除了一部分不合理的损耗而组成的材料损耗定额。材料消耗和材料消耗定额的构成见表 7-12。

材料消耗和材料消耗定额的构成　表 7-12

内容			材料消耗定额的构成
净用量			√
场外运输损耗	不可避免		
	可以避免		
操作损耗	散落损耗	不可避免，不可回收利用	√
		可以避免，可以回收利用	
	边角余料损耗	合理配合下料后的边角余料	√
		不合理下料，无计划配料	
		超过控制指标的余料	
	废品损耗	控制在一定指标内的废品	√
		超过控制指标的废品	
场内运输损耗	合理的、控制在一定指标内的损耗		√
	不合理的、超过控制指标的损耗		
保管损耗	合理的、控制在一定指标内的损耗		√
	不合理的、超过控制指标的损耗		
事故损耗			

制定材料消耗定额时必须对那些不可避免的、不可回收的合理损耗在定额中予以认可，那些本可以避免或者可以再回收利用而没有回收利用、没有避免的损耗，则不能作为损耗标准计入定额，所以材料消耗定额的构成内容只应包括有效消耗和合理损耗。

7.3.2　建设工程项目实体项目材料管理

1. 编制材料需用计划

建设工程项目材料需用计划，是指建设工程项目在计划期内对所需材料的预测。一般分为全过程材料需用计划和各阶段材料需用计划两种。

全过程材料需用计划，又称为一次性用料计划。该计划反映了整个项目及其各分部分项材料需用量。它是用于组织资源和特殊材料、制品加工的依据；经审核后也是限额用料和考核材料消耗的依据。其编制的主要依据是：设计文件、施工方案、技术措施计划及有关的材料消耗定额。编制程序为：

（1）根据设计文件、施工方案和措施计划计算各分部、分项的工程量。

（2）根据各分部分项的工程量、工艺操作方法和材料消耗定额，计算各分部分项工程各种材料需用量。其计算公式为：

某种材料计划需用量＝分部分项工程实物量×材料消耗定额

（3）汇总各分部分项工程材料需用量，求得整个项目各种材料的总需用量。

2. 编制项目材料供应计划

材料供应计划，是指在计划期内如何满足各建设工程项目材料需用的一种实施计划。它包括平衡计划、储备计划和采购计划，是组织采购、调拨、储备、供料的依据。

编制材料供应计划的关键是合理确定影响供应计划的4项因素：

（1）合理确定材料需用量。主要是审核项目材料需用计划，对需要预先进行加工制作的材料应考虑加工制作周期。

（2）准确统计库存量。根据编制计划时的实际库存，考虑计划编制期内库存增减因素，确定可提供调拨的资源量。

（3）根据材料消耗速度、运输及到货间隔，合理确定周转储备量。

（4）对上述因素进行平衡后，确定供应量并制定供应措施。

3. 限额用料

（1）限额用料的主要方式

限额用料的主要方式有以下三种，可根据工程项目特点和承包要求选用。

限额用料的主要方式见表7-13。

限额用料的主要方式　　　　　　　　　　　　　　　　表 7-13

序号	方式	说明
1	分项限额用料	分项限额用料是分工种对班组实行限额。其优点是范围小，责任明确，利益直接，便于管理。缺点是易于出现班组在操作中考虑自身利益而不顾与下道工序的衔接，以致影响最终用料效果
2	分层分段限额用料	按施工段或施工层对混合队或扩大的班组组合限定材料消耗数量，按段或层进行考核，这种方法是在分项工程限额用料的基础上进行了综合。其优点是直接、形象，较为简便易行，但要注意综合定额的科学性和合理性
3	部位限额用料	以施工部位材料总需用量为控制目标，以混合队为对象实行限额用料。这种做法实际上是扩大了的分项工程限额用料。其优点是混合队内部易于从整体利益出发，有利于工种配合和工序搭接，各班组互创条件，促进节约使用。但应注意加强混合队内部队组用料的考核

限额用料的依据一般来讲有三个：一是施工材料消耗定额；二是用料者所承担的工程量或工作量；三是施工中必须采取的技术措施。由于定额是在一般条件下确定的，在实际操作中应根据具体的施工方法、技术措施及不同材料的试配翻样资料来确定限额用量。

（2）限额用料的步骤

1）给发。采用限额用料单或小票形式，根据不同用料者所承担的工程量，计算限额用料的品种和数量。

2）下达。将限额单下达到用料者并进行用料交底。交底用料措施、要求及注意事项。

3）应用。用料者凭限额单到指定部门领料，材料部门在限额内发料。每次领发数量时间要做好记录，并互相签字确认。

4）检查。在用料过程中，对影响用料因素进行检查，帮助用料者正确执行定额，合理使用材料。检查的内容包括：施工项目与定额项目的一致性；验收工程量与定额工程量的一致性；操作是否符合规程；技术措施是否落实；工作完成是否料净。

5）验收。完成任务后，由有关人员对实际完成工程量和用料情况进行测定和验收，作为结算用工、用料的依据。

6）结算。根据实际完成的工程量核对和调整应用材料量，并与实耗量进行对比，结算用料的节约或超耗。

7）分析。查找用料节超原因，总结经验，吸取教训。

4. 进场材料验收

进场材料验收包括材料数量、材料规格、材料质量等几方面的内容。把好进场材料验收关应做好以下几项工作：

（1）做好进场材料验收准备工作。清理存放场地、垛位，校验验收计量器具，调配搬运人力及设备，掌握有关验收标准。

（2）核对进场材料的凭证、票据、计划、合同等有关资料；核对到货地点、材料品种是否与所需相符；出现问题及时上报，未解决问题前不应卸车或接收。

（3）目测材料外包装是否完整，若发现材料外表损坏或外包装破损严重的，应做好记录并及时上报，问题未解决前不得进行质量验收。

（4）经验收合格的材料要及时办理验收手续，入库登账，复验资料存档备案。

（5）对验收中出现的数量和质量问题应做出记录，上报有关部门处理，未解决问题前不应办理验收。

（6）因某些非主要因素不能验收或对验收中问题供需双方已有解决意见而工程急需时，可做暂估验收，发放使用，待问题正式解决后再办理正式验收手续。

7.3.3 建设工程项目周转材料管理

周转材料是指在施工中可多次周转使用，但不构成产品实体的但必须使用的料具，如支撑体系、模板体系、安全防护等。由于周转材料占用数量大，投资多，周转时间长，是施工不能缺少的工具，因此切实加强对它的管理与核算，延长其使用时间，降低损耗，对保证完成施工任务，取得良好经济效果有积极作用。

1. 周转材料的管理内容

（1）使用

在使用过程中严格按照施工组织设计和分项工程的技术方案，合理配套地组织进场，未经有关部门和人员批准，不得擅自改变原使用功能和价值。同时，经常深入施工现场检查"工完场清"，及时回收散落料具。

（2）维修保养

经常对周转料具进行维护保养、上油，损坏的应及时修理。

（3）改制利用

根据施工情况，在保证工程质量的前提下，对损坏且不能修复的尽量改制利用。

（4）核算

定期对周转材料的使用进行分析、核算。

2. 项目部周转材料的管理

（1）周转材料管理的范围

周转材料管理的范围见表 7-14。

周转材料管理的范围

表 7-14

序号	内容	说明
1	模板	大模板、滑模、组合钢模、异形模、竹模板等
2	脚手架	钢架管、腕扣、钢支柱、吊篮、竹塑板等
3	其他周转材料	卡具、附件等

（2）周转材料的加工、购置和租赁

项目部应根据建设工程特点编制周转材料使用计划，提交企业相关部门或租赁单位进行加工、购置或租赁。

（3）周转材料的进场保管

各项目部周转材料进场后，应按规格、品种、数量登记入账。周转材料的码放应注意以下几点：

1）大模板应集中码放，做好防倾斜等安全措施，设置区域围护并标识。

2）组合钢模板、竹木模板应分规格码放，便于清点和发放，一般码十字交叉垛，高度应控制在 1.80m 以下，并做好标识。

3）钢脚手架管、钢支柱等，应分规格顺向码放，四周用围栏固定，减少滚动，便于管理，并做好标识。

4）周转材料零配件应集中存放、装箱、装袋，做好保护，减少散失并标识。

（4）周转材料的进场使用

周转材料如连续使用的，每次使用完并及时清理、除污后，涂刷和分类码放，以备再用。如不再使用的，应及时回收、整理和退场，并签订手续。

3. 模板的管理

（1）集中配料法

企业集中设立模板配料场，负责所属工地模板的统一管理、统一配料、统一回收。工地使用的模板向配料场提出申请料单，由配料场根据库存模板的新旧及长短进行搭配，发给工地使用。工地使用后，配料场应根据施工进度情况统一回收、整理，给出工地实耗情况。

（2）专业队法

此法是集中配料法的扩大和发展，即在配料场配备施工力量，负责模板的制作、安装和拆除。其为工地的二包单位，单独核算。

（3）租赁法

企业设专门机构管理组合钢模板，对项目部租赁，并负责钢模板的修理。根据周转天数和周转一次的摊销费用，确定每平方米的日租赁费。

（4）模板的"四包"制

班组对所需的模板实行包作、包装、包拆除、包回收整理。实行四包，可以统一考虑模板施工中的制作、安装、拆除、回收，有利于加强管理，降低损耗。

4. 脚手架的管理

（1）租赁法

在企业内部，脚手架出租单位与施工使用单位之间实行租赁制，按日计租金，损失赔偿，促进加速周转；在施工使用单位内与架工班组之间实行脚手架费用包干制。由施工队负责，力争缩短工期。由架工班负责脚手架搭设拆除、保养管理，争取少占用，不丢失损坏，降低损耗。

（2）费用承包

实行脚手架费用包干的内容：一是架工班对脚手架工程包搭设、包拆除、包维修保养、包管理，还负责代表施工队向出租单位办理租入脚手架验收和用毕点交等具体手续；二是包脚手架的定额损耗，包括钢管、扣件及跳板的定额损耗。

模块 7.4　建设工程项目施工机械设备管理

7.4.1　建设工程项目施工机械设备管理概述

机械设备是施工企业进行施工生产必不可少的技术物质基础，是构成生产力的重要因素。采用机械化施工，是提高劳动生产率、加快施工速度的主要途径。要充分发挥施工机械和机械化的优越性，就必须加强机械管理，按机械运转规律办事。合理地组织机械和配合人员，采用先进的施工技术和科学管理，不断提高机械化施工水平。

1. 施工机械设备的获取

施工机械设备的获取方式有：

（1）从本企业专业机械租赁公司租用已有的施工机械设备。

（2）从社会上的机械设备租赁市场租用设备。

（3）进入施工现场的分包工程施工队伍自带施工机械设备。

（4）企业为本工程新购买施工机械设备。

2. 施工机械设备的选择

施工机械设备选择的总原则是切合需要、经济合理。

（1）对施工设备的技术经济进行分析，选择满足生产、技术先进又经济合理的施工设备。结合施工项目管理规划，分析购买和租赁的分界点，进行合理配备。如果设备数量多，但相互之间使用不配套，不仅机械性能不能充分发挥，而且会造成经济上的浪费。

（2）现场施工设备的配套必须考虑主导机械和辅助机械的配套关系，在综合机械化组列中前后工序施工设备之间的配套关系，大、中、小型工程机械及劳动工具的多层次结构的合理比例关系。

（3）如果多种施工机械的技术性能可以满足施工工艺要求，还应对各种机械的下列特性进行综合考虑：工作效率、工作质量、施工费和维修费、能耗、操作人员及其辅助工作人员、安全性、稳定性、运输、安装、拆卸及操作的难易程度、灵活性、机械的完好性、维修难易程度、对气候条件的适应性、对环境保护的影响程度等。

3. 项目部的机械设备管理职责

（1）按照施工组织设计积极寻求具有相应设备租赁资质、起重设备安拆资质、设备性能良好、服务优良、价格合理的设备租赁公司，签订设备租赁合同，承租与施工组织设计相适应的机械设备，并组织实施。

（2）按设备租赁合同的要求，组织设备的进场与退场，对进入施工现场的机械设备进行验收，并做好设备的验收记录，建立现场设备使用台账，杜绝带有安全隐患的设备进入施工现场。

（3）制定设备管理制度，坚持对施工现场所使用的机械设备进行日巡查、周检查和月专业大检查，杜绝设备带病运转。

（4）组织人员对施工现场机械设备进行保养和维修，确保机械设备处于完好、有效的状态。

（5）做好设备使用安全技术交底工作，督促设备操作者严格按照设备操作规程进行操作，对违反操作规程者给予批评、指正或处罚。

（6）根据国家有关规定，组织对机务工作人员进行技术业务培训，设备操作者必须经过相应的技术培训，并取得相应设备操作许可证方可上岗操作。

（7）提高机械设备管理者的管理水平，以保证设备高效、有序、安全地应用于生产。

7.4.2   建设工程项目施工机械设备管理

1. 施工机械设备管理控制

机械设备管理控制应包括机械设备购置与租赁管理、使用管理、操作人员管理、报废和出场管理等。

机械设备管理控制的任务主要包括：正确选择机械；保证在使用中处于良好状态；减少闲置、损坏；提高使用效率及产出水平；机械设备的维护和保养。

2. 施工机械设备的合理使用

机械设备必须合理地使用，才能发挥其正常的生产效率，降低使用费用及防止出现事故。为此应做好以下几项工作：

（1）人机固定，实行机械使用、保养责任制，并将机械设备的使用效益与个人经济利益联系起来。

（2）实行操作证制度。专机的操作人员必须经过培训和统一考试，确认合格，发给上岗证，这是保证机械设备得到合理及安全使用的必要条件。

（3）遵守合理使用规定。坚持搞好机械的例行和强制保养；新机械设备和经过大修或改造的机械设备在投产使用初期，必须经过运行磨合，使零配件摩擦表面逐渐达到良好配合，防止机件早期磨损，以延长机械使用寿命和修理周期。

（4）实行单机或机组核算。根据考核的成绩实行奖罚，这也是一项提高机械设备管理水平的重要措施。

（5）建立设备档案制度，以便于监督设备情况，便于使用与维修。

（6）合理组织机械设备施工。必须加强维修管理，提高机械设备完好率和单机效率，并合理地组织机械调配，搞好施工的计划工作。

（7）培养机务队伍。采取办训练班、进行岗位练兵等活动，有计划、有步骤地做好机务人员的培养和提高工作。

（8）搞好机械设备的综合利用。机械设备的综合利用是指现场的施工机械尽量做到一机多用，使其效率充分发挥。例如垂直运输机械，可兼作回转范围内的水平运输、装卸车等，因此要按小时安排好机械的使用，大力提高其利用率。

（9）努力组织好机械设备的流水施工。当施工进度主要取决于机械设备而不是人力的时候，施工段的划分必须以机械设备的服务能力作为决定因素，使机械设备能连续作业。必要时"歇人不歇马"，使机械三班作业。当一个施工项目有多个单项工程时，应使机械在单项工程之间流水作业，以减少进出场时间和装拆费用。

（10）机械设备安全作业。项目部在机械作业前应向操作人员进行安全操作交底，使操作人员对施工要求、场地环境、气候等安全生产要素有清楚的了解。项目部要按机械设备的安全操作要求安排工作和进行指挥，不得要求操作人员违章作业，也不得强令机械设备带病操作，更不得指挥和允许操作人员野蛮操作。

（11）为机械设备的运行创造良好的条件。如现场环境、施工平面图的布置应满足机械作业要求，道路畅通无障碍，夜间施工安排好照明等。

3. 施工机械设备的维修与保养

（1）机械设备的磨损

机械设备的磨损阶段见表7-15。

机械设备的磨损阶段　　　　　　　　　　　　　　　　　　　　　表 7-15

序号	阶段	说明
1	磨合磨损	属初期磨损，包括制造或大修理中的磨合磨损和使用初期的磨合磨损，这段时间较短。此时，只要执行适当的磨合期使用规定即可降低初期磨损，增强零件的耐用性，提高机械运行的可靠性和经济性，延长机械的大修间隔期及使用寿命
2	正常工作磨损	这一阶段的前期及中期零件经过磨合磨损，光洁度提高了，磨损较少，在较长时间内基本处于稳定的均匀磨损状态。这个阶段后期，条件逐渐变坏，磨损就逐渐变快，进入第三阶段
3	事故性磨损	由于零件配合的间隙扩展而使负荷加大，磨损激增，可能磨损得很快，如果磨损程度超过了极限而不及时修理，就会引起事故性损坏，造成修理困难和较大经济损失

（2）机械设备的保养

机械设备保养的目的是使机械设备保持良好的技术状态，提高运转的可靠性和安全性，减少零件的磨损，延长使用寿命，降低消耗，提高机械施工的经济效益。

1）例行保养：属于正常使用管理工作，它不占用机械设备的运转时间，由操作人员在机械运行间隙进行。其主要的内容是：进行清洁、润滑、紧固容易松动的螺丝，检查零部件的完整情况，防止机械腐蚀及修换个别易损件等。

2）强制保养：间隔一定周期，需要占用机械设备运转时间而停工进行的保养。强制保养是按照一定周期和内容分级进行的。机械设备运转到了规定的时限，不管其技术状态好坏，任务轻重，都必须按照规定作业范围与要求进行检查和维护保养，不得借故拖延。

（3）机械设备的修理

机械设备的修理是指对机械设备的自然损耗进行修复，排除机械运行故障，对损坏的零部件进行更换、修复。对机械设备的预检和修理，可以保证机械的使用效率，延长其使用寿命。机械设备修理可分为大修、中修和零星小修。

7.4.3　建设工程项目租赁施工机械设备管理

1. 机械设备租赁形式

机械设备租赁是企业利用大量的社会机械设备资源来装备自己，迅速提高自身形象，增强施工能力，减小投资包袱，尽快形成生产力的有力手段。机械设备租赁形式有内部租赁和社会租赁两种。

（1）内部租赁。指由施工企业所属的机械经营单位与施工单位之间的机械租赁。作为出租方的机械经营单位，承担着提供机械、保证施工生产需要的职责，并按企业规定的租赁办法签订租赁合同，收取租赁费用。

（2）社会租赁。指社会化的租赁企业对施工企业的机械租赁。社会租赁有以下两种形式：

1）融资性租赁。指租赁公司为解决施工企业在发展生产中需要增添机械设备而又资金不足的困难，而融通资金、购置企业所选定的机械设备并租赁给施工企业，施工企业按租赁合同的规定分期交纳租金，合同期满后，施工企业留购并办理产权移交手续。

2）服务性租赁。指施工企业为解决企业在生产过程中对某些大、中型机械设备的短期需要而向租赁公司租赁机械设备。在租赁期间，施工企业不负责机械设备的维修、操作，施工企业只是使用机械设备，并按台班、小时或施工实物量支付租赁费，机械设备用完后退还给租赁公司，不存在产权移交的问题。

2. 机械设备租赁管理

（1）计划申请与签订合同

1）租用单位对新开工项目按施工组织设计（或施工方案）编制单位工程一次性备料计划，上报公司材料管理部门负责组织备料。

2）租用单位根据施工进度，提前一个月申报月份使用租赁计划（包括使用时间、数量、配套规格等），由材料管理部门下达到租赁站。

3）公司材料管理部门根据申请计划，组织租用单位与租赁站签订合同。

（2）提料、退料、验收与结算

1）提料。由租用单位专职租赁业务人员按租赁合同的数量、规格、型号，组织提料到现场，材料人员验收。

2）退料。租用单位材料人员应携带合同，租赁站业务人员按合同品名、规格、数量、质量情况组织验收。

3）验收与结算。续租应按月办理结算手续；退料后的结算应根据验收结果进行，租赁费、赔偿费和维修费一并结算收取。

（3）根据租赁协议明确双方赔偿与罚款的责任。

（4）周转工具的管理

周转工具实行租赁管理，要做好周转工具的调度平衡和自购部分配件的申报、采购工作；建立健全各种收发存台账，按月结清凭证手续及月报表工作；制定周转工具配备定额、损耗定额，组织做好周转工具清产检查、监督实施过程中的管理，办理退租、回收、修理及租赁费用结算等工作。

模块 7.5   建设工程项目技术管理

7.5.1   建设工程项目技术管理概述

建设工程项目技术管理是对所承包的建设工程各项技术活动和构成施工技术的各项要

素进行计划、组织、指挥、协调和控制的总称。施工技术管理必须为企业经营管理服务，因此施工技术管理的一切活动都要符合企业生产经营的总目标，这就要求技术管理人员从生产型转向生产经营型，要既懂技术又懂管理，要关心生产要素的优化配置和动态管理的效果，做到技术经济统一。

1. 建设工程项目技术管理作用

建设工程项目技术管理的作用主要有：

（1）保证施工过程符合技术规范的要求，保证施工按正常秩序进行。

（2）通过技术管理，不断提高技术管理水平和职工的技术素质，能预见性地发现问题，最终高质量完成施工任务。

（3）充分发挥施工中人员及材料、设备的潜力，针对工程特点和技术难题，开展合理化建议和技术攻关活动，在保证工程质量和生产计划的前提下，降低工程成本，提高经济效益。

（4）通过技术管理，积极开发与推广新技术、新工艺、新材料、新设备，促进施工技术现代化，提高竞争能力。

（5）用新的科研成果对技术管理人员、施工作业人员进行教育培养，不断提高技术管理素质和技术能力。

2. 建设工程项目技术管理任务

建设工程项目技术管理的任务包括：

（1）正确贯彻执行国家各项技术政策和法令，认真执行国家和有关主管部门制定的技术标准、规范和规定。

（2）科学地组织技术工作，建立施工项目正常的施工生产技术秩序。

（3）积极地采用"四新"（即新技术、新工艺、新材料、新设备）科技成果，努力实现施工技术现代化，依靠技术进步提高项目经济效益。

（4）加强技术教育、技术培训，不断提高技术人员和工人的技术素质，以保证施工项目的"优质、高速、低耗、安全"。

3. 建设工程项目技术管理内容

建设工程项目技术管理的内容包括：

（1）技术管理的基础工作：包括制定技术管理制度，实行技术责任制，执行技术标准与技术规程，开展科学试验，交流技术情报，进行技术教育与培训，技术档案管理等。

（2）施工技术准备工作：包括图纸会审，编制施工组织设计，进行技术交底等。

（3）施工过程中的技术工作：包括施工工艺管理，技术试验，技术核定，技术检查，标准化管理等。

（4）技术开发工作：包括开展新技术、新结构、新材料、新工艺、新设备的研究与开发，技术改造与革新，制定新的技术措施等。

（5）技术经济分析与评价。

7.5.2　建设工程项目技术管理工作

1. 建设工程项目技术管理基础工作

（1）建立技术管理工作体系

项目部应在企业总工程师和技术管理部门的指导和参与下，建立以项目技术负责人为首的技术业务统一领导和分级管理的技术管理工作体系，并配备相应的职能人员。一般应根据项目规模设项目技术负责人（项目总工程师、主任工程师、工程师或技术员），其下设技术部门、工长和班组长。然后按技术职责和业务范围建立各级技术人员的责任制，明确技术管理岗位与职责，建立各项技术管理制度。

（2）建立健全施工项目技术管理制度

项目部的技术管理必须执行国家技术政策和企业的技术管理制度，同时还应根据需要自行制定针对项目特点的技术管理制度，并报企业总工程师批准。施工项目的主要技术管理制度有：技术责任制度、图纸会审制度、施工组织设计管理制度、技术交底制度、材料设备检验制度、建设工程质量检查验收制度、技术组织措施计划制度、施工技术资料管理制度以及工程测量、计量管理办法、环境保护管理办法、工程质量奖罚办法、技术革新和合理化建议管理办法等。

建立健全施工项目技术管理制度时，要互相配套协调、形成系统，既互不矛盾，也不留漏洞，还要有针对性和可操作性，同时要求项目部所属各单位、各部门和人员在施工活动中，必须遵照执行。

（3）施工项目技术责任制

项目经理部的各级技术人员都应根据项目技术管理责任制度完成业务工作，履行职责。

2.建设工程项目技术管理经常性工作

（1）施工图样的熟悉、审查和会审。

（2）编制施工管理规划。

（3）组织技术交底。

技术交底是在正式施工以前对参与施工的有关管理人员、技术人员和工人讲解工程对象的设计情况、建设和结构特点、技术要求、施工工艺及注意问题等，以便他们详细地了解工程，心中有数，掌握关键环节，避免发生指导错误及操作错误。

（4）工程变更和变更洽谈。

（5）制定技术措施和技术标准。

技术措施是为了克服生产中的薄弱环节，挖掘生产潜力，保证完成生产任务，获得良好的经济效果，在提高技术水平方面采取的各种手段和办法，是对已有的先进经验或措施加以综合运用。要做好技术措施工作，必须编制、执行技术措施计划。技术措施计划的主要内容。

①加快施工进度方面的技术措施。

②保证和提高建设工程质量的技术措施。

③节约劳动力、原材料、动力、燃料和利用"三废"等方面的技术措施。

④推广新技术、新工艺、新结构、新材料的技术措施。

⑤提高机械化水平、改进机械设备的管理以提高完好率和利用率的措施。

⑥改进施工工艺和操作技术以提高劳动生产率的措施。

⑦保护环境及保证安全施工的措施。

（6）建立技术岗位责任制。

（7）进行技术检验、材料和半成品的试验与检测。

（8）贯彻技术规范和规程。

（9）技术情报、技术交流、技术档案的管理工作。

3. 技术管理开发性工作

（1）组织各类技术培训工作。

（2）根据项目的需要制定新的技术措施和技术标准。

（3）进行技术改造和技术创新。

（4）开发新技术、新结构、新材料、新工艺等。

模块 7.6　建设工程项目资金管理

7.6.1　建设工程项目资金筹集

资金筹集是指企业通过各种渠道和方式筹措生产经营所需资金的财务活动。筹资是企业资金运动的起点，是企业财务管理的重要内容，它对于企业的创建、生存、发展乃至企业财务管理目标的实现都有十分重要的意义。

1. 建设工程项目资金筹集原则

筹集资金应以资金需要量和投放时间为依据，将筹集资金与投资效果结合起来，以降低资金成本为目的，选择适当的筹资方式，同时，还要充分考虑偿债能力。

（1）充分利用自有资金，这样可以调度灵活，无需支付利息，降低成本。

（2）必须在经过收支对比后，按差额来筹措，以免造成浪费。

（3）努力争取低息贷款，资金成本应作为资金来源选择的标准。

2. 建设工程项目资金筹集渠道

施工过程中所需要的资金来源，一般是在承包合同条件中予以规定的。一般情况下，施工项目资金来源的渠道是：

（1）预收工程备料款。

（2）已完施工价款结算。

（3）由于增加工程量等原因而获得的索赔。

（4）银行贷款。

（5）企业自有资金。

（6）其他项目资金的调剂占用。

3. 建设工程项目资金筹集方式

资金筹集方式是指筹集资金所采取的具体形式，体现着资金的属性。了解筹资方式的种类及每种筹资方式的属性，有利于选择适宜的筹资方式和进行筹资组合。一般常用的筹资方式有吸收直接投资、发行股票、商业信用、银行贷款、发行债券、融资租赁等。

资金的筹集方式与筹集渠道有密切的关系，通常，同一渠道的资金往往可以通过不同的方式取得，而同一筹资方式又往往适用于不同的筹资渠道。因此，筹集资金时，必须实现两者的密切配合。

4. 建设工程项目资金筹集方式的选择

筹集资金时往往会遇到诸如筹资应采用什么方式、什么时候筹资、筹资所付的代价是否合适、如何使筹资效益最佳等问题。这些问题必须通过对各个筹资影响因素比较分析后，才能作出结论。

（1）影响资金筹集的因素

影响资金筹集的因素见表 7-16。

影响资金筹集的因素 表 7-16

序号	因素	说明
1	成本	指筹集资金的资金成本。它是筹资效益的一项抵消因素，筹资时应尽可能选择资金成本低的筹资方式或筹资组合
2	风险	指筹资风险。不同的筹资方式的风险各不相同，由此而给企业带来的风险损失也不一样。风险是客观存在的，它并不能消除，但能避免或降低。在筹资中一般应选择风险小的筹资方式或筹资组合
3	弹性	指使用筹集资金的灵活性。由于各种筹资方式的弹性并不一样，而企业使用资金的情况也不相同，因此，应根据各种资金需要的具体情况来确定是否用有弹性的资金
4	时间性	指企业取得资金的时间能否与实际需要资金的时间相符。如果时间不符合，就会失去筹资意义
5	条件	指取得资金时的一些附加条件，如举债的限制性条款等

（2）资金筹集方式的比较

1）比较筹资代价。比较筹资代价，具体来说有以下几方面：

①比较筹资成本。指对各种资金来源的资金成本进行比较。由于资金筹集是多种渠道的组合，因此要比较综合资金成本。

②比较筹资条件。这是指对各种筹资方式下，投资人提出的各种附加条件进行比较，选择附加条件最少的筹资方式。在有些情况下，则是指对能满足项目提出条件的投资人进行选择。

③比较筹资时间。筹资时间代价，是指不同来源的资金，由于使用期限不同而引起的成本和效益之间的差异。一般可用筹资成本代价作比较，有时也可直接将不同筹资方案的使用时间作比较。

2）比较筹资风险。筹资风险一般是指项目在筹资中因安排不同的筹资方式而可能引起的所有者收益发生变动的风险。它通常可以通过计算财务杠杆系数来进行衡量和比较。但是，项目筹资风险又不单纯是项目自身原因引起的，它还要受外部环境，如国家政策、资金市场的完善程度以及资金市场风险等的影响，因此，在进行筹资决策时，必须将各筹资方案的综合风险进行比较，选择风险最小的方案。

3）比较筹资效益。比较筹资效益是指将资金的使用效益和筹资成本结合起来进行比较，选择一个筹资效益最好的方案加以实施。通常包括筹资方案的可行性比较和最佳筹资方案选择比较等内容。

7.6.2 建设工程项目资金管理

1. 建设工程项目资金收入与支出管理

（1）保证资金收入

正常生产需要资金保证，项目部的资金来源包括：组织（公司）拨付资金，向发包人收取的工程款和备料款，以及通过组织（公司）获得的银行贷款等。

对工程项目来讲，收取工程款和备料款是项目资金的主要来源，重点是工程款收入。由于建设项目生产周期长，工程价款一般按月度结算，因此要抓好月度价款结算，组织好日常工程价款收入，管好资金的入口。

工程预算结算和索赔工作一定要抓紧抓好，工程一开工，随着工、料、机生产费用的耗费，生产资金陆续投入，必须随着工程施工进度及时办好工程预算结算，从而为工程价款回收创造条件。要认真研究合同条款，按照施工合同条款规定的权限范围办好索赔，最大范围地争取应得的利益。

收款工作从承揽工程、签订合同时开始，直到工程竣工验收、结算确定收入，以及保修期满收回工程尾款。

（2）控制资金支出

控制资金支出主要是控制项目资金的出口。施工生产直接或间接的生产费用投入需要耗费大量资金，要精心计划、节省使用资金，以保证项目部的资金支付能力，一般来说，工、料、机的投入有的要在交易发生期支付货币资金，有的可作为流动负债延期支付。从长期角度讲，任何负债都需要未来用货币资金或企业资产偿还。为此，要加强资金支出的计划控制，各种工、料、机投入都要按消耗定额，管理费用要有开支标准。

要抓好开源节流，组织好工料款回收，控制好生产费用支出，保证项目资金正常运转。在资金周转中使投入能得到补偿，得到增值，才能保证生产继续进行。

2. 建设工程项目资金的使用管理

建立健全项目资金管理责任制，明确项目资金的使用管理由项目经理负责，项目部财务人员负责协调组织日常工作，做到统一管理、归口负责、业务交接对口，建立责任制，明确项目预算员、计划员、统计员、材料员、劳动定额员等有关职能人员的资金管理职责和权限。

（1）资金的使用原则

项目资金的使用管理应本着促进生产、节省投入、量入为出、适度负债的原则，要本着国家、企业、员工三者利益兼顾的原则，优先考虑上缴国家的税金和应上缴的各项管理费，要依法办事，按照《中华人民共和国劳动法》，保证员工工资按时发放；按照劳务分包合同，保证外包工劳务费按合同规定结算和支付；按材料采购合同，按期支付货款；按分包合同支付分包款。

（2）节约资金的办法

项目资金的使用管理反映了项目施工管理的水平。在施工计划安排、施工组织设计、施工方案的选择方面，要用先进的施工技术提高效率、保证质量、降低消耗，努力做到以较少的资金投入创造较大的经济价值。

（3）资金的管理方式

资金的管理方式讲究经济手段，合理控制材料占用资金。项目部要核定材料资金占用额，包括主要材料、周转材料、生产工具等；对劳务队、中小机械等，按预算分别核定收入，采用市场租赁价按月计算支出，对节约的劳务队按节约额进行奖励，反之扣一定比例的劳务费。

抓报量、抓结算，随时办理增减账索赔。根据生产进度，随时做好分部和整个工程的预算结算，及时回收工程价款，减少应收账款占用。要抓好月度中期付款结算及报量，减少未完工程占用资金。

（4）项目资金的使用

项目部按组织下达的用款计划控制使用资金，以收定支，按会计制度规定设立财务台账，记录资金支出情况，加强财务核算，及时盘点盈亏。

项目部的财务台账可以由财务人员登账，也可在财务人员指导下由项目部有关业务部门登记台账。明细台账要定期与财务账核对，做到账账相符；还要与仓库保管员的收、发、存实物账及其他业务结算账核对，做到账实相符。总之，要做到财务总体控制，以利于发挥财务资金管理作用。

3. 建设工程项目资金的风险管理

要注意发包方资金到位情况，签好施工合同，明确工程款支付办法和发包方供料范围。在发包方资金不足的情况下，尽量要求发包方供应部分材料，防止发包方把属于甲方供料、甲方分包范围的转给组织支付。

要关注发包方资金动态，在已经发生垫资施工的情况下，要适当掌握施工进度，以便于回收资金。如果出现工程垫资超出原计划幅度，要考虑调整施工方案，压缩规模，甚至暂缓施工，并积极与发包方协调，保证资金回收。

单元小结

单元习题

一、单选题

1. 在建设工程项目管理过程中，项目资源管理的客体是（　　）。

A. 项目经理
B. 项目经理部
C. 施工企业
D. 与施工活动相关的各生产要素

2. 项目资源管理主要体现在建设工程项目（　　）阶段，但其他阶段也有不同程度的涉及。

A. 验收、交工与竣工结算阶段
B. 投标、签约阶段
C. 施工准备阶段
D. 施工阶段

3. 材料消耗定额的构成不包括（　　）。

A. 不可避免的场外运输损耗

B. 合理的、控制在一定指标内的场内运输损耗

C. 净用量

D. 合理的、控制在一定指标内的保管损耗

4. （　　）是指在施工中可多次周转使用，但不构成产品实体的但必须使用的料具。

A. 主要材料
B. 实体材料
C. 周转材料
D. 辅助材料

5. 资金筹集方式是指筹集资金所采取的具体形式，体现着资金的属性。一般常用的筹资方式不包括（　　）。

A. 发行股票
B. 民间集资
C. 银行贷款
D. 融资租赁

二、多选题

1. 项目资源的种类包括（　　）。

A. 人力资源
B. 材料
C. 机械设备
D. 方法
E. 资金

2. 为了实现项目既定目标，采用计划、（　　）协调、控制等有效措施和手段，充分开发和利用项目中人力资源所进行的一系列活动的总称，称为人力资源管理。

A. 组织
B. 指挥
C. 监督
D. 激励
E. 罚款

3. 建设工程项目技术管理的内容中，施工技术准备工作包括（　　）。

A. 制定技术管理制度
B. 进行技术教育与培训
C. 图纸会审
D. 编制施工组织设计
E. 进行技术交底

4. 施工机械设备社会租赁指社会化的租赁企业对施工企业的机械租赁。社会租赁有（　　）形式。

A. 内部租赁
B. 服务性租赁
C. 融资性租赁
D. 外部租赁
E. 企业租赁

5. 施工过程中所需要的资金来源的渠道包括（　　　　）。

A. 预收建设工程备料款　　　B. 已完成施工价款结算

C. 银行贷款　　　　　　　　D. 企业自有资金

E. 索赔

三、简答题

1. 简述建设工程项目资源的种类。

2. 简述我国施工项目经理的选择方式。

3. 项目现场材料管理的内容包括哪些?

单元 8 建设工程项目安全生产、绿色建造与环境管理

🏛 **素质目标**

培养严谨、认真、有担当的做事态度。

📖 **知识目标**

了解环境管理体系标准；国家在工程安全生产管理和环境管理方面的法律法规；绿色建造的目的及原则。

熟悉环境保护基本要求及措施。

掌握安全生产管理制度、安全事故分类。

📚 **能力目标**

能掌握现场文明施工、现场环境保护的要求和措施；并能编制保护方案。

能检查施工现场安全并提出整改意见。

能按照安全管理的规范进行检查验收。

☕ **案例引入**

随着人类社会不断进步和科技飞速发展，经济高速增长，人们在迫切追求物质文明的同时，忽略了劳动者的劳动条件及环境保护。施工过程中产生的噪声、粉尘、建筑垃圾等，施工环境的复杂性、危险性对人们的日常生活以及施工人员都造成了严重的环境污染与安全隐患。为确保施工人员在劳动生产过程中的健康安全和保护人类的生存环境，必须加强职业健康安全与环境管理。

模块 8.1 建设工程职业健康安全管理概述

8.1.1 职业健康安全管理的目的

职业健康安全（OHS）是国际上通用的词语，通常是指影响作业场所内的员工、临时工作人员、合同工作人员、合同方人员、访问者和其他人员健康安全的条件和因素。

职业健康安全管理的目的是防止和尽可能减少生产安全事故、保护产品生产者的健康与安全、保障人民群众的生命和财产免受损失；控制影响或可能影响工作场所内的员工或其他工作人员（包括临时工和承包方员工）、访问者或任何其他人员的健康安全的条件和因素；避免因管理不当对在组织控制下工作的人员健康和安全造成危害。

8.1.2 职业健康安全管理的特点

依据建设工程产品的特性，建设工程职业健康安全管理有以下特点：

（1）建筑产品的固定性和生产的流动性及受外部环境影响因素多，决定了职业健康安全管理的复杂性。

（2）建筑产品生产的单件性决定了职业健康安全管理的多变性。

（3）产品生产过程的连续性和分工性决定了职业健康安全管理的协调性。

（4）产品的委托性决定了职业健康安全管理的不符合性。

（5）产品生产的阶段性决定了职业健康安全管理的持续性。

（6）产品的时代性、社会性与多样性决定了职业健康安全管理的经济性。

模块 8.2　建设工程安全生产管理

8.2.1　安全生产管理制度

由于建设工程规模大、周期长、参与人数多、环境复杂多变，导致安全生产的难度很大。建设工程应完善工程质量安全管理制度，落实工程质量安全主体责任，强化工程质量安全监管，提高工程项目质量安全管理水平。因此，依据现行的法律法规，通过建立各项安全生产管理制度体系，规范参与各方的安全生产行为，重大工程项目中进行风险评估或论证，在项目中将信息技术与安全生产深度融合，提高建设工程安全生产管理水平，防止和避免安全事故是非常重要的。现阶段正在执行的安全生产管理制度有：安全生产责任制度；安全生产许可证制度；安全生产监督检查制度；安全生产教育培训制度；安全措施计划制度；专项施工方案专家论证制度；施工起重机械使用登记制度；安全检查制度；生产安全事故报告和调查处理制度；"三同时"制度；安全预评价制度；工伤和意外伤害保险制度；施工现场安全标志和色标管理制度。

1. 安全生产责任制度

安全生产责任制度是最基本的安全管理制度，是所有安全生产管理制度的核心。安全生产责任制是按照安全生产管理方针和"管生产的同时必须管安全"的原则，将各级负责人员、各职能部门及其工作人员和各岗位生产工人在安全生产方面应做的事情及应负的责任加以明确规定的一种制度。具体来说，就是将安全生产责任分解到施工单位的主要负责人、项目负责人、班组长以及每个岗位的作业人员身上。安全生产责任制的主要内容如下：

（1）安全生产责任制主要包括施工企业主要负责人的安全责任，负责人或其他副职的安全责任，项目负责人（项目经理）的安全责任，生产、技术、材料等各职能管理负责人及其工作人员的安全责任，技术负责人（工程师）的安全责任，专职安全生产管理人员的安全责任，施工员的安全责任，班组长的安全责任和岗位人员的安全责任等。根据《中华人民共和国安全生产法》明确规定，生产经营单位主要负责人是本单位安全生产第一责任人。

（2）项目对各级、各部门安全生产责任制应规定检查和考核办法，并按规定限期进行考核，对考核结果及兑现情况应有记录。

（3）项目独立承包的工程在签订承包合同中必须有安全生产工作的具体指标和要求。工程由多单位施工时，总分包单位在签订分包合同的同时要签订安全生产合同（协议）。签订合同前要检查分包单位的营业执照、企业资质证、安全资格证等。分包队伍的资质应与工程要求相符，在安全合同中应明确总分包单位各自的职责，原则上，实行总承包的由总包单位负责，分包单位向总包单位负责，服从总包单位对施工现场的安全管理，分包单位在其分包范围内建立施工现场安全生产管理制度，并组织实施。

（4）项目主要工种应有相应的安全技术操作规程，一般包括：砌筑、抹灰、混凝土、木工、钢筋等工种，特种作业应另行补充。应将安全操作规程列为日常安全活动和安全教育的主要内容，并应悬挂在操作岗位前。

（5）施工现场应按工程项目的大小配备专（兼）职安全人员。建筑工程、装修工程可按建筑面积 1 万 m² 以下工程 1 人；1 万～5 万 m² 的工程不少于 2 人；5 万 m² 以上的工程不少于 3 人，且按专业配备专职安全生产管理人员。

知识拓展

了解各级管理人员安全生产责任制度。

各级管理人员
安全生产
责任制度

2. 安全生产许可证制度

根据《安全生产许可证条例》规定，国家对建筑施工企业实施安全生产许可证制度。其目的是严格规范安全生产条件，进一步加强安全生产监督管理，防止和减少生产安全事故。国务院建设主管部门负责中央管理的建筑施工企业安全生产许可证的颁发和管理，其他企业由省、自治区、直辖市人民政府建设主管部门进行颁发和管理，并接受国务院建设主管部门的指导和监督。

企业取得安全生产许可证，应当具备下列安全生产条件：

（1）建立、健全安全生产责任制，制定完备的安全生产规章制度和操作规程。

（2）安全投入符合安全生产要求。

（3）设置安全生产管理机构，配备专职安全生产管理人员。

（4）主要负责人和安全生产管理人员经考核合格。

（5）特种作业人员经有关业务主管部门考核合格，取得特种作业操作资格证书。

（6）从业人员经安全生产教育和培训并合格。

（7）依法参加工伤保险，为从业人员缴纳保险费。

（8）厂房、作业场所和安全设施、设备、工艺符合有关安全生产法律、法规、标准和规程的要求。

（9）有职业危害防治措施，并为从业人员配备符合国家标准或者行业标准的劳动防护用品。

（10）依法进行安全评价。

（11）有重大危险源检测、评估、监控措施和应急预案。

（12）有生产安全事故应急救援预案、应急救援组织或者应急救援人员，配备必要的应急救援器材、设备。

（13）法律、法规规定的其他条件。

企业进行生产前，应当依照该条例的规定向安全生产许可证颁发管理机关申请领取安全生产许可证，并提供上述（1）～（13）条要求的相关文件、资料。安全生产许可证颁发管理机关应当自收到申请之日起 45 日内审查完毕，经审查符合该条例规定的安全生产条件的，颁发安全生产许可证；不符合该条例规定的安全生产条件的，不予颁发安全生产许

可证，书面通知企业并说明理由。安全生产许可证的有效期为 3 年。安全生产许可证有效期满需要延期的，企业应当于期满前 3 个月向原安全生产许可证颁发管理机关办理延期手续。企业在安全生产许可证有效期内，严格遵守有关安全生产的法律法规，未发生死亡事故的，安全生产许可证有效期届满时，经原安全生产许可证颁发管理机关同意，不再审查，安全生产许可证有效期延期 3 年。

企业不得转让、冒用安全生产许可证或者使用伪造的安全生产许可证。

3. 安全生产监督检查制度

安全生产监督检查制度是指国家法律、法规授权的行政部门，代表政府对企业的安全生产过程实施监督管理。根据《建设工程安全生产管理条例》第五章"监督管理"对建设工程安全监督管理的规定内容如下：

(1) 国务院负责安全生产监督管理的部门依照《中华人民共和国安全生产法》的规定，对全国建设工程安全生产工作实施综合监督管理。

(2) 县级以上地方人民政府负责安全生产监督管理的部门依照《中华人民共和国安全生产法》的规定，对本行政区域内建设工程安全生产工作实施综合监督管理。

(3) 国务院建设行政主管部门对全国的建设工程安全生产实施监督管理。国务院铁路、交通、水利等有关部门按照国务院规定的职责分工，负责有关专业建设工程安全生产的监督管理。

(4) 县级以上地方人民政府建设行政主管部门对本行政区域内的建设工程安全生产实施监督管理。县级以上地方人民政府交通、水利等有关部门在各自的职责范围内，负责本行政区域内的专业建设工程安全生产的监督管理。

(5) 县级以上人民政府负有建设工程安全生产监督管理职责的部门在各自的职责范围内履行安全监督检查职责时，有权纠正施工中违反安全生产要求的行为，责令立即排除检查中发现的安全事故隐患，对重大隐患可以责令暂时停止施工。建设行政主管部门或者其他有关部门可以将施工现场安全监督检查委托给建设工程安全监督机构具体实施。

4. 安全生产教育培训制度

根据《建筑企业职工安全培训教育暂行规定》的有关规定，企业安全教育一般包括对管理人员、特种作业员工的安全教育。

(1) 管理人员的安全教育

1) 企业领导的安全教育。对企业法定代表人的安全教育每年不少于 30 学时，主要内容包括：①国家有关安全生产的方针、政策、法律、法规及有关规章制度；②安全生产管理职责、企业安全生产管理知识及安全文化；③有关事故案例及事故应急处理措施等。

2) 项目经理、项目技术负责人和技术干部的安全教育。项目经理的安全教育每年不少于 30 学时，专职管理和技术人员每年不少于 40 学时，其他管理和技术人员每年不少于 20 学时，教育的主要内容包括：安全生产方针、政策和法律、法规，项目经理部安全生产责任，典型事故案例剖析，本企业安全及其相应的安全技术知识。

3) 班组长和安全员的安全教育。班组长和安全员每年不少于 40 学时的安全教育学习，主要内容：安全生产法律、法规、安全技术及技能、职业病和安全文化的知识，本企业、本班组和工作岗位的危险因素、安全注意事项，本岗位安全生产职责，典型事故案例，事故抢救与应急处理措施。

（2）特种作业人员的安全教育。

1）特种作业的定义。对操作者本人，尤其对他人或周围设施的安全有重大危害因素的作业，称为特种作业。直接从事特种作业的人，称为特种作业人员。

2）特种作业人员的范围。依据《特种作业人员安全技术考核管理规定》，特种作业人员的范围有：电工作业、焊接与热切割作业、高处作业、制冷与空调作业、煤矿安全作业、金属非金属矿山安全作业、石油天然气安全作业、冶金（有色）生产安全作业、危险化学品安全作业、烟花爆竹安全作业、安监总局认定的其他作业。

知识拓展

建筑施工特种作业。

特种作业人员应具备的条件是：必须年满 18 周岁以上，工作认真负责，身体健康，没有妨碍从事特种作业的疾病和生理缺陷；具有本工种作业所需的文化程度和安全、专业技术知识及实践经验。

建筑施工
特种作业

3）特种作业人员的安全教育。由于特种作业人员较一般作业的危险性更大，所以，特种作业人员必须经过安全培训和严格考核。对特种作业人员的安全教育应注意以下三点：

①特种作业人员上岗前，必须经过专门的安全技术和操作技能的培训教育，这种培训教育要实行理论教学与操作技术训练相结合的原则，重点放在提高其安全操作技术和预防事故的实际能力上。

②培训后，经考核合格后方可取得特种作业操作证，有效期 6 年。

③取得操作证的特种作业人员，必须定期进行复审。复审期限除机动车辆驾驶按国家有关规定执行外，其他特种作业人员每 3 年进行一次。凡未经复审者不得继续从事相关特种作业。

（3）企业员工的安全教育。企业员工的安全教育主要有新员工上岗前的三级安全教育、改变工艺和变换岗位时安全教育、经常性安全教育三种形式。

1）新员工上岗前的三级安全教育。三级安全教育通常是指进厂、进车间、进班组三级，对建筑工程来说，具体指企业（公司）、项目部（或工区、工程处、施工队）、班组三级。企业新员工上岗前必须进行三级安全教育，企业新员工须按规定通过三级安全教育和实际操作训练，并经考核合格后方可上岗。

企业（公司）级安全教育由企业主管领导负责，企业职业健康安全管理部门会同有关部门组织实施。内容应包括安全生产法律、法规，通用安全技术、职业卫生和安全文化基本知识，本企业安全生产规章制度及状况、劳动纪律和有关事故案例等内容。

项目级安全教育由项目负责人组织实施，由专职或兼职安全员协办。内容包括工程项目的概况，安全生产状况和规章制度，主要危险因素及安全事项，预防工伤事故和职业病的主要措施，典型事故案例及事故应急处理措施等。

班组级安全教育由班组长组织实施。内容包括遵章守纪，岗位安全操作规程，岗位工作衔接配合的安全生产事项，典型事故及发生后应采取的紧急措施，劳动防护用品的性能及正确使用的方法等内容。

2）改变工艺和变换岗位时安全教育。企业或项目在实施新工艺、新技术或使用新设备、新材料时，必须对有关人员进行相应级别的安全教育，要按新的安全操作规程教育和培训参加操作的岗位员工和有关人员，使其了解新工艺、新设备、新产品的安全性能及安全技术，以适应新的岗位作业的安全要求。

当组织内部员工从一个岗位调到另外一个岗位，或从某工种改变为另一工种或因放长假离岗一年以上重新上岗的情况，企业必须进行相应的安全技术培训和教育，以使其掌握现岗位安全生产特点和要求。

3）经常性安全教育。无论何种安全教育都不可能是一劳永逸的，安全教育同样如此，必须坚持不懈、经常不断地进行，这就是经常性安全教育。在经常性安全教育中，安全思想、安全意识教育最重要。进行安全思想、安全意识教育，要通过采取多种多样形式的安全教育活动，激发员工搞好安全生产的热情，促使员工重视和真正实现安全生产。经常性安全教育的形式有：在每天的班前班后会上说明安全注意事项，安全活动日，安全生产会议，事故现场会，张贴安全生产招贴画、宣传标语及标志等。

5. 安全措施计划制度

安全措施计划制度是指企业进行生产活动时，必须编制安全措施计划，它是企业有计划地改善劳动条件和安全卫生设施，防止工伤事故和职业病的重要措施之一，对企业加强劳动保护，改善劳动条件，保障职工的安全和健康，促进企业生产经营的发展都起着积极作用。

（1）安全措施计划的范围。安全措施计划的范围应包括改善劳动条件、防止事故发生、预防职业病和职业中毒等内容，具体包括：

1）安全技术措施。安全技术措施是预防企业员工在工作过程中发生工伤事故的各项措施，包括防护装置、保险装置、信号装置和防爆炸装置等。

2）职业卫生措施。职业卫生措施是预防职业病和改善职业卫生环境的必要措施，其中包括粉尘、防毒、防噪声、通风、照明、取暖、降温等措施。

3）辅助用房间及措施。辅助用房间及措施是为了保证生产过程安全卫生所必需的房间及一切设施，包括更衣室、休息室、淋浴室、消毒室、妇女卫生室、厕所和冬季作业取暖等。

4）安全宣传教育措施。安全宣传教育措施是为了宣传普及有关安全生产法律、法规，基本知识所需要的措施。其主要内容包括：安全生产教材、图书、资料、安全生产展览、安全生产规章制度、安全操作方法训练设施、劳动保护和安全技术的研究与试验等。

（2）编制安全技术措施计划的依据。

1）国家发布的有关职业健康安全政策、法规和标准。

2）在安全检查中发现的尚未解决的问题。

3）造成伤亡事故和职业病的主要原因和所采取的措施。

4）生产发展需要所应采取的安全技术措施。

5）安全技术革新项目和员工提出的合理化建议。

（3）编制安全技术措施计划的一般步骤。

编制安全技术措施计划可以按照下列步骤进行：

1）工作活动分类。

2）危险源识别。

3）风险确定。

4）风险评价。

5）制定安全技术措施计划。

6）评价安全技术措施计划的充分性。

6. 专项施工方案专家论证制度

依据《建设工程安全生产管理条例》第二十六条的规定，施工单位应当在施工组织设计中编制安全技术措施和施工现场临时用电方案，对下列达到一定规模的危险性较大的分部分项工程编制专项施工方案，并附具安全验算结果，经施工单位技术负责人、总监理工程师签字后实施，由专职安全生产管理人员进行现场监督，包括基坑支护与降水工程；土方开挖工程；模板工程；起重吊装工程；脚手架工程；拆除、爆破工程；国务院建设行政主管部门或者其他有关部门规定的其他危险性较大的工程。

对上述所列工程中涉及深基坑、地下暗挖工程、高大模板工程的专项施工方案，施工单位还应当组织专家进行论证、审查。

7. 施工起重机械使用登记制度

根据《建设工程安全生产管理条例》第三十五条规定，施工单位应当自施工起重机械和整体提升脚手架、模板等自升式架设设施验收合格之日起 30 日内，向建设行政主管部门或者其他有关部门登记，登记标志应当置于或者附着于该设备的显著位置。这是对施工起重机械的使用进行监督和管理的一项重要制度，能够有效防止不合格机械和设施投入使用；同时，还有利于监管部门及时掌握施工起重机械和整体提升脚手架、模板等自升式架设设施的使用情况，以利于监督管理。

监管部门应当对登记的施工起重机械建立相关档案，及时更新，加强监管，减少生产安全事故的发生。施工单位应当将标志置于显著位置，便于使用者监督，保证施工起重机械的安全使用。

8. 安全检查制度

安全检查制度是清除隐患、防止事故、改善劳动条件的重要手段，是企业安全生产管理工作的一项重要内容。通过安全检查可以发现企业及生产过程中的危险因素，以便有计划地采取措施，保证安全生产。

（1）安全检查的主要类型

1）全面安全检查。全面安全检查包括职业健康安全管理方针、管理组织机构及其安全管理的职责、安全设施、操作环境、防护用品、卫生条件、运输管理、危险品管理、火灾预防、安全教育和安全检查制度等内容。对全面检查的结果必须进行汇总分析，详细探讨所出现问题及相应对策。

2）经常性安全检查。工程项目部和班组应开展经常性安全检查，及时排除事故隐患，工作人员必须在工作前，对所用的机械设备和工具进行仔细检查，发现问题立即上报。下班前，还必须进行班后检查，做好设备的维修保养和清整场地等工作，保证交接安全。

3）专业或专职安全管理人员的专业安全检查。由于操作人员在进行设备检查时，往往是根据自身的安全知识和经验进行主观判断，因而有很大的局限性，不能反映客观情况，流于形式。而专业或专职安全管理人员则有较丰富的安全知识和经验，通过其认真检查就能够得到较为理想的效果。专业或专职安全管理人员在进行安全检查时，不得徇私情，需要按章检查，发现违章操作情况要立即纠正，发现隐患及时指出并提出相应防护措施，并及时上报检查结果。

4）季节性安全检查。要对防风沙、防涝抗旱、防雷电、防暑防害等工作进行季节性检查，根据各个季节自然灾害的发生规律，及时采取相应的防护措施。

5）节假日检查。在节假日，坚持上班的人员较少，往往此时思想警惕放松，容易发生意外，而且一旦发生意外事故，也难以进行有效的救援和控制。因此，节假日必须安排专业安全管理人员进行安全检查，对重点部位进行巡视。同时配备一定数量的安全保卫人员，搞好安全保卫工作，绝不能麻痹大意。

6）要害部门重点安全检查。对于企业要害部门和重要设备必须进行重点检查。由于其重要性和特殊性，一旦发生意外事故，会造成重大的伤害，给企业的经济效益和社会效益带来不良的影响。为了确保安全，对设备的运转和零件的状况要定时进行检查，发现损伤立刻更换，决不能"带病"作业；一到有效年限即使没有故障，也应予以更新，不能因小失大。

（2）安全检查的主要内容

1）查思想。检查企业领导和员工对安全生产方针的认识程度，建立健全安全生产管理和安全生产规章制度。

2）查管理。主要检查安全生产管理是否有效，安全生产管理和规章制度是否得到落实。

3）查隐患。主要检查生产作业现场是否符合安全生产要求，检查人员应深入作业现场，检查工人的劳动条件、卫生设施、安全通道，零部件的存放，防护设施状况，电气设备、压力容器、化学用品的储存，粉尘及有害作业部位点的达标情况，车间内的通风照明设施，个人劳动防护用品的使用是否符合规定等。要特别注意对一些要害部位和设备加强检查，如锅炉房，变电所，各种剧毒、易燃、易爆等场所。

4）查整改。主要检查对过去提出的安全问题和发生生产事故的原因及安全隐患是否采取了安全技术措施和安全管理措施，进行整改的效果如何。

5）查事故处理。检查对伤亡事故是否及时报告，对责任人是否已作出严肃处理。在安全检查中必须成立一个负责安全检查工作的检查组，配备适当的人力物力。检查结束后应编写安全检查报告，说明已达标项目、未达标项目、存在问题、原因分析，作出纠正和预防措施的建议。

（3）施工安全生产规章制度的检查。为了落实安全生产管理制度，工程承包企业应结合本身的实际情况，建立健全一整套本企业的安全生产规章制度，并落实到具体的工程项目施工任务中，在安全检查时，应对企业的施工安全生产规章制度进行检查。施工安全生产规章制度一般应包括以下内容：①安全生产奖励制度；②安全值班制度；③各种安全技术操作规程；④危险作业管理审批制度；⑤易燃、易爆、剧毒放射性、腐蚀性等危险物品生产、储运、使用的安全管理制度；⑥防护物品的发放和使用制度；⑦安全用电制度；⑧加班加点审批制度；⑨危险场所动火作业审批制度；⑩防火、防暴、防雷、防静电制度。

9. 生产安全事故报告和调查处理制度

关于生产安全事故报告和调查处理制度，《中华人民共和国安全生产法》《中华人民共和国建筑法》《建设工程安全生产管理条例》《生产安全事故报告和调查处理条例》《特种设备安全监察条例》等法律法规都对此作了相应的规定。

《中华人民共和国安全生产法》第八十三条规定，生产经营单位发生生产安全事故后，事故现场有关人员应当立即报告本单位负责人。单位负责人接到事故报告后，应当迅速采取有效措施，组织抢救，防止事故扩大，减少人员伤亡和财产损失，并按照国家有关规定立即如实报告当地负有安全生产监督管理职责的部门，不得隐瞒不报、谎报或者迟报，不得故意破坏事故现场、毁灭有关证据。

《中华人民共和国建筑法》第五十一条规定，施工中发生事故时，建筑施工企业应当采取紧急措施减少人员伤亡和事故损失，并按照国家有关规定及时向有关部门报告。

《建设工程安全生产管理条例》第五十条对建设工程生产安全事故报告制度的规定为：施工单位发生生产安全事故，应当按照国家有关伤亡事故报告和调查处理的规定，及时、如实地向负责安全生产监督管理的部门、建设行政主管部门或者其他有关部门报告；特种设备发生事故的，还应当同时向特种设备安全监督管理部门报告。接到报告的部门应当按照国家有关规定，如实上报。本条是关于发生伤亡事故时的报告义务的规定。一旦发生安全事故，及时报告有关部门是及时组织抢救的基础，也是认真进行调查分清责任的基础。因此，施工单位在发生安全事故时，不能隐瞒事故情况。

10. "三同时"制度

"三同时"制度是指凡是我国境内新建、改建、扩建的基本建设项目（工程），技术改建项目（工程）和引进的建设项目，其安全生产设施必须符合国家规定的标准，必须与主体工程同时设计、同时施工、同时投入生产和使用。安全生产设施主要是指安全技术方面的设施、职业卫生方面的设施、生产辅助性设施。

《中华人民共和国劳动法》第五十三条规定，新建、改建、扩建工程的劳动安全卫生设施必须与主体工程同时设计、同时施工、同时投入生产和使用。

《中华人民共和国劳动法》第二十四条规定，生产经营单位新建、改建、扩建工程项目的安全设施生产设施，必须与主体工程同时设计、同时施工、同时投入生产和使用。安全设施投资应当纳入建设工程概算。

新建、改建、扩建工程的初步设计要经过行业主管部门、安全生产管理部门、卫生部门和工会的审查，同意后方可进行施工；工程项目完成后，必须经过主管部门、安全生产管理行政部门、卫生部门和工会的竣工检验；建设工程项目投产后，不得将安全设施闲置不用，生产设施必须与安全设施同时使用。

11. 安全预评价制度

安全预评价是根据建设项目可行性研究报告内容，分析和预测该建设项目可能存在的危险、有害因素的种类和程度，提出合理可行的安全对策措施及建议。

开展安全预评价工作，是贯彻落实"安全第一，预防为主"方针的重要手段，是企业实施科学化、规范化安全管理的工作基础。科学、系统地开展安全评价工作，不仅直接起到了消除危险有害因素、减少事故发生的作用，有利于全面提高企业的安全管理水平，而且有利于系统地、有针对性地加强对不安全状况的治理、改造，最大限度地降低安全生产风险。

12. 工伤和意外伤害保险制度

根据《工伤保险条例》规定，工伤保险是属于法定的强制性保险。工伤保险费的征缴按照《社会保险费征缴暂行条例》关于基本养老保险费、基本医疗保险费、失业保险费的征缴规定执行。《中华人民共和国建筑法》第四十八条规定，建筑施工企业应当依法为职工参加工伤保险缴纳工伤保险费。鼓励企业为从事危险作业的职工办理意外伤害保险，支付保险费，明确了建筑施工企业作为用人单位，为职工参加工伤保险并缴纳工伤保险费是其应尽的法定义务，但为从事危险作业的职工投保意外伤害险并非强制性规定，是否投保意外伤害险由建筑施工企业自主决定。

13. 施工现场安全标志和色标管理制度

施工现场存在着各种不安全因素，严格的安全管理制度和有效的安全标志和色标管理制度是保障施工工作者安全的基础。对于建筑施工来说，安全标志和色标管理是安全管理制度的重要构成部分，具有特别重要的意义。

安全标志是指为保障施工作业者的安全，在施工现场必须设置的一些指示性符号、标志或者标识，能够明确标识施工现场的安全风险、安全防范、安全要求、紧急出口、防护用品、警示与提示等内容，提高风险意识和安全防范意识。包括：禁止标志、警告标志、指令标志、提示标志。

（1）禁止标志。是不准或制止人们的某种行为的标志（图形为黑色，禁止符号与文字底色为红色）。

（2）警告标志。是使人们注意可能发生的危险的标志（图形警告符号及字体为黑色，图形底色为黄色）。

（3）指令标志。是告诉人们必须遵守的标志（图形为白色，指令标志底色均为蓝色）。

（4）提示标志。是向人们提示目标的方向，用于消防提示（消防提示标志的底色为红色，文字、图形为白色）。

安全色标是指在建设工地中用颜色标示的安全标志，一般是用颜色来划分不同等级的风险。包括：红色、蓝色、黄色。

（1）红色。表示禁止、停止、消防和危险的意思。

（2）蓝色。表示指令，必须遵守的规定。

（3）黄色。表示通行、安全和提供信息的意思。

8.2.2　施工安全技术措施和安全技术交底

1. 建设工程施工安全技术措施

（1）施工组织设计中必须具有的安全技术措施

1）施工组织设计的安全技术措施必须渗透到工程各阶段、分项工程、单项方案和各工艺中。

2）采用新工艺、新技术、新设备、新施工方法及本工种的工序转移都要制定相应的安全措施，并提出安全技术操作要求。

3）对于爆破、吊装、暂设电气、深基础、大中型机械安装和拆除等特殊工程要编制单项施工安全技术措施。

4）编制脚手架搭设方案。绘制平面图、立面图、剖面图和编写搭设说明，提出安全技术措施，50m 以上外架需有计算书并向有关人员交底。

5）施工组织设计要在消灭危险作业、改善劳动条件、减轻笨重劳动、消除噪声、治理尘毒和提高文明施工水平等方面提出治理措施。

6）对易燃、易爆、有毒物品的存放位置，要在设计中明确，并提出使用要求。

7）大孔径人工扩底桩基础工程必须根据地质水文资料、设计要求、作业环境拟订方案并报公司，经总工审批后方可开工，同时还要防止土方塌方。

8）脚手架、吊篮、吊架、桥梁的强度设计及上下道路、安全网、密封网的架设，要求架设层次、段落达到验收要求。

9）外用电梯的设置及井架、门式架等垂直运输设备符合拉结要求及防护技术要求，"四口""五临边"的防护和交叉施工作业场的隔离防护措施需满足相关规定。

10）易燃、易爆、有毒作业场所，必须采取防火、防爆、防毒措施。

11）季节性的措施。如雨期施工防雨、防洪，冬期施工防冻、防滑、防火、防中毒等施工工程与周围通行道路及民房防护隔离棚的措施。

12）施工组织设计审批后，任何涉及安全的设施和措施不得擅自更改，如需要更改必须报原审批单位重新审批。

（2）安全技术措施的落实

1）工程开工前，总工程师或技术负责人要将工程概况、施工方法和安全技术措施，向参加施工的工地负责人、工长和职工进行安全技术交底。每个单项工程开始前，应重复交代单项工程的安全技术措施。有关安全技术措施中的具体内容和施工要求，应向工地负责人、工长进行详细交底和讨论，以取得执行者的理解，为安全技术措施的落实打下基础。

2）安全技术措施中的各种安全设施、防护设置应列入任务单，落实责任到班组或个人，并实行验收制度。

3）项目技术经理、执行经理、施工负责人（工程部长、技术部长、工长等）、编制者和安全技术人员，要经常深入工地检查安全技术措施的实施情况，及时纠正违反安全技术措施规定的行为，并且要注意发现和补充安全技术措施的不足，使其更加完善、有效。各级安全部门要每天对各工地实施情况进行检查，并监督各项安全措施的落实情况。

4）对安全技术措施的执行情况，除认真检查外，还应建立必要的与经济挂钩的奖罚制度。

2. 安全技术交底

（1）安全技术交底的内容

安全技术交底是一项技术性很强的工作，对于贯彻设计意图、严格实施技术方案、按图施工、循规操作、保证施工质量和施工安全至关重要。

安全技术交底主要内容如下：

1）工程项目和分部分项工程的概况。

2）本施工项目的施工作业特点和危险点。

3）针对危险点的具体预防措施。

4）作业中应遵守的安全操作规程以及应注意的安全事项。

5）作业人员发现事故隐患应采取的措施。

6）发生事故后应及时采取的避难和急救措施。

（2）安全技术交底的要求

1）项目经理部必须实行逐级安全技术交底制度，纵向延伸到班组全体作业人员。

2）技术交底必须具体、明确，针对性强。

3）技术交底的内容应针对分部分项工程施工中给作业人员带来的潜在危险因素和存在问题。

4）应优先采用新的安全技术措施。

5）对于涉及"四新"项目或技术含量高、技术难度大的单项技术设计，必须经过两阶段技术交底，即初步设计技术交底和施工图技术设计交底。

6）应将工程概况、施工方法、施工程序、安全技术措施等向工长、班组长进行详细交底。

7）定期向由两个以上作业队和多工种进行交叉施工的作业队伍进行书面交底。

8）保持书面安全技术交底签字记录。

模块 8.3　建设工程安全事故的分类和处理

事故是指人们在进行有目的的活动过程中，发生了违背人们意愿的不幸事件，使其有目的的行动暂时或永久地停止。事故可能造成人员的伤亡、疾病、伤害、损坏、财产损失或其他损失。事故通常包含的含义有：

1）事故是意外的，它出乎人们的意料，不是希望看到的事情。

2）事件是引发事故，或可能引起事故的情况，主要是指活动、过程本身的情况，其结果尚不确定，若造成不良结果则形成事故，若侥幸未造成事故也应引起注意。

3）事故涵盖的范围是：死亡、疾病、工伤事故，设备、设施破坏事故，环境污染或生态破坏事故。

根据我国有关法规和标准，目前应用比较广泛的伤亡事故分类主要有以下几种。

8.3.1　职业伤害事故的分类

1. 按安全事故伤害分类

按伤害程度分类为：

（1）轻伤，指损失工作日在 105 个工作日以下的失能伤害。

（2）重伤，指损失工作日等于或超过 105 个工作日的失能伤害。

（3）死亡。

2. 按安全事故类别分类

根据《企业职工伤亡事故分类标准》，将事故类别分为：物体打击、车辆伤害、机械伤害、起重伤害、触电、淹溺、灼烫、火灾、高处坠落、坍塌、冒顶片帮、透水、放炮瓦斯爆炸、火药爆炸、容器爆炸、其他爆炸、中毒和窒息、其他伤害。

3. 按安全事故受伤性质分类

受伤性质是指人体受伤的类型，实质上是从医学的角度给予创伤的具体名称，常见的有电伤、挫伤、割伤、刺伤、扭伤、倒塌压埋伤、冲击伤等。

4. 按生产安全事故造成的人员伤亡或直接经济损失分类

根据中华人民共和国国务院令第 493 号《生产安全事故报告和调查处理条例》第三条规定，生产安全事故（以下简称事故）造成的人员伤亡或直接经济损失，事故一般分为以下等级：

（1）特别重大事故，是指造成 30 人以上死亡，或者 100 人以上重伤（包括急性工业中毒，下同)，或者 1 亿元以上直接经济损失的事故。

(2) 重大事故，是指造成 10 人以上 30 人以下死亡，或者 10 人以上 100 人以下重伤，或者 5000 万元以上 1 亿元以下直接经济损失的事故。

(3) 较大事故，是指造成 3 人以上 10 人以下死亡，或者 10 人以上 50 人以下重伤，或者 1000 万元以上 5000 万元以下直接经济损失的事故。

(4) 一般事故，是指造成 3 人以下死亡，或者 10 人以下重伤，或者 1000 万元以下 100 万元以上直接经济损失的事故。

本等级划分所称的"以上"包括本数，所称的"以下"不包括本数。

8.3.2 职业伤害事故的处理

1. 安全事故处理的原则 (四不放过的原则)

强化安全生产监管监察行政执法。各级安全生产监督监察机构要增强执法意识，做到严格、公正、文明执法。依法对生产经营单位安全生产情况进行监督检查，指导督促生产经营单位建立健全安全生产责任制，落实各项防范措施。组织开展好企业安全评估，搞好分类指导和重点监管。对严重忽视安全生产的企业及其负责人或业主，要依法加大行政执法和经济处罚力度。认真查处各类事故，坚持事故原因未查清楚不放过、责任人员未处理不放过、整改措施未落实不放过、有关人员未受到教育不放过的"四不放过"原则，不仅要追究事故直接责任人的责任，同时要追究有关负责人的领导责任。

2. 安全事故报告

依据《生产安全事故报告和调查处理条例》及《建设工程安全生产管理条例》，安全事故的报告要求及内容如下:

(1) 施工单位事故报告要求。生产安全事故发生后，受伤者或最先发现事故的人员应立即用最快的传递手段，将发生事故的时间、地点、伤亡人数、事故原因等情况，向施工单位负责人报告；施工单位负责人接到报告后，应在 1 小时内向事故发生地县级以上人民政府建设主管部门和有关部门报告。

情况紧急时，事故现场有关人员可以直接向事故发生地县级以上人民政府建设主管部门和有关部门报告。

实行施工总承包的建设工程，由总承包单位负责上报事故。

(2) 建设主管部门事故报告要求。建设主管部门接到事故报告后，应当依照下列规定上报事故情况，并通知安全生产监督管理部门、公安机关、劳动保障行政主管部门、工会和人民检察院:

1) 较大事故、重大事故及特别重大事故逐级上报至国务院建设主管部门。

2) 一般事故逐级上报至省、自治区、直辖市人民政府建设主管部门。

3) 建设主管部门依照本条规定上报事故情况，应当同时报告本级人民政府。国务院建设主管部门接到重大事故和特别重大事故的报告后，应当立即报告国务院。必要时，建设主管部门可以越级上报事故情况。

建设主管部门按照上述规定逐级上报事故情况时，每级上报的时间不得超过 2 小时。

(3) 事故报告的内容

1) 事故发生的时间、地点和工程项目、有关单位名称。

2) 事故的简要经过。

3）事故已经造成或者可能造成的伤亡人数（包括下落不明的人数）和初步估计的直接经济损失。

4）事故的初步原因。

5）事故发生后采取的措施及事故控制情况。

6）事故报告单位或报告员。

7）其他应当报告的情况。

3. 安全事故调查

（1）参加调查组的单位

1）轻伤、重伤事故，由企业负责人或者其指定人员组织生产、技术、安全等有关人员以及工会成员参加的事故调查组，进行调查。

2）死亡事故，由企业主管部门会同企业所在地设区的市（或者相当于设区的市一级）安全行政主管部门、劳动部门、公安部门、工会组成事故调查组，进行调查。

3）重大伤亡事故，按照企业的隶属关系由省、自治区、直辖市企业主管部门或者国务院有关主管部门会同同级安全行政管理部门、劳动部门、公安部门、监察部门、工会组成事故调查组进行调查。

4）事故调查组应当邀请人民检察院派员参加，还可以邀请其他部门的人员和有关专家参加。

（2）事故调查组成员。事故调查组成员应当符合下列条件：

1）具有事故调查所需要的某一方面的专长。

2）与所发生事故没有直接利害关系。

（3）事故调查组的职责

1）查明事故发生原因、过程和人员伤亡、经济损失情况。

2）确定事故责任者。

3）提出事故处理意见和防范措施的建议。

4）写出事故调查报告。

事故调查组有权向发生事故的企业和有关单位、有关人员了解有关情况和索取有关资料，任何单位和个人不得拒绝。

事故调查组在查明事故情况后，如果对事故的分析和事故责任者的处理不能达成一致的意见，劳动部门有权提出结论性意见；如果仍有不同意见，应当报上级劳动部门及有关部门处理；仍不能达成一致意见的，报同级人民政府裁决，但不得超过事故处理工作的时限。

任何单位和个人不得阻碍、干涉事故调查组的正常工作。

4. 安全事故处理

（1）施工单位的事故处理

1）事故现场处理。事故处理是落实"四不放过"原则的核心环节。当事故发生后，事故发生单位应当严格保护事故现场，作出标识，排除险情，采取有效措施抢救伤员和财产，防止事故蔓延扩大。

事故现场是追溯判断发生事故原因和事故责任人的客观物质基础。因抢救人员、疏导交通等原因，需要移动现场物件时，应当作出标志，绘制现场简图并作出书面记录，妥善保存现场重要痕迹、物证，有条件的可以拍照和录像。

2）事故登记。施工现场要建立安全事故登记表，作为安全事故档案，对发生事故人员的姓名、性别、年龄、工种等级、负伤时间、伤害程度、负伤部位及情况、简要经过及原因记录归档。

3）事故分析记录。施工现场要有安全事故分析记录，对发生轻伤、重伤、死亡、重大设备事故及未遂事故必须按"四不放过"的原则组织分析，查出主要原因，分清责任，提出防范措施，应吸取的教训要记录清楚。

4）要坚持安全事故月报制度，若当月无事故也要报空表。

（2）建设主管部门的事故处理

1）建设主管部门应当依照有关人民政府对事故的批复和对有关法律法规的规定，对事故相关责任者实施行政处罚。处罚权限不属于本级建设主管部门的，应当在收到事故调查报告批复后 15 个工作日内，将事故调查报告（附具有关证据材料）、结案批复、本级建设主管部门对有关责任者的处理建议等转送有权限的建设主管部门。

2）建设主管部门应当依照有关法律法规的规定，对因降低安全生产条件导致事故发生的施工单位给予暂扣或吊销安全生产许可证的处罚；对事故负有责任的相关单位给予罚款、停业整顿、降低资质等级或吊销资质证书的处罚。

3）建设主管部门应当依照有关法律法规的规定，对事故发生负有责任的注册执业资格人员给予罚款、停止执业或吊销其注册执业资格证书的处罚。

8.3.3　建设工程项目安全事故发生的原因

建设行业属于事故发生率较高的行业，其施工特点有"四多"：高处作业多；露天作业多；立体交叉作业多；临时员工多。施工过程是个体积庞大、复杂多样、整体难分、不易移动、危险大、突发性强、容易发生伤亡事故的生产过程。

施工过程事故发生的原因，主要有以下几个方面：

（1）一些建设单位不执行有关法律、法规，不按建设程序办事。将工程肢解发包，签订虚假合同，要求垫资施工，拖欠工程款等；且因建筑市场的激烈竞争，建设单位在工程造价中不计提安全施工设施费用，施工单位在安全生产的必要设备、器材、工具等购置上能省则省，导致施工现场十分混乱。

（2）一些监理单位未严格按照《建设工程安全生产管理条例》的规定，认真履行安全监理职责，只重质量，不重安全，对有关安全生产的法律法规、技术规范和标准不清楚、不熟悉，不能有效开展安全监理工作，监理职责和安全监管形同虚设。

（3）一些施工企业安全生产责任制不健全或落实目标管理不到位。没有相应的施工安全技术保障措施，缺乏安全技术交底，有的企业甚至转包、违法分包或以挂靠的形式承包给一些根本不具备施工条件或缺乏相应资质的队伍和作业人员，给安全生产带来极大隐患。

（4）建设工程安全生产监督机构人员缺编，缺少经费，没有处罚依据，安监站的安全监督作用未得到充分发挥。

（5）施工人员普遍存在安全意识缺乏、综合素质比较低、自救能力弱等问题。

（6）各类开发区、工业园区、招商引资项目、个体投资项目及旧村改造工程违法违规现象较严重。部分工程无规划定点，无用地许可证，无施工许可证，无招投标手续，无质量安全监督手续，未进行施工图纸审查便进行施工，源头上存在事故隐患。

（7）未能有效利用先进的管理技术和信息技术提高管理水平，未将企业市场行为、安全业绩、存在问题与市场准入、资质资格、评优评先、行政处罚直接挂钩。

8.3.4　防范事故发生的措施

根据事故发生的原因，主要可从以下几个方面采取措施加以防范。

（1）搭建施工现场安全生产管理平台，建立建设单位、监理单位、施工单位三位一体的安全生产保证体系。

（2）实行建设工程安全监理制度，对监理单位及监理人员的业绩实行考评，作为年检或注册的依据，规定监理单位必须按规定配备专职安全监管人员。

（3）按照《中华人民共和国安全生产法》等法律、法规的规定，建筑企业必须建立安全生产责任制，签订安全生产责任书，明确各自的责任。建议包括以下内容：

（1）总、分包单位之间以及企业与项目部之间均应签订安全生产目标责任书。工程各项经济承包合同和安全生产目标责任书中必须有明确的安全生产指标、安全保证措施、双方责任及奖惩方法。

（2）施工现场职工人数超过 50 人的必须设置专职安全员。建筑面积 1 万平方米以上的必须设置 2～3 名专职安全员；5 万平方米以上的大型工地要按专业设置专职安全员，成立安全管理组，负责管理安全生产工作。

（3）应建立企业和项目部各级、各部门和各类人员安全生产责任考核制度。企业一级部门、人员和项目经理的安全生产责任制由企业安全管理部门每半年考核一次，项目部其他管理人员和各班组长的安全生产责任制，由项目部每季度考核一次。

（4）施工企业在工程开工前应制定总的安全管理目标，包括伤亡事故指标，安全达标和文明施工目标以及采取的安全措施。项目部与施工管理人员和班组必须签订安全目标责任书，并将安全管理目标按照各自职责逐级分解。项目部制定安全目标责任考核规定，责任到人，定期考核。

（5）施工组织设计中应包含施工安全技术措施，针对每项工程在施工过程中可能发生的事故隐患和可能发生安全问题的环节进行预测，在技术上和管理上采取措施，消除或控制施工过程中的不安全因素，防范事故。施工安全技术措施主要包括以下内容：

1）进入施工现场的安全规定。

2）地面及深坑作业的防护。

3）高处及立体交叉作业的防护。

4）施工用电安全。

5）机械设备的安全使用。

6）对采用的新工艺、新材料、新技术和新结构，制定专门安全技术措施。

7）预防自然灾害措施。

8）防火防爆措施。

（6）施工企业建立安全技术交底制度，内容应包括工作场所的安全防护设施、安全操作规程、安全注意事项等，既要做到有针对性，又要简单明了。

（7）施工企业和项目部必须建立定期安全检查制度，明确检查方式、时间、内容和整改、处罚措施等内容，特别要明确安全防范的重点部位和危险岗位的检查方式和方法。

（8）建议各级主管部门进一步高度重视建设安全生产工作，协调有关部门，解决安全生产管理机构的"机构、人员、职能、经费"问题。

（9）加大建设工程施工机械管理力度，把好入场关。特别是对塔机等起重机械作为特种设备采取备案、准入制度，强化市场和现场管理，淘汰不符合要求的起重机械，对起重机械的产权单位、租赁单位实行登记、验收、检测制度，使起重机械的管理逐步规范化。

（10）建立施工现场工伤事故定期报告制度并记录，建立事故档案。填写月度伤亡事故报表，发生伤亡事故必须按规定进行报告，并认真按"四不放过"的原则进行调查处理，将安全工作的违章情况、评估评价与招投标挂钩；对于"三类人员"不到位、无安全生产许可证的施工企业，不予办理招投标手续；发生安全事故的企业，在参加工程投标时按相应规定扣减商务标得分；发生重大伤亡事故的企业，酌情给予暂停投标或降低资质等级处分。

（11）施工企业应建立施工现场安全培训教育制度和档案，明确教育岗位、人员及内容。

（12）建立长效机制，严格依法管理，将各类开发区、工业园、旧村改造工程安全管理依法纳入管理的范畴；强化基本建设程序及手续的严肃性，不允许无手续的工程开工；强化村镇建设单位的管理，进一步规范业主行为，取缔私自招投标、非法招用无资质施工队伍的状况，不允许施工队伍从事手续不齐全的建设工程项目施工。

【例8-1】某单位工程主体已封顶，某日，三名施工人员在六楼两个阳台之间搭设的毛竹脚手架上浇筑阳台混凝土时，因没有搭设卸料平台，吊运的混凝土只好卸在脚手架临时铺设的钢模板上。当混凝土卸在钢模上，其中一名施工人员清理料斗时，脚手架右侧内立杆突然断裂，钢模板滑落，施工人员当即随模板滑坠地面，受伤严重，经送医院抢救无效死亡，直接经济损失约10万元。

【解析】事故原因：

（1）违反了《建筑施工安全检查标准》JGJ 59—2011中落地式外脚手架检查评分表的相关规定，卸料平台没有设计计算；卸料平台不符合设计要求，用毛竹架取代卸料平台；卸料台无限定载荷牌。

（2）违反了《建筑安装工人安全技术操作规程》第一部分第二章第一节"脚手架材料，竹脚手的立杆、大横杆……有效部分的小头直径不得小于7.5m"，而该架的立杆有效部分的小头直径仅4cm。

（3）违反了脚手架的载荷：结构架3000N/m^2的规定，而现场作业的架体平面不到3m^2，一只料斗加吊运的混凝土就达700kg，再加上3个人和工具的重量，超过了架子的荷载承受能力。

（4）违反了《建筑施工安全检查标准》落地式脚手架检查评分表验收与交底部分，脚手架搭设完毕必须办理验收手续的规定。

（5）工人缺乏安全教育，未掌握安全技术操作规程。脚手架缺少水平防护，仅作业面铺设一层钢模板（不允许用钢模板取代木跳板），6层至底部架子未设脚手板或平网。

防范措施：

（1）卸料平台的搭设必须执行《建设施工安全检查标准》中关于落地式脚手架规定：

卸料平台不能使用毛竹架，搭设必须按照设计计算。

（2）卸料平台支撑系统不允许与脚手架连接，更不能用装修架取代卸料平台。

（3）卸料平台必须设置限定荷载标牌。

（4）脚手架必须执行搭设规范。

（5）加强施工人员的安全技术操作规程的教育，杜绝违章作业，并加强监督。

模块 8.4   绿色建造与环境保护

8.4.1   绿色建造

1. 绿色建造目的

绿色建造是一种综合考虑资源、能源消耗的现代建造模式，其目标是使得工程建设从规划决策、设计、施工、使用到报废处理的全生命周期中，对环境负面影响最小，资源和能源消耗最省，使企业双效益和社会环境效益协调化。

2. 绿色建造原则

（1）和谐原则。建筑作为人类基本的生活、生产场所，其自身体系和谐、系统和谐、关系和谐是绿色建筑的重要原则。

（2）舒适原则。在不牺牲建筑的舒适度和功能的前提下，寻求舒适要求与资源占有及能源消耗相统一的建造模式，形成绿色化、生态化及符合可持续发展要求的建筑综合集成系统。

（3）经济高效原则。绿色建筑的建造、使用、维护要与当地技术水平、地域特点相适应，本着符合人与自然生态安全与和谐共生的前提，选择适宜投资、适宜成本来实现的绿色建造。

3. 绿色建造各单位职责

在项目建设过程中会有设计单位、施工单位和建设单位等主体参与，绿色建造过程中各主体应履行各自职责。设计单位应根据组织确定的绿色建造目标进行绿色设计；施工单位应对施工图进行深化设计或优化，采用绿色施工技术，制定绿色施工措施，提高绿色施工效果；建设单位应协调设计与施工单位，落实绿色设计或绿色施工的相关标准和规定，对绿色建造实施情况进行检查，进行绿色建造设计或绿色施工评价。其中，施工单位应实施下列绿色施工活动：

（1）选用符合绿色建造要求的绿色技术、建材和机具，实施节能降耗措施。

（2）进行节约土地的施工平面布置。

（3）确定节约水资源的施工方法。

（4）确定降低材料消耗的施工措施。

（5）确定施工现场固体废弃物的回收利用和处置措施。

（6）确保施工产生的粉尘、废水、废气、噪声、光污染的控制效果。

8.4.2   环境保护

《中华人民共和国环境保护法》中明确指出，环境是指"影响人类生存和发展的各种天然和经过人工改造的自然因素的总体，包括大气、水、海洋、土地、矿藏、森林、草原、野生生物、自然遗迹、人文遗迹、自然保护区、风景名胜区、城市和乡村等"。这是一种把各种自然因素（包括天然和经过人工改造的）界定为"主体"的对环境的定义。

环境保护是文明施工的重要内容之一，是按照法律法规、各级主管部门和企业的要求，保护和改善作业现场的环境，控制现场各种粉尘、废水、废气、固体废弃物、噪声、振动等对环境的污染和危害。

建设工程项目必须按照有关环境保护法律法规，在施工过程中注意环境保护。

1. 环境保护基本要求

根据《中华人民共和国环境保护法》和《中华人民共和国环境影响评价法》的有关规定，建设工程项目对环境保护的基本要求为：

（1）涉及依法划定的自然保护区、风景名胜区、生活饮用水水源保护区及其他需要特别保护的区域的，应当符合国家有关法律法规及该区域内建设工程项目环境管理的规定，不得建设污染环境的工业生产设施；建设的工程项目设施的污染物排放不得超过规定的排放标准。

（2）开发利用自然资源的项目，必须采取措施保护生态环境，预防和控制对生态的破坏。

（3）建设工程项目选址、选线、布局应当符合区域、流域规划和城市总体规划。

（4）应满足项目所在区域环境质量、相应环境功能区划和生态功能区划标准或要求。

（5）拟采取的污染防治措施应确保污染物排放达到国家和地方规定的排放标准，满足污染物总量控制要求；涉及可能产生放射性污染的，应采取有效预防和控制放射性污染措施。

（6）建设工程项目应当采用节能、节水等有利于环境与资源保护的建筑设计方案、建筑和装修材料、建筑构配件及设备；建筑和装修材料必须符合国家标准；禁止生产、销售和使用有毒、有害物质超过国家标准的建筑和装修材料。

（7）尽量减少建设工程施工中所产生的干扰周围生活环境的粉尘及噪声。

（8）对环境可能造成重大影响、应当编制环境影响报告书的，可能严重影响项目所在地居民生活环境质量的，以及存在重大意见分歧的建设工程项目，环保总局可举行听证会，听取有关单位、专家和公众的意见，并公开听证结果，说明对有关意见采纳或不采纳的理由。

（9）建设工程项目中防治污染的设施，必须与主体工程同时设计、同时施工、同时投产使用。防治污染的设施必须经原审批环境影响报告书的环境保护行政主管部门验收合格后，该建设工程项目方可投入生产或者使用。

（10）禁止引进不符合我国环境保护规定要求的技术和设备。

（11）任何单位不得将产生严重污染的生产设备转移给没有污染防治能力的单位使用。

2. 环境保护措施

建设工程环境保护措施主要包括大气污染的防治、水污染的防治、噪声污染的防治、固体废弃物的处理以及文明施工措施等。

（1）大气污染的防治

1）大气污染物的分类

①气体状态污染物

气体状态污染物具有运动速度较大，扩散较快，在周围大气中分布比较均匀的特点。

气体状态污染物包括分子状态污染物和蒸汽状态污染物。

②粒子状态污染物

粒子状态污染物又称固体颗粒污染物，是分散在大气中的微小液滴和固体颗粒，粒径在 0.01～100μm 之间，通常根据粒子状态污染物在重力作用下的沉降特性又可分为降尘和飘尘。

2）施工现场空气污染的防治措施

①及时清理施工现场垃圾渣土。

②高大建筑物清理施工垃圾时，要使用封闭式的容器或采取其他措施处理高空废弃物，严禁凌空抛撒。

③现场道路应定期洒水清扫，防止道路扬尘。

④对于细颗粒散体材料（如水泥、粉煤灰、白灰等）的运输、储存要注意遮盖、密封，防止和减少飞扬。

⑤车辆开出工地要做到不带泥沙，基本做到不洒土、不扬尘。

⑥除设有符合规定的装置外，禁止在施工现场焚烧油毡、橡胶、塑料、皮革、树叶、枯草、各种包装物等废弃物品以及其他产生有毒、有害烟尘和恶臭气体的物质。

⑦机动车要安装减少尾气排放的装置，确保符合国家标准。

⑧工地茶炉应尽量采用电热水器。若只能使用烧煤茶炉和锅炉时，应选用消烟除尘型茶炉和锅炉，大灶应选用消烟节能回风炉灶，使烟尘降至允许排放范围为止。

⑨大城市市区的建设工程已不容许现场搅拌混凝土。在容许设置搅拌站的工地，应将搅拌站封闭严密，并在进料仓上方安装除尘装置，采用可靠措施控制工地粉尘污染。

⑩拆除旧建筑物时，应适当洒水，防止扬尘。

（2）水污染的防治

1）水污染物主要来源

①工业污染源。指各种工业废水向自然水体的排放。

②生活污染源。主要有食物废渣、食油、粪便、合成洗涤剂、杀虫剂、病原微生物等。

③农业污染源。主要有化肥、农药等。

2）废水处理技术

废水处理的目的是把废水中所含的有害物质清理分离出来。废水处理可分为化学法、物理法、物理化学法及生物法。

①化学法。利用化学反应来分离、分解污染物，或使其转化为无害物质的处理方法。

②物理法。利用组织排水、自然渗透等物理方法清除有害物质。

③物理化学法。主要有吸附法、反渗透法和电渗析法。

④生物法。生物法是利用微生物新陈代谢功能，将废水中呈溶解和肢体状态的有机污染物降解，并转化为无害物质，使水得到净化。

3）施工过程水污染的防治措施

①施工现场搅拌站废水、现制水磨石的污水、电石（碳化钙）的污水必须经沉淀池沉淀合格后再排放，最好将沉淀水用于工地洒水降尘或采取措施回收利用。

②现场存放油料，必须对库房地面进行防渗处理，如采用防渗混凝土地面、铺油毡等

措施。使用时，要采取防止油料跑、冒、滴、漏的措施，以免污染水体。

③施工现场100人以上的临时食堂，污水排放时可设置简易有效的隔油池，定期清理，防止污染。

④工地临时厕所、化粪池应采取防渗漏措施。中心城市施工现场的临时厕所可采用水冲式厕所，并有防蝇、灭蛆措施，防止污染水体和环境。

⑤化学用品、外加剂等要妥善保管，库内存放，防止污染环境。

（3）噪声污染的防治

1）噪声的分类与危害

①噪声按照振动性质可分为气体动力噪声、机械噪声、电磁性噪声。

②按噪声来源可分为交通噪声（如汽车、火车、飞机等）、工业噪声（如鼓风机、汽轮机、冲压设备等）、建筑施工的噪声（如打桩机、推土机、混凝土搅拌机等发出的声音）、社会生活噪声（如高音喇叭、收音机等）。

③噪声的危害。噪声会产生一类影响与危害非常广泛的环境污染问题。噪声环境可以干扰人的睡眠与工作，影响人的心理状态与情绪，造成人的听力损失，甚至引起许多疾病。

2）施工现场噪声的控制措施

噪声控制技术可从声源、传播途径、接收者防护等方面来考虑。

①声源控制

声源上降低噪声，是防止噪声污染的最根本措施。

A. 尽量采用低噪声设备和工艺代替高噪声设备与加工工艺，如低噪声振捣器、风机、电动空压机、电锯等。

B. 在声源处安装消声器消声，即在通风机、鼓风机、压缩机、燃气机、内燃机及各类排气放空装置等进出风管的适当位置设置消声器。

②传播途径的控制

A. 吸声。利用吸声材料（大多由多孔材料制成）或由吸声结构形成的共振结构（金属或木质薄板钻孔制成的空腔体）吸收声能，降低噪声。

B. 隔声。应用隔声结构，阻碍噪声向空间传播，将接收者与噪声声源分隔。隔声结构包括隔声室、隔声罩、隔声屏障、隔声墙等。

C. 消声。利用消声器阻止传播。允许气流通过的消声降噪是防治空气动力性噪声的主要装置，如对空气压缩机、内燃机产生的噪声等。

D. 减振降噪。对来自振动引起的噪声，通过降低机械振动减小噪声，如将阻尼材料涂在振动源上，或改变振动源与其他刚性结构的连接方式等。

③接收者的防护

让处于噪声环境下的人员使用耳塞、耳罩等防护用品，以减轻噪声对人体的危害。

④严格控制人为噪声

A. 进入施工现场禁止高声喊叫、无故甩打模板、乱吹哨，同时需限制高音喇叭的使用。

B. 凡在人口稠密区进行强噪声作业时，须严格控制作业时间，一般晚10点到次日早6点之间停止强噪声作业。确系特殊情况必须昼夜施工时，尽量采取降低噪声措施，并会同建设单位联系当地居委会、村委会或当地居民协调，出安民告示，求得群众谅解。

3）施工现场噪声的限值

根据现行国家标准《建筑施工场界噪声排放标准》的要求，对不同施工作业的噪声限值见表 8-1。在工程施工中，要特别注意不得超过国家标准的限值，尤其是夜间禁止打桩作业。

建筑施工场界噪声限值表　　　　　　　　　表 8-1

施工阶段	主要噪声源	噪声限值/dB（A）	
		昼间	夜间
土石方	推土机、挖掘机、装载机等	75	55
打桩	各种打桩机械等	85	禁止施工
结构	混凝土搅拌机、振捣棒、电锯等	70	55
装修	吊车、升降机等	65	55

（4）固体废物的处理

1）固体废物的概念

固体废物是生产、建设、日常生活和其他活动中产生的固态、半固态废弃物质。固体废物是一个极其复杂的废物体系。按其化学组成可分为有机废物和无机废物；按照其对环境和人类健康的危害程度可以分为一般废物和危险废物。

2）建设工程项目施工工地上常见的固体废物

①渣土。包括砖瓦、碎石、渣土、混凝土碎块、废钢铁、碎玻璃、废屑、废弃装饰材料等。

②废弃的散装大宗建筑材料。包括水泥、石灰等。

③生活垃圾。包括炊厨废物、丢弃食品、废纸、生活用具、玻璃、陶瓷碎片、废电池、废电日用品、废塑料制品、煤灰渣、废交通工具等。

④设备、材料等的包装材料。

⑤粪便。

3）固体废物的处理和处置

固体废物处理的基本思想是：采取资源化、减量化和无害化的处理，对固体废物产生的全过程进行控制。固体废物的主要处理方法如下：

①回收利用

回收利用是对固体废物进行资源化、减量化的重要手段之一。粉煤灰在建设工程领域的广泛应用就是对固体废弃物进行资源化利用的典型范例。又如发达国家炼钢原料中有70％是利用回收的废钢铁，所以，钢材可以看成是可再生利用的建筑材料。

②减量化处理

减量化是对已经产生的固体废物进行分选、破碎、压实浓缩、脱水等减少其最终处置量，降低处理成本，减少对环境的污染。在减量化处理的过程中，也包括和其他处理技术相关的工艺方法，如焚烧、热解、堆肥等。

③焚烧

焚烧用于不适合再利用且不宜直接予以填埋处置的废物，除有符合规定的装置外，不得在施工现场熔化沥青和焚烧油毡、油漆，亦不得焚烧其他可产生有毒有害和恶臭气体的废弃物。垃圾焚烧处理应使用符合环境要求的处理装置，避免对大气的二次污染。

④稳定和固化

利用水泥、沥青等胶结材料，将松散的废物胶结包裹起来，减少有害物质从废物中向外迁移、扩散，减少废物对环境的污染。

⑤填埋

填埋是固体废物经过无害化、减量化处理的废物残渣集中到填埋场进行处置。禁止将有毒有害废弃物现场填埋，填埋场应利用天然或人工屏障。尽量使待处置的废物与环境隔离，并注意废物的稳定性和长期安全性。

（5）文明施工

文明施工是指保持施工现场良好的作业环境、卫生环境和工作秩序。建设工程现场文明施工的基本要求主要有如下几点：

1）施工现场必须设置明显的标牌，标明项目名称、建设单位、设计单位、施工单位、项目经理和施工现场总代表人的姓名，开、竣工日期，施工许可证批准文号等。施工单位负责施工现场标牌的保护工作。

2）施工现场的管理人员在施工现场必须佩戴其身份证明卡。

3）应按施工总平面布置图设置各项临时设施。现场堆放的大宗材料、成品、半成品和机具设备不得侵占场内道路及安全防护等设施。

4）施工现场的用电线路、用电设施的安装和使用必须符合安装规范和安全操作规程，并按照施工组织设计进行架设，严禁任意拉线接电。施工现场必须设有保证施工安全要求的夜间照明；危险潮湿场所的照明以及手持照明灯具，必须采用符合安全要求的电压。

5）施工机械应当按照施工总平面布置图规定的位置和线路设置，不得任意侵占场内道路。施工机械进场必须经过安全检查，合格后方能使用。施工机械操作人员必须建立机组责任制，并依照有关规定持证上岗，禁止无证人员操作。

6）应保证施工现场道路畅通，排水系统处于良好的使用状态；保持现场的整洁，随时清理建筑垃圾。在车辆、行人通行的地方施工，应当设置施工标志，并对沟井坎穴进行覆盖。

7）施工现场的各种安全设施和劳动保护器具，必须定期检查和维护，及时消除隐患，保证其安全有效。

8）施工现场应设置各类必要的生活设施，并符合卫生、通风、照明等要求。职工的膳食、饮水供应等应当符合卫生要求。

9）应做好施工现场安全保卫工作，采取必要的防盗措施，在现场周边设立围护设施。

10）施工现场发现文物、爆炸物、电缆、地下管线等应停止施工，保护现场，及时向有关部门报告，并按规定处理。

11）施工现场泥浆和污水未经处理不得排放，地面宜做硬化处理，有条件的现场可进行绿化布置。

单元小结

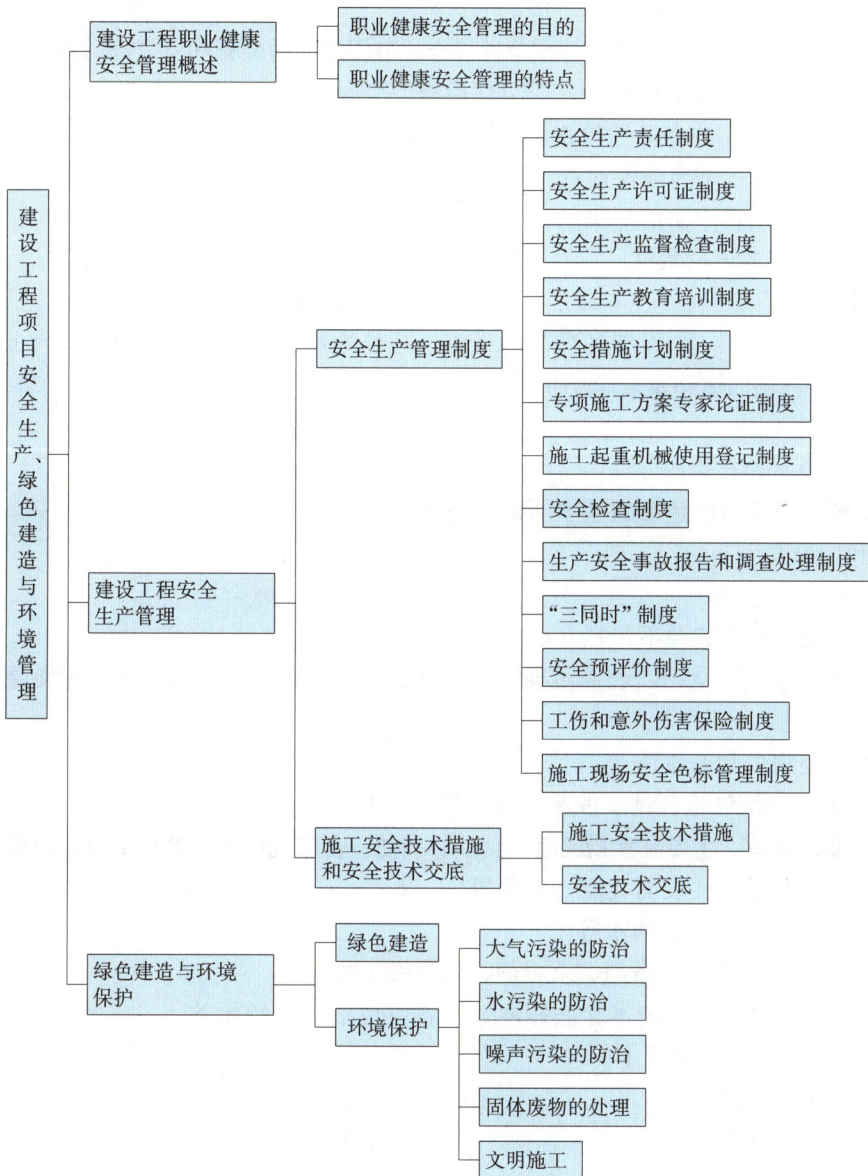

单元习题

一、单选题

1. 建设工程项目职业健康安全管理的目的是防止和减少（　　）、保护产品生产者的健康与安全、保障人民群众的生命和财产免受损失。

　A. 生产安全事故　　　　　　　　　　B. 资金流失

　C. 材料使用　　　　　　　　　　　　D. 能源消耗

2. 安全生产责任制以（　　）为安全生产方针。

A. 质量第一,安全为主　　　　　B. 安全第一,预防为主
C. 质量第一,预防为主　　　　　D. 安全第一,质量兼顾

3. 安全性检查的类型有（　　）。

A. 日常性检查、专业性检查、季节性检查、节假日前后检查和要害部门重点安全检查
B. 日常性检查、专业性检查、季节性检查、节假日后检查和要害部门重点安全检查
C. 日常性检查、非专业性检查、节假日前后检查和要害部门重点安全检查
D. 日常性检查、非专业性检查、季节性检查、节假日前检查和要害部门重点安全检查

4. 建设工程项目中防治污染的设施,必须与主体工程同时设计、同时施工、（　　）。

A. 同时协调各单位意见　　　　　B. 同时签字确认
C. 同时作业　　　　　　　　　　D. 同时投产使用

5. 应当按照（　　）设置各项临时设施。现场堆放的大宗材料、成品、半成品和机具设备不得侵占场内道路及安全防护等设施。

A. 建筑施工图　　　　　　　　　B. 规划总平面布置图
C. 施工总平面布置图　　　　　　D. 结构施工图

6. 下列不属于绿色建造的基本原则的是（　　）。

A. 和谐原则　　　　　　　　　　B. 舒适原则
C. 经济高效原则　　　　　　　　D. 自然至上原则

7. 水污染的主要来源不包括（　　）。

A. 工业污染源　　B. 农业污染源　　C. 大气污染源　　D. 生活污染源

二、多选题

1. 水污染物主要来源是（　　）。

A. 工业污染源,指各种工业废水向自然水体的排放
B. 生活污染源,主要有食物废渣、食油、粪便、合成洗涤剂、杀虫剂、病原微生物等
C. 农业污染源,主要有化肥、农药等
D. 自然界中的雨水、河水等
E. 食物废渣、合成洗涤剂、杀虫剂、病原微生物等

2. 施工企业建立安全技术交底制度,内容应包括工作场所的（　　）等,既要做到有针对性,又要简单明了。

A. 安全防护设施　　　　　　　　B. 安全操作规程
C. 安全注意事项　　　　　　　　D. 安全实施细则
E. 安全色标

3. 建筑工程职业健康安全与环境管理的特点是（　　）。

A. 复杂性、多变性、协调性
B. 不符合性、时代性
C. 经济性、持续性、不符合性
D. 可靠性、时代性、经济性
E. 连续性、分工性

4. 安全技术交底主要内容包括（　　）。

A. 本工程项目的施工作业特点和危险点

B. 针对危险点的具体预防措施

C. 应注意的施工事项

D. 相应的安全操作规程和标准

E. 发生事故后应及时采取的避难和急救措施

5. 建设工程安全事故处理原则为（　　　　　）。

A. 事故原因不清楚不放过　　　　　　　B. 事故责任者和员工没有受到教育不放过

C. 事故责任者没有处理不放过　　　　　D. 没有制订防范措施不放过

E. 事故主要责任人不开除不放过

6. 下列对施工现场安全色标管理制度描述正确的是（　　　　　）。

A. 红色，表示禁止、停止、消防和危险的意思

B. 黑色，表示解除禁止的意思

C. 蓝色，表示指令，必须遵守的规定

D. 黄色，表示通行、安全和提供信息的意思

E. 绿色，表示解除禁止的意思

三、简答题

1. 施工安全技术措施主要包括哪些内容？

2. 安全技术措施中的季节性措施包括哪些内容？

3. 什么是三级安全教育？

4. 施工现场中的"四口""五临边"是什么？

5. 事故按人员伤亡或直接经济损失如何分类？

单元 9　建设工程项目风险管理

素质目标

培养忧患意识、风险意识。

培养良好的职业道德和严谨的科学态度。

培养较强的综合分析能力和解决问题的能力。

培养勇敢应对挑战，不逃避问题的积极人生态度。

知识目标

了解建设项目风险特点、来源、风险监控。

熟悉建设项目风险影响因素、风险识别步骤与方法、风险评估流程及方法。

掌握建设项目风险管理流程、风险度量、风险应对措施。

能力目标

能对风险进行定量分析。

案例引入

风险影响每个人的生活，必须消除和减少风险发生的可能性，为人们提供安全的生产、生活环境。企业的生存和发展，需要降低损失成本，减轻和消除精神压力，保持企业服务能力，履行社会责任。如何在事故发生前，降低事故发生的频率，在事故发生后，又将损失减少到最低限度，风险管理讲述了其中要领。

模块 9.1　建设工程项目风险管理概述

美国 Cooper D. F 和 Chapman C. B 在《大项目风险分析》一书中对风险给出了较为权威的定义："风险是由于在从事某项特定活动过程中存在的不确定性而产生的经济（或财务）的损失、自然破坏（或损伤）的可能性。"

建设工程项目风险可描述为实际结果偏离预期项目费用、进度、质量和安全目标从而导致损失的可能性。

风险管理是指对风险从识别、评估乃至采取措施等一系列过程。具体地说，就是指风险管理主体通过风险识别、风险评估，并以此为基础，采取主动行动合理地使用回避、转移或风险自留等方法和技术对活动或事件所涉及的风险实行有效的控制，妥善地处理风险事件造成的不利后果，可靠地实现预定的目标。

9.1.1　建设工程项目风险特征

建设工程项目风险具有如下特征，如图 9-1 所示。

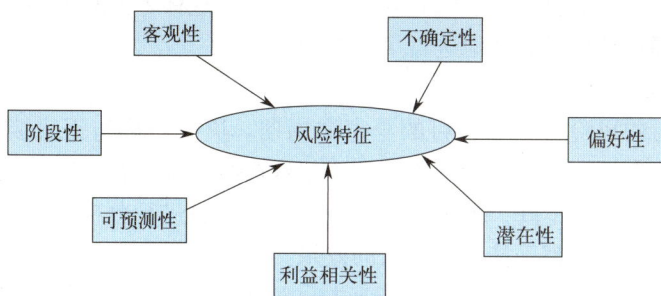

图 9-1　建设项目风险特征

1. 客观性

风险是一种客观存在，这种客观性使得风险管理有其存在和发展的必然。在项目建设过程中，风险是无处不在、无时不有的，只能降低风险发生的概率和减少风险造成的损失，或是转移风险，而不能从根本上完全消除风险。

2. 不确定性

不确定性是风险最本质的特征。风险的存在是客观的、确定的，但风险的发生是不确定的。风险的不确定性包括风险是否发生的不确定性、发生时间的不确定性、发生状态的不确定性以及风险结果的不确定性。

3. 偏好性

不同的决策者对同一风险事件会有不同的决策行为，这具体反映在其所采取的不同策略和不同的管理方法，因此不同的决策者会面临不同的风险结果。我们将风险环境中的决策行为称为风险态度，也叫风险偏好特性。实质上任何一种风险都是由决策行为与风险状态结合而形成的，风险状态是客观的，但其结果会因不同风险态度的决策行为而不同。

4. 潜在性

尽管风险是一种客观存在，但它的不确定性决定了它的出现只是一种可能，这种可能要变成现实还有一段距离，还有赖于其他相关条件，这一特性即是风险的潜在性。风险的潜在性使人类可以利用科学的方法，正确鉴别风险，改变风险发生的环境条件，从而减小风险。

5. 利益相关性

凡风险皆与行为人的某种利益有关联。因为风险皆有其明确的行为主体，且被置于某一目标明确的行动中，风险的发生将影响行为人的权益。

6. 可预测性

不确定性是风险的本质，但这种不确定性并不是指对客观事物变化全然不知。人们通过分析处理以往发生的一系列类似事件的统计资料，对风险发生的频率及其造成的损失程度作出统计分析和主观判断，从而对可能发生的风险进行预测与衡量。

7. 阶段性

建设项目风险涉及项目各个阶段，它不是传统意义上只关注施工阶段的风险。事实上，决策阶段的风险因素最多、最难识别，对整个项目的实施影响最大。

9.1.2 建设工程项目风险来源

建设工程项目每个阶段都有着不同的风险，对项目进行风险周期划分可以明确各个阶段的风险发生因素，从而更好地预防和规避风险。只有这样才能对复杂多样的风险因素进行条理清晰的整理，从而更有效地进行风险控制。

1. 决策阶段风险

建设工程项目的风险贯穿于项目的全寿命周期。决策正确与否直接关系到项目的成败、功能以及成本高低。如果决策阶段没有很好地进行风险分析，则可能导致人力、物力和财力的浪费和投资效益下降。如果决策阶段没有对风险进行分析或者判断错误，那么后续阶段再有效的风险控制都不能取得满意的效果。

在这个阶段为了提高项目的可信度，业主会对项目的可行性进行研究。业主通常将可行性研究委托给相关咨询机构来进行，有些还专门设立自己独立的研究机构，自己承担可行性研究。这个时期主要风险因素是所选咨询机构的资质如何，可行性研究报告的全面性、准确性。为了得到高质量的可行性研究报告，业主通常会选择信誉度比较高的咨询机构，或者进行招标以选择合适的咨询机构。

这个阶段对项目风险的影响主要来源于市场研究、投资机会分析、可行性研究的质量、承发包选择模式等。

2. 实施阶段风险

（1）设计阶段风险

设计阶段不确定因素较多，设计方案直接影响项目的成本。例如，建筑与结构方案选择、建筑材料的选择、性能标准的确定等设计内容对项目成本均有直接影响。其次，如果没有识别设计阶段的风险，那么它会导致后续阶段风险的发生概率增加，从而增加项目的寿命周期成本。

设计阶段只是整个项目的一个阶段性的工作，该阶段具有技术性强的特点，由设计部门完成。但由于长期以来这个阶段的监督控制一直受到忽视，一方面设计图纸质量得不到保证，施工图深度不足，造成建设成本大增，使投资难以得到控制；另一方面各种不合理的设计影响项目的使用功能，造成项目运行成本和社会成本增加。

选择一个好的设计单位至关重要，因此，设计招标是设计阶段风险中的一个重要的因素。要选择实力比较强的设计单位来完成，认真做好招标前投标单位的资质审查，必要时进行考查。评价依据应该由过去合理的建设成本最低变为合理的建设项目全寿命周期成本最低。

这个阶段对风险的影响主要来源于设计人员素质、设计依据的完整性和可靠性、设计监督、设计招投标等。

（2）施工阶段风险

施工阶段是项目建设的一个重要的阶段，是将工程设计图纸变为项目实体的阶段，是风险发生集中的阶段，各种风险都有可能出现，而且可能造成严重后果。例如，材料供应不足会引起工期风险，工期滞后又增加了生产成本，造成资金的短缺。施工阶段的风险一旦发生就会产生质的变化，因为这个阶段都是连带的，一环扣一环，没有足够的缓冲时间，任何补救措施都会影响工期、成本和质量目标的实现。

业主需理顺项目各环节的管理，以节约和控制投资额、提高资金使用效果为目的，做好资金收入预测和工程进度与资金支出预测，使资金的筹集与使用相协调，减少贷款利息，降低风险。

在施工准备阶段，要做好施工招标和材料设备招标工作。认真编制招标文件，做好招标前投标单位的资质审查；做好工程的评标工作，对项目施工过程的风险应有预见性，签订的合同条款能够有效避免和转移风险。

施工阶段对风险的影响主要来源于承包商与业主沟通、合同管理、资金供应、原材料供应、设备租赁、人员素质和稳定性、进度控制、质量控制、组织管理、自然因素、通货膨胀等方面。

项目建设完毕后开始验收、竣工结算以及业主与承包商的交接工作，这个阶段风险发生的概率不是很高，严重影响项目的风险已经不存在，风险因素较少。但往往出现的是财务问题，如出现拖欠、索赔得不到解决以及严重超支等问题。

3. 运营阶段风险

运营阶段的风险主要是用户使用该产品时，需要支付的人力消耗、能源消耗以及维修保养等风险。运营阶段风险包括闲置损失、社会保障、材料、能源、安全、维护、保养、污染、健康损害等。该阶段延续期长，风险主要来源于法律法规、行业政策、城市规划、经营决策、市场波动、流动资金短缺、技术进步、产品竞争力等。

4. 报废回收阶段

报废回收阶段风险是指产品报废处理和再生利用过程中产生的风险。在该阶段使用不同的回收和报废方法会产生不同程度的风险。同时该阶段伴随着很多的污染，主要是产生的建筑垃圾、粉尘和噪声对环境生态的长期影响等，这在一定程度上增加了社会成本。

这个阶段风险主要来源于法律法规、回收和报废的方法、对社会环境的影响。

9.1.3　建设工程项目风险影响因素

建设工程项目风险多且交织存在于建设项目实施过程中，影响因素如图 9-2 所示。

1. 外部因素

外部因素包括政治风险、法律风险、自然风险、技术风险和经济风险。

政治风险是指因政治方面的各种事件和原因导致项目蒙受意外损失，它包括种族、宗教、政治势力之间的冲突、暴乱、战争以及不可预料的集体行为（如罢工、动乱）等导致的风险。

法律风险是指法律体系不健全，有法不依、执法不严，相关法律内容的变化，法律对项目的干预，可能对相关法律未能全面、正确理解，项目中可能有触犯法律的行为等引起的风险。

自然风险是指自然环境如气候、地理位置、生态环境、不可抗拒的自然灾害、现场条件等构成的障碍或不利条件所引起的风险。

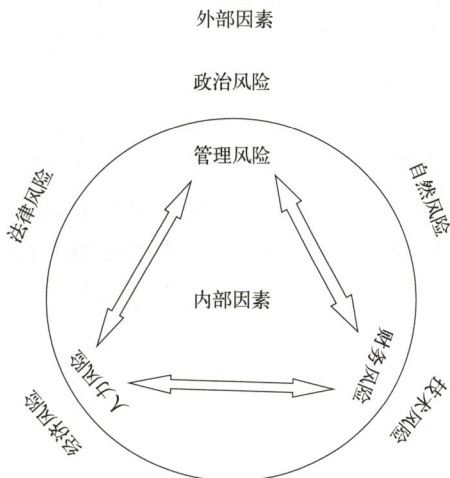

图 9-2　风险影响因素图

技术风险是指由于科学技术的发展使某些技术失去优势，从而导致生产成本相对较高、生产效率相对较低，这直接关系着项目的成本。技术风险一方面受技术创新的影响，包括使用新材料、新能源、新设备以及新工艺等的影响；另一方面就是技术改良的影响。

经济风险是指在建设项目全寿命周期中，经济因素影响项目的要素成本，从而影响建设项目全寿命周期成本。经济风险包括通货膨胀、汇率波动、利率浮动、保护主义、税收政策、物价上涨、价格调整等。

2. 内部因素

内部因素包括管理风险、财务风险和人力风险。

管理风险通常指人们在建设项目的全寿命周期中，因不能适应客观形势的变化或因主观判断失误或对已经发生的事件处理欠妥而构成的风险。它包括时间风险、组织风险、质量风险、安全风险和沟通协调风险。由于进度、成本、质量是项目的三大指标，因此管理风险是整个项目按计划有序实施的关键。严格控制管理风险的发生，可以保证三大指标体系按计划进行。

财务风险包括建设财务风险和运行财务风险。建设财务风险是指由于业主未能及时给建设项目支付工程预付款、进度款，造成项目建设资金短缺或者由于业主融资能力与条件、资金使用效果、资金保障和追加投资的能力等一些不确定性而导致的风险。运行财务风险是指项目运营阶段资金的保障程度和财务质量水平引起的财务不良反应。

人为因素是建设项目中最活跃的因素。一个有效的项目团队决定了项目建设、运行的精神面貌。人员素质风险、责任心风险以及人员稳定性风险等决定项目必须从人本身出发来调动人员的积极性，避免员工所引发的不利因素产生不良的影响。

9.1.4 建设工程项目风险管理流程

风险管理是一个系统的、完整的过程，也是一个循环过程，如图 9-3 所示。该过程包括风险识别、风险评估、风险应对、风险监控 4 方面内容。

1. 风险识别

风险的识别作为风险控制中的第一步骤，是指通过一定的方式，系统而全面地识别出影响建设项目全寿命周期目标实现的风险事件并加以适当归类的过程。

2. 风险评估

它是在风险识别的基础上，通过对所收集的大量资料的分析，利用概率统计理论估计和预测风险发生的可能性和相应损失的大小。风险评估是对风险的定量化分析，通过对风险发生的概率、损失程度和其他因素进行综合考虑，从而对项目的单个风险因素进行重要性排序。

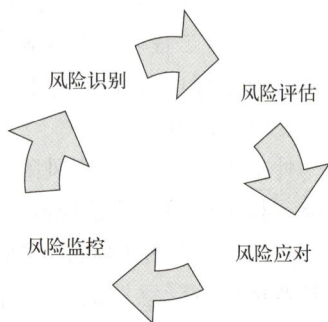

图 9-3　风险控制流程图

3. 风险应对

针对不同的风险事件，确定风险对策的最佳组合，编制风险应对计划，制定一些程序和技术手段，从而提高实现项目目标的概率和减少风险的威胁。

4. 风险监控

在工程实施过程中对于风险对策的执行情况进行不断的检查，并评估其执行效果，保证对策措施的应用和有效性，监控残余风险，识别新的风险，更新风险计划。

9.1.5 风险管理与项目管理

风险管理是项目管理理论体系的一部分，它贯穿于项目管理整个过程。两者之间的关系如下：

（1）风险管理与项目管理目标一致。通过风险管理降低项目的风险成本，从而降低项目总成本，特别是在项目的前期阶段，由于不确定因素较多，在这一环节推行风险管理对提高项目计划的准确性和可行性有极大帮助。

（2）风险管理为项目范围管理提供依据。如一个项目之所以被批准并付诸实施，是由于市场和社会对项目的产品有需求。风险管理通过风险分析，对这种需求进行预测，指出市场和社会需求的可能变动范围，并计算出项目盈亏大小，为项目的财务可行性研究提供了重要依据。风险管理正是通过风险分析来识别、估计和评价这些不确定性，向项目范围管理提供依据。

（3）风险管理的标的服务于项目管理的标的。风险管理的标的是风险，着重于不确定性的未来；而项目管理的标的是各种有限的资源，着重于各种资源配置的现实效果。如项目计划的制定考虑的是项目的未来，未来充满着不确定因素，风险管理职能之一是减少项目整个过程中的不确定性。

想一想

风险影响因素中"经济风险"与"财务风险"有什么区别？

模块 9.2　建设工程项目风险识别

9.2.1　建设工程项目风险识别步骤

风险识别是整个风险控制系统的基础。风险识别的过程包括对所有可能的风险事件来源和结果进行实事求是的调查。识别过程必须系统、持续，对风险严格分类并恰如其分地评价其严重程度。风险识别过程如图 9-4 所示。

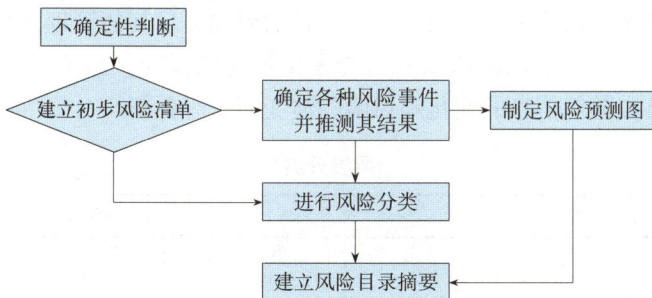

图 9-4　风险识别过程流程图

1．不确定性判断

验证不确定性的客观存在这项工作包括两项内容：首先要识别所发现或推测的因素是否存在不确定性。如果因素是确定无疑的，则无所谓风险，众所周知的结果不会构成风险。不确定性判断的第二项内容就是确定这种不确定性因素是客观存在的，而不是凭空想象的。

2．建立初步风险清单

建立初步风险清单是识别风险的操作起点。清单中应明确列出存在的和潜在的各种风险，应包括各种影响生产率、操作运行、质量和经济效益的各种因素。建立清单可采用商业清单办法或者通过对一系列调查表进行深入研究、分析而制定。初步风险清单通常作为风险控制的起点，作为确定更准确的清单的基础。多数情况下，清单中必须列出有分析或者具有参考价值的各种数据。

3. 确定各种风险事件并推测其结果

根据初步风险清单中列出的各种重要风险来源，推测与其相关联的各种合理的可能性，包括盈利和损失、人身伤害、自然灾害、时间和成本、节约或超支等各种情况。

4. 制定风险预测图

风险预测采用二维结构，如图 9-5 所示。纵向维度表示不确定因素发生的概率，横向维度表示风险的潜在危害。通过这种二维图形评价某一潜在危害的相对重要性。鉴于风险是一种不确定性，并且与潜在的危害性密切相关，因而可以通过一组曲线群构成的风险预测图表示。曲线群中每一曲线均表示相同的风险，不确定性或者说其发生的概率与潜在的危害有所

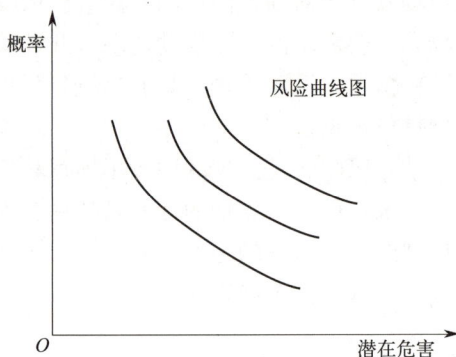

图 9-5　风险预测图

不同，因此各条曲线所反映的风险程度也就不同。曲线离原点越远，风险就越大。

5. 进行风险分类

根据建设项目的特点，按风险的性质和可能的结果及彼此间可能发生的关系对风险进行分类。在建设项目的实施阶段，其风险见表 9-1。

6. 建立风险目录摘要

这是风险识别的最后一个步骤。通过建立风险目录摘要，可将项目可能面临的风险汇总并排列出轻重缓急，能给人一个总体风险印象图。同时将项目参与各方都统一起来，使各方不仅考虑自己所面临的风险，而且能自觉地意识到项目其他管理人员的风险。这样还能预感到项目中各种风险之间的联系和可能发生的连锁反应。风险目录摘要并非一成不变，风险管理人员应随着信息的变化和风险的演变而及时更新。

风险分类　　　　　　　　　　　表 9-1

业主风险	承包商风险
征地 现场条件 及时提供完整的设计文件 现场出入道路 建设许可证和其他相关条例 政府法律规章的变化 建设资金及时到位 工程变更	工人和施工设备的生产率 施工质量 人力、材料和施工设备的及时供应 施工安全 材料质量 技术和管理水平 材料涨价 实际工程量 劳资纠纷
业主和承包商共担风险	未定风险
财务收支 变更令谈判 保障对方不承担责任 合作延误	不可抗力 第三方延误

9.2.2　风险识别方法

风险的识别是一项复杂的工作，要对各种导致风险的因素进行去伪存真、反复比较，要对各种倾向、趋势进行推测，作出判断，还要对特定项目的各种内外风险及其变量进行评估。因此，风险识别工作必须用科学实用的方法完成。

1. 专家调查法

在这种方法中，专家利用各自专业方面的理论与丰富的实践经验，找出各种潜在的风险并对其后果作出分析与估计。它的优点是在缺乏足够统计数据和原始资料的情况下，仍可进行风险的识别与评估；缺点主要表现在易受主观因素的影响。

专家调查法主要包括专家个人常识及经验判断法、德尔菲法和头脑风暴法等十余种方法，其中德尔菲法与头脑风暴法是用途较广、具有代表性的两种方法。

（1）德尔菲法（Delphi）

德尔菲法是进行决策、预测和技术咨询的一种有效方法。它有三种特征，即匿名反应、迭代和受控的反馈、统计的群反应。该方法是对复杂的决策问题通过征求群中成员的意见作出的判断。

（2）头脑风暴法

这是一种以群体专家组成专家小组，利用专家的创造性思维集思广益，获取未来信息的直观预测和识别方法。

头脑风暴法的做法是在专家们对项目相关信息已十分熟悉的情况下，通过专家会议的方式，进行风险因素罗列。首先，由某个专家提出一个风险，接着下一位专家说出另一个可能出现的风险，这个过程不断进行，每人每次提出一个风险。在这个过程中，专家可以合成或改进他人的意见，会议的记录人员会把这些风险记录下来。这一循环过程一直进行到穷尽一切风险或限定时间已到。不进行讨论和判断性评论是头脑风暴法的主要规则。头脑风暴法更注重提出风险的数量，而不是质量。通过专家之间的信息交流和相互启发，从而诱发专家们产生"思维共振"，以达到互相补充并产生"组合效应"，获取更多的未来信息，使预测和识别的结果更准确。

头脑风暴法的优点是集思广益，在很短的时间内得出风险控制所需要的结论，是风险控制直接而行之有效的方法。它的缺点是他人的意见容易受权威人士的影响，有些专家碍于情面，不愿意发表与他人不同的意见，该法可以运用在建设项目的各个阶段。

2. 核对表法

对同类已完工建设项目的环境与实施过程进行归纳总结后，可以建立该类项目的基本风险结构体系，并以表格形式按照风险来源排列，该表称为风险识别核对表。核对表中除了罗列项目常见风险事件及来源外，还可包含很多内容，例如项目成功或失败的原因、项目各个方面（范围、质量、进度、合同）的规划以及项目可用的资源等。核对表是识别建设项目风险的宝贵资料。许多保险公司对各类企业的风险都有完善的经验积累，对应的险种也很完善。

核对表法主要优点是：使用简单，适用于风险因素少且重复少的情景。它的缺点是：由于缺少专业的风险核对手册之类的基础资料，每一个项目的风险识别都需收集大量相关信息和资料，需要从最基础的工作做起，这就加大了风险控制的成本；同时该方法消耗的时间多而且容易出现计算差错。

3. 图解法

（1）故障树分析法

故障树是由一些节点及它们之间的连线所组成的，每个节点表示某一具体故障，而连线则表示故障之间的关系。故障树是一种演绎的逻辑分析方法，遵循从结果找原因的原则，分析项目风险及其产生原因之间的因果关系，即在前期预测和识别各种潜在风险因素的基础上，运用逻辑推理的方法，沿着风险产生的路径，求出风险发生的概率，并能提供各种控制风险因素的方案。

（2）流程图法

流程图是将一个建设项目的实施过程，或建设项目某一部分的控制过程，或某一部分结构的施工过程，按步骤或阶段顺序以若干模块形式组成一个流程图。每个模块中都标出各种潜在的风险或利弊因素，从而给决策者一个清晰具体的印象。

流程图法主要优点是流程图从整体角度以简明形式描述实际情况，便于查找薄弱环节，便于评审，便于修改。其不足之处是编制流程图需具备熟练的技术和丰富的工作经验，同时费时费力。

4. 风险调查表法

风险调查表就是从分析具体建设项目的特点入手，一方面对通过其他方法已经识别出的风险进行鉴别和确认；另一方面，通过风险调查表有可能发现此前尚未识别出的重要的项目风险。

调查表法主要的优点是简便易行，省时省力；其缺点是难以提供一个完整、系统、全面的分析评价，由于调查表是固定格式，缺乏弹性，所以不能通用于不同行业。

对于建设项目的风险识别来说，仅仅采用一种风险识别方法是远远不够的，一般都应综合采用两种或多种识别风险的方法，才能取得满意的效果。不论采用何种风险识别方法组合都必须包含风险调查表法。

想一想

风险识别的成果是什么？

模块 9.3　建设工程项目风险评估

风险评估是对风险的规律性进行研究和量化分析。风险识别仅是从定性的角度去了解和认识风险因素，要把握风险必须从识别风险因素的基础上对其进行进一步分析评估，从而解决风险发生的可能性及其后果大小的问题。风险评估包括定性和定量风险评估，实际运用中往往是两种方法结合使用。

9.3.1　风险度量

1. 风险因素发生的概率

风险发生的不确定性有其自身的规律，通常用概率 P 表示。既然被视为风险，则它必然在必然事件（概率＝1）和不可能事件（概率＝0）之间。

2. 风险损失量的估计

风险损失的大小是不太容易确定的，有的风险造成的损失小，有的风险造成的损失很大，甚至可能引起整个工程的中断或报废。风险损失量 Q 的估计包括下列内容：

（1）工期损失的估计。

（2）费用损失的估计。对工程的质量、功能、使用效果等方面影响的估计。

由于风险对项目目标的干扰常常表现在对工程实施过程的干扰上，所以风险损失量估计，一般分析过程如下：

1）考虑正常状况下的工期、费用、收益。

2）将风险加入这种状态，分析实施过程、劳动效率、消耗、各个活动有什么变化。

3）两者的差异则为风险损失量。

3. 风险期望值 R

干扰项目的风险因素很多，涉及各个方面，我们并不是要对所有的风险都十分重视，否则将大大提高管理费用，干扰正常的决策，所以应根据风险因素发生的概率和损失量，确定风险程度，进行分级评估。

风险期望值 R 是衡量风险大小的指标，它是风险事件可能发生的概率 P 和该事件发生的损失量 Q 的综合结果，可用下面公式表达：

$$R = \sum P_i \cdot Q_i$$

式中 R——风险期望值（风险量）；

P——风险事件可能发生的概率；

Q——风险事件发生带给项目的损失量；

i——取1，2···n 表示项目风险发生后导致的 n 种损失。

例如，一种管理风险如果发生，损失达20万元，而发生的概率为0.3，则损失的期望值 $R = 20 \times 0.3 = 6$ 万元。

4. 风险分类

A类：即风险发生的可能性很大，同时一旦发生损失也很大。这类风险常常是风险管理的重点。

B类：如果发生则损失很大，但发生的可能性较小的风险。

C类：发生的可能性较大，但损失很小的风险。

D类：发生的可能性和损失都很小的风险。

若某事件经过风险评估，它处于风险区A，则应采取措施，降低其概率，使它位移至风险区B；或采取措施降低其损失量，使它位移至风险区C。风险区B和C的事件则应采取措施，使其位移至风险区D，如图9-6所示。

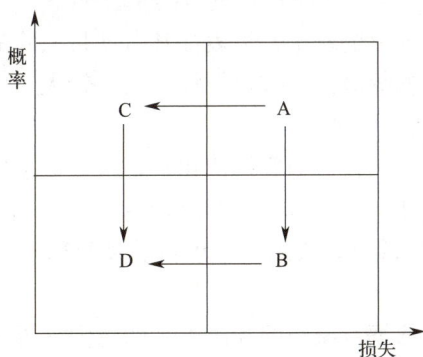

图9-6 风险预测图

9.3.2 风险评估流程

风险评估的流程如图 9-7 所示。

1. 采集数据

首先必须采集与所要分析的风险相关的各种数据。这些数据可以从投资者或者承包商过去类似项目经验的历史记录中获得。所采集的数据必须是客观的、可统计的。某些情况下，直接的历史资料不够充分，尚需主观评价，特别是那些对投资者来讲在技术、商务和环境方面都比较新的项目，需要通过专家调查法获得主观评价。

2. 不确定性模型

在已得到有关风险信息的基础上，对风险发生的概率和可能的后果给以定量化。

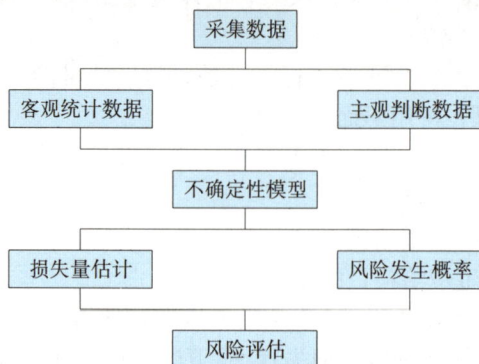

图 9-7　风险评估流程图

3. 风险评估

在不同风险事件的不确定性已经模型化后，紧接着就要评估这些风险的全面影响。通过评估把不确定性与可能结果结合起来。

9.3.3 风险评估方法

1. 调查和专家打分法

调查和专家打分法是一种最常用、最简单、又易于应用的分析方法。这种方法分两步进行，以建设风险分析为例说明如下：首先，识别出某一特定项目可能遇到的所有重要风险，列出风险调查表；其次，利用专家经验，对可能的风险因素的重要性进行评价，综合成整个项目风险。风险分析如表 9-2 所示，具体的步骤如下：

第一步：确定每个风险因素的权重，以表征其对项目风险的影响程度。

第二步：确定每个风险的等级值，按可能性很大、较大、中等、较小、很小这 5 个等级，分别以 0.9、0.7、0.5、0.3 和 0.1 打分。

第三步：将每项风险因素的权数与等级值相乘，求出该项风险因素的得分，最后求出此项目风险因素的总分。显然，总分越高说明风险越大。

表 9-2 中，$W \times C$ 称为风险度，表示一个项目的风险程度。由 $W \times C = 0.45$ 可知，该项目的风险属于中等水平。

调查和专家打分法主要依据专家经验和决策者的意向，得出的结论也不要求是资金方面的具体值，而是一种大致的程度值。一般在决策前期缺乏项目的具体数据资料的情况下采用专家调查打分法。这种方法对数据资料的要求较低，简单明了，且需要的费用比较少。因此，该方法在多数中小型项目中得到广泛采用。但是对于大型复杂项目而言，该方法得出的结论是定性的且主观性比较大，其只能作为进一步风险分析的基础。

某项目建设风险分析表　　　　　　　　表 9-2

可能发生的风险因素	权数(W)	风险因素发生的可能性(C)					W×C
		很大 0.9	较大 0.7	中等 0.5	较小 0.3	很小 0.1	
资金回收困难	0.20			√			0.100
业主付款不及时	0.15		√				0.105
分包商技术力量差	0.05				√		0.015
政府部门效率低,审批不及时	0.05	√					0.045
地方保护主义	0.10		√				0.070
工程技术难度高	0.15				√		0.045
业主不合理工期要求	0.10				√		0.030
供货商供货突然延期	0.05			√			0.025
通货膨胀,物价变化	0.15					√	0.015
ΣW×C=0.45							

2. 灵敏度分析法

灵敏度分析方法只考虑影响项目目标成本的几个主要因素的变化（如利率、投资额、运行成本等）对成本的影响。灵敏度分析方法的结果可以为决策者提供这样的信息：项目目标成本对哪个成本单项因素的变化最为灵敏，哪个其次，可以相应排出对成本单项的灵敏度顺序。采用灵敏度分析方法分析建设项目的风险，不可能得出具体的风险影响资金值的多少，它只能说明一种影响程度。

灵敏度分析法一般是在假定其他参数不变的情况下分析单个参数变化对总成本的影响。因此，灵敏度分析法的局限在于复杂项目中难以作出准确的分析评价。

在项目管理中，灵敏度分析方法一般用于可行性研究中风险分析。通过灵敏度分析，可以向决策者提供可能影响项目成本变化的因素及其影响的重要程度，为决策者提供决策依据，并优先考虑灵敏度最大的因素对成本的影响。

3. 统计与概率法

应用统计与概率方法分析项目风险是比较传统的做法。项目风险的概率通常来源于两个渠道：

（1）长期项目实践观察统计的结果，称为统计概率。如建设项目的经济风险概率、恶劣气候风险的概率多为这种统计概率。

（2）根据个人对建设项目风险的可能性的主观判断而得出结果，称为主观概率。建设项目的技术风险概率、政治风险概率等可采用此种概率。

建设项目的风险概率与时间密切相关，时间因素是动态因素，建设项目在整个实施过程中，由于时间的变化，必然会对风险概率产生影响。时间动态的加入，对于研究风险概率更具有实际意义。由于时间和建设项目风险概率存在的客观密切关系，要避免或减轻风险，建设项目管理者除了要有风险实际概率的分析能力外，还应该具有分析各种风险提前或推迟发生的可能性，以及提前或推迟发生对风险概率如何影响的能力。

从图 9-8 可以看出，当项目风险发生的时间从 t_0 延迟到 t_1，风险概率随之从 P_0 增加到 P_1。例如，某建设项目需购置设备，若只考虑价格变化对建设项目可能产生的风险概率，购置设备的时间越晚，风险概率越大。

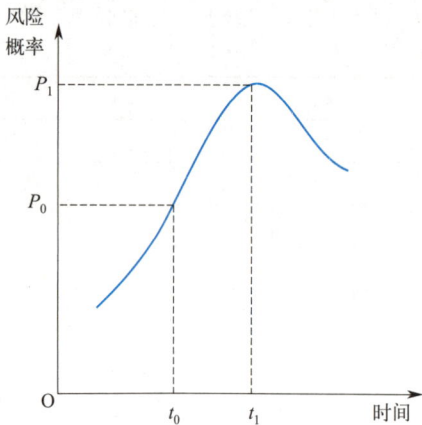

图 9-8　风险概率-时间关系曲线示意图（一）　　图 9-9　风险概率-时间关系曲线示意图（二）

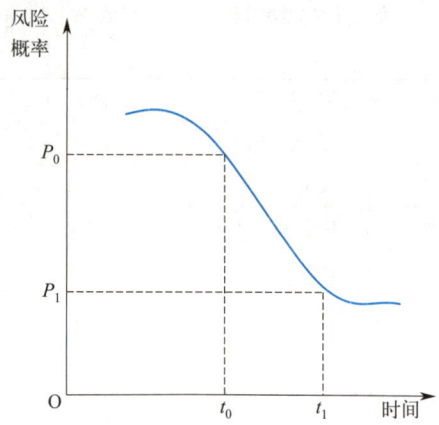

图 9-9 与图 9-8 相反，当建设项目风险发生的时间从 t_0 延迟到 t_1，风险概率却从 P_0 减少到 P_1。同样以建设项目需购置设备为例，若只考虑技术成熟度变化对建设项目可能产生的风险概率，购置设备的时间越晚，风险概率越小。

统计与概率法可以运用于建设工程项目的各个阶段，其优点在于理论基础扎实，分析过程简单。不足之处在于其估计风险分类等级时多依靠专家个人判断，在这个方法中没有对如何处理多个专家的判断准确性作出解释。

4. 层次分析法

层次分析法（AHP）也是充分利用主观经验判断与客观分析相结合的方法。对项目潜在风险因素或子因素的评价用数字进行定量描述，并构造出风险因素的递阶层次结构，使之与决策者的思维过程相一致；在分析过程中采用专家评判，并用一致性准则来检验评判的准确性。整个过程中既有定性分析又有定量结果，为决策者提供了一个全面了解项目风险情况的机会，使其作出的决策更科学。但由于受计算准则和一致性检验标准的限制，该法难以在复杂建设项目中应用。

5. 外推法

外推法是进行项目风险分析和评估十分有效的方法，它可以分为前推、后推和旁推三种类型。

（1）前推法就是根据历史的经验和数据推断出未来事件发生的概率及其后果。如果历史数据具有明显的周期性，就可据此直接对风险作出周期性的评估和分析，如果从历史记录中看不出明显的周期性，就可用一曲线或分布函数来拟合这些数据再进行外推，此外还应注意历史数据的完整性和主观性。

（2）后推法是在手头没有历史数据可供使用时所采用的一种方法，由于建设项目的一次性和不可重复性，所以在项目风险分析和评估时常用后推法。后推法是把未知的想象的事件及后果与一个已知事件及后果联系起来，把未来风险事件归结到有数据可查的造成这一风险事件的初始事件上，从而对风险作出分析和评估。

（3）旁推法就是利用类似项目的数据进行外推，用某一项目的历史记录对新的类似项目可能遇到的风险进行分析和评估，当然这也应充分考虑新环境的各种变化。

以上三种外推法在项目风险分析和评估中得到了广泛的应用。

6. 安全检查表

安全检查表是一份进行安全检查和诊断的清单。它由一些有经验且对工艺过程、机械设备和作业情况熟悉的人员，事先对检查对象共同进行详细分析、充分讨论，列出检查项目和检查要点并编制成表，以便进行检查或评审。它的编制依据有相关标准、规程、规范、规定以及国内外事故案例，分析确定的危险部位及防范措施，分析人员的经验和可靠的参考资料等。

安全检查表使用方便，广泛适用于建设项目的实施、运营阶段，根据安全检查的目的、对象不同，检查的内容也有所区别，可根据不同的要求进行制定。

想 一 想

在风险评估中，风险是如何度量的？

模块 9.4 建设工程项目风险应对

风险应对是指针对项目风险而采取的相应对策，包括风险回避、风险减轻、风险自留、风险转移及其组合等策略，如图 9-10 所示。

9.4.1 风险回避

风险回避，也称为风险规避，是指风险潜在威胁发生的可能性较大且造成的损失很严重，又没有其他策略可用时，通过主动放弃工程或变更项目计划，直接断绝风险的来源或消除产生风险的条件，遏制风险事件的发生，保证工程项目目标的实现。当工程项目遇到以下两种情形时，可考虑采用风险回避策略：一是风险事件发生的概率很大且潜在损失很严重的项目。二是风险事件发生的概率不大但造成的损失是灾难性的项目。

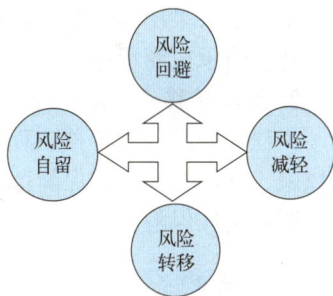
图 9-10 风险对策

9.4.2 风险减轻

风险减轻又称为风险缓解，是通过技术、管理、组织等手段，使工程项目风险的发生概率或后果降低到可以接受的程度。也就是说风险减轻主要考虑两个方面：一是减少风险事件发生的概率；二是控制风险事件发生后可能的损失。风险缓解不是消除风险，不是避免风险，而是减轻风险。分散风险是风险减轻一种有效方式，是指通过增加风险承担者，将风险各部分分配给不同的参与方，以达到减轻总体风险的目的。如在工程项目中，为了能在投标竞争中取胜，一些承包商往往会组成联合体投标来分散风险。

9.4.3 风险自留

风险自留是项目管理者自行承担风险损失的风险处置方法，在实践过程中有主动自留和被动自留之分。主动自留是指在对项目风险进行识别、评估的基础上，明确风险的性质及其后果，风险管理者认为主动承担某些风险比其他处置方式更好，于是筹措资金将这些风险自留。被动自留则是指未能准确识别和评估风险及损失后果的情况下，被迫采取自身承担后果的风险处置方式。有选择地对部分风险采取自留方式，有利于项目获利更多，但自留哪些风险，是风险管理者应认真研究的问题，如果自留风险不恰当将会造成更严重的损失。

9.4.4　风险转移

风险转移是风险控制的另一种手段，实践中有些风险无法通过上述手段进行有效控制，只好采取转移手段以保护自己。风险转移分为非保险转移和保险转移两种。

1. 非保险转移

（1）保证担保

担保是为了使合同能够得到全面履行，根据法律、行政法规的规定，经双方协商一致而采取的一种具有法律效力的保护措施。工程保证担保包括多种形式，应用最多的有4种：投标保证担保、履约保证担保、付款保证担保、其他保证担保形式。

（2）工程分包

工程分包是指从事工程总承包的单位将所承包的工程一部分依法分包给具有相应资质的承包单位的行为。对某些特殊的项目，作为总承包商在该领域内的技术和经验不足，自身承担风险较大，分包给具有资质的专业分包商，从而降低自身风险。

（3）合同条件

正确的采取合同计价方式，可以达到风险转移目的。工程施工合同中常用的有总价合同、单价合同和成本加酬金合同三种。不同的合同类型适用于不同条件的工程项目。如在较大型复杂的工程项目中，工期长、技术复杂、设计深度不够，实施过程中发生各种不可预见因素较多，如果采用单价合同，工程总价会随着工程量的变化而变化，业主将承担较大风险；如果采用固定总价合同，工程总价和工程量的变化无关，该部分的风险就由业主完全转移给承包商承担。这样合同计价方式的改变就达到了风险转移的目的。

2. 保险转移

工程保险是指以各种工程项目为主要承保对象的一种财产保险。保险的基本职能是转移风险、补偿损失。按保障范围分建筑工程一切险、安装工程一切险、人身保险、保证保险、职业责任保险。

想一想

建筑工程一切险由哪个参与方购买？

模块 9.5　建设工程项目风险监控

风险监控是个连续的过程，它的任务是根据整个项目风险管理过程规定的衡量标准，全面跟踪并评价风险处理活动的执行情况。其基本目的是以某种方式驾驭风险，保证可靠、高效地完成项目目标。由于工程项目风险具有复杂性、不确定性等特点，风险监控应该围绕工程项目风险的基本问题，制定科学的风险监控体系，采用系统的管理方法，建立有效的风险预警系统，做好应急计划，实施高效的项目风险监控。

9.5.1　风险预警系统

风险预警管理是指对于项目管理过程中有可能出现的风险，采取超前或预先防范的管理，一旦在监控过程中发现风险的征兆，及时采取校正行动并发出预警信号，以最大限度地控制不利后果的发生。因此，项目风险管理的良好开端是建立一个有效的监控或预警系统，及时发现计划的偏离，以高效地实施项目风险管理过程。

风险监控的意义在于实现项目风险的有效管理，消除或控制风险的发生或避免造成不利后果，建立有效的风险预警系统。风险监控的关键在于培养敏锐的风险意识，建立科学的风险预警系统，从"救火式"监控向"消防式"风险监控转变，从注重风险防范向风险事前控制发展。

9.5.2　风险监控

风险监控的过程是一个不断认识风险特征、不断出现新的风险并不断修订风险管理计划和行为的过程。

风险监控的内容包括：风险评估控制行动产生的效果；及时发现和度量新的风险因素；跟踪、评估残余风险的变化和程度；监控潜在风险的发展及项目风险发生的征兆；提供启动风险应变计划的时机和依据。

9.5.3　风险应急计划

建设工程项目实施过程中必然会遇到大量未曾料到的风险因素，或风险因素的后果比预料得更严重，事先编制的计划不能奏效，所以必须重新研究应对措施，即编制附加的风险应急计划。因此，制订应对各种风险应急计划是工程项目风险监控的一个重要工作，也是实施工程项目风险监控的重要途径。应急计划包括风险的描述、完成计划的假设、风险发生的可能性、风险影响以及适当的反应等。

单元小结

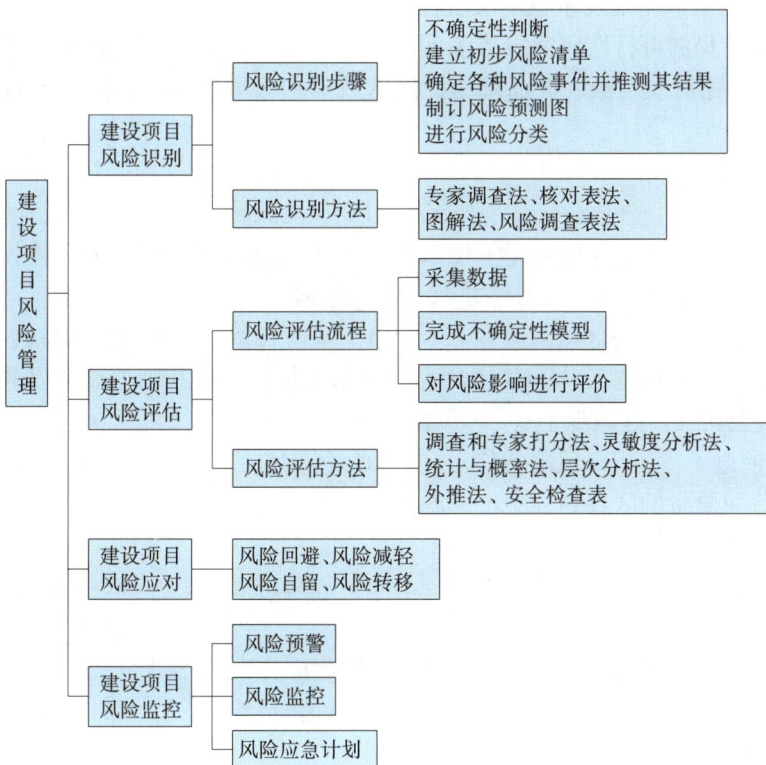

单元习题

一、单选题

1. 在建设项目风险因素中，由于外汇汇率变化引起的风险属于（　　）。

A. 自然风险

B. 政治风险

C. 经济风险

D. 技术风险

2. 建设项目风险管理程序中正确的工作流程是（　　）。

A. 风险评估、风险识别、风险应对、风险监控

B. 风险识别、风险评估、风险应对、风险监控

C. 风险识别、风险评估、风险应对、风险监控

D. 风险识别、风险应对、风险评估、风险监控

3. 风险识别的工作成果是（　　）。

A. 确定建设工程风险因素、风险事件及后果

B. 定量确定建设工程风险事件发生概率

C. 定量确定建设工程风险事件损失的严重程度

D. 建立建设工程风险清单

4. 建设工程风险量数值的大小（　　）。

A. 仅取决于各种风险的发生概率

B. 仅取决于各种风险的潜在损失

C. 仅取决于风险评价的结果

D. 取决于各种风险的发生概率及潜在损失

5. 某建设工程的可行性研究报告表明，从净现值、内部收益率指标看是可行的，但敏感性分析的结论对投资额、产品价格、经营成本均很敏感，因而决定不投资建造该工程，这一决策是（　　）。

A. 风险回避

B. 风险转移

C. 风险自留

D. 风险减轻

6. 对大型工程，为了在投标竞争中取胜，一些承包商往往组成联合体投标，以发挥各自的优势，增加竞争实力。该方法是（　　）策略。

A. 风险回避　　　　B. 风险减轻　　　　C. 风险自留　　　　D. 风险转移

7. 若综合性施工单位 X 作为某建设工程的总承包商，将其中的设备安装工程分包给专业设备安装公司 Y，这体现了（　　）。

A. 风险回避　　　　B. 风险转移　　　　C. 风险自留　　　　D. 损失控制

8. 在事件风险量的区域划分中，风险事件一旦发生，会造成重大损失，但发生的概率却极小的区域是（　　）。

A. 风险区 A　　　　B. 风险区 B　　　　C. 风险区 C　　　　D. 风险区 D

二、多选题

1. 从风险管理目标的角度分析，建设项目风险可分为（　　）。

A. 合同风险　　　B. 法律风险　　　C. 经济风险　　　D. 政治风险

E. 技术风险

2. 目前，常用的项目风险评估方法包括（　　　　）。

A. 灵敏度分析法　　　　　　　　　B. 模糊数学评价法

C. 层次分析法　　　　　　　　　　D. 外推法

E. 贝叶斯法

三、简答题

1. 概述建设项目风险管理流程。

2. 简述项目风险识别过程。

单元 10　建设工程项目信息管理

培养学生在项目管理中发现、分析并解决问题的能力。

培养应用信息化手段解决项目管理问题的能力。

培养严谨细致的工作作风。

知识目标

了解信息和信息管理的概念。

熟悉建设工程项目信息的概念、特点及形态、分类，以及建设工程项目信息编码内容。

熟悉建设工程项目信息管理的基本内容和环节。

掌握建设工程信息化管理意义和实施内容。

掌握 BIM 模型的特征，掌握施工项目信息管理的意义和作用。

能力目标

能应用 BIM 项目管理软件，进行数字化项目管理。

案例引入

阿联酋拥有中东乃至全世界最重要的国际机场之一——阿布扎比国际机场，而其 Midfield Terminal 新航站楼的建设，也成为全世界建筑史的经典之作，如图 10-1 所示。阿布扎比 Midfield 航站楼，可同时停靠 65 架中大型商业客机，拥有 136 条国际安检通道，每小时接待 8500 人次抵港旅客，承载每小时 19000 个行李包裹的物流分配。X 形航楼布置，内垒六层中央建筑，延伸四向超长廊厅，梁柱逾 6.9 万吨钢筋，盖覆于 32.5 万平方米石板，浇筑 60 万立方米的混凝土。

数字的背后，是 BIM 在信息无边界沟通中发挥的功效，其搭建了一个称为"Common Data Environment"（简称 CDE）在线信息共享平台，从而在设计师、施工团队、相关检验机构等众多角色间架设一条信息的通路，让数据真正在不同场景中触达牵线，发声说话以提升协同效率。

利用 CDE 平台进行该项目信息化管理后，"阿布扎比国际机场"代表团队可陆续提出碎片化的要求，平台有序整理后传达给设计团队；而设计师的成果也可以通过 CDE 的平台共享，及时与客户思想碰撞，以厘清各种需求背后的逻辑。

Midfield 航站楼仅在施工图纸阶段，通过与施工团队的充分沟通，出图成本降低了 6.5 万美元。而对关键区域的设计校验，也从传统 28 天的多方巡审繁杂工序，高效结案于 2~7 天之中，设计总时长节省近 120 天。航站楼于 2017 年交付使用，耗费 51000 工时，这是 BIM 在 Midfield 航站楼运用中所节省的施工阶段工时，如果按竣工后每小时 8500 人次的客流量，其节省的工时便相当于 4.335 亿人次流量。那什么是建设工程项目信息管理？什么是 BIM 技术呢？

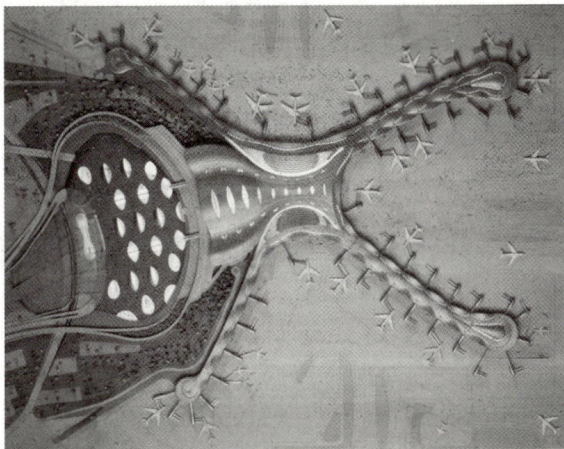

图 10-1　Midfield Terminal 新航站楼

模块 10.1　建设工程信息管理概述

10.1.1　信息和信息管理

1. 信息

"信息"一词，人类早期认识是比较宽泛和模糊的，如把信息与消息等同看待。20 世纪中期，由于现代信息技术的快速发展，信息工作者和相关领域的研究人员才开始探讨信息的准确含义。

信息论奠基人申农认为"信息是用来消除不确定性的东西"；控制论创始人维纳认为"信息是人们在适应外部世界，并使这种适应反作用于外部世界的过程中，同外部世界进行互相交换内容的名称"；经济管理学家认为"信息是提供决策的有效数据"；物理学家认为"信息是熵"；电子学家、计算机科学家认为"信息是电子线路中传输的信号"；我国著名信息学专家钟义信认为"信息是事物存在方式或运动状态，以及这种方式或状态直接或间接的表述"。

信息，是客观世界中各种事物的运动状态和变化的反映，是客观事物之间相互联系和相互作用的表征，表现的是客观事物运动状态和变化的实质内容。

2. 信息管理

信息管理，是人类为了有效地开发和利用信息资源，以现代信息技术为手段，对信息资源进行计划、组织、领导及控制的社会活动，是人对信息资源和信息活动的管理。信息管理的特征如下：

（1）管理类型特征。信息管理是管理的一种，具有管理的一般性特征。例如，管理的基本职能是计划、组织、领导、控制；管理的对象是组织活动；管理的目的是实现组织的目标等，这些在信息管理中同样具备。信息管理作为一个专门的管理类型，又有自己的独有特征：即管理的对象不是人、财、物，而是信息资源和信息活动；信息管理贯穿于整个管理过程之中。

（2）时代特征。信息技术的快速发展，使得信息处理和传播的速度越来越快。随着管理工作要求的提高，信息处理的方法也就越来越复杂。不仅需要一般的数学方法，还要运用数理统计方法、运筹学方法等。信息管理所涉及的领域不断扩大，从知识范畴上看，信息管理涉及管理学、社会科学、行为科学、经济学、心理学、计算机科学等。从技术上看，信息管理涉及计算机技术、通信技术、办公自动化技术、测试技术、缩微技术等。

3. 信息技术的发展

（1）大数据

大数据（Big Data），或称巨量资料，指的是所涉及的资料量规模巨大到无法通过主流软件工具，在合理时间内达到撷取、管理、处理并整理成为帮助企业经营决策的资讯。在维克托·迈尔·舍恩伯格及肯尼斯·库克耶编写的《大数据时代》中，大数据指不用随机分析法（抽样调查）等捷径，而对所有数据进行分析处理。IBM 提出大数据的 5V 特点，即 Volume（大量）、Velocity（高速）、Variety（多样）、Value（低价值密度）、Veracity（真实性），如图 10-2 所示。

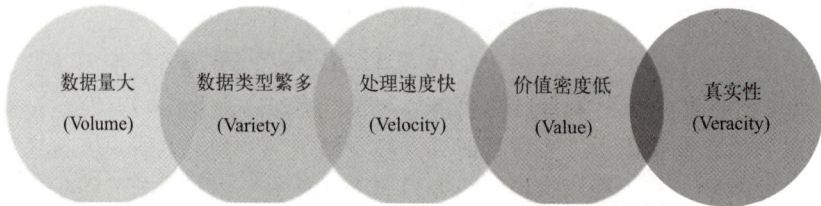

图 10-2 大数据的 5V 特点

（2）云计算

云计算又称为网格计算。通过这项技术，可以在很短的时间内（几秒钟）完成对数以万计的数据的处理，从而实现强大的网络服务。云计算指通过计算机网络（多指因特网）形成的计算能力极强的系统，可存储、集合相关资源并可按需配置，向用户提供个性化服务，如图 10-3 所示。

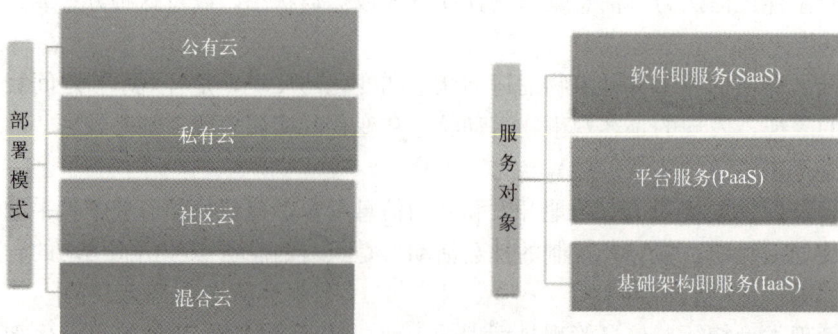

图 10-3 云计算

想 一 想

信息技术的出现，对我们的生活带来哪些变化？

10.1.2　建设工程信息与管理

1. 建设工程信息

工程项目的建设无时无刻不在产生、传递以及处理着各种各样的数据、文档和其他信息，建设工程信息是指在整个建设工程项目生命周期内控制工程项目管理活动的所有组织、管理、经济、技术信息，其形式为各种数字、文本、报表、声音、图像等。

建设工程项目的决策和实施过程，不但是物质的生产过程，而且是信息的生产、处理、传递及应用过程。从信息管理的角度可把纷繁复杂的投资项目建设过程归纳为两个主要过程，一是信息过程（Information Processes），二是物质过程（Material Processes）。项目策划阶段、设计阶段、招投标阶段等的主要任务之一就是生产、处理、传递及应用信息，这些阶段的主要工作成果就是信息，所以，这些阶段都属于信息过程。

（1）建设工程信息的特点

建设工程信息数量庞大，类型复杂，来源广泛、存储分散，始终处于动态变化之中，应用环境复杂，具有非消耗性、系统性以及时空上的不一致性。

1）数量庞大。随着工程项目的进展，项目信息的数量呈现出加速递增的趋势，一个大型建设项目在项目实施全过程中消耗的文档纸张可以达到几十吨重。在大型工程项目中，用手工对工程项目中的海量信息进行管理是十分困难的，工程信息的电子化是建设工程信息管理的趋势。

2）类型复杂。从计算机辅助信息管理的角度来看，工程项目在实施过程中产生的信息可以分为两类：一类是结构化的信息，如投资数据和进度数据等。另一类信息是非结构化或半结构化的信息，如工程文档、工程照片以及声音、图像等多媒体数据。它们大多以文件的形式存放在文件容器（或文档数据库）中。

3）来源广泛。建设工程信息来自建设单位、设计单位、施工承包单位、监理单位、材料供应单位以及其他各组织与部门；来自可行性研究、设计、招投标、施工及保修等项目阶段的各个环节；来自建筑、结构、给水排水、暖通、强弱电等各个专业；来自质量控制、投资控制、进度控制、合同管理等施工管理各个方面。这些信息直接影响到建设项目管理人员判断和决策的正确性和及时性。

4）动态变化。建设工程项目实施过程中，大量不确定因素的存在，使得工程项目的信息始终处在动态变化之中。以设计图样为例，一个工程项目中存在不同设计深度和不同版本的多份设计图样，这也说明了在项目实施过程中，对项目信息进行动态控制的必要性。

5）应用环境复杂。不同项目参与方对项目信息有不同的应用要求，同一信息有着不同的信息处理和管理要求。

（2）建设工程信息的形态

建设工程信息管理工作涉及多部门、多环节、多专业、多渠道，信息量大，来源广泛，形式多样，主要信息形态有：

1）文字与图形信息。包括勘察、测绘、设计图样及说明书、计算书、合同，工作条例及规定，施工组织设计，情况报告，原始记录，统计图表、报表，信函等信息。

2）语言信息。包括口头分配任务、作指示、汇报、工作检查、介绍情况、谈判交涉、建议批评、工作讨论和研究、会议等信息。

3）新技术信息。随着信息存储形式的多样性和信息交流工具的发展，可以通过网络、电话、电报、电传、计算机、电视、录像、录音、广播等现代化手段收集及处理信息。

（3）建设工程信息的分类

建设工程项目的信息，包括在决策过程、实施过程和运行过程中产生的信息，这些信息依据不同标准可划分为：

1）按内容属性划分

可分为技术类信息、经济类信息、管理类信息、法律类信息等。

①技术类信息。是指在工程实施过程中与技术相关的信息。如工程的设计、技术要求、规范、施工要求、操作和使用说明等。

②经济类信息。指投资控制信息和工程量控制信息。如材料价格、人工成本、项目的财务资料、现金流情况等。

③管理类信息。包括项目组织类信息，是指组织项目实施的信息。如项目的组织结构、具体的职能分工、人员的岗位责任、有关的工作流程等，是保证项目顺利实施的关键因素。

④法律类信息。是指项目实施过程中的一些法规、强制性规范、合同条款等。这些信息是项目实施必须满足的。

2）按项目实施的过程划分

可以分为决策阶段信息、设计准备和设计阶段信息、招投标阶段信息、施工安装阶段信息、设备与材料供应信息等。

①决策阶段信息。多为宏观层面的信息、不涉及技术细节。如决策分析报告、可行性研究、审批报告等综合性文件。

②设计准备和设计阶段信息。主要涉及技术层面的问题和细节，也包含一些经济管理方面的信息。如设计要求、设计说明、设计图样、造价估算等。

③招投标阶段信息。主要侧重于经济和一部分法律方面的信息。如造价、合同条款、法律约束等文件。

④施工安装阶段信息。该阶段信息非常复杂，涉及大量的细节问题，如工程技术、工作计划、材料价格、付款、合同索赔等。

⑤设备与材料供应信息。主要是一些技术要求、进度条件和合同条款等。

3）按照建设工程的目标划分

可以分为投资控制信息、质量控制信息、进度控制信息、合同管理信息等。

①投资控制信息。指与投资控制直接有关的信息，如合同价组成、工程量变化表、投资偏差、原材料价格等。

②质量控制信息。指与建设工程项目质量有关的信息，如质量标准、质量抽样检查的数据、质量事故记录和处理报告等。

③进度控制信息。指与进度相关的信息，如项目总进度计划、进度目标分解、计划进

度与实际进度偏差、网络计划的优化、进度控制的风险分析等。

④合同管理信息。指与建设工程相关的各种合同信息，如工程招投标文件、工程建设施工承包合同、监理合同、合同签订、合同变更、合同索赔等。

4）按照建设工程信息的来源划分

可以分为内部信息和外部信息两种。

①内部信息。指建设工程项目各个阶段、各个环节、各有关单位产生的信息。如工程概况、设计文件、施工方案、合同结构、合同管理制度、信息资料的编码系统等。

②外部信息。来自项目外部环境的信息称为外部信息。如国家有关政策及法规、市场变化、新技术、新材料、新方法、国际环境的变化等。

（4）建设工程项目信息编码

编码由一系列符号（或文字）和数字组成，编码是信息处理的一项重要的基础工作。编码可以简化信息传递的形式，以提高信息传递的效率和准确度；编码也可以对信息单元的识别提供一个简单、清晰的代号，以便于信息的存储、检索和加工整理。

想 一 想

信息技术的特点，对其应用和管理有何影响？

知识拓展

信息技术安全问题

2022 年 4 月 12 日，西安市公安局碑林分局太白路派出所接到西北工业大学信息化建设与管理处报警称，该校电子邮件系统发现一批以科研评审、答辩邀请和出国通知等为主题的钓鱼邮件，内含木马程序，引诱部分师生点击链接，非法获取师生电子邮箱登录权限，致使相关邮件数据出现被窃取风险，同时，部分教职工的个人上网电脑中也发现遭受网络攻击的痕迹。该网络攻击的行为对西北工业大学校内信息系统和广大师生的重要数据造成重大安全威胁。2022 年 6 月 23 日，陕西省西安市公安局碑林分局官方微博通报，西北工业大学电子邮件系统遭受境外网络攻击，初步判定，此事件为境外黑客组织和不法分子发起的网络攻击行为。网络信息安全问题，再次引起关注。

2. 建设工程信息管理

（1）建设工程信息管理定义

建设工程信息管理，指的是信息传输的合理组织和控制。通过对各个系统、各项工作和各种数据的管理，使建设项目的信息能方便和有效地获取、存储、处理和交流。

信息管理的目的，是通过有组织的信息流通，使决策者能及时准确地获得相应的信息。为了达到信息管理的目的，要把握好信息管理的各环节。

（2）建设工程信息管理的基本环节

建设工程信息管理的基本环节包括：信息的收集、传递、加工、处理、检索、分发和存储。信息的加工、整理和存储，是数据收集后的必要过程，收集的数据经过加工、处理后产生信息，信息是指导施工和工程管理的基础，要把管理由定性分析转到定量管理，信息是不可或缺的要素。

1）工程项目信息的收集

建设工程参建各方对数据和信息的收集是不同的，有不同的来源、不同的角度、不同的处理方法，但要求各方对数据和信息的规范管理。建设工程的不同阶段，决定了不同的信息内容。

①决策阶段的信息收集。工程项目外部的宏观信息，这一阶段的信息具有不确定性，如与项目相关的市场信息、资源信息，自然环境信息等。

②设计阶段的信息收集。设计阶段决定了工程规模、建筑形式、工程的概预算等。在设计阶段的信息收集主要是可行性研究报告，同类工程相关信息，拟建工程所在地相关信息，勘察、测量、设计单位相关信息等。

③招投标阶段的信息收集。该阶段的信息收集，有助于建设单位选择施工单位和项目经理、项目班子。要求信息收集人员充分了解施工图和施工图预算，熟悉法律法规、招投标程序、合同示范文本。招投标阶段的信息收集主要是地质勘察、测绘的审批报告、施工图及施工图预算等信息。

④施工阶段的信息收集。可以从施工准备期、施工期、竣工保修期三个子阶段分别进行。

施工准备期。该阶段由于信息渠道尚未建立，信息收集有一定难度。该阶段的信息收集主要是施工图及施工图预算，监理大纲，施工合同，施工图会审及交底情况，项目经理部的组成，施工进场情况及安全措施，现场环境情况，本工程需遵循的相关建筑法律、法规，质量检验验收标准等。

施工期。该阶段信息来源相对比较稳定，主要是施工过程中随时产生的数据，由施工单位逐层收集上来。该阶段的信息收集主要是施工单位人员、设备、水、电、气等方面的动态信息，施工期的气象信息，建筑材料、半成品、成品、构配件等工程物资的进场、储存保管等信息；施工索赔相关信息等。

竣工保修期。该阶段信息是建立在工期日常信息积累基础上，是参建各方信息最后的汇总。该阶段的信息收集主要是工程准备阶段文件、监理文件、施工资料、竣工图、竣工验收资料等。

2）建设工程信息的加工及整理

在信息加工时，要按照不同的需求、不同的加工方法分层进行加工。对项目建设过程中施工单位提供的数据要加以选择、核对，进行必要的汇总。对动态的数据要及时更新，对施工中产生的数据要按照单位工程、分部工程、分项工程组织在一起，每一个单位、分部、分项工程又把数据分为进度、质量、成本等方面分别组织。

3）建设工程信息的分发和检索

在对收集的数据进行分类加工处理产生信息后，要及时提供给需要使用数据和信息的部门，信息和数据的分发要根据需要进行，信息和数据的检索要建立分级管理制度，确定信息使用权限。一般由实用软件来实现数据和信息的分发、检索，还必须按一定规则和方法把所有信息记录组织排列成一个有序的整体，为获取信息提供方便。

4）建设工程信息的存储

信息的存储一般需要建立统一的数据库，各类数据以文件的形式组织在一起，组织的方式要考虑规范化。可以按工程进行组织，同一工程按照投资、进度、质量、合同等组织；各参建方协调统一存储方式，国家技术标准有统一代码时尽量采用统一代码，文件名命名应规范。

（3）建设工程信息管理的作用

大型工程项目均具有投资大、建设周期长、技术复杂、管理协调工作量大等特点，信息管理对于改进工程项目管理手段、提高工效和工作质量、降低成本、提高企业市场竞争能力具有重要的作用，具体体现在以下方面：

1）辅助决策

针对工程项目管理过程中积累的大量信息，借助信息化手段建立起信息存储、管理、交互的平台，可以实现跨地域的同步交流与管理。信息管理系统为项目的各参与方随时提供工程的进度、质量、安全和成本变化情况，及时汇聚、追踪各种信息，减少数据碎片化和人工统计数据产生的误差，使项目管理更加快捷、开放。项目管理者通过数据分析，减少决策过程中的不确定性、主观性，增强决策的合理性、科学性。

2）提高管理水平

利用信息技术工具对建设工程项目进行管理，可以及时、准确地提供各种数据，避免由于口径不一致或版本不一致所造成的误差，基于数据库的项目信息，可以实现异地协调与控制。

3）再造管理流程

工程项目管理是通过环环相扣的业务流程、把各项投入变成最终产品。在同等人、财、物投入的情况下，不同的业务流程所产生的结果是不同的。传统的项目组织结构及管理模式存在多等级、多层次、沟通困难、信息传递失真等问题，使用信息化系统，可以减少管理层次、缩短管理链条、加快信息传递。

4）降低成本，提高工作效率

工程项目信息化管理，可以降低管理人员的劳动强度。通过网络进行文件、资料的传送和查询，节约沟通成本。如利用计算机系统进行网上采购，可节约采购成本；同时利用软件进行库存信息动态管理，可以合理进行材料调配，减少库存积压，节约经营成本。

5）提高管理创新能力

成熟的信息系统，都是某种先进管理理念的体现。在信息化建设时可以借鉴这些理念，建立规范制度，提升企业管理水平。

想一想

工程项目信息的存储，应注意哪些问题？

知识拓展

城市轨道建设中的合同管理

城市轨道交通工程项目涉及面广、规模较大，参建单位多，项目合同管理体量庞大，其中涉及银行、保险、施工、监理、设计、供应、制造、通信、电力等多个行业的合同主体，甚至还包含周边住户及商户、相关产权单位等。一个工程项目涉及的合同数量较多，内容多样而复杂，一旦合同管理不当，双方交叉作业或工作面界定不清，就会引发项目合同纠纷。同时，合同形成到履行，合同管理时效周期较长，风险随之增加，合同管理过程如图 10-4 所示。

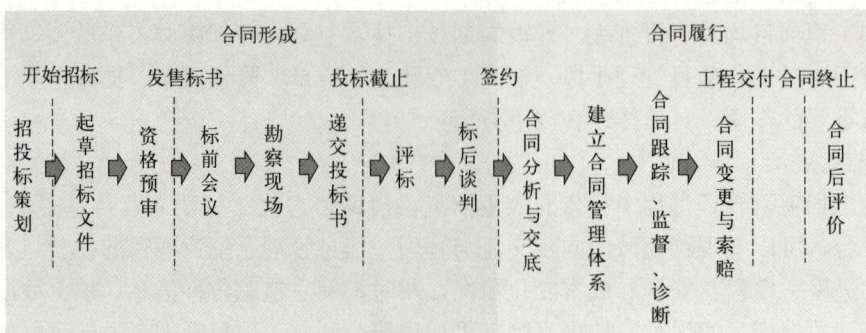

图 10-4　城市轨道建设中的合同管理

为减少问题，所有参建单位应共同遵守项目合同中的约定，加强合同登记管理，加快合同管理信息化建设，充分利用信息化手段，定期对合同执行情况进行统计、分类、归档和分析，通过信息化的合同管理，使整个项目的管理过程动态化、智能化、网络化，最大限度减少项目实施过程中的风险因素，实现社会和经济双重效益。

模块 10.2　建设工程管理信息化

在建设工程管理领域，早期信息化管理体现在建设工程管理软件的应用，如各个阶段使用的各类软件，每个软件都有自己的主要功能，因此，将这些软件的功能集成、整合在一起，即构成了建设工程管理信息系统。

10.2.1　信息技术对建设工程管理的影响

信息技术的高速发展和不断应用对工程实践产生了深远的影响。例如：

（1）项目管理系统的集成化。包括各方建设工程系统的集成以及建设工程系统与其他管理系统（项目前期开发管理、项目后期运维管理）在时间上的集成。

（2）项目管理组织的虚拟化。在大型项目中，建设工程组织在地理上分散，但在工作上协同。

（3）项目管理的高效化。在建设工程的方法上，由于信息技术的运用，项目实施中有效的信息沟通与组织协调使工程建设各方可以更多地主动控制，避免了许多不必要的工期延迟和费用损失，目标控制更为有效。

10.2.2　建设工程管理信息化的意义

建设工程管理信息化，是近年来顺应工程项目规模不断扩大，技术日趋复杂，对工程质量、工期、费用的控制日益严格的形势而发展起来的一门新兴学科。其研究对象可以是项目决策阶段的宏观管理，也可以是项目实施阶段的微观管理。在建设工程项目管理中引入数字建造技术，是促进建设工程项目管理现代化、科学化的基本保证。

1. 促进工程管理变革

现代信息技术作为当代社会最具活力的生产力要素，信息技术在工程管理中的应用以工程管理信息系统的出现为标志，大大提高了信息处理、存储效率，也极大地提高了工程管理工作的有效性。

（1）工程管理手段的变革。数字建造技术在工程管理中的应用，直接改变了工程管理的手段，工程管理信息系统已经成为工程管理专业人士的基本工作手段。现代工程管理中的许多问题是由于信息未正确、及时地在项目参与各方中传递而造成的。目前许多大型项目中，项目参与各方通过网络、数字建造管理平台联系在一起，实现网络化、集成化已成为现代工程管理手段。

（2）工程管理组织的变革。现代信息技术引发了信息传递方式的变化，组织内部通过公平、对等的信息传递方式来沟通、协调项目各参与方之间的关系。地理上相距遥远的参与各方通过计算机网络联系起来，在业务过程中组成相互协助的虚拟工作团队，这样的虚拟工作团队突破了传统组织结构的有形界限，按照共同的目标来建立柔性、灵活、动态的组织，使其具有更强的目标性和更合理的资源配置。

（3）工程管理思想方法的变革。传统工程管理是一种被动控制，是在问题发生后才采取控制措施。信息技术可以使得工程管理者借助先进的信息处理和沟通工具，提高决策科学性。工程管理正经历着以被动控制为主向、以风险管理为主的方式转变，风险管理理论和辅助工具将在工程管理中发挥更大的作用。

（4）新的工程管理理论。信息技术对工程管理的变革，需要一系列的理论、技术和工具作为支持。通过现代化的通信手段，实现工程管理信息的电子数据交换，从而全面提高工程项目中的信息沟通效率。

2. 改变传统的设计观念、手段和方式

工程设计自20世纪80年代后期开始推广CAD应用，彻底把工程设计人员从传统的绘图中解放出来，大大缩短了设计周期、提高了设计质量，经济效益十分显著。随着BIM技术的出现，实现由二维（2D）到三维（3D）、由图形到建筑信息模型的转变，使传统的设计观念、手段和方式发生了根本的变化，方案比选、优化更为直观高效。

3. 实现了生产模式的转变

（1）纵向一体化生产模式。纵向一体化生产模式，是指承包公司对承包的大型工程项目的所有环节，即可行性分析与立项、融资与投资、规划与设计、采购与施工、现场组织与管理、技术培训、试运行、售后服务等都亲自参与完成，或以控股、兼并等方式直接控制其他企业完成承包项目的所有环节。纵向一体化的信息流主要在企业内部流动，企业内部有效的生产控制与调配成为完成承包工程的关键。

（2）横向一体化生产模式。信息技术使建筑生产的横向一体化生产模式得到了迅速发展。所谓横向一体化生产模式，是指众多的承包商在进行充分的外部环境和内部条件分析的基础上，确定各自在完成承包工程所必须进行的若干环节中拥有的相对竞争优势，可以获得超出行业平均利润率的战略环节，然后彼此结成动态的战略联盟，共同完成承包工程，横向联合生产模式的信息流主要在战略联盟企业间流动，企业之间信息沟通的有效性与协作是完成承包工程的关键，横向一体化生产模式的优势如图10-5所示。

经营领域中承揽工程的优势

实现高效、低成本的信息沟通，加快了信息发布与收集

横向一体化
生产模式的优势

施工组织与管理方面的优势

多媒体的通信手段，使异地监控成为可能

风险及效益优势

承包商只需负担自己承包部分工程所需的投资，大大减少了大型项目带来的风险

图 10-5　横向一体化生产模式的优势

4. 加速信息化施工的进程

信息化施工，就是指将信息技术应用于施工，以缩短工期、降低成本、提高工程质量，其重点是对施工过程进行信息化控制，主要表现在通过分析计算、控制技术在施工过程中的应用。同时，在施工管理中应用虚拟仿真技术。虚拟仿真技术是用计算机生成一种模拟现实环境，用户可以通过视觉和听觉与虚拟环境进行交互对话。例如，在计算机上模拟各种构件装配、吊装方案，预判分析最优设计方案，并将该设计方案在施工中可能出现的问题及时进行纠正，确保正式施工时的安全、高效。

5. 推进了企业信息化

工程项目管理信息化，要求各参与方均实现信息化，从而达到提高产品质量、服务水平、企业效率、企业竞争力的目的。目前，国内企业已经研发多款 BIM 技术应用、数字建造管理方面的软件。如 BIM 建模软件、BIM 施工现场布置软件、BIM5D 项目管理软件、网络计划编制软件、工程量计算软件、工程计价软件、招投标软件等，这些软件可以有效助推企业管理向信息化转型。

10.2.3　建设工程管理信息化的实施

实现建设项目信息化管理，必须在工程项目实施中进行全生命周期的数字化管理。通过协同作业，改善信息的创建、管理和共享，从而达到提高决策准确度、提高运营效率、提高项目质量和提高用户获利能力的目标。基于互联网的工程项目信息管理系统，是实现现代工程建设项目管理信息化的基本途径。

1. 系统的功能结构

基于互联网的建设工程信息管理系统的功能分为基本功能和拓展功能两部分，基本功能是大部分商业和应用服务所具备的功能，是核心功能；拓展功能是部分应用服务商在其应用平台上所提供的服务，如基于互联网的工程信息管理系统的功能结构，在应用中应结合工程实际情况进行适当的选择和扩展。

2. 基于互联网的工程项目信息管理系统的实现方式

基于互联网的工程项目信息管理系统主要有如下三种实现方式：

（1）自行开发。用户聘请咨询公司和软件公司针对项目的特点自行开发，完全承担系统的设计、开发及维护工作。

（2）直接购买。业主或总承包商等项目的主要参与方出资购买（一般还需要二次开发）商品化的项目管理软件，安装在公司的内部服务器上，并供所有的项目参与方共同使用。

（3）租用服务。即 ASP（Application Service Provider，应用服务供应商）模式。租用 ASP 服务供应商已完全开发好的项目信息管理系统，通常按租用时间、项目数、用户数、数据占用空间大小收费。

以上三种实现方式的比较见表 10-1。

工程项目信息管理系统实现方式的比较　　　　　　　　　　　　　　表 10-1

特点	自行开发	直接购买	租用服务（ASP 模式）
优点	项目针对性最强，安全性和可靠性最好	项目针对性较强，安全性和可靠性较好	实施费用最低，实施周期最短，维护工作量最小
缺点	开发费用最高，实施周期最长，维护工作量较大	购买费用较高，维护费用较高	项目针对性最差，安全性和可靠性较差
适用范围	大型工程项目，复杂性程度高的工程项目，对系统要求高的工程项目	大型工程项目	中小型工程项目，复杂性程度低的工程项目，对系统要求低的工程项目

模块 10.3　建设工程信息化管理应用

10.3.1　全生命周期管理的信息模型

建设工程项目全生命周期管理（BLM）的信息模型是一个循环的模型，如图 10-6 所示。该图形象地表示了工程项目生命周期内的信息生命过程的行为本质：创建、管理、共享。信息创建，指创建工程的三维数据，从而作为信息管理和共享的基础条件；信息管理，指建设智能的电子项目文档，使工程信息资料能够充分使用和有效保存；信息共享，指在建设工程全生命周期内，参与各方在线的信息交流与协同工作。

BLM 目标是通过协同作业，改善信息的创建、分享与过程管理，从而达到提高决策准确度、运营效率、项目质量和用户获利能力的目标，是信息化发展的方向。BLM 模型从结构上分析是一个层次模型，包括基于数据层面的协同作业和基于沟通层面的协同作业。

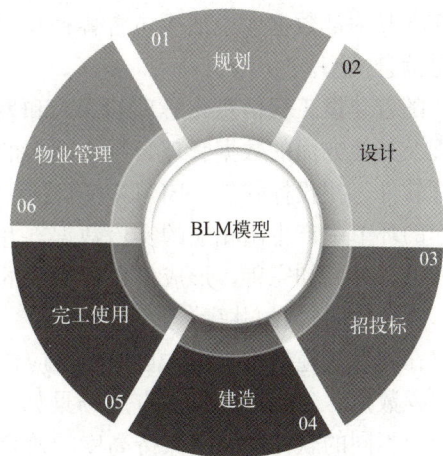

图 10-6　建设工程项目全生命周期管理（BLM）模型

10.3.2　基于数据层面的协同工作

通过采用建筑信息模型（BIM，Building Information Modeling）技术改善信息（Model）。

1. BIM 模型的特征

BIM 是随着信息技术在建筑业中应用的深入和发展而出现的，将数字化的三维建筑模型作为核心应用于设计、施工等过程中。这种模型的特征是：

（1）由参数定义的、互动的建筑物构件。作为建筑信息模型基本元素的建筑物构件是一个数字化的实体，如数字化的门、窗、墙体等，能表现出门、窗、墙体的物理特性和功能特征，并具有智能性的互动能力。门、窗和墙体之间能自动结合，在几何关系和功能结构上能形成一个整体。

（2）即时的二维/三维/参数模型显示和编辑。信息模型在表现形式上既能进行传统的二维平面显示，如平、立、断面图等，又能进行三维的立体显示和某种程度的动态显示，如建筑效果图、建筑动画等，以及在某种特定情况下用于分析计算的参数显示，如建筑构件表。这些不同的显示方式之间应保持高度的相关性和一致性，尤其是在对信息模型进行编辑、修改时，在任何一种显示方式下进行的编辑、修改都会如实地显示出来。

（3）完全整合的非图形数据报告方式。信息模型能完整地、系统性地对非图形数据进行报告和显示，如工程量清单、门窗列表、造价估算等，这些信息都可以通过表格的形式显示出来，对信息模型的任何编辑和修改都会即时、准确、全面地反映在这些表格中。

2. BIM 数据的产生

BIM 的数据产生于项目实施的整个过程，是项目实施过程中使用的软件工具，如 Revit、Civil 3D、Tekla 和 BIMMAKE 等。工程设计人员在工作中同往常一样进行设计，在电脑中制图，形成建筑物的梁、柱、楼地面、屋顶、门窗等。不同于以往的计算机制图软件，在工程设计中绘制出点阵、线条、符号等图形信息，此类工程设计软件通过上述的操作在其内部数据库中形成包含各种建筑物实体和构件信息的数据文件，即数字信息，也就是信息模型。

随着建设工程信息化管理的深入和发展，从最初的设计软件，逐渐涉及技术、经济、管理及其他方面的数据管理。越来越多的建设工程应用软件，如造价算量软件、进度计划管理软件、招投标软件、BIM5D 项目管理软件等，利用信息模型中的基本数据，在不同工作的环节中产生出相应的实流数据，并能将这些数据整合到最初的信息模型中，对信息模型进行补充和完善，形成信息模型中的附属数据。

3. BIM 数据的共享

在项目实施的过程中，自始至终应该有一个唯一的建筑信息模型，包含完整的建筑物和工程数据，建筑信息模型应用场景如图 10-7 所示。不论将什么样的软件应用在项目实施中，不同的软件之间应保持高度的兼容性，相互之间的数据应该有高度的互操作性，从而保证唯一的建筑信息模型的完整性、准确性和系统性。不同的数据库管理系统往往要求不同的数据格式和数据传输方式，而各种应用软件必须满足这些要求才能和数据库进行指令和数据的交换。BIM 数据的完全共享，是一个较长的发展过程，但随着数据共享程度的逐步提高，管理和技术人员会在各种应用软件的帮助下，逐渐摆脱琐碎的工程数据的束缚，将更多精力集中到处理工程项目的本质问题上来。

10.3.3 基于沟通层面的协同工作

通过项目全寿命管理（BLM）技术，改善信息"管理"和"共享"过程。在技术上实现从工程项目各参与方杂乱无序的沟通方式到有序的在线协同作业。

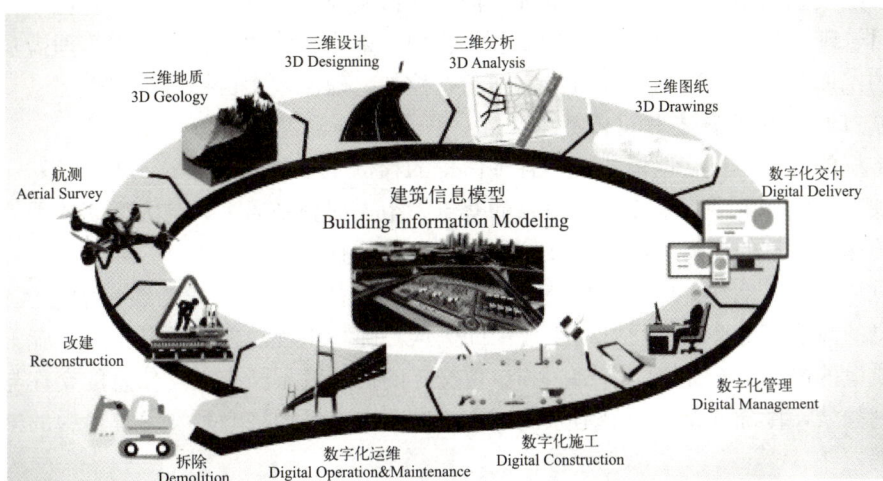

图 10-7　建筑信息模型应用场景

建设工程的建设过程，是一个多方合作的过程。然而在建设工程实践领域，各参与方的管理、相互之间的接触往往是对立的。CAD 技术出现以后，虽然工程设计人员基本上已经采用这一技术进行设计和出图，但是其后续的工作，包括审图、招投标管理、整理和传送建筑资料等，还依然是手工操作，没有整合。而工程建设全生命周期，从构思、设计、实施，一直到项目的竣工，以及使用和维护，各项工作都会涉及信息的交流和协同工作的问题。

10.3.4　施工项目信息管理

1. 施工项目信息管理的内涵

信息管理是施工项目管理的重要内容之一。它是利用信息技术，以建筑施工项目为中心，将政府行政管理、设计、施工过程（经营管理和技术管理）所发生的主要信息有序、及时、批量存储。

它以部门间信息交流为中心，以业务工作标准为切入点，采用工作流程和数据后处理技术，解决工程项目从数据采集、信息处理与共享到决策目标生成等环节的信息化。这里包含两层含义：

（1）信息管理。施工项目信息管理是在施工项目实施过程中，对信息收集、整理、处理、储存、传递与应用等进行的管理。

（2）管理的信息化。在信息管理的基础上利用计算机及网络技术实现项目管理，目的就是为预测未来和为正确决策提供科学依据，借以提高管理水平，实现高水准的施工项目管理。

2. 施工项目信息管理的任务

信息管理是手段，是信息化管理的基础，而管理信息化是目的，是信息管理的延伸。根据上述概念，施工项目信息管理的任务是：

（1）准备和组织信息。按照项目的任务、项目的实施要求、设计项目实施和项目管理中的信息，确定它们的基本要求和特征，并保证信息的使用过程中的准确性和完整性，在此基础上实现施工项目信息的数字化。

（2）建设和运用项目管理信息系统。按照项目实施、项目组织、项目管理工作的过程建立项目管理信息系统，对项目进行信息化管理。采取有效的信息化组织管理措施，对建设项目的工期、质量、费用三大目标实施动态控制，确保三大目标得以实现。

3. 施工中应用信息技术的必要性

在传统的工程项目管理模式中，各种信息的存储主要是基于表格或单据等书面形式，信息的加工和整理由手工来完成。信息的交流，绝大部分是通过人与人之间的手工传递甚至口头传递，信息的检索依赖于对文档资料的翻阅和查看。

信息从产生、整理、加工、传递到检索和利用，都是以一种较为缓慢的速度在运行，由于信息的滞后容易造成项目管理工作中的失误。随着工程规模的不断扩大，施工技术的难度与质量的要求不断提高，各部门和单位交互的信息量不断扩大，信息的交往与传递变得越来越频繁，传统方式已明显地限制了施工企业在市场经济激烈竞争环境中的生存和可持续发展。

4. 施工项目信息管理的意义

（1）减轻工作负担。利用信息技术提供的便利，减轻了项目参与人的工作负担。例如，它为各项目参与人提供完整、准确的历史信息，方便浏览并支持这些信息在计算机上的复制粘贴，使部位不同而内容上基本一致的项目管理工作效率得到了极大提高，减少了大量的重复抄录工作。

（2）各参与者协同工作。例如，它在信息共享的环境下通过自动完成某些常规的信息通知，使信息的传递变得迅捷、及时和通畅。

（3）适应信息量急剧增长的需要。每天对各种项目管理活动信息数据进行实时采集，并督促与检查，实行规范化管理，从而提高了各项目管理工作质量。

（4）便于分析和数据复用。建筑施工项目的全部信息以系统化、结构化的方式存储起来，便于施工后的分析和数据复用。可以有效地利用有限的资源，用尽可能少的费用，以尽可能快的速度保证优良的工程质量，获取项目最大的社会效益和经济效益。

5. 施工项目信息管理的作用

施工项目信息管理的作用主要体现在预算的指导、物料的控制、进度的监控三个方面。

（1）预算的指导作用

1）量的控制作用。实现预算对消耗量的控制作用，关键在量的标准是否合理，因此预算中的消耗量应当建立在科学合理的基础数据的统计和分析上，这就需要借助信息化的分析处理手段。

2）价的借鉴作用。实现量、价分离的同时，对价格的确认要灵活方便，同时，在控制工程价格信息的基础上建立适宜的统计分析模型，获得分部分项工程综合单价。在信息化的管理中必须针对不同的阶段对预算中的价进行适当有效的处理，依据市场变化及企业自身经营水平的改变，随时调整综合单价。

3）生产经营水平的衡量作用。预算定额是某地区或行业在一定时期的社会生产力水平的反映。施工定额是体现企业市场竞争力及盈利能力的综合指标，建立在企业自身施工定额基础上的施工预算既是企业生产技术水平的直接反映，又对其经营管理水平有决定性影响。施工定额是施工企业信息管理的一个重要环节，在参考行业或地区预算定额的基础上，通过对企业已完成工程的有关信息的统计分析，制定自身的施工预算定额，并随着企业经营方式的转变，新技术、新工艺、新材料的利用，技术素质水平的提高而及时调整。

（2）物料的控制作用

在工程成本中物料成本可高达 70％左右，控制物料的消耗至关重要。借助信息化的管理手段和方法，从用料计划、库存及采购、仓库管理、财务管理等各个环节中形成有序的信息流，避免材料浪费，提高周转材料利用率。

1）物料采购。采购计划根据需求来定，优化原则是库存量最小、流动资金占用最小，但需求、库存、资金占用都是动态的、信息化管理，必须自动处理相关的信息，形成阶段性的采购计划。以工程（可细化到分部分项工程）实物量及相应的消耗量为依据形成需求计划表，与库存材料对应比较可确定采购计划的量，采购时间则需根据施工组织计划来确定。

2）物料管理的基础信息。物料管理的基础信息来自仓库的出入库管理，因此需填写多种凭证，它是物料信息化管理中最为关键的环节。

3）物料管理的控制作用。针对占工程成本比例较大，且大量消耗的材料，限额一般到分部分项工程，依据是工程实物量、施工预算的消耗量及所需的材料级配。一次限额可多次领用，依次扣减，如超出限额系统会警示并禁止领料，只有经一定的许可手续方可扩大限额。限额领料，不仅可以实时查明材料冒用的原因，减少乃至杜绝因对材料管理不严产生的浪费，还可将成本核算中最大比例的材料费用细化到每一个分部分项工程。从更深的层次上，通过对限额量与实用量差额的统计分析，信息化管理系统可以对确定限额用量的定额消耗量进行修正，这种意义及作用已超出了在某一个具体工程中对材料量及成本的控制，而上升到对整个行业生产技术水平的改善与提高。

（3）进度的监控作用

进度控制的工具是网络计划技术，施工企业网络计划有两个用处：一是招投标标书中表示工程进展的网络计划图；二是施工现场中显示工程进度及主要工种作业的横道图，可以有效地发挥监督控制的作用。

1）节点控制。控制节点的层次及数量可根据项目规模、持续时间、生产技术水平、现场管理方式、技术装备、人员素质等多方面因素综合确定。表面上看节点控制是满足工期要求，实则对节点间的施工技术方案、资源安排、资金计划等具有很好的预测性，只要节点控制得当，整个工程就不会出现失控。

2）配合协调。网络计划可以为工程施工的工种配合、分包管理、场地布置等提供必要的依据，在工程施工中与工程承包有关各方（如设计方、业主、监理、供应商、职能部门或行业主管等）的协调是必不可少的，而且在施工的不同阶段会有不同的侧重，进度计划表达了与相关方的协调计划。

3）相关作用。进度控制不是孤立的，信息化管理系统中的进度计划要与其他项目实现信息交互。在确定工序所需资源时，需利用该工序的工程实物量、消耗及施工方案，在确定资源的同时又受资源的约束。进度与资金也相互影响，加快进度会加大资金投入，而合理的进度安排会提高资金的利用率，因此信息管理不能仅从网络计划本身去安排进度，还要考虑到其他方面的影响。

单元小结

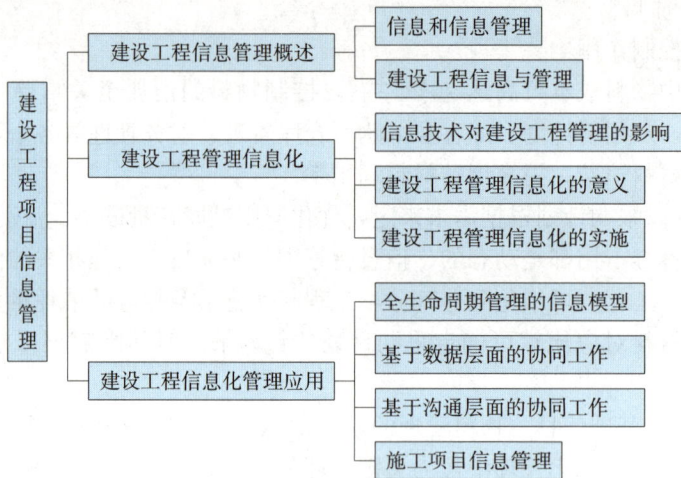

单元习题

一、单选题

1. 整个建设工程项目生命周期内控制工程项目管理活动的所有组织、管理、经济、技术信息，称为（   ）。

A. 信息　　　　　　B. 工程信息　　　　C. 建设工程信息　　D. 建设工程信息管理

2. 建设工程信息编码是由系列符号（或文字）和（   ）组成。

A. 计量单位　　　　B. 数字　　　　　　C. 英文　　　　　　D. 罗马数字

3. 信息传输的合理组织和控制指的是（   ）。

A. 信息　　　　　　B. 工程信息　　　　C. 建设工程信息　　D. 建设工程信息管理

4. BLM 是指（   ）。

A. 建筑信息　　　　　　　　　　　　　B. 建筑信息模型

C. 建设项目管理　　　　　　　　　　　D. 建设工程项目全生命周期管理

5. 以下不属于项目实施过程中使用的 BIM 软件工具是（   ）。

A. AutoCAD　　　　B. Revit　　　　　　C. Civil 3D　　　　D. Tekla

二、多选题

1. 信息管理的过程包括（   ）。

A. 收集　　　　　　　　　　B. 加工　　　　　　　　　　C. 检索

D. 分解　　　　　　　　　　E. 储存

2. 信息，是客观世界中各种事物的运动状态和变化的（   ）。

A. 反映　　　　B. 实质内容　　　C. 表征　　　　D. 记录　　E. 储存

3. 信息管理的特征表现在（   ）。

A. 管理类型特征　　　　B. 经济变化　　　　　　C. 人力变化

D. 技术变化　　　　　　E. 时代特征

4. 建设工程信息的特点体现在（   ）。

A. 数量庞大   B. 类型复杂   C. 来源广泛

D. 动态变化   E. 应用环境简单

5. 施工阶段的信息收集,可以从(   )三个子阶段分别进行。

A. 设计期   B. 施工准备期   C. 施工期

D. 竣工保修期   E. 运维期

6. 建设工程信息管理的作用体现在(   )。

A. 决策   B. 提高管理水平   C. 再造管理流程

D. 降低成本   E. 提高管理创新能力

7. 建设工程项目管理信息化的意义体现在(   )。

A. 促进工程管理变革   B. 改变传统的设计观念、手段和方式

C. 实现了生产模式的转变   D. 加速信息化施工的进程

E. 提高管理创新能力

8. BIM 模型的特征包括(   )。

A. 可编辑   B. 便于储存

C. 由参数定义的、互动的建筑物构件   D. 即时的二维/三维/参数模型显示和编辑

E. 完全整合的非图形数据报告方式

9. 建筑信息模型应用场景包括(   )。

A. 三维设计   B. 数字化交付   C. 数字化管理

D. 数字化施工   E. 数字决策

三、简答题

1. 建设工程管理信息化的意义有哪些?

2. 如何实现建设工程管理信息化?

3. BIM 与传统的 CAD 和传统的 3D 模型有什么区别?

参 考 文 献

[1] 银花. 建筑工程项目管理 [M]. 2版. 北京：机械工业出版社，2022.

[2] 王辉. 建设工程项目管理 [M]. 3版. 北京：北京大学出版社，2021.

[3] 李金云，李瑾杨. 土木工程项目管理 [M]. 杭州：浙江大学出版社，2018.

[4] 骆汉宾. 工程项目管理信息分析 [M]. 北京：中国建筑工业出版社，2018.

[5] 丁士昭. 工程项目管理 [M]. 北京：高等教育出版社，2017.

[6] 成虎. 工程项目管理 [M]. 4版. 北京：中国建筑工业出版社，2015.

[7] 夏云. 工程项目管理与案例分析 [M]. 武汉：武汉大学出版社，2019.

[8] 蔡伟庆. 建设工程项目管理 [M]. 北京：北京邮电大学出版社，2016.

[9] 杨晓庄. 工程项目管理 [M]. 3版. 武汉：华中科技大学出版社，2018.

[10] 曹吉鸣. 工程施工组织与管理 [M]. 2版. 上海：同济大学出版社，2016.

[11] 王建茹，阎玮斌. 施工组织设计与进度管理 [M]. 北京：机械工业出版社，2021.

[12] 沈中友. 工程招投标与合同管理 [M]. 3版. 武汉：武汉理工大学出版社，2018.

[13] 刘钦. 工程招投标与合同管理 [M]. 3版. 北京：高等教育出版社，2015.

[14] 钱闪光，姚激，杨中. 工程招投标与合同管理 [M]. 修订版. 北京：北京邮电大学出版社，2021.

[15] 中华人民共和国住房城乡建设部. 建设工程施工合同（示范文本）：GF—2017—0201 [S]. 2017.

[16] 《标准文件》编制组. 标准施工招标资格预审文件 [M]. 北京：中国计划出版社，2007.

[17] 《标准文件》编制组. 标准施工招标文件 [M]. 北京：中国计划出版社，2007.

[18] 孙慧. 项目成本管理 [M]. 3版. 北京：机械工业出版社，2018.

[19] 匡仲发. 建设项目成本管理与控制实战宝典 [M]. 北京：化学工业出版社，2020.

[20] 施骞，胡文发. 工程质量管理教程 [M]. 2版. 上海：同济大学出版社，2016.

[21] 吴松勤. 建筑工程质量管理 [M]. 北京：中国建筑工业出版社，2019.

[22] 孟扬，随国庆. 建筑工程质量管理标准化手册 [M]. 北京：中国建筑工业出版社，2020.

[23] 王胜. 建筑工程质量管理 [M]. 北京：机械工业出版社，2021.

[24] 王海平，熊燕. 建筑工程安全管理 [M]. 武汉：武汉理工大学出版社，2016.

[25] 钱正海. 建筑工程安全管理 [M]. 2版. 北京：中国建筑工业出版社，2021.

[26] 刘俊颖. 工程项目风险管理 [M]. 北京：中国建筑工业出版社，2021.

[27] 袁竞峰. 建设工程风险管理 [M]. 北京：机械工业出版社，2021.

[28] 陈伟珂，吴绍艳. 工程项目风险管理 [M]. 3版. 北京：人民交通出版社，2022.